"十三五"国家重点出版物出版规划项目
面向可持续发展的土建类工程教育丛书

建设工程法规

鲁 正 李庭辉 等编著

机械工业出版社

本书阐述了我国建设工程领域中常用的法律法规知识，结合目前我国的相关法规和实际工程纠纷案例对建设工程相关法律体系进行了全面、详尽、深入的阐释。本书按建设工程运营的阶段顺序编写，即建设工程法规综述、工程立项、工程管理、竣工验收，包括建设工程法规综述、建筑许可、工程的发包承包与招标投标、建设工程监理、安全生产法律制度、质量管理法律制度、合同的法律制度以及其他建设工程相关法律制度等内容，还介绍了《民法通则》《安全生产法》《安全生产许可证条例》《劳动合同法》《保险法》《防震减灾法》等相关法律法规知识，以及建设工程合同及合同管理制度等内容。此外，还介绍分析了几个典型的建设工程案例以供参考。

本书可作为高等院校土木工程专业学生通识课程的教材，也可作为普通高等院校工程管理、工程造价、建筑学、建筑环境与能源应用工程等相关专业的教材，还可作为建设工程管理人员的参考用书。

本书的授课PPT等相关配套资源，免费提供给选用本书的授课教师，需要者请登录机械工业出版社教育服务网（www.cmpedu.com）注册后免费下载。

图书在版编目(CIP)数据

建设工程法规/鲁正等编著．—北京：机械工业出版社，2017.12（2023.1重印）

（面向可持续发展的土建类工程教育丛书）

"十三五"国家重点出版物出版规划项目

ISBN 978-7-111-58558-9

Ⅰ.①建… Ⅱ.①鲁… Ⅲ.①建筑法—中国—高等学校—教材 Ⅳ.①D922.297

中国版本图书馆CIP数据核字(2017)第292091号

机械工业出版社（北京市百万庄大街22号　邮政编码100037）
策划编辑：李　帅　　责任编辑：李　帅　马碧娟
责任校对：朱继文　　封面设计：张　静
责任印制：任维东
北京中兴印刷有限公司印刷
2023年1月第1版第6次印刷
184mm×260mm・18印张・437千字
标准书号：ISBN 978-7-111-58558-9
定价：45.00元

电话服务　　　　　　　　网络服务
客服电话：010-88361066　　机　工　官　网：www.cmpbook.com
　　　　　010-88379833　　机　工　官　博：weibo.com/cmp1952
　　　　　010-68326294　　金　书　网：www.golden-book.com
封底无防伪标均为盗版　　　机工教育服务网：www.cmpedu.com

前言

"建设工程法规"是阐述我国当前现行的建设工程相关法律法规及其在工程中的应用的一门课程，对于培养学生在掌握建设工程法律法规的规定、运用法律知识分析和解决工程中的法律问题等基本能力方面，起着重要的作用。在目前工程法规不断健全、工程建设却乱象频发的现实背景下，提高未来工程从业人员的法律素养并规范工程建设市场具有重要意义，因此"建设工程法规"课程的建设与发展具有突出的现实意义。

本书阐述了我国建设工程领域中常用的法律法规知识，结合最新的相关法规和实际工程纠纷案例对建设工程相关法律体系进行了全面、详尽、深入的阐释。本书按建设工程运营的阶段顺序编写，即工程立项、工程管理、竣工验收，包括建设工程法规综述、建筑许可、工程的发包承包与招标投标、建设工程监理、安全生产法律制度、质量管理法律制度、合同的法律制度以及其他建设工程相关法律制度等内容，还介绍了《民法通则》《安全生产法》《安全生产许可证条例》《劳动合同法》《保险法》《防震减灾法》等相关法律法规知识，以及建设工程合同及合同管理制度等内容。此外，还介绍分析了几个典型的建设工程案例以供参考。学生通过本书的学习，能够综合掌握我国现行建设工程领域中相关法律法规的基本知识，并形成在工程运营管理中必要的法律思维。学习过程中要求学生能够做到理论联系实际，灵活应用，并强调思维方式的养成。

本书以工程建设运营流程化视角进行编排，旨在培养学生对于建设工程运营各过程与相关法规密切相关的认识，为学生在实际工程中应用相关法规做出提示与指导。目前，在我国现有的各类与建设工程相关的执业资格考试中，较多科目含有与"建设工程法规"有关的内容；此外，考虑到建设工程相关专业学生必须适应社会对应用型人才发展的需要，本书在编写过程中结合了建造师等执业资格考试对于"建设工程法规"方面的要求，使本书更具实用价值。本书不仅可作为高等院校土木工程专业学生通识课程的教材，同时还可作为普通高等院校工程管理、工程造价、建筑学、建筑环境与能源应用工程等相关专业的教材，也可作为建设工程管理人员的参考用书。

全书由鲁正和李庭辉等编著。第1篇由鲁正、李庭辉编写；第2篇由李庭辉、朱大宇、刘匀编写；第3篇由俞国凤、刘海、金瑞珺编写；第4篇由鲁正、李庭辉、徐蓉编写；第5篇由鲁正、杨秋华、陈洁蕾编写。

由于"建设工程法规"课程建设尚处于发展的探索阶段，本书的编写经验有限，一定存在一些不足之处，恳请读者多多提出宝贵意见。

编著者

目 录

前言

第1篇　建设工程法规综述

第1章　建设工程法律基础 … 2
1.1　建设工程及法律体系 … 2
1.2　建设工程法律关系 … 7
1.3　建设工程法律权利 … 15
1.4　建设工程法律责任 … 21
1.5　本章小结 … 25
思考题 … 25

第2章　建设工程常用法律法规 … 26
2.1　《建筑法》概述 … 26
2.2　《合同法》概述 … 27
2.3　《招标投标法》概述 … 29
2.4　《安全生产法》概述 … 30
2.5　《建设工程安全生产管理条例》概述 … 31
2.6　《建设工程质量管理条例》概述 … 31
2.7　《防震减灾法》概述 … 32
2.8　其他常用法规 … 33
2.9　本章小结 … 34
思考题 … 34

第3章　工程建设程序法规 … 35
3.1　概述 … 35
3.2　工程建设程序阶段及内容 … 35
3.3　本章小结 … 40
思考题 … 40

第2篇　工程立项

第4章　建筑许可 … 42
4.1　建筑许可概述 … 42

4.2	施工许可制度	43
4.3	本章小结	50
思考题		50

第 5 章　建设工程从业资质　51
5.1　建设工程从业人员执业资格制度　51
5.2　建设工程企业资质等级制度　54
5.3　本章小结　80
思考题　80

第 6 章　建设工程的发包承包、招标投标　81
6.1　建设工程的发包与承包　81
6.2　建设工程的招标与投标　86
6.3　建设工程的开标、评标和中标　96
6.4　建筑市场的信用体系建设　103
6.5　本章小结　109
思考题　110

第 7 章　建设工程监理　111
7.1　建设工程监理的法律制度　111
7.2　建设工程监理的主要工作　112
7.3　本章小结　113
思考题　113

第 8 章　工程运营相关合同　114
8.1　建设工程合同　114
8.2　劳动合同　122
8.3　保险合同　130
8.4　本章小结　132
思考题　132

第 3 篇　工程管理

第 9 章　安全生产管理　134
9.1　安全生产许可制度　134
9.2　安全生产管理制度　137
9.3　建设工程企业的安全责任　148
9.4　本章小结　158
思考题　158

第 10 章 工程质量管理 ... 159
10.1 建设工程标准化规定 ... 159
10.2 建设工程企业的质量责任与义务 ... 166
10.3 本章小结 ... 178
思考题 ... 178

第 11 章 建设工程保险与担保 ... 179
11.1 建设工程保险制度 ... 179
11.2 建设工程担保制度 ... 181
11.3 本章小结 ... 184
思考题 ... 184

第 12 章 建设工程合同管理 ... 185
12.1 建设工程合同管理概述 ... 185
12.2 建设工程勘察、设计合同管理 ... 195
12.3 建设工程施工合同管理 ... 197
12.4 建设工程监理合同管理 ... 210
12.5 建设工程物资采购合同管理 ... 214
12.6 本章小结 ... 217
思考题 ... 217

第 4 篇 竣工验收

第 13 章 竣工验收备案制度 ... 220
13.1 建设工程竣工验收组织与法定条件 ... 220
13.2 建设工程验收的规定 ... 222
13.3 本章小结 ... 227
思考题 ... 227

第 14 章 建设工程质量保修制度 ... 228
14.1 建设工程质量保修的基本规定 ... 228
14.2 建设工程质量保修的法律责任 ... 230
14.3 本章小结 ... 231
思考题 ... 232

第 15 章 消防、节能、环保和文物保护的法律制度 ... 233
15.1 消防法律制度 ... 233
15.2 环境保护法律制度 ... 234
15.3 节约能源法律制度 ... 238
15.4 文物保护法律制度 ... 240
15.5 本章小结 ... 244
思考题 ... 244

第 16 章　建设工程纠纷与处理 ………………………………………………… 245
16.1　建设工程纠纷的主要类型 ………………………………………………… 245
16.2　建设工程纠纷的法律解决途径 …………………………………………… 246
16.3　本章小结 ……………………………………………………………………… 248
思考题 ……………………………………………………………………………… 248

第 5 篇　建设工程实例分析

第 17 章　建设工程 BT 项目法律问题 ……………………………………… 250
17.1　定义详解 ……………………………………………………………………… 250
17.2　主要法律依据 ………………………………………………………………… 250
17.3　案例详解 ……………………………………………………………………… 251
17.4　案例评析 ……………………………………………………………………… 252

第 18 章　建设工程黑白合同 …………………………………………………… 254
18.1　定义详解 ……………………………………………………………………… 254
18.2　主要法律依据 ………………………………………………………………… 255
18.3　案例详解 ……………………………………………………………………… 255
18.4　案例评析 ……………………………………………………………………… 257

第 19 章　挂靠经营合同纠纷 …………………………………………………… 261
19.1　定义详解 ……………………………………………………………………… 261
19.2　主要法律依据 ………………………………………………………………… 262
19.3　案例详解 ……………………………………………………………………… 263
19.4　案例评析 ……………………………………………………………………… 264

第 20 章　建设工程垫资的法律问题 ………………………………………… 267
20.1　定义详解 ……………………………………………………………………… 267
20.2　主要法律依据 ………………………………………………………………… 267
20.3　案例详解 ……………………………………………………………………… 268
20.4　案例评析 ……………………………………………………………………… 271

第 21 章　工程质量纠纷 ………………………………………………………… 274
21.1　定义详解 ……………………………………………………………………… 274
21.2　主要法律依据 ………………………………………………………………… 274
21.3　案例详解 ……………………………………………………………………… 275
21.4　案例评析 ……………………………………………………………………… 277

附录　引用的主要法律和法规 ………………………………………………… 278

参考文献 …………………………………………………………………………… 280

第1篇
建设工程法规综述

第1章

建设工程法律基础

近 20 多年来,我国的建设工程规模庞大、建设工程领域发展稳定、持续增长,这依赖于我国法律制度的不断完善、法律法规的不断健全。在工程建设中,所有参与的单位和个人都必须严格遵守法律法规的相关规定和要求。

通过本章的学习,熟悉建设工程的相关法律基础,了解我国相关法律法规体系,掌握我国法律的一些基本概念。

■ 1.1 建设工程及法律体系

1.1.1 建设工程法律法规

学习建设工程
法规的必要性

1. 建设工程的定义

在我国建设领域的各个行业中,存在着"建设工程""建筑工程"和"土木工程"等不统一的名称和含义。国务院于 2000 年 1 月 30 日发布了《建设工程质量管理条例》,第一次以"法"的形式对"建设工程"做了如下定义:建设工程是指土木工程、建筑工程、线路管道和设备安装工程及装修工程。

2. 建设工程的特点

在整个建设工程领域,包括建筑工程、公路工程、铁路工程、民航机场工程、港口与航道工程、水利水电工程、市政公用工程、通信与广电工程、矿业工程、机电工程等各类工程,虽有各自的专业特点,但又有其内在的统一联系,主要体现在以下几个方面:

1)都具有工程项目固定,工程队伍流动,工程类别复杂,建设条件多变,建设周期长,人、财、物消耗大等特点,与其他行业明显不同。

2)都具有生产和交易统一性的共同特点,即生产活动与交易行为交织在一起。

3)其生产过程具有唯一性,都必须经过立项批准、设计、施工、竣工验收、交付使用、质量保修等程序。

3. 法律、法规

(1)法律 在广义上,法律泛指一切规范性法律文件,狭义上的法律仅指拥有立法权的国家机关依照立法程序制定和颁布的规范性文件。在我国,只有全国人民代表大会(以下简称人大)及其常务委员会(以下简称常委会)依照立法程序制定和颁布的规范性文件才称为法律。

(2)法规 在我国建设工程领域,法规包括行政法规、地方性法规、行政规章以及地方性规章。上述这些规范性文件的效力要低于法律。

1.1.2 法律体系

1. 法律体系的概念

法律体系（Legal System）也可称为法的体系，通常是指一个国家全部现行法律规范分类组合为不同的法律部门而形成的有机联系的统一整体。简单地说，法律体系就是部门法体系。部门法又称法律部门，是根据一定标准、原则所制定的同类规范的总称。

中国特色社会主义法律体系以宪法为统帅，以法律为主干，有法律、行政法规、地方性法规三个层次，由宪法及宪法相关法、民法商法、行政法、经济法、社会法、刑法、诉讼与非诉讼程序法七个法律部门组成。我国的法律体系具有以下主要特征：

1) 法律体系是一个国家全部现行法律构成的整体。
2) 法律体系是一个由法律部门分类组合而形成的呈体系化的有机整体。
3) 法律体系的理想化要求是门类齐全、结构严密、内在协调。
4) 法律体系是客观法则和主观属性的有机统一。

2. 立法体制

我国现行的立法体制既是统一的，又是分层次的，由国家立法权和行政法规制定权、地方性法规制定权、自治条例和单行条例制定权以及授权立法权构成。从法的制定和法的实施来看，中国特色社会主义法律体系只有一个。人民代表大会制度是我国的根本政治制度。

全国人大修改宪法，全国人大及其常委会制定法律，有关主权的事项等11个方面的事项是全国人大及其常委会的专属立法权；国务院根据宪法和法律制定行政法规，行政法规主要是为实施法律和行使宪法规定的国务院的行政管理职权做出的规定，另外，国务院可以根据全国人大及其常委会的授权就制定法律的事项先制定行政法规；地方性法规主要是为实施法律、行政法规和对地方事务做出的规定。这种立法体制是根据我国国情确立的，既保证立法权集中在中央，又充分考虑到改革开放和现代化建设的现实以及各地情况的差异和发展的不平衡。在这种立法体制下，行政法规不涉及刑事、国家机构等方面的法律，地方性法规涉及有限的几个法律部门。

3. 建设工程法律体系

建设工程法律体系是把关于建设工程的法律、行政法规、部门规章、地方性法规和地方性规章等有机地结合，形成一个相互联系、相互补充、相互协调的体系。体系中的法律具有独立性，但整个体系具有完整性。

1.1.3 法的结构

法的结构是由法律规范、法的部门和法的体系三个层次构成的。

1. 法律规范

法律规范是法的基本构成，通常有三个组成要素，即假定、处理和制裁。

（1）假定 假定即适用条件，是指法律规范中规定的可适用本条法律规范的情况和条件，包括一定的事实和行为。

（2）处理 处理是指法律规范中规定的要求，是法律规范最基本、最核心的部分。具体表述的是人们应该做什么、不应该做什么，或者可以做什么等内容。其实质是对权利义务的规定，是行为规则的本身。

(3) 制裁 制裁是法律规范中对违反规定所要求承担的法律后果，是体现国家强制力的表现。

法律规范有多种表现形式，可根据不同标准分类。一般有以下两种基本分类方法：

1) 按照性质，将法律规范分为义务性规范、禁止性规范和授权性规范。
2) 按照制约，将法律规范分为强制性规范和任意性规范。

2. 法的部门

法是调整社会关系的，按法律规范所调整的社会关系的同类性和关联性，将同类的或关联的法律规范集中起来，就形成了法的部门。

我国的法的部门主要有宪法及宪法相关法、民法商法、行政法、经济法、社会法、刑法、诉讼与非诉讼程序法等。

3. 法的体系

各个法的部门、各种法律法规，按其地位效力、相互关联等特点，依据一定次序排列组合而成的统一体系即为法的体系。

1.1.4 法的形式

法的形式是指法律创制方式和外部表现形式。

法的形式决定于法的本质。古今中外法的形式多种多样，常见的有习惯法、宗教法、判例、条例性法律规范、国际惯例、国际条约等。而我国的法的形式却不包括习惯法、宗教法和判例这几种形式。

我国的法的形式是指国家制定和认可的各种具体表现形式，具体可分为以下七类：

1. 宪法

宪法是由全国人大依照特别程序制定的具有最高效力的根本法，是我国最高的法律形式。宪法及宪法相关的法律主要有《中华人民共和国宪法》（以下简称《宪法》），以及附属低层次法律，包括《中华人民共和国立法法》（以下简称《立法法》）、《中华人民共和国国籍法》（以下简称《国籍法》）等。

2. 法律

法律（Law）是国家制定或认可的，由国家强制力保证实施的，以规定当事人权利和义务为内容的具有普遍约束力的社会规范。广义的法律是指法的整体，包括法律、有法律效力的解释及行政机关为执行法律而制定的规范性文件（如规章）。狭义的法律专指拥有立法权的国家权力机关依照立法程序制定的规范性文件。

我国的法律是由全国人大和全国人大常委会制定颁布的规范性法律文件，是狭义上的法律。

我国有宪法及宪法相关法、行政法、民法商法、刑法、经济法、诉讼与非诉讼程序法、社会法这七个法律部门，其中与建设工程相关的又可细分为以下常见类型：

(1) 宪法及宪法相关法 宪法是指《宪法》及附属低层次法律，包括《立法法》《国籍法》等。

(2) 民法 民法是指《中华人民共和国民法总则》（以下简称《民法总则》）、《中华人民共和国民法通则》（以下简称《民法通则》）以及单行民事法律，包括《中华人民共和国物权法》（以下简称《物权法》）、《中华人民共和国合同法》（以下简称《合同法》）、《中华人民共和国担保法》（以下简称《担保法》）、《中华人民共和国专利法》（以下简称《专利法》)、《中华人民共和国商标法》(以下简称《商标法》)、《中华人民共和国著作权法》(以下简称《著作权法》) 等。

(3) 商法　商法包括《中华人民共和国公司法》(以下简称《公司法》)、《中华人民共和国保险法》(以下简称《保险法》) 等。

(4) 经济法　经济法包括《中华人民共和国建筑法》(以下简称《建筑法》)、《中华人民共和国招标投标法》(以下简称《招标投标法》)、《中华人民共和国反不正当竞争法》(以下简称《反不正当竞争法》)、《中华人民共和国税收征收管理法》(以下简称《税收征收管理法》)、《中华人民共和国标准化法》(以下简称《标准化法》) 等。

(5) 行政法　行政法包括《中华人民共和国行政许可法》(以下简称《行政许可法》)、《中华人民共和国行政监察法》(以下简称《行政监察法》)、《中华人民共和国行政复议法》(以下简称《行政复议法》)、《中华人民共和国城市房地产管理法》(以下简称《城市房地产管理法》)、《中华人民共和国城乡规划法》(以下简称《城乡规划法》)、《中华人民共和国文物保护法》(以下简称《文物保护法》) 等。

(6) 劳动法　劳动法包括《中华人民共和国劳动法》(以下简称《劳动法》)、《中华人民共和国劳动合同法》(以下简称《劳动合同法》)、《中华人民共和国安全生产法》(以下简称《安全生产法》)、《中华人民共和国社会保险法》(以下简称《社会保险法》)、《中华人民共和国消防法》(以下简称《消防法》) 等。

(7) 自然资源与环境法　自然资源与环境法包括《中华人民共和国土地管理法》(以下简称《土地管理法》)、《中华人民共和国节约能源法》(以下简称《节约能源法》)、《中华人民共和国环境保护法》(以下简称《环境保护法》)、《中华人民共和国环境影响评价法》(以下简称《环境影响评价法》)、《中华人民共和国环境噪声污染防治法》(以下简称《环境噪声污染防治法》)、《中华人民共和国水污染防治法》(以下简称《水污染防治法》)、《中华人民共和国大气污染防治法》(以下简称《大气污染防治法》)、《中华人民共和国固体废物污染环境防治法》(以下简称《固体废物污染环境防治法》)、《中华人民共和国防震减灾法》(以下简称《防震减灾法》)、《中华人民共和国野生动物保护法》(以下简称《野生动物保护法》)、《中华人民共和国海洋环境保护法》(以下简称《海洋环境保护法》)、《中华人民共和国水土保持法》(以下简称《水土保持法》)、《中华人民共和国防沙治沙法》(以下简称《防沙治沙法》)、《中华人民共和国放射性污染防治法》(以下简称《放射性污染防治法》) 等。

(8) 刑法　刑法是指《中华人民共和国刑法》(以下简称《刑法》) 等。

(9) 诉讼法　诉讼法包括《中华人民共和国民事诉讼法》(以下简称《民事诉讼法》)、《中华人民共和国行政诉讼法》(以下简称《行政诉讼法》)、《中华人民共和国仲裁法》(以下简称《仲裁法》) 等。

3. 行政法规

国务院是我国最高的行政机关。行政法规是由国务院为领导和管理国家各项行政工作，根据宪法和法律，并且按照《立法法》的规定而制定的政治、经济、教育、科技、文化、外事等各类法规的总称。其实质是在全国人大及其常委会的授权下，就有关法律的执行、行政管理职权的履行等问题，由国务院制定的规范性法律文件。现行的建设行政法规主要有《建设工程质量管理条例》《建设工程安全生产管理条例》《建设工程勘察设计管理条例》《城市房地产开发经营管理条例》等。

4. 地方性法规

地方性法规有以下两种：

一种是省、自治区、直辖市制定的，即省、自治区、直辖市人大及其常委会，根据本行政区域的具体情况和实际需要，在不与宪法、法律、行政法规相抵触的前提下制定，由大会主席团或者常务委员会用公告公布施行，并报全国人大常委会和国务院备案的文件。

另一种是省、自治区人民政府所在地的市、经济特区所在地的市和经国务院批准的较大的市制定的，即省、自治区人民政府所在地的市和经国务院批准的较大的市的人大及其常委会，根据本市的具体情况和实际需要，在不与宪法、法律、行政法规和本省、自治区的地方性法规相抵触的前提下制定，报省、自治区人大常委会批准后施行，并由省、自治区的人大常委会报全国人大常委会和国务院备案的规范性文件。

根据《立法法》的规定，地方性法规可以就下列事项做出规定：

1) 为执行法律、行政法规的规定，需要根据本行政区域的实际情况做具体规定的事项。

2) 属于地方性事务需要制定地方性法规的事项。

5. 部门规章

部门规章是国务院各部门、各委员会、审计署等根据法律和行政法规的规定和国务院的决定，在本部门的权限范围内制定和发布的调整本部门范围内的行政管理关系，并不得与宪法、法律和行政法规相抵触的规范性文件。

部门规章规定的事项是属于执行法律和行政法规的规范性文件，主要形式是命令、指示、规章等，其名称也可以表现为"规定""办法"和"实施细则"等。

在我国，大量的建设工程法规都是以部门规章的形式发布的。例如，住房和城乡建设部（以下简称住建部）发布的《房屋建筑和市政基础设施工程竣工验收规定》《房屋建筑和市政基础设施工程质量监督管理规定》，国家发展和改革委员会（以下简称发改委）修订发布的《招标公告发布暂行办法》等。

6. 地方规章

地方规章也可称为地方政府规章，是指省、自治区、直辖市人民政府以及省、自治区、直辖市人民政府所在地的市、经济特区所在地的市和国务院批准的较大的市的人民政府，根据法律、行政法规和本省、自治区、直辖市的地方性法规所制定的规章。

地方政府规章可以规定的事项包括：①为执行法律、行政法规、地方性法规的规定需要制定规章的事项；②属于本行政区域具体行政管理的事项。

7. 国际条约

国际条约（International Treaties）是国际法主体之间以国际法为准则而为确立其相互权利和义务而缔结的书面协议，是我国政府与外国政府缔结、参加、签订、加入、承认的双边、多边的条约、协定和其他具有约束性的文件。国际条约包括一般性的国际条约和特别条约。

（1）一般性的国际条约　一般性的国际条约通常是大多数或多数国家参加的，主题事项涉及世界性问题，起着创立一般适用的国际法原则和规则的作用。

（2）特别条约　特别条约一般是由两个或几个国家为特定事项缔结的。

国际条约的基本内容是政治、经济、贸易、法律、文化、军事等方面的相互权利和义务。条约的缔结程序是指国与国之间签订条约的全过程，一般包括谈判、签字、批准和交换批准书。国际条约的名称很多，有条约、公约、协定、协定书、宪章、签约和宣言等。

如 WTO（世界贸易组织）规则，对 WTO 成员方的组织和公民都具有约束力。我国自 2001 年加入 WTO 后，WTO 规则对我国工程建设的影响也越来越大。

1.1.5　法的效力层次

法的效力层次是指在一个国家法律体系的各种法的渊源中，由于其制定主体、程序、时间、适用范围等不同，导致各种法的效力也不同，由此而形成的一个法的效力等级体系。

全面"依法治国"

1. 法的效力层次遵循的原则

法的效力层次遵循一定的原则，主要包括：

1）宪法至上原则。
2）等差顺序原则。
3）特别法优先原则。
4）实体法优先原则。
5）国际法优先原则。
6）后法优先或新法优先原则。

2. 我国《立法法》的规定

我国《立法法》对法律的效力层次和适用范围的主要规定如下：

1）宪法具有最高的法律效力；法律的效力高于行政法规、地方性法规、规章；行政法规的效力高于地方性法规、规章；地方性法规的效力高于本级和下级地方政府的规章；省级政府规章的效力高于本行政区内较大的市的政府规章。

2）经济特区法规根据授权对法律、行政法规、地方性法规做变通规定的，在本经济特区适用经济特区法规的规定；根据授权制定的法规与法律规定不一致，不能确定如何适用时，由全国人大常委会裁决。

3）部门规章之间、部门规章与地方政府规章之间具有同等效力，在各自的权限范围内施行；部门规章之间、部门规章和地方政府规章之间对同一事项规定不一致的，由国务院裁决。

4）地方性法规与部门规章之间对同一事项的规定不一致，不能确定如何适用时，由国务院决定或者由国务院提请全国人大常委会裁决。

5）较大的市的地方性法规不得与宪法、法律、行政法规、省级地方性法规相抵触。

6）省级人大常委会在对报请批准的较大的市的地方性法规进行审查时，发现其同本级政府规章相抵触的，应当做出处理决定。

7）同一机关制定的法律、法规、规章，特别法优于一般法，新法优于旧法。

8）同一机关制定的新的一般规定与旧的特别规定不一致时，由制定机关裁决。

9）法律、法规、规章一般不溯及既往，有特别规定的除外。

1.2　建设工程法律关系

1.2.1　建设工程法律关系及其构成要素

1. 法律关系及其特征

（1）建设工程法律关系的概念　法律关系是指由法律规范调整一定社会关系而形成的权

利与义务关系。或者说法律关系是指被法律规范所调整的权利与义务关系。法律关系是以法律为前提而产生的社会关系，没有法律的规定，就不可能形成相应的法律关系。法律关系是以国家强制力作为保障的社会关系，当法律关系受到破坏时，国家会动用强制力进行矫正或恢复。

建设工程法律关系则是指由建设工程法律法规所确认和调整的，在建设工程管理和协作过程中所产生的权利、义务关系。

（2）建设工程法律关系的特征　不同的法律关系有着不同的特征。构成其特征的条件是不同的法律关系的主体及其所依据的法律规范。建筑业活动面广，内容繁杂，法律关系主体广泛，所依据的法律规范多种多样，由此，决定建设工程法律关系具有如下特征：

1）建设工程法律关系不是单一的，而带有明显的综合性。

2）建设工程法律关系是一种涉及面广、内容复杂的权利义务关系。

3）建设工程法律关系是以受国家计划制约的建设管理、建设协作过程中形成的权利和义务为内容的。

4）建设工程行政法律关系决定、制约、影响着有计划因素的协作关系。

2. 建设工程法律关系的构成要素

法律关系都是由法律关系主体、法律关系客体和法律关系内容三要素构成的，缺少其中一个要素就不能构成法律关系。由于三个要素的内涵不同，从而组成不同的法律关系，如民事法律关系、行政法律关系、劳动法律关系、经济法律关系等。建设工程法律关系也是由主体、客体和内容三个要素所组成的。

（1）法律关系主体　建设工程法律关系主体主要是指参与或管理、监督建设活动的，受到建设工程法律规范调整的，在法律上享有权利、承担义务的自然人、法人或其他组织。

建设工程法律关系主体可以是国家机关、社会组织或自然人。

1）国家机关。国家机关主要有国家权力机关、行政机关。

①国家权力机关。国家权力机关是指全国人大及其常委会和地方各级人大及其常委会。国家权力机关参加建设工程法律关系的职能是审查批准国家建设计划和国家预决算，制定和颁布建设法律，监督检查国家各项建设工程法律的执行。

法律关系主体的理解

②行政机关。行政机关是依照国家宪法和法律设立的，依法行使国家行政职权，组织管理国家行政事务的机关。它包括国务院及其所属各部委、地方各级人民政府及其职能部门。

2）社会组织（法人）。作为建设工程法律关系主体的社会组织一般应为法人。

法人是指具有民事权利能力和民事行为能力，依法享有民事权利和承担民事义务的组织。法人必须符合以下条件：①依法成立；②有必要的财产或者经费；③有自己的名称、组织机构和场所；④能够独立承担民事责任。

3）自然人。自然人也可以成为建设工程法律关系的主体，如建设企业工作人员（建筑工人、专业技术人员、注册执业人员等）同企业单位签订劳动合同时，即成为劳动法律关系主体。

自然人不仅包括公民，还包括外国籍人士、无国籍人士。自然人作为民事主体的一种，能否通过自己的行为取得民事权利、承担民事义务，取决于其是否具有民事行为能力。这里的民事行为能力，是指民事主体通过自己的行为取得民事权利、承担民事义务的资格，包括完全民事行为能力、限制民事行为能力、无民事行为能力。

（2）法律关系客体　法律关系客体是一定利益的法律形式。在通常情况下，主体都是为了某一客体,彼此设立一定的权利、义务,从而产生法律关系。建设工程法律关系客体是指建设工程中法律关系主体享有的权利和承担的义务所共同指向的对象。一般法律关系的客体分为财、物、行为和非物质财富。建设工程法律关系客体也不外乎这四类,即:

1)表现为财的客体。财,一般是指资金及各种有价证券。财的客体主要表现为建设资金、各类价款等,如基本建设的贷款合同,其客体就是一定数量的货币。

2)表现为物的客体。物是指可被人们控制的并具有经济价值的生产资料和消费资料。物的客体主要表现为建筑材料、机械设备,建设工程的产品,如建筑物、构筑物、道路、桥梁等。

3)表现为行为的客体。行为是指人的有意识的活动。在建设工程中,行为多表现为完成一定的工作,如具体的施工工作、劳务工作、勘察与设计工作,检查、测量、验收等活动。

4)表现为非物质财富的客体。非物质财富是指人们脑力劳动的成果或智力方面的创作,也称为智力成果。在建设工程中,如设计单位提供的具有创造性的设计方案,该设计单位依法可以享有专有权,使用单位未经允许不能无偿使用。此外,还包括建设工程中的新技术、新材料、新工艺、专利技术等。

(3)法律关系内容 法律关系内容就是权利和义务,包括法定的权利和义务、约定的权利和义务。

权利是指法律关系主体在法定范围内有权进行各种活动;义务是指法律关系主体必须按法律规定或约定承担应负的责任。义务和权利是相互对应的,相应主体应自觉履行建设义务,义务主体如果不履行或不适当履行,就要承担相应的法律责任。

建设工程法律关系的内容,即建设工程权利和建设工程义务。

1)建设工程权利。建设工程权利是指建设工程法律关系主体在法定范围内,根据国家建设管理要求和自己业务活动的需要,有权进行各种建设工程活动。权利主体可要求其他主体做出一定的行为或抑制一定的行为,以实现自己的权利,因其他主体的行为而使权利不能实现时有权要求国家机关加以保护并予以制裁。

2)建设工程义务。建设工程义务是指建设工程法律关系主体必须按法律规定或约定承担应负的责任。义务和权利是相互对应的,相应主体应自觉履行建设义务,义务主体如果不履行或不适当履行,就要承担相应的法律责任。

(4)建设工程法律关系的产生、变更与终止

1)法律关系的产生。法律关系的产生是指法律关系的主体之间形成了一定的权利和义务关系。例如,某建设单位与施工单位签订了建设工程承包合同,主体双方就产生了相应的权利和义务,此时,受建设工程法律规范调控的法律关系即告产生。

2)法律关系的变更。法律关系的变更是指法律关系的三个要素(即主体、客体和内容)发生变化。

①主体变更。主体变更是指法律关系主体数目增多或减少,也可以是主体改变。在合同的变更中,如果客体不变,相应权利义务也不变,此时主体改变就称为合同转让,但建设工程合同是严禁转让的。

②客体变更。客体变更是指法律关系中权利义务所指向的事物发生变化。客体变更可以是其范围变更,也可以是其性质变更。

③内容变更。法律关系主体与客体的变更,必然导致相应的权利和义务变更,即内容的变更。

3)法律关系的终止。法律关系的终止是指法律关系主体之间的权利义务不复存在,彼

此丧失了约束力，具体有以下几种法律关系终止的形式：

①自然终止。自然终止是指某类法律关系所规范的权利和义务顺利得到履行，取得了各自的利益，从而使该法律关系达到完结。

②协议终止。协议终止是指法律关系主体之间协商解除某类建设工程法律关系规范的权利和义务，致使该法律关系归于终止。

③违约终止。违约终止是指法律关系主体一方违约，或发生不可抗力，致使某类法律关系规范的权利不能实现。

3. 建设工程的法律行为

（1）法律事实

1）法律事实的概念。法律关系只有在一定的情况下才能产生，而这种法律关系的变更和终止也是由一定的情况决定的。这种引起法律关系产生、变更和终止的情况，即是人们通常所称的法律事实。法律事实即法律关系产生、变更和终止的原因。

2）法律事实的分类。法律事实按是否包含当事人的意志为依据分为以下两类：

①事件。事件是指不以当事人意志为转移而产生的客观事实。

②行为。行为是指当事人的有意识的活动。

（2）法律行为

1）法律行为的概念。法律行为，就是指能发生法律上效力的人们的意志行为，即根据当事人的个人意愿形成的一种有意识的活动，是在社会生活中引起法律关系产生、变更和终止的最经常的事实。

法律行为包括积极的法律行为和消极的法律行为两种。

2）法律行为主体的要求。法律行为主体具有相应的民事权利能力和行为能力。

①民事权利能力。民事权利能力是指能够参加民事活动、享有民事权利和负担民事义务的法律资格。

②民事行为能力。民事行为能力是指通过自己行为取得民事权利和负担民事义务的资格。法律行为主体只有取得了相应的民事权利能力和行为能力后，其做出的民事行为法律才能认可。

3）法律行为的成立要件。根据《民法总则》第一百四十三条的规定，具备下列条件的民事法律行为有效：

①行为人具有相应的民事行为能力。

②意思表示真实。

③不违反法律、行政法规的强制性规定，不违背公序良俗。

民事法律行为所采用的形式分为要式民事法律行为和不要式民事法律行为。凡属要式的民事法律行为，必须采用法律规定的特定形式才为合法；而不要式民事法律行为，则是当事人在法律允许范围选择口头形式、书面形式或其他形式作为民事法律行为的形式皆为合法。

1.2.2 建设工程的企业法人制度

在建设工程中的企业法人就是法律关系的主体之一，企业法人制度是现代企业制度的核心，推行企业法人制度对我国社会主义国家建设具有重大意义。

1. 企业法人及其分类

（1）法人　法人是指具有民事权利能力和民事行为能力，依法独立享有民事权利和承担民事义务的组织。

法人不是自然人,而是组织、机构或单位。法人的法定代表人是自然人,可代表法人行使职权。

法人可以分为企业法人和非企业法人两大类。

1) 企业法人。企业法人是具有国家规定的独立财产,有健全的组织机构、组织章程和固定场所,能够独立承担民事责任、享有民事权利和承担民事义务的经济组织。企业法人是以盈利为目的的具备法人条件的企业。

2) 非企业法人。非企业法人不以盈利为目的,分为行政法人、事业法人和社团法人三类。

确立企业法人制度的意义在于使具备法人条件的企业取得独立的民事主体资格,真正成为自主经营、自负盈亏的商品生产者和经营者,在法律上拥有独立的人格,像自然人一样有完全的权利能力和行为能力。

(2) 企业法人 企业法人是指依据《中华人民共和国企业法人登记管理条例》《中华人民共和国公司登记管理条例》等,经各级工商行政管理机关登记注册的合法企业;是具有符合国家法律规定的资金数额、企业名称、组织章程、组织机构、住所等法定条件,能够独立承担民事责任,经主管机关核准登记取得法人资格的社会经济组织。

根据法律规定,具备法人条件的下列企业,应当办理企业法人登记:

1) 全民所有制企业。
2) 集体所有制企业。
3) 联营企业。
4) 在中华人民共和国境内设立的中外合资经营企业、中外合作经营企业和外资企业。
5) 私营企业。
6) 依法需要办理企业法人登记的其他企业。

但是以上企业只有具备了法人条件,才可以进行法人登记。而并不是说上述类型的企业都属于企业法人。

(3) 企业法人的分类 从不同的角度,企业可以划分为以下不同的类型:

1) 按资产的所有制性质,企业可分为国有制企业、集体所有制企业、混合所有制企业、私营企业、中外合资企业、外商独资企业等。

2) 按资本组织形式,企业可分为有限责任企业、股份有限企业、合作企业、股份合作企业、合伙企业、业主制企业等。

3) 按企业制度的形态,企业可分为个人企业、合伙企业和公司制企业。但是前两者为非法人组织,而公司制企业中的有限责任公司和股份有限公司才是企业法人。

4) 按技术装备水平,企业可分为现代化企业和非现代化企业。

5) 按规模和综合生产能力,企业可分为大型企业、中型企业和小型企业。

6) 按生产经营品种,企业可分为工业企业、农业企业、交通运输企业、商业企业、金融企业、信息企业等。

7) 按生产要素构成比例,企业可分为劳动密集型企业、资本密集型企业和技术密集型企业。

(4) 企业取得法人资格必须满足的条件

1) 依法成立是指依照现行法律规定成立,包括在成立程序上的合法性和在成立后组织的合法性。我国公司制企业必须依《公司法》成立，方能取得法人资格。

2）有独立的财产是企业作为民事主体参与经济活动、享有民事权利和承担民事责任的物质基础。法人企业应具有与其经营范围、经营规模相匹配的财产总额。

3）有名称、组织机构和场所。法人的名字是法人的字号，是它区别于其他法人的标志。企业法人是一个经济组织，组织必须有一个有序的组织机构，组织的功能才能发挥。企业法人的场所是企业生产经营活动的地方，也是企业作为民事主体的住所。企业法人必须有场所，一是生产经营活动的需要，二是有利于国家对企业的监督和管理。

4）必须独立承担民事责任。这一条件包括三层含义：①必须承担民事责任；②只能由它自己承担；③有能力承担。企业能否独立承担民事责任是以其是否拥有独立财产为基础的。公司制企业由多个投资主体（包括自然人和其他法人）出资，依法定程序设立，所有投资主体的出资形成公司独立的法人财产，并与投资主体的其他未投入的财产相分离，公司以它拥有的全部财产独立享有民事权利和承担民事责任，具有与自然人一样的民事权利能力和民事行为能力。

企业法人在符合上述条件后，必须经过工商行政主管部门核准登记后，方具有企业法人资格和身份，获得相应的企业法人证明。

企业法人具有两重属性：既是生产要素结合的组织形式，又体现一定的社会经济关系。因此，企业是社会生产力与社会生产关系有机结合的产物。

（5）企业法人具有的特征

1）具备企业法人的法定条件，经核准登记成立。

2）是从事营利性生产经营活动的经济组织。

3）独立承担民事责任。

2. 建设工程项目法人制度

（1）项目法人的设立

1）设立项目法人的条件。国有单位经营性基本建设大中型项目在建设阶段必须组建项目法人。

2）设立要求

①新建上述项目在项目建议书批准后，应及时组建项目法人筹备组，具体负责项目法人的筹建工作。项目法人筹备组应主要由项目的投资方派代表组成。

②上述项目的投资单位在申报项目可行性研究报告时，须同时提出项目法人的组建方案，否则，其项目可行性研究报告不予审批。

③项目可行性研究报告经批准后，正式成立项目法人，并按有关规定确保资本金按时到位，同时办理公司设立登记。

④国家重点建设项目的公司章程须报国家发改委备案，其他项目的公司章程按项目隶属关系分别报有关部门、地方发改委备案。

⑤项目法人组织要精干。建设管理工作要充分发挥咨询企业、监理企业、会计师事务所和律师事务所等各类中介组织的作用。

⑥由原有企业负责建设的基建大中型项目，需新设立子公司的，要重新设立项目法人，并按规定的程序办理；只设分公司或分厂的，原企业法人即是项目法人。对这类项目，原企业法人应向分公司分厂派遣文职管理人员，并实行专项考核。

3）设立形式。项目法人可按《公司法》的规定设立有限责任公司（包括国有独资公司）和股份有限公司等形式。

（2）项目法人的责任　实行项目法人责任制，由项目法人对项目的策划、资金筹措、建设实施、生产经营、偿还债务和资产的保值增值，实行全过程负责。

3. 建设工程中法人的地位和作用

（1）法人的地位

1）在建设工程中，大多数活动主体都是法人。施工单位、勘察单位、设计单位、监理单位、检测单位、审价单位等都必须是具有企业法人资格的组织，但没有法人资格的其他组织（如分公司、项目部）也可参与建设工程活动。建设单位一般都具有法人资格，但有时也可能是没有法人资格的其他组织。

2）法人在建设工程中的地位表现在其具有民事权利能力和民事行为能力。

（2）法人的作用

1）企业法人是建设工程中的基本主体。

2）确立了建设领域企业所有权和经营权的分离。

1.2.3　建设工程代理制度

参与建设工程活动的企业、单位或个人，有时可以通过委托代理实施民事法律行为。代理制度也是建设工程法律关系中较为常见的法律制度。

1. 代理的基本要求

（1）代理的概念　《民法总则》规定，民事主体可以通过代理人实施民事法律行为。代理人在被授予的代理权限范围内，以被代理人的名义与第三人实施法律行为。行为后果是由被代理人对代理人的代理行为承担法律责任。

代理必须由三方当事人组成，即被代理人、代理人、代理关系所涉及的第三人。

（2）代理的法律责任

1）代理人必须在代理权限范围内实施代理行为，在代理的权限范围内，代理人有独立进行意思表示的权利。

2）代理人应该以被代理人的名义实施代理行为（如招标代理发公告）。

3）代理行为必须是具有法律意义的行为，代理行为必须能够产生法律上的权利和义务关系。

4）代理行为的法律后果归属于被代理人。

2. 代理类型

我国的法律规定，代理的种类有委托代理、法定代理和指定代理三种。

（1）委托代理　委托代理是指根据被代理人的委托而产生的代理。例如，公民委托律师代理诉讼、建设工程中建设单位委托监理监督工程质量管理等均属于委托代理。

委托代理可采用口头形式委托，也可采用书面形式委托。如果法律明确规定必须采用书面形式委托，则必须采用书面形式。例如，委托建设工程的招标代理，委托合同就必须采用书面形式。

在实际生活中，委托代理应注意下列问题：

1）被代理人应慎重选择代理人。因为代理活动要由代理人来实施，且实施结果要由被代理人承受，因此，如果代理人不能胜任工作，将会给被代理人带来不利的后果，甚至还会损害被代理人的利益。

2）委托授权的范围要明确。由于委托代理是基于被代理人的委托授权而产生的，所以，被代理人的授权范围一定要明确。如果由于授权不明确而给第三人造成损失的话，则被代理人要向第三人承担责任，代理人承担连带责任。

3）委托代理的事项必须合法。被代理人自己不能进行违法活动，也不能委托他人进行违法活动；同时，代理人也不能接受此类委托，否则，被代理人、代理人要承担连带责任。

（2）法定代理　法定代理是基于法律的直接规定而产生的代理。例如，父母作为监护人代理未成年人进行民事活动就是属于法定代理。法定代理是为了保护无行为能力的人或限制行为能力的人的合法权益而设立的一种代理形式，适用范围比较窄。

（3）指定代理　指定代理是指根据主管机关或人民法院的指定而产生的代理。这种代理也主要是为无行为能力的人和限制行为能力的人而设立的。例如，人民法院指定一名律师作为离婚诉讼中丧失行为能力而又无其他法定代理人的一方当事人的代理人，就属于指定代理。

3. 建设工程的代理行为

建设工程活动中涉及的代理行为比较多，有工程监理委托、工程管理委托、工程招标代理、投资控制委托、材料采购代理、设备采购代理、法律顾问委托、诉讼律师代理，等等。

（1）建设工程代理的设立　建设工程的代理行为必须遵守法律规定，并受法律制约。参与建设工程活动的主体，一般可以根据需要委托代理，由代理人完成一定的代理事由。但是以下两种是不得委托代理的情况：

1）依照法律规定或双方当事人约定，应当由本人实施的民事法律行为不得代理。

2）建设工程承包活动不得委托代理（不得转包、不得肢解发包、不得将主体施工分包）。

（2）代理的资格　在我国的建设工程活动中，不少的代理必须具有法定的资格方可从事代理行为。例如，从事工程监理、招标代理、质量检测、造价审计等活动的机构或个人都必须具有相关的法定资质或资格。

被代理人不得委托没有法定资格的代理人代理有法定资格要求的建设工程活动。没有资格的单位或个人，不得成为有法定资格要求的建设工程活动的代理人。

（3）建设工程代理的终止　一般民事委托代理行为，有下列情形之一的，代理终止：①代理期间届满或代理事务完成；②取消代理关系；③代理人死亡；④代理人丧失民事行为能力；⑤一方或两方的机构终止。

建设工程代理行为的终止仅有以下三种情形：

1）代理期间届满或代理事项完成。

2）被代理人取消委托或者代理人辞去委托。

3）作为被代理人或者代理人的法人终止。

4. 代理的责任

代理人在代理活动中应承担以下责任：

（1）代理人在代理权限内以被代理人的名义实施代理行为　如果代理人没有代理权、超越代理权限范围或代理权终止后进行活动，则属于无权代理。倘若被代理人不予以追认，则由行为人承担法律责任。

（2）代理人应亲自进行代理活动　代理关系中，被代理人的委托授权，是基于对代理人的信任，委托代理就是建立在这种人身信任基础上的。因此，代理人必须亲自进行代理活动、完成代理任务。如果转托他人代理，则应事先征得被代理人的同意，或在事后及时告知被代理人。如被代理人不同意，则由代理人对自己的转托行为负民事责任；但紧急情况下为了保护被代理人的利益等特殊情况除外。本代理、复代理的三方当事人的形式是被代理人、代理人、复代理人。

（3）代理人应认真履行职责　代理人接受了委托，就有义务尽职尽责地完成代理工作。如果不履行或不认真履行代理职责而给被代理人造成损害的，代理人应承担赔偿责任。

（4）不得滥用代理权　滥用代理权表现为：

1）以被代理人的名义同自己实施法律行为。例如，以被代理人的名义同自己订立合同，就属于此种情形。

2）代理双方当事人实施同一个法律行为。例如，在同一诉讼中，律师既代理原告，又代理被告，这就很可能损害一方或双方当事人的利益，因此，此种情形为法律所禁止。

3）代理人与第三人恶意串通损害被代理人的利益。例如，代理人与第三人相互勾结，在订立合同时给第三人以种种优惠，而损害了被代理人的利益。对此，代理人、第三人要承担连带责任。

1.3　建设工程法律权利

法律权利是指国家通过法律规定对法律关系主体可以自主决定为或不为某种行为的许可和保障手段。法律权利是一个和法律义务相对应的概念，是法律关系主体依法享有的某种权能或利益，表现为权利享有者可以自己做出一定的行为，也可以要求他人做出或不做出一定的行为。

一切法律权利都受到国家的保护，当权利受到侵害时，权利享有者有权向人民法院或者有关主管机关申诉或请求保护。法律权利有以下特点：

1）来自法律规范的规定，得到国家的确认和保障。

2）是保证权利人利益的法律手段。

3）是与义务相关联的概念，离开义务就无法理解权利。没有义务人的法律义务的保证，权利人的权利就不可能行使。

4）确定权利人从事法律所允许的行为的范围，在这一范围内，权利人满足自己利益的行为或者要求义务人从事一定行为是合法的，而超过这一范围，则是非法的或不受法律保护的。

在建设工程中法律权利表现的形式更为具体、形象。

1.3.1　债权

1. 债权的概念

（1）债权　债是按照合同约定或依照法律规定，在当事人之间产生的特定的权利和义务关系。债权的权利主体和义务主体都是特定的，是对人权；债权的客体可以是物、行为和智力成果；债权的实现需要义务主体的积极行为的协助，是相对权。

（2）债的发生根据　根据相关法律规范的规定，能够引起债的发生的法律事实，即债的发生根据，主要有以下几种：

1）合同。合同是指民事主体之间关于设立、变更和终止民事关系的协议，是平等的自然人、法人和其他组织之间设立、变更、终止民事权利义务关系的协议。合同是引起债权债务关系发生的最主要、最普遍的根据。

2）侵权行为。侵权行为是指行为人不法侵害他人的财产权或人身权的行为。

3）不当得利。不当得利是指没有法律或合同根据，有损于他人而取得的利益。它可能表现为得利人财产的增加，致使他人不应减少的财产减少了；也可能表现为得利人应支付的费用没有支付，致使他人应当增加的财产没有增加。不当得利一旦发生，不当得利人就负有返还的义务。因而，这是一种债权债务关系。

4）无因管理。无因管理是指既未受人之托，也不负有法律规定的义务，而是自觉为他人管理事务的行为。无因管理行为一经发生，便会在管理人和其事务被管理人之间产生债权债务关系，其事务被管理人负有赔偿管理人在管理过程中所支付的合理的费用及直接损失的义务。

5）债的其他发生根据。除前述几种发生根据外，遗赠、扶养、发现埋藏物等，也是债的发生根据。

（3）债权的内容　债权的内容是指债的主体双方之间的权利义务，即债权人享有的权利和债务人负担的义务，常称为债权与债务。债权是请求特定人为特定行为或不为特定行为的权利。

（4）债权的特点　债权具有如下特点：

1）债权主体的相对性。

2）债权内容的相对性。

3）债权责任的相对性。

（5）债的消灭　债的消灭主要包括：

1）因履行而消灭。

2）因抵消而消灭。

3）因提存而消灭。

4）因混同而消灭。

5）因免除而消灭。

6）因当事人死亡而解除（仅指具有人身性质的合同之债）。

2．建设工程中的债权

（1）建设工程债的发生根据　建设工程债的产生是指特定当事人之间所发生的债权债务关系。引起债产生的法律事实就是债产生的根据。

1）合同。由合同引起债的关系，是建设工程的债所发生的最主要、最普遍的根据。

2）侵权。侵权行为一经发生，就在侵权人和被侵权人之间形成了债的关系。

在建设工程活动中发生的侵权情形有很多，常见的类型有：

①因施工噪声、废气或污水排放造成邻近区域污染的侵权。

②因建筑物、构筑物或者其他设施遮挡正常光照的侵权。

③因施工措施不当造成邻近道路、管线及建筑物、构筑物或者其他设施受损的侵权。

④因采购、运输、堆放、保管、施工或安装错误造成的材料、设备受损的侵权。

⑤因管理措施或施工方法不当造成他人损害的侵权。

3）无因管理。

4）不当得利。

（2）建设工程债的常见种类

1）施工合同之债。施工合同之债发生在建设单位与施工单位之间。

2）买卖合同之债。买卖合同之债发生在建设单位、施工单位与材料设备供应商之间。

3）侵权之债。侵权之债发生在建设单位、施工单位与周边单位或居民之间。

1.3.2 物权

1. 物权的概念

物权是民事主体依法对特定的物进行管领支配，享有利益并排除他人干涉的权利。物权的实现不需要他人的协助，是绝对权。

物权的权利主体是特定的，义务主体则是不特定的，是对事权；物权的主体包括法人、法人以外的其他组织、自然人三大类。

物权的客体只能是物；包括不动产物权和动产物权两大类。

物权与债权的区别表现在：债权是相对权，而物权是绝对权。

2. 物权的种类

根据分类依据不同，物权可做如下划分：

1）根据物权的权利主体是否为财产的所有人，物权可分为：

①自物权。自物权又称所有权，是指权利人对自己的所有物享有的占有、使用、收益和处分的权利。

②他物权。他物权是指在他人的所有物上设定的权利。

2）依据设立目的的不同，物权可分为：

①用益物权。用益物权是指对他人所有物使用和收益的权利。我国《民法通则》规定的全民所有制企业经营权、国有土地使用权、采矿权等属于用益物权。

②担保物权。担保物权是指为了担保债的履行而在债务人或第三人特定的物或权利上所设定的权利。例如，抵押权、质权、留置权等都是担保物权。

3）按物权的客体是动产还是不动产，物权可分为：

①动产物权。动产物权是指以能够移动的财产为客体的物权，如质押权、留置权。

②不动产物权。不动产物权是指以土地、房屋等不动产为客体的物权，如土地使用权。

3. 物权的特征

物权具有如下特征：

1）物权是支配权。

2）物权是绝对权。

3）物权是财产权。

4）物权具有排他性，即一物一权。

4. 土地所有权

1）国家或农民集体依法对归其所有的土地所享有的具有支配性和绝对性的权利。

2）国家所有土地的所有权由国务院代表国家行使。

3）农民集体土地由本集体经济组织成员承包经营，耕地承包经营期为30年。

4）在土地承包经营期限内，对承包土地进行调整的，必须经村民会议2/3以上成员或者2/3以上村民代表同意，并报乡（镇）人民政府或县级农业部门批准。

5）国家实行土地用途管制，土地用途分为农用地、建设用地和未利用地三大类，严格限制用途转用。

6）城市市区土地属国家所有；农村和城市郊区土地，宅基地、自留地、自留山属农民集体所有。

5. 建设用地使用权

（1）建设用地使用权的概念　《物权法》第一百三十五条规定："建设用地使用权人依法对国家所有的土地享有占有、使用和收益的权利，有权利用该土地建造建筑物、构筑物及其附属设施。"

（2）建设用地使用权的设立

1）建设用地使用权可地上、地表、地下分别设立。

2）可采用出让或划拨两种方式。

3）设立后应申请登记，建设用地使用权自登记时设立。

（3）建设用地使用权的流转、续期和消灭

1）转让、互换、出资、赠与或者抵押（流转的规定）。建设用地使用权人有权转让、互换、出资、赠与或者抵押。

①当事人应采用书面形式订立合同，期限不得超过建设用地使用权的剩余年限。

②应向登记机关申请变更登记。

③附着该土地上的建筑物等一并处分。

2）建设用地使用权的续期

①住宅建设用地期限届满，自动续期。

②非住宅建设用地期限届满，依照法律规定续期。

3）建设用地使用权的消灭。建设用地使用权的消灭应及时办理注销登记，登记机构收回建设用地使用权证书。

6. 不动产物权的设立、变更、转让和消灭

（1）一般规定

1）不动产物权的效力，自记载于登记簿时生效。

2）未经登记不发生效力，但法律另有规定的除外。

3）属于国家所有的自然资源，所有权可不登记。

4）不动产登记，由不动产所在地的登记机构办理。

（2）不动产登记与合同效力的关系

1）一般情况下，自合同成立时生效，未办理物权登记的不影响合同效力（买卖合同不需要登记）。

2）法律规定或合同有约定的，必须按其规定或约定（如抵押必须登记生效）。

7. 动产物权的设立和转让

1）动产物权以占有和交付为公示手段。

2）动产物权的设立和转让，自交付时发生效力。

3）在特殊情况下，也需要登记，否则不得对抗善意第三人。

8. 物权的保护

（1）物权纠纷解决途径

1）和解。

2）调解。

3）仲裁。

4）诉讼。

(2) 物权保护方式

1）请求确认权利。

2）请求返还原物。

3）请求排除妨害或消除危险。

4）请求修理、重作、更换或恢复原状。

5）请求损害赔偿。

6）除民事责任外，如违反行政规定，应承担行政责任。

7）构成犯罪的，追究刑事责任。

1.3.3 知识产权

1. 知识产权的概念

知识产权又称智慧财产权，是指人们对其智力劳动成果所享有的民事权利。《建筑法》第四条规定："国家扶持建筑业的发展，支持建筑科学技术研究，提高房屋建筑设计水平，鼓励节约能源和保护环境，提倡采用先进技术、先进设备、先进工艺、新型建筑材料和现代管理方式。"据此，在工程建设活动中将产生大量的知识产权。

(1) 知识产权的保护范围　我国承认并以法律形式加以保护的主要知识产权有著作权、专利权、商标权、商业秘密以及其他有关的知识产权。

(2) 知识产权的基本特征

1）具有人身权和财产权的双重性质。

2）专有性（独占性或排他性）。

3）地域性。

4）时间性。

2. 知识产权法律制度

我国现行的知识产权保护法有：

(1) 著作权法　著作权是指文学、艺术和科学作品的作者依法所享有的权利。著作权属于民事权利，是知识产权的组成部分。著作权作为一种财产权，其法律性质和特征既不同于作为普通财产权的物权和债权，也和作为知识产权另一部分的工业产权有区别。

1）著作权的主体。《著作权法》第九条规定："著作权人包括：（一）作者；（二）其他依照本法享有著作权的公民、法人或者其他组织。"

2）著作权的客体是指著作权法的保护对象。著作权是基于作品而发生的民事权利。著作权法保护的作品表现形式有：①文字作品；②口述作品；③音乐、戏剧、曲艺、舞蹈作品；④美术、摄影作品；⑤电影、电视、录像作品；⑥工程设计、产品设计图及其说明；⑦地图、示意图等图形作品；⑧法律、行政法规规定的其他作品；⑨计算机软件；⑩民间文学艺术作品。

3）著作权的内容有著作人身权、著作财产权两类。

(2) 专利法　专利权是专利制度，是国际上通行的一种利用法律和经济手段保护和鼓励发明创造，推动技术进步的管理制度。专利权是指国家专利主管机关依法授予专利申请人及其继承人在一定期间内实施其发明创造的独占权。

我国2008年12月27日修订颁布的《专利法》就是国家制定的用以调整因确认发明创

造的所有权和因发明创造的利用而产生的各种社会关系的法律规范。

1）专利权的主体包括发明人或设计人、社会组织、合法受让人、外国人与外国组织。

2）专利权的客体（类型）包括发明、实用新型和外观设计。

3）授予专利权的法定要求

①专利权取得的条件。发明和实用新型取得专利权的条件是应当具备新颖性、创造性和实用性；外观设计取得专利权的条件是新颖性。

新颖性是指该发明或者实用新型不属于现有技术；也没有任何单位或者个人就同样的发明或者实用新型在申请日以前向国务院专利行政部门提出过申请，并记载在申请日以后公布的专利申请文件或者公告的专利文件中。

创造性是指与现有技术相比，该发明具有突出的实质性特点和显著的进步，该实用新型具有实质特点和进步。

实用性是指该发明或者实用新型能够制造或者使用，并且能够产生积极效果。

②专利权取得的原则有单一性原则、先申请原则和优先权原则。

③专利权取得的程序：申请人递交申请文件；专利主管机关对申请的审批。

4）专利权的申请如下：

①申请发明或者实用新型专利权的，应当提交请求书、说明书及其摘要和权利要求书等文件。请求书应当写明发明或者实用新型的名称，发明人的姓名，申请人姓名或者名称、地址以及其他事项；说明书应当对发明或者实用新型做出清楚、完整的说明，以所属技术领域的技术人员能够实现为准；必要的时候，应当有附图；摘要应当简要说明发明或者实用新型的技术要点；权利要求书应当以说明书为依据，清楚、简要地限定要求专利权保护的范围。

②申请外观设计专利权的，应当提交请求书、该外观设计的图片或者照片以及对该外观设计的简要说明等文件。申请人提交的有关图片或者照片应当清楚地显示要求专利权保护的产品的外观设计。

5）专利权的期限如下：①发明专利权的期限为 20 年；②实用新型专利权、外观设计专利权的期限为 10 年；③期限均自申请日起计算。

6）专利权的保护：①专利权保护范围的确定；②专利侵权行为的确定。

（3）商标法 商标权是商标专用权的简称，是指商标主管机关依法授予商标所有人对其注册商标受国家法律保护的专有权。商标注册人依法支配其注册商标并禁止他人侵害。商标权包括商标注册人对其注册商标的排他使用权、收益权、处分权、续展权和禁止他人侵害的权利。我国 2013 年 8 月 30 日修订颁布的《商标法》，是以法律形式对商标权进行保护。

1）商标权的主体包括企业、事业单位和个体工商业者，自然人也可以成为商标权主体。

2）商标权的客体是注册商标。商标是用以区别商品和服务不同来源的商业性标志，由文字、图形、字母、数字、三维标志、颜色组合或者上述要素的组合构成。

3）商标权的获得必须履行商标注册程序，而且实行申请在先原则。

①商标权取得的条件是向商标主管机关申请注册。

②商标权注册的原则有自愿注册原则、先申请原则和单一性原则。

③取得的程序：申请；审核。

4）商标权的期限。根据《商标法》的规定，商标权的有效期为 10 年，自核准注册之日起计算，期满前 12 个月内申请续展，在此期间内未能申请的，可给予 6 个月的宽展期。

续展可无限重复进行，每次续展期为10年。

5) 商标侵权及其法律责任。非法使用他人注册商标的，销售明知是假冒他人注册商标的商品的，伪造、擅自制造他人注册商标标识或者销售伪造、擅自制造的商标标识的，给他人的注册商标专用权造成其他损害的行为，由工商行政管理机关或人民法院严格依照《商标法》及其实施细则的规定处理。

6) 商标权的价值。商标权是一种无形资产，具有经济价值，可以用于抵债，即依法转让。根据《商标法》的规定，商标可以转让，转让注册商标时转让人和受让人应当签订转让协议，并共同向商标主管机关提出申请。

1.4 建设工程法律责任

1.4.1 法律责任

法律责任是指因违反了法定义务或契约义务，或不当行使法律权利、权力所产生的，由行为人承担的不利后果。就其性质而言，法律关系可以分为法律上的功利关系和法律上的道义关系，与此相适应，法律责任方式也可以分为补偿性方式和制裁性方式。

法律责任是由特定法律事实所引起的对损害予以补偿、强制履行或接受惩罚的特殊义务，即由于违反第一性义务而引起的第二性义务。

1. 法律责任的构成

法律责任的构成要件是指构成法律责任必须具备的各种条件或必须符合的标准，是国家机关要求行为人承担法律责任时进行分析、判断的标准。根据违法行为的一般特点，可以把法律责任的构成要件概括为以下五个方面：

（1）主体　法律责任主体是指违法主体或者承担法律责任的主体。责任主体不完全等同于违法主体。

（2）过错　过错即承担法律责任的主观故意或者过失。

（3）违法行为　违法行为是指违反法律所规定的义务、超越权利的界限行使权利以及侵权行为的总称，一般认为违法行为包括犯罪行为和一般违法行为。

（4）损害事实　损害事实即受到损失和伤害的事实，包括对人身、对财产、对精神（或者三方面兼有）的损失和伤害。

（5）因果关系　因果关系即行为与损害之间的因果关系，它是存在于自然界和人类社会中的各种因果关系的特殊形式。

2. 法律责任的特点

1) 法律责任表示为一种因违反法律上的义务（包括违约等）关系而形成的责任关系，它是以法律义务的存在为前提的。

2) 法律责任表示为一种责任方式，即承担不利后果。

3) 法律责任具有内在逻辑性，即存在前因与后果的逻辑关系。

4) 法律责任的追究是由国家强制力实施或者潜在保证的。

3. 法律责任的分类

1) 根据违法行为所违反的法律的性质，可以把法律责任分为：

①民事责任。民事责任是指由于违反民事法律、违约或者由于民法规定所应承担的一种法律责任。

②刑事责任。刑事责任是指行为人因其犯罪行为所必须承受的,由司法机关代表国家所确定的否定性法律后果。

③行政责任。行政责任是指因违反行政法规定或因行政法规定而应承担的法律责任。

④违宪责任。违宪责任是指由于有关国家机关制定的某种法律和法规、规章,或有关国家机关、社会组织或公民从事了与宪法规定相抵触的活动而产生的法律责任。

⑤国家赔偿责任。国家赔偿责任是指在国家机关行使公权力时由于国家机关及其工作人员违法行使职权所引起的由国家作为承担主体的赔偿责任。

2)根据主观过错在法律责任中的地位,可以把法律责任分为过错责任、无过错责任和公平责任。

3)根据行为主体的名义,可以把法律责任分为职务责任和个人责任。

4)根据责任承担的内容,可以把法律责任分为财产责任和非财产责任。

4. 归责与免责

法律责任的认定和归结,简称归责,是指对违法行为所引起的法律责任进行判断、确认、归结、缓减以及免除的活动。

(1)归责原则 归责原则体现了立法者的价值取向,是责任立法的指导方针,也是指导法律适用的基本准则。归责一般必须遵循以下法律原则:

1)责任法定原则

①违法行为发生后应当按照法律事先规定的性质、范围、程度、期限、方式追究违法者的责任;作为一种否定性法律后果,它应当由法律规范预先规定。

②排除无法律依据的责任,即责任擅断和"非法责罚"。

③在一般情况下要排除对行为人有害的既往追溯。

2)因果联系原则

①在认定行为人违法责任之前,应当确认行为与危害或损害结果之间的因果联系,这是认定法律责任的重要事实依据。

②在认定行为人违法责任之前,应当确认意志、思想等主观方面因素与外部行为之间的因果联系,有时这也是区分有责任与无责任的重要因素。

③在认定行为人违法责任之前,应当区分这种因果联系是必然的还是偶然的,是直接的还是间接的。

3)责任相称原则

①法律责任的性质与违法行为的性质相适应。

②法律责任的轻重和种类应当与违法行为的危害或者损害相适应。

③法律责任的轻重和种类还应当与行为人的主观恶性相适应。

4)责任自负原则

①违法行为人应当对自己的违法行为负责。

②不能让没有违法行为的人承担法律责任,即反对株连或变相株连。

③要保证责任人受到法律追究,也要保证无责任者不受法律追究,做到不枉不纵。

(2)免责 免责是指行为人实施了违法行为,应当承担法律责任,但由于法律的特别规定，可以部分或全部免除其法律责任，即不实际承担法律责任。免责的条件和方式可以分为：

1）时效免责。

2）不诉免责。

3）自首、立功免责。

4）有效补救免责。即对于那些实施违法行为，造成一定损害，但在国家机关归责之前采取及时补救措施的人，免除其部分或全部责任。

5）协议免责或意定免责。这是指双方当事人在法律允许的范围内通过协商所达成的免责，即所谓"私了"。

6）自助免责。自助免责是对自助行为所引起的法律责任的减轻或免除。所谓自助行为，是指权利人为保护自己的权利，在情势紧迫而又不能及时请求国家机关给予救助的情况下对他人的财产或自由施加扣押、拘束或其他相应措施，且被法律或公共道德所认可的行为。

7）人道主义免责。在权利相对人没有能力履行责任或全部责任的情况下，国家有关机关或权利主体可以出于人道主义考虑，免除或部分免除有责主体的法律责任。

1.4.2 建设工程的法律责任

1. 建设工程的民事责任

建设工程的民事责任是指民事主体在建设工程活动中，因民事的违法行为或根据法律规定应承担对该主体不利的法律后果，所应承受的民事法律责任。民事责任主要表现为财产责任，通过民事的救济手段，使受害人被侵害的权益得到恢复。

（1）建设工程民事责任的种类　建设工程的民事责任分为违约责任和侵权责任两类。

1）违约责任是指建设工程活动所签订合同的当事人违反法律规定或合同约定义务而应依法承担的责任。

2）侵权责任是指参与建设工程活动的主体因过错侵害了他人的财产或人身，或者无过错但也造成了他人的财产或人身的损害，均应依法承担的责任。

（2）建设工程民事责任的主要承担方式

1）返还财产。当建设工程施工合同无效、被撤销后，应当返还财产。执行返还财产的方式是折价返还，即承包人已经施工完成的工程，发包人按照"折价返还"的规则支付工程价款。主要有两种方式：①参照无效合同中的约定价款；②按当地市场价、定额据实结算。

2）修理。施工合同的承包人对施工中出现质量问题的建设工程或者竣工验收不合格的建设工程，应当负责返修。

3）赔偿损失。赔偿损失是指合同当事人由于不履行合同义务或者履行合同义务不符合约定，给对方造成财产上的损失时，违约方依法或依照合同约定应承担的损害赔偿责任。

4）支付违约金。违约金是指按照当事人的约定或者法律规定，一方当事人违约后应向另一方支付的一定数额的金钱。

2. 建设工程的行政责任

建设工程的行政责任是指参与建设工程活动的主体因违反行政管理法律法规规定，但尚未构成刑事犯罪行为，而应依法承担的行政法律责任。

（1）建设工程领域常见的行政责任种类　我国建设工程的行政责任主要有行政处罚、行政处分两种。

1）行政处罚。在我国建设工程领域，对于建设单位、勘察单位、设计单位、施工单位、工程监理单位等参建单位而言，行政处罚是常见的行政责任承担形式。行政处罚的种类有警告，罚款，没收违法所得、没收非法财物，责令停产停业，暂扣或者吊销许可证，暂扣或者吊销执照，行政拘留（行政拘留的期限是1日以上，15日以下），法律、行政法规规定的其他行政处罚。

我国建设工程领域的法律、行政法规所设定的行政处罚种类主要有警告，罚款，没收违法所得，没收违法建筑物、构筑物和其他设施，责令停业整顿，责令停止执业业务，降低资质等级，吊销资质证书（同时吊销营业执照），吊销执业资格证书或其他许可证、执照等。

2）行政处分。行政处分是指国家机关、企事业单位对所属的国家工作人员违法失职行为尚不构成犯罪，依据法律、法规所规定的权限而给予的一种惩戒。行政处分的种类有警告、记过、记大过、降级、撤职、开除。行政处分也是一种行政责任形式。

（2）行政处罚的程序　行政处罚的程序有决定程序、执行程序两类。

1）行政处罚的决定程序。行政处罚的决定程序遵循以下一般规则：

①违法事实不清的，不得给予行政处罚。

②行政机关在做出行政处罚决定之前，应当告知当事人做出行政处罚决定的事实理由和依据，并告知当事人依法享有的权利。

③当事人有权进行陈述和申辩。行政机关必须充分听取当事人的意见，对当事人提出的事实、理由和证据，应当进行复核，当事人提出的事实、理由和证据成立的，行政机关应当采纳。行政机关不得因当事人申辩而加重处罚。

2）行政处罚决定程序的种类

①简易程序。简易程序是指针对违法事实确凿并有法定依据，对公民处以50元以下、对法人或者其他组织处以1000元以下罚款或警告的行政处罚而设定的行政处罚程序。适用简易程序可以当场做出行政处罚决定。

②一般程序。一般程序是指普遍适用的行政处罚程序，适用于除适用简易程序的行政处罚以外的其他行政处罚。

③听证程序。听证程序是指针对行政执法机关做出吊销资质证书，执业资格证书，责令停产停业，责令停业整顿（包括属于停业整顿性质的，责令在规定的时限内不得承接新的业务），责令停止执业，没收违法建筑物、构筑物和其他设施以及处以较大数额罚款等行政处罚而设定的行政处罚程序。对于适用听证程序的行政处罚，行政机关在做出行政处罚决定前，应当告知当事人有要求举行听证的权利；当事人要求听证的，行政机关应当组织听证。当事人不承担行政机关组织听证的费用。

3）行政处罚的执行程序。行政处罚决定一旦做出，就具有法律效力，当事人应当在行政处罚决定的期限内予以履行。当事人对行政处罚决定不服，申请行政复议或者提起行政诉讼的，除法律另有规定的以外，行政处罚不停止执行。

3. 建设工程的刑事责任

建设工程的刑事责任是指参与建设工程活动的主体因违反刑法，构成了刑事犯罪行为，而应依法承担的刑事法律责任。刑事责任是法律责任中最重的处罚责任。

刑事责任的承担主要是刑罚，也可以是非刑罚的处罚方法。

（1）刑罚　《刑法》规定，刑罚有主刑、附加刑两种。

1）主刑包括管制、拘役、有期徒刑、无期徒刑和死刑。

2）附加刑包括罚金、剥夺政治权利和没收财产。

（2）建设工程常见的刑事责任　在我国建设工程活动中，较为常见的刑事责任主要有：

1）工程重大安全事故罪。工程重大安全事故罪是指建设单位、设计单位、施工单位、工程监理单位违反国家规定，降低工程质量标准，而造成重大安全事故，所应承担的刑事责任。

《刑法》规定，因此犯罪的直接责任人，处 5 年以下有期徒刑或拘役，并处罚金；后果特别严重的，处 5 年以上 10 年以下有期徒刑，并处罚金。

2）重大责任事故罪。重大责任事故罪是指在生产、作业中违反有关安全生产管理规定，而发生重大伤亡事故或者造成其他严重后果，所应承担的刑事责任。

《刑法》规定，因此犯罪的直接责任人，处 3 年以下有期徒刑或拘役；情节特别恶劣的，处 3 年以上 7 年以下有期徒刑。

3）串通投标罪。串通投标罪是指在建设工程招标投标活动中，投标人相互串通投标报价，损害招标人或者其他投标人利益，由此产生的犯罪行为所应承担的刑事责任。

《刑法》规定，因此犯罪的直接责任人，情节严重的，处 3 年以下有期徒刑或拘役，并处或者单处罚金；投标人与招标人串通投标，损害国家、集体、公民的合法利益，也依此处罚。

1.5　本章小结

建设工程是指土木工程、建筑工程、线路管道和设备安装工程及装修工程。法律体系是指一个国家全部现行法律规范分类组合为不同的法律部门而形成的有机联系的统一整体。工程建设法律关系的构成要素涉及法律关系主体、客体、内容以及关系的产生、变更与终止，企业法人便是法律关系的主体之一。代理制度是工程法律关系中较为常见的法律制度。建设工程中的法律权利涉及债权、物权和知识产权。法律责任方式可以分为补偿性方式和制裁性方式，建设工程中的法律责任有民事责任、行政责任和刑事责任。

思考题

1. 何谓建设工程？其包含哪些专业？
2. 我国法的形式有哪些？法的效力层次如何确定？
3. 建设工程法律关系的构成要素是什么？在建设工程的范畴中，有哪些可以成为法律关系客体？
4. 企业法人的概念是什么？其应具备什么条件？
5. 建设工程的代理有哪些？对代理的要求和责任有哪些？
6. 什么是债？债的发生原因有哪些？债权和物权有什么不同？
7. 知识产权由哪些法律保护？
8. 何谓法律责任？其构成的要件有哪些？
9. 建设工程法律责任有哪些类型？如何承担？

第 2 章

建设工程常用法律法规

我国与建设工程相关的常用法规包括《建筑法》《合同法》《招标投标法》《安全生产法》《建设工程安全生产管理条例》以及《建设工程质量管理条例》等,这些法规对建设工程行业起到了重要的约束、规范作用,是行业稳定发展的基本保障。

通过本章的学习,了解建设工程常用的法律法规内容,掌握这些法规的适用条件和基本原则。

■ 2.1 《建筑法》概述

2.1.1 内容概要

《建筑法》经 1997 年 11 月 1 日第八届全国人大常委会第二十八次会议通过;根据 2011 年 4 月 22 日第十一届全国人大常委会第二十次会议通过的《关于修改〈中华人民共和国建筑法〉的决定》修正。《建筑法》是我国建筑业的基本法律,是建设工程法律体系的基础。

它涵盖以下几方面内容:
1) 总则。
2) 建筑许可。
3) 建筑工程发包与承包。
4) 建筑工程监理。
5) 建筑安全生产管理。
6) 建筑工程质量管理。
7) 法律责任。
8) 附则。

2.1.2 适用范围及基本原则

1. 适用范围

《建筑法》第二条对该法的适用范围做了明确规定:"在中华人民共和国境内从事建筑活动,实施对建筑活动的监督管理,应当遵守本法。"

建筑活动是指各类房屋建筑及其附属设施的建造和与其配套的线路、管道、设备的安装活动。

2. 基本原则

《建筑法》的基本原则是建筑活动应确保工程质量安全，符合国家建筑安全工程标准，从事建筑活动应当遵守法律、法规，不得损害社会公共利益和他人的合法权益。

2.2 《合同法》概述

2.2.1 合同的概念和分类

1. 合同的概念

合同是平等主体的自然人、法人、其他组织之间设立、变更、终止民事权利义务关系的协议。各国的合同法规范的都是债权合同，它是市场经济条件下规范财产流转关系的基本依据，因此，合同是市场经济中广泛进行的法律行为。而广义的合同还应包括婚姻、收养、监护等有关身份关系的协议以及劳动合同等，这些合同由其他法律进行规范，不属于我国《合同法》中规范的合同。

合同作为一种协议，其本质是一种合意，必须是两个以上意思表示一致的民事法律行为。因此，合同的缔结必须由双方当事人协商一致才能成立。合同当事人做出的意思表示必须合法，这样才能具有法律约束力。双方订立的合同即使是协商一致的，也不能违反法律、行政法规，否则合同就是无效的，如施工单位超越资质等级许可的业务范围订立施工合同，该合同就没有法律约束力。

合同中确立的权利义务，必须是当事人依法可以享有的权利和能够承担的义务，这是合同具有法律效力的前提。在建设工程合同中，发包人必须有已经合法立项的项目，承包人必须具有承担承包任务相应的能力。如果在订立合同的过程中有违法行为，则当事人不仅达不到预期的目的，还应根据违法情况承担相应的法律责任。例如，在建设工程合同中，当事人是通过欺诈、胁迫等手段订立的合同，则应当承担相应的法律责任。

因此，合同具有以下法律特征：

1）合同是一种法律行为。

2）合同的当事人法律地位一律平等，双方自愿协商，任何一方不得将自己的观点、主张强加给另一方。

3）合同的目的性在于设立、变更、终止民事权利义务关系。

4）合同的成立必须有两个以上当事人；两个以上当事人不仅做出意思表示，而且意思表示是一致的。

5）合同的订立、履行，应当遵守法律、行政法规。其中包括合同的主体必须合法，订立合同的程序必须合法，合同的形式必须合法，合同的内容必须合法，合同的履行必须合法，合同的变更、解除必须合法等。

2. 合同的分类

合同的分类是指按照一定的标准，将合同划分成不同的类型。合同的分类，有利于当事人找到能达到自己交易目的的合同类型，订立符合自己愿望的合同条款，便于合同的履行，也有助于司法机关在处理合同纠纷时准确地使用法律，正确处理合同纠纷。

从不同角度可以对合同做不同的分类。

(1) 根据权利和义务关系的类型划分　根据权利和义务关系的类型，合同可分为以下类型：买卖合同，供用电、水、气、热力合同，赠与合同，借款合同，租赁合同，融资租赁合同，承揽合同，建设工程合同，运输合同，技术合同，保管合同，仓储合同，委托合同，行纪合同，居间合同。这也是《合同法》分则对合同的分类。

(2) 根据合同的法律特征划分　根据合同的法律特征，合同可分为以下类型：

1) 主合同与从合同。根据合同间的主从关系，合同分为主合同与从合同。前者是指不依赖他合同而独立存在的合同。后者是指以他合同的存在为存在前提的合同。

2) 双务合同与单务合同。根据合同当事人双方权利、义务的分担不同，合同分为双务合同与单务合同。前者是指合同当事人双方相互享有权利，相互负有义务的合同。后者是指合同一方当事人只享有权利而不负担义务，另一方只负担义务而不享有权利的合同。

3) 有偿合同与无偿合同。以当事人取得权益是否须付出相应代价为标准，合同分为有偿合同与无偿合同。前者是指当事人一方享有合同规定的权益，须向对方当事人偿付相应代价的合同。后者是指当事人一方享有合同规定的权益，不必向对方当事人偿付相应对价的合同。

4) 诺成性合同与实践性合同。根据合同是否可以交付标的物为生效要件，合同分为诺成性合同与实践性合同。前者是指当事人意思表示一致即可成立且生效的合同。后者是指除当事人意思表示一致外，还须实际交付标的物才能生效的合同。

5) 要式合同与非要式合同。根据合同的成立是否需要特定的法律形式，合同分为要式合同与非要式合同。前者是指须采用特殊法定形式才能成立的合同。后者是指法律没有特别规定，当事人也没有特别约定须采用特殊形式的合同。

6) 束己合同与涉他合同。以订约人是否仅为设定权利义务为标准，合同分为束己合同与涉他合同。束己合同是指严格遵循合同相对性原则，当事人为自己设定并承受权利义务，第三人不能向合同当事人主张权利，当事人也不得向第三人主张权利的合同。此为合同的常态。涉他合同是指突破了合同的相对性原则，合同当事人在合同中为第三人设定了权利或约定了义务的合同，包括为第三人利益的合同和由第三人履行的合同。束己合同与涉他合同的区别是两者的缔约目的和合同的效力范围不同。

7) 有名合同与无名合同。根据法律上有无规定一定的名称，合同分为有名合同与无名合同。有名合同是指法律上或者经济生活习惯上按其类型已确定了一定名称的合同，又称典型合同。我国《合同法》中规定的合同和民法学中研究的合同都是有名合同。无名合同是指有名合同以外的、尚未统一确定一定名称的合同。无名合同如经法律确认或在形成统一的交易习惯后，可以转化为有名合同。

2.2.2　《合同法》的基本原则

1. 平等原则

1) 合同当事人的法律地位一律平等。
2) 合同中的权利义务对等。
3) 合同当事人必须就合同条款充分协商，取得一致，合同才能成立。

2. 自愿原则

当事人依法享有自愿订立合同的权利，任何单位和个人不得非法干预。自愿原则是贯穿合同活动的全过程的，包括：①订不订立合同自愿，当事人依自己意思自主决定是否签订合同；②与谁订立合同自愿，在签订合同时，有权选择对方当事人；③合同内容由当事人在不违法的情况下自愿约定；④在合同履行过程中，当事人可以协议补充、协议变更有关内容；⑤双方也可以协议解除合同；⑥可以约定违约责任，在发生争议时，当事人可以自愿选择解决争议的方式。总之，只要不违背法律、行政法规的强制性规定，合同当事人有权自愿决定。

当然，自愿也不是绝对的，不是想怎样就怎样，当事人订立合同、履行合同，应当遵守法律、行政法规，尊重社会公德，不得扰乱社会经济秩序，损害社会公共利益。

3. 公平原则

公平原则要求合同双方当事人之间的权利义务公平合理，要大体上平衡，强调一方给付与对方给付之间的等值性，合同上的负担和风险的合理分配。公平原则具体包括：①在订立合同时，要根据公平原则确定双方的权利和义务，禁止滥用权利，不得欺诈，不得假借订立合同恶意进行磋商；②根据公平原则确定风险的合理分配；③根据公平原则确定违约责任。

4. 诚实信用原则

诚实信用原则要求当事人在订立、履行合同以及合同终止后的全过程中都诚实，讲信用，相互协作。诚实信用原则具体包括：①在订立合同时，不得有欺诈或其他违背诚实信用的行为；②在履行合同义务时，当事人应当遵循诚实信用的原则，根据合同的性质、目的和交易习惯履行及时通知、协助、提供必要的条件、防止损失扩大、保密等义务；③合同终止后，当事人也应当遵循诚实信用的原则，根据交易习惯履行通知、协助、保密等义务，即后契约义务。

5. 不得损害社会公共利益原则

《合同法》第七条规定："当事人订立、履行合同，应当遵守法律、行政法规，尊重社会公德，不得扰乱社会经济秩序，损害社会公共利益。"

2.3 《招标投标法》概述

2.3.1 内容概要

为了建立和完善社会主义市场经济体制，我国于 1999 年 8 月 30 日通过了《招标投标法》，该法于 2000 年 1 月 1 日起开始执行。该法适用于在中国境内进行的招标投标活动。《招标投标法》的主要内容如下：①总则；②招标；③投标；④开标、评标和中标；⑤法律责任；⑥附则。

2.3.2 适用条件及基本原则

1. 适用条件

《招标投标法》第二条规定了适用条件："在中华人民共和国境内进行招标投标活动，适用本法。"其第三条规定了招标的适用范围："在中华人民共和国境内进行下列工程建设项目包括项目的勘察、设计、施工、监理以及与工程建设有关的重要设备、材料等的采购，必须进行招标：

（一）大型基础设施、公用事业等关系社会公共利益、公众安全的项目。

（二）全部或者部分使用国有资金投资或者国家融资的项目。

（三）使用国际组织或者外国政府贷款、援助资金的项目。"

2．基本原则

招标投标活动应当遵循的基本原则有公开、公平、公正和诚实信用。

2.4 《安全生产法》概述

2.4.1 我国安全生产的方针政策

《安全生产法》第三条规定："安全生产工作应当以人为本，坚持安全发展，坚持安全第一、预防为主、综合治理的方针，强化和落实生产经营单位的主体责任，建立生产经营单位负责、职工参与、政府监管、行业自律和社会监督的机制。"

1．相关概念

1）安全的含义。安全泛指没有伤害或危险、不出事故的状态，即人们在生产劳动中处于消除了可能导致人员伤亡、职业危害、设备及财产损失或危机环境的潜在因素的状态，是事物或心理的一种保障的条件；安全可以通过危险或风险的程度来表述。

2）安全生产的含义。安全生产是指在劳动生产过程中，努力改善劳动条件，克服不安全因素，防止伤亡事故的发生，使劳动生产在保证劳动者安全健康和国家财产及人民生命财产安全的前提下顺利进行。安全生产最根本的目的是保护人民的生命和健康。

3）安全生产管理的含义。安全生产管理是企业生产管理的重要组成部分，是一门综合性的系统科学。安全生产管理的对象是生产中一切人、物、环境的状态管理和控制，安全生产管理是动态的管理。

2．安全生产的原则

1）"三同时原则"。生产经营单位新建、改建、扩建工程项目（以下统称建设项目）的安全设施，必须与主体工程同时设计、同时施工、同时投入生产和使用。安全设施投资应当纳入建设项目概算。

2）坚持管生产必须管安全的原则，正确处理好安全与生产的关系，做到生产必须安全、安全促进生产。

3）生产经营单位的主要负责人对本单位的安全生产工作全面负责的原则。

2.4.2 从业人员的权利与义务

我国的《安全生产法》明确赋予了从业人员的权利与义务。具体如下：

（1）从业人员权利　从业人员权利包括：①安全健康保障权；②知情权和建议权；③监督权；④紧急情况处置权；⑤获得社会保险和民事赔偿；⑥接受安全生产教育和培训。

（2）从业人员义务　从业人员义务包括：①报告不安全因素；②遵章守纪、服从管理；

③重大隐患越级报告；④及时报告生产安全事故；⑤佩戴和使用劳动防护用品；⑥参加安全生产教育和培训。

2.5 《建设工程安全生产管理条例》概述

2.5.1 设立背景及内容概要

《建设工程安全生产管理条例》是根据《建筑法》《安全生产法》制定的，目的是加强建设工程安全生产监督管理，保障人民群众生命和财产安全。由国务院于 2003 年 11 月 24 日发布，自 2004 年 2 月 1 日起施行，共计 8 章 71 条。具体章节如下：①总则；②建设单位的安全责任；③勘察、设计、工程监理及其他有关单位的安全责任；④施工单位的安全责任；⑤监督管理；⑥生产安全事故的应急救援和调查处理；⑦法律责任；⑧附则。

2.5.2 适用条件及基本原则

1. 适用条件

《建设工程安全生产管理条例》第二条规定："在中华人民共和国境内从事建设工程的新建、扩建、改建和拆除等有关活动及实施对建设工程安全生产的监督管理，必须遵守本条例。本条例所称建设工程，是指土木工程、建筑工程、线路管道和设备安装工程及装修工程。"

《建设工程安全生产管理条例》适用条件案例讲解

其第六十九条写明："抢险救灾和农民自建低层住宅的安全生产管理，不适用本条例。"

2. 基本原则

《建设工程安全生产管理条例》第三、四、五条明确规定了建设工程安全生产管理的基本原则。

1）建设工程安全生产管理，坚持安全第一、预防为主的方针。

2）建设单位、勘察单位、设计单位、施工单位、工程监理单位及其他与建设工程安全生产有关的单位，必须遵守安全生产法律、法规的规定，保证建设工程安全生产，依法承担建设工程安全生产责任。

3）国家鼓励建设工程安全生产的科学技术研究和先进技术的推广应用，推进建设工程安全生产的科学管理。

2.6 《建设工程质量管理条例》概述

2.6.1 设立背景及内容概要

为了加强对建设工程质量的管理，保证建设工程质量，保护人民生命和财产安全，根据《建筑法》，国家制定了《建设工程质量管理条例》，于 2000 年 1 月 30 日发布实施。

《建设工程质量管理条例》分为 9 章，具体如下：①总则；②建设单位的质量责任和义务；③勘察、设计单位的质量责任和义务；④施工单位的质量责任和义务；⑤工程监理单位的质量责任和义务；⑥建设工程质量保修；⑦监督管理；⑧罚则；⑨附则。它以参与建筑活动各方主体为主线,分别规定了建设单位、勘察单位、设计单位、施工单位、工程监理单位的质量责任和义务,确立了施工图设计文件审查制度、工程竣工验收制度、建设工程质量保修制度、工程质量监督管理制度等内容。它对违法行为的种类和相应处罚做出了原则规定,同时完善了责任追究制度,加大了处罚力度。它的发布施行对于强化政府质量监督,规定建设工程各方主体的质量责任和义务,维护建筑市场秩序,全面提高建设工程质量,具有重要意义。

2.6.2 适用条件及基本原则

1. 适用条件

《建设工程质量管理条例》第二条规定:"凡在中华人民共和国境内从事建设工程的新建、扩建、改建等有关活动及实施对建设工程质量监督管理的,必须遵守本条例。本条例所称建设工程,是指土木工程、建筑工程、线路管道和设备安装工程及装修工程。"

《建设工程质量管理条例》的适用地域是中华人民共和国境内(不包括香港、澳门、台湾地区)从事的建设工程活动及其监督管理活动。对于建设工程活动来讲,无论投资主体是谁,也无论建设工程项目的种类,只要在中国境内实施,都要遵守该条例。

2. 基本原则

《建设工程质量管理条例》第五条规定:"从事建设工程活动,必须严格执行基本建设程序,坚持先勘察、后设计、再施工的原则。县级以上人民政府及其有关部门不得超越权限审批建设项目或者擅自简化基本建设程序。"

2.7 《防震减灾法》概述

"防灾减灾救灾"
事关战略全局

2.7.1 设立背景及内容概要

我国地处两大地震带的交界处,频发的地震灾害给国民生命财产带来了不可估量的损失。为了防御和减轻地震灾害,保护人民生命和财产安全,促进经济、社会的可持续发展,1997年12月29日,第八届全国人大常委会第二十九次会议通过了《防震减灾法》。2008年12月27日,《防震减灾法》由第十一届全国人大常委会第六次会议修订,自2009年5月1日起施行。

《防震减灾法》分为9章,具体如下:①总则;②防震减灾规划;③地震监测预报;④地震灾害预防;⑤地震应急救援;⑥地震灾后过渡性安置和恢复重建;⑦监督管理;⑧法律责任;⑨附则。

2.7.2 适用条件及基本原则

1. 适用条件

《防震减灾法》第二条规定了其适用条件:"在中华人民共和国领域和中华人民共和国管辖的其他海域从事地震监测预报、地震灾害预防、地震应急救援、地震灾后过渡性安置和恢复重建等防震减灾活动,适用本法。"

2. 基本原则

《防震减灾法》对防震减灾工作和活动确立了以下基本原则:

(1)与经济和社会协调发展原则 防震减灾事业需要政府部门在人、财、物几个方面大力投入，才能发挥应有的社会功能。在社会主义市场经济条件下，如何从经济和社会总体发展战略上处理好减灾投入与发展投入的关系，是国家在制定经济和社会发展规划时必须加以解决的问题。光注意建设，不注意减灾，一旦发生地震灾害，就很容易使建设成果遭受重大损失；脱离实际，投入巨大的人力、财力、物力用于防震减灾也不现实。所以，对于防震减灾事业必须进行总体规划，使防震减灾事业的发展同经济和社会协调发展。

（2）依靠科技进步原则　防震减灾工作和活动的时效在很大程度上是与科技水平结合在一起的。因此，《防震减灾法》第十一条明确规定："国家鼓励、支持防震减灾的科学技术研究，逐步提高防震减灾科学技术研究经费投入，推广先进的科学研究成果，加强国际合作与交流，提高防震减灾工作水平。"由于受到目前科技水平的限制，地震监测预报虽然起到了作为防震减灾工作的基础作用，但是存在一定的局限性，尤其是地震短期预报和临震预报成功率还比较低，对多数地震还不能做出准确的预报，所以，加强地震监测预报的科学技术研究在防震减灾工作中具有特殊的意义。同时，为提高地震应急抢险的效率，尽早尽快尽可能多地抢救出被压埋人员，减少死亡率，研究适用的地震应急救助技术和装备十分必要。因此，《防震减灾法》第十一条和第十七条分别体现了国家对加强地震监测预报、地震应急救助技术和装备等方面的科学技术研究和开发采取鼓励、扶持的政策。

（3）加强政府领导原则和政府职能部门分工负责原则　在传统的计划经济体制下，防震减灾工作和活动基本上是由政府统包统揽的。政府有关职能部门主要通过行政管理的手段和政策的手段来解决防震减灾领域中出现的各种问题。在社会主义市场经济条件下，防震减灾作为一项社会公益事业必须加强政府的领导，这是政府的一项法定职责。与传统计划经济体制下政府职能部门在防震减灾工作和活动管理中的作用不一样的是，政府职能部门是通过法律手段，依照法律所规定的职权和职责从事防震减灾工作。政府职能部门所实施的任何超越法律规定或者是不履行法律所规定的职权和职责的行为都是不合法的，必须予以纠正。《防震减灾法》第四条确立了政府在防震减灾中的基本法律地位，即县级以上人民政府应当加强对防震减灾工作的领导，组织有关部门采取措施，做好防震减灾工作。同时，《防震减灾法》第五条还对政府有关职能部门提出按照职责分工，各负其责，密切配合的要求。上述这些规定从法律的角度保证了政府对防震减灾工作和活动的领导作用和政府职能部门作用的发挥。

（4）社会公众积极参与原则　防震减灾作为一项社会公益事业，与每个公民的切身利益紧密相关，同时防震减灾又是一项由公民直接参与的活动，公民的行为与减灾效果有密切的关系。所以，除了政府部门在防震减灾中具有义不容辞的管理职责外，公民也具有参与防震减灾活动的法律义务。《防震减灾法》对公民在防震减灾中的权利和义务都做了明确规定，主要内容有：①确立了社会公众有积极参与防震减灾活动、服从政府部门管理的法律义务；②对组织和公民规定了若干禁止性法律义务，如任何单位和个人不得危害地震监测设施和地震观测环境等。

■ 2.8　其他常用法规

建设工程法律法规的范围覆盖建设工程的各个行业、各个领域，以及建设行政管理的全过程。除了上述几项基本的建设工程法律法规外，在建设活动中还会经常涉及以下法律法规:《消防法》《保险法》《劳动法》《建设工程勘察设计管理条例》《建设工程消防监督管理规定》《标准化法》《文物保护法》《物权法》《专利法》《节约能源法》《环境保护法》《环境影响评价法》《水污染防治法》《大气污染防治法》《固体废物污染环境防治法》《环境噪声污染防治法》《建设项目环境保护管理条例》《民用建筑节能条例》《民事诉讼法》《仲裁法》《行政复议法》《公司法》《税收征收管理法》和《反不正当竞争法》等。

2.9 本章小结

我国常用的建设工程法律法规有《建筑法》《合同法》《招标投标法》《安全生产法》《建设工程安全生产管理条例》以及《建设工程质量管理条例》等，它们对我国的建设活动起到了良好的约束作用，保证了建设工程的质量，保护了人民的生命与财产安全。在学习过程中，要大致掌握了解这些法规各自的内容以及各自适用的条件与基本原则。

思考题

1. 何谓建筑活动？其包含哪些内容？
2. 合同的分类有哪些？《合同法》有哪些基本原则？
3. 《招标投标法》主要由哪些基本内容组成？
4. 我国安全生产的方针政策是什么？

第 3 章

工程建设程序法规

建设工程的全过程包括策划、评估、决策、设计、施工、竣工验收、交付使用等众多程序，为规范工程建设程序，保障工程顺利进行，我国针对建设程序各阶段做出了许多法律规定。

通过本章的学习，了解工程建设程序的相关概念，了解建设程序各阶段涉及的相关法律。

■ 3.1 概　述

3.1.1 工程建设程序的概念

工程建设程序是指工程项目从策划、评估、决策、设计、施工到竣工验收、投入生产或交付使用的整个建设过程中，各项工作必须遵循的先后工作次序。工程项目建设程序是工程建设过程客观规律的反映，是建设工程项目科学决策和顺利进行的重要保证。工程建设程序是人们长期在工程项目建设实践中得出来的经验总结，不能任意颠倒，但可以合理交叉。

3.1.2 立法现状

目前，我国尚无一部专门的"工程建设程序法"，涉及工程建设程序的法律、规范主要有《关于基本建设程序的若干规定》（1978）、《关于简化基本建设项目审批手续的通知》（1984）、《关于编制建设前期工作计划的通知》（1982）、《工程建设项目实施阶段程序管理暂行规定》（1995）、《关于建设项目经济评价工作的若干规定》（2006）。另外，在《土地管理法》《建筑法》等法律中，也有关于工程建设程序的一些规定。

■ 3.2 工程建设程序阶段及内容

3.2.1 工程建设前期阶段（决策分析）

1. 投资意向

1）投资意向是投资主体发现社会存在合适的投资机会所产生的投资愿望。

2）投资意向是工程建设活动的起点，也是工程建设得以进行的必备条件。

2. 投资机会分析

投资机会分析是投资主体对投资机会所进行的初步考察和分析，在认为机会合适、有良好的效益时，则可进行进一步的行动。

3. 项目建议书

1）项目建议书是投资机会分析结果文字化后形成的书面文件，以方便投资决策者分析、抉择。项目建议书应对拟建工程的必要性、客观可行性和获利的可能性逐一进行论述。

2）大中型和限额以上项目的项目建议书，由行业归口主管部门初审后，再由国家发改委审批。小型项目的项目建议书，按隶属关系，由主管部门或地方发改委审批。

3）项目建议书的内容基于项目的不同情况而有繁有简，但一般包括以下几个方面：

①建设项目提出的必要性和依据。

②产品方案、拟建规格和建设地点的初步设想。

③投资情况、建设条件、协调关系等的初步分析。

④投资估算和资金筹措设想。

⑤经济效益和社会效益的估计。

4. 可行性研究（包括初步可行性研究）

1）可行性研究是指项目建议书被批准后，对拟建项目在技术上是否可行、经济上是否合理等内容所进行的分析认证。广义的可行性研究还包括投资机会分析。

2）可行性研究报告必须经有资格的咨询机构评估确认后，才能作为投资决策的依据。

3）各类建设项目的可行性研究报告内容不尽相同，大中型项目的可行性研究报告一般应包括以下几个方面：

①根据经济预测、市场预测确定的建设规模和产品方案。

②资源、原材料、燃料、动力、供水、运输条件。

③建厂条件和厂址方案。

④技术工艺、主要设备选型和相应的技术经济指标。

⑤主要单项工程、公用辅助设施、配套工程。

⑥环境保护、城乡规划、防震、防洪等要求和采取的相应措施方案。

⑦企业组织、劳动定员和管理制度。

⑧建设进度和工期。

⑨投资估算和资金筹措。

⑩经济效益和社会效益。

5. 审批立项

审批立项是有关部门对可行性研究报告的审查批准程序，审查通过后即予以立项，正式进入工程项目的建设准备阶段。

3.2.2 工程建设准备阶段

1. 规划

1）在规划区内建设的工程，必须符合城市规划或村庄、集镇规划的要求。

2）其工程选址和布局，必须取得城乡规划行政主管部门或村、镇规划主管部门的同意、批准。

3）在城市规划区内进行工程建设的，要依法先后领取城乡规划行政主管部门核发的选址意见书、建设用地规划许可证、建设工程规划许可证，方能进行获取土地使用权、设计、施工等相应的建设活动。

2. 获取土地使用权

1）我国的《土地管理法》规定：①农村和城市郊区的土地，除由法律规定属国家所有的以外，属于农民集体所有；宅基地和自留地、自留山，属于农民集体所有。②城市市区的土地属于国家所有。

获取土地使用权

2）工程建设用地都必须通过国家对土地使用权的出让或划拨而取得；需要在农民集体所有的土地上进行工程建设的，也必须先由国家征用农民土地，然后再将土地使用权出让或划拨给建设单位或个人。

3）通过国家出让而取得土地使用权的，应向国家支付出让金，并与市、县级人民政府土地管理部门签订书面出让合同，然后按合同规定的年限与要求进行工程建设。

3. 房屋征收与补偿

1）国有土地上房屋征收与补偿应依照《国有土地上房屋征收与补偿条例》实施。为了公共利益的需要，征收国有土地上单位、个人的房屋，应当对被征收房屋所有权人（以下简称被征收人）给予公平补偿。

2）房屋征收与补偿应当遵循决策民主、程序正当、结果公开的原则。市、县级人民政府负责本行政区域的房屋征收与补偿工作。上级人民政府应当加强对下级人民政府房屋征收与补偿工作的监督。

3）做出房屋征收决定的市、县级人民政府对被征收人给予补偿后，被征收人应当在补偿协议约定或者补偿决定确定的搬迁期限内完成搬迁。被征收人在法定期限内不申请行政复议或者不提起行政诉讼，在补偿决定规定的期限内又不搬迁的，由做出房屋征收决定的市、县级人民政府依法申请人民法院强制执行。

4）房屋征收范围确定后，不得在房屋征收范围内实施新建、扩建、改建房屋和改变房屋用途等不当增加补偿费用的行为；违反规定实施的，不予补偿。

4. 报建

1）建设项目被批准立项后，建设单位或其代理机构必须持工程项目立项批准文件、银行出具的资信证明、建设用地的批准文件等资料，向当地建设行政主管部门或其授权机构进行报建。

2）凡未报建的工程项目，不得办理招标手续和发放施工许可证，设计、施工单位不得承接该项目的设计、施工任务。

5. 工程发包与承包

1）建设单位或其代理机构在上述准备工作完成后，须对拟建工程进行发包，以择优选定工程勘察设计单位、施工单位或总承包单位。

2）工程发包与承包有招标投标和直接发包两种形式，为鼓励公平竞争，建立公正的竞争秩序，国家提倡招标投标方式，并对许多工程强制进行招标投标。

3.2.3 工程建设实施阶段

1. 勘察设计

1）设计是工程项目建设的重要环节，设计文件是制订建设计划、组织工程施工和控制建设投资的依据。它对实现投资者的意愿起关键作用。

2）设计与勘察是密不可分的，设计必须在进行工程勘察，取得足够的地质、水文等基础资料之后才能进行。另外，勘察工作也服务于工程建设的全过程，在工程选址、可行性研究、工程施工等各阶段，都必须进行必要的勘察。

2. 设计文件审批

工程建设项目审批流程分为立项规划选址、建设用地审批、项目建设招标（审批）、监理施工招标和报建施工五个阶段。每个阶段，都由牵头部门先受理审批业务，并指引申办人到其他联办部门办理相关的审批手续。办理结果最后由牵头部门集中答复申办人。

3. 施工准备

1）施工单位技术、物质方面的准备。施工单位在接到施工图后，必须做好细致的施工准备工作，以确保工程顺利建成。它包括熟悉、审查图纸，编制施工组织设计，向下属单位进行计划、技术、质量、安全、经济责任的交底，下达施工任务书，准备工程施工所需的设备、材料等活动。

2）建设单位取得开工许可。建设单位办好用地批准手续，取得规划许可证，施工场地已经基本具备施工条件（需要征收房屋的，其进度符合施工要求），施工企业已确定，有施工图和技术资料，有保证工程质量和安全的具体措施，建设资金已落实并满足有关法律、法规规定的其他条件后，方可申领施工许可证。

3）已取得施工许可证的，应自批准之日起 3 个月内组织开工，因故不能按期开工的，可向发证机关申请延期，延期以两次为限，每次不得超过 3 个月。既不按期开工，又不申请延期或超过延期时限的，已批准的施工许可证自行作废。

4. 工程施工

1）工程施工是施工队伍具体地配置各种施工要素，将工程设计物化为建筑产品的过程，也是投入劳动量最大、所费时间较长的工作。其管理水平的高低、工作质量的好坏对建设项目的质量和所产生的效益起着十分重要的作用。

2）工程施工管理具体包括施工调度、施工安全、文明施工、环境保护等几方面的内容。

①施工调度是进行施工管理，掌握施工情况，及时处理施工中存在的问题，严格控制工程的施工质量、进度和成本的重要环节。施工单位的各级管理机构均应配备专职调度人员，建立和健全各级调度机构。

②施工安全是指施工活动中，对职工身体健康与安全、机械设备使用的安全及物资的安全等应有保障制度和所采取的措施。施工单位必须执行国家有关安全生产和劳动保护的法规，建立安全生产责任制，加强规范化管理，进行安全交底、安全教育和安全宣传，严格执行安全技术方案，定期检修、维护各种安全设施，做好施工现场的安全保卫工作，建立和执行防火管理制度，切实保障工程施工的安全。

③文明施工是指施工单位应推行现代管理方法，科学组织施工，保证施工活动整洁、有

序、合理地进行。其具体内容有按施工总平面布置图设置各项临时设施，施工现场设置明显标牌，主要管理人员要佩戴身份标志。机械操作人员要持证上岗，施工现场的用电线路、用电设施的安装使用和现场水源、道路的设置要符合规范要求等。

④环境保护是指施工单位必须遵守国家有关环境保护的法律、法规，采取措施控制各种粉尘、废气、噪声等对环境的污染和危害。如不能控制在规定的范围内，则应事先报请有关部门批准。

5．生产准备

生产准备是指工程施工临近结束时，为保证建设项目能及时投产使用所进行的准备活动，如招收和培训必要的生产人员，组织人员参加设备安装调试和工程验收，组建生产管理机构，制定规章制度，收集生产技术资料和样品，落实原材料、外协产品、燃料、水、电的来源及其他配合条件等。建设单位要根据建设项目或主要单项工程的生产技术特点，及时组成专门班子或机构，有计划地做好这一工作。

生产准备主要包括以下四方面内容：

1）招收和培训人员。大型工程项目往往自动化水平高，相互关联性强，操作难度大，工艺条件要求严格。而新招收的职工大多数可能以前并没有生产的实践经验，解决这一矛盾的主要途径就是人员培训，通过多种方式培训并组织生产人员参加设备的安装调试工作，掌握好生产技术和工艺流程。

2）生产组织准备。生产组织准备主要包括生产管理机构设置、管理制度的制定、生产人员配备等内容。

3）生产技术准备。生产技术准备主要包括国内装备设计资料的汇总，有关的国外技术资料的翻译、编辑，各种开车方案、岗位操作方法的编制以及新技术的准备。

4）生产资料准备。生产资料准备主要是落实原材料、协作产品、燃料、水、电、气等的来源和其他需协作配合条件，组织工装、器具、备品、备件等的制造和订货。

3.2.4 工程竣工验收与保修阶段

1．竣工验收

1）工程项目按设计文件规定的内容和标准全部建成，并按规定将工程内外全部清理完毕称为竣工。

2）根据《建筑法》及《建设工程质量管理条例》等相关法规的规定，交付竣工验收的工程，必须具备下列条件：

①完成建设工程设计和合同约定的各项内容。

②有完整的技术档案和施工管理资料。

③有工程使用的主要建筑材料、建筑构配件和设备等的进场试验报告。

④有勘察、设计、施工、工程监理等单位分别签署的质量合格文件。

⑤有施工单位签署的工程保证书。

3）竣工验收的依据是已批准的可执行研究报告、初步设计或扩大初步设计、施工图和设备技术说明书以及现行施工技术验收的规范和主管部门有关审批、修改、调整的文件等。

4）工程竣工合格后，方可交付使用。

2. 工程保修

根据《建筑法》及相关法规的规定，工程竣工验收交付使用后，在保修期限内，承包单位要对工程中出现的质量缺陷承担保修与赔偿责任。

3.2.5 投资后评价

建设项目投资后评价是工程竣工投产、生产运营一段时间后，对项目的立项决策、设计施工、竣工投产、生产运营等全过程进行系统评价的一种技术经济活动。它是工程建设管理的一项重要内容，也是工程建设程序的最后一个环节。它可使投资主体达到总结经验、吸取教训、改进工作，不断提高项目决策水平和投资效益的目的。目前我国的投资后评价一般分建设单位的自我评价、项目所属行业（地区）主管部门的评价及各级计划部门（或主要投资主体）的评价三个层次进行。

3.3 本章小结

按基本建设程序办事，还要区别不同情况，具体问题具体分析。各行各业的建设项目，具体情况千差万别，都有自己的特殊性。而一般的基本建设程序，只反映它们共同的规律性，不可能反映各行业的差异性。因此，在建设实践中，还要结合行业项目的特点和条件，有效地去贯彻执行基本建设程序。

思考题

1. 工程建设程序包含哪些阶段？简述其内容。
2. 工程建设项目的审批流程是什么？
3. 竣工验收的工程项目须具备哪些条件？
4. 简述投资后评价的三个层次。

第2篇
工程立项

第 4 章

建筑许可

建筑许可是指建设行政主管部门根据建设单位和从事建筑活动的单位、个人的申请，依法准许建设单位开工或确认单位、个人具备从事建筑活动资格的行政行为。

通过本章的学习，掌握建筑许可的相关概念，了解施工许可证的相关制度。

4.1 建筑许可概述

许可是指行政机关根据个人、组织的申请，依法准许个人、组织从事某种活动的行政行为，通常是通过授予书面证书形式赋予个人、组织以某种权利能力，或确认具备某种资格。需要指出的是，申请是许可的必要条件，也就是说没有申请，就没有许可。

建筑许可遵循
的原则

建设工程活动对国家的经济与民生有着重大影响，且建设工程的专业与技术要求高，因此在建设工程活动中设立建筑许可，是国家对参与建设工程活动的准入制度，也是国家实行建设工程许可的行政管理制度。

4.1.1 建筑许可的法律规定

1. 建筑许可的定义

建筑许可是我国《建筑法》中重要的法律规定，是建设行政主管部门或其他行政主管部门准许、变更或终止公民、法人和其他组织从事建筑活动的具体行政行为。建筑许可是我国整个建设工程管理制度中一个最基本的内容。

对建设工程实行建筑许可，是许多国家在建设工程领域对建设工程活动实施监督管理所采用的法律制度。在法律较为健全、经济较为发达的国家，其建筑立法中均对此有相关的法律规定。这项制度体现了各个国家对在其领土上进行建设的管理制度，其根本目的是保证建设工程不损害国家的根本利益、不损害企业及个人的合法的根本利益。

在我国实行建筑许可制度，有利于保证建设工程的合法条件，并由行政管理部门控制参与建设工程活动的单位和个人的总数量、规模和素质，保证建设工程活动依法顺利进行。

2. 建筑许可的意义

建筑许可是国家对建设工程行为予以认可的法律规定，也是世界各国普遍采用的法律制度。在我国，建筑许可的实施具有以下重要意义：

1) 有利于国家对基本建设的宏观调控，对从事建筑活动的单位和人员的总量控制。

2）规范建筑市场、保证建筑工程质量和建筑安全生产。

3）保护建设单位、从事建设活动的单位和个人的合法权益。

4.1.2 建筑许可的表现形式

根据《建筑法》的规定，建筑许可包括三种法律制度，即施工许可制度、从事建筑活动单位的资质制度和个人执业的资格制度。

在我国实行建筑许可的行政管理制度中，也有建设工程规划许可等制度。

4.2 施工许可制度

4.2.1 施工许可证的概念

1. 工程报建登记

在建设工程立项批准后、工程发包（包括勘察、设计、施工的发包，监理委托）前，建设单位必须向建设行政主管部门或其授权的部门办理工程报建登记手续（未办理报建登记手续的工程，不得发包，不得签订工程合同）。

在办理工程报建登记手续时，一般要求建设单位提供以下资料：①工程建设项目立项的批准文件；②银行出具的该建设工程项目资信证明；③经批准的建设用地证明和规划审批文件；④施工图设计审查批准书等。

工程报建登记的内容一般包括建设工程内容、建设地点、投资规模、资金来源、当年度投资额度、工程规模、开工与竣工日期、发包方式和工程筹建情况等。

工程报建标志着建设工程依据法律规定由此正式开展。

2. 施工许可证

施工许可证是指建设工程开始施工前，建设单位向建设行政主管部门申请的允许可以施工的证明。2014年10月25日，住建部发布了《建筑工程施工许可管理办法》，进一步完善了施工许可法律制度的实施细则。

施工许可证的重要性和意义

一般情况下，对于新建、扩建、改建的建设工程，建设单位必须在开工前向建设行政主管部门或其授权的部门申请领取建设工程施工许可证。未领取施工许可证的，不得开工。

建设工程施工许可证是建设单位进行工程施工的法律凭证，也是建设单位最终获得工程建设结果——物权登记与凭证的主要依据。

建筑工程施工许可制度是行政许可制度的一种。行政许可制度涉及两方面主体，一方是行政机关，另一方则是申请人。就建筑工程许可制度而言，这两方面主体分别是建设行政主管部门或有关专业部门和建设单位。

实行建筑工程施工许可制度，是我国政府对建设工程质量实行监督管理的两个主要手段之一（施工许可制度和竣工验收备案制度）。

在我国各地区实行建筑工程施工许可制度，规定了建设工程在开工前必须具备的法定条件，并使建设工程在开工后能够顺利进行，保证了建设工程的质量和安全生产；同时有利于行政管理部门全面掌握和了解其管辖范围内参与建设工程活动企业的数量、规模、等级等基本情况，也保证了行政主管部门对建设工程依法进行监督和指导。

3. 施工许可证的适用范围

《建筑法》第七条规定："建筑工程开工前，建设单位应当按照国家有关规定向工程所在地县级以上人民政府建设行政主管部门申请领取施工许可证；但是，国务院建设行政主管部门确定的限额以下的小型工程除外。按照国务院规定的权限和程序批准开工报告的建筑工程，不再领取施工许可证。"

《建筑工程施工许可管理办法》也规定："在中华人民共和国境内从事各类房屋建筑及其附属设施的建造、装修装饰和与其配套的线路、管道、设备的安装，以及城镇市政基础设施工程的施工，建设单位在开工前应当依照本办法的规定，向工程所在地的县级以上地方人民政府住房城乡建设主管部门申请领取施工许可证。"

4. 不需要申领施工许可证的工程类型

1）限额以下的小型工程。国务院建设行政主管部门确定限额以下的小型工程是工程投资在30万元以下或建筑面积在300m² 以下的建筑。

2）实施开工报告的工程。开工报告是建设单位依照国家有关规定向计划行政主管部门申请准予开工的文件。实施开工报告的工程是指按照国务院规定的权限和程序批准了开工报告的建筑工程。

3）抢险救灾工程。

4）临时性建筑、农民自建低层住宅工程等。

5）军用房屋建筑工程。

4.2.2 施工许可证的申领与批准

1. 施工许可证的申领主体

建设单位是施工许可证的申领主体。建设单位应当按照国家有关规定向工程所在地县级以上人民政府建设行政主管部门申请领取施工许可证。

建设单位是其项目建设的投资者、管理者，是项目的法人，更是项目开展工程的核心。在《建筑法》《建设工程质量管理条例》《建设工程安全生产管理条例》等多项法律法规中，都指明了建设单位在项目建设中的责任。建设单位承担了工程开工之前各项准备工作的义务。因此，建设单位是建设工程施工许可证的申领主体，任何其他的施工单位、监理单位等都不能取代这个项目的法人工作。

2. 施工许可证申领的法定条件

设立申请领取施工许可证的批准条件，是对建设工程施工条件的完备性、对参与工程施工的企业和个人设立管理条件，是保证建设工程在开工后能够顺利施工的前提。并且，设立施工许可证批准条件，对规范建设工程市场秩序、保证建设工程质量和施工安全生产，提高社会经济效益，保障公民生命财产安全和国家财产安全，具有十分重要的意义。

《建筑法》第八条和《建筑工程施工许可管理办法》第四条分别规定了申请领取施工许可证应当具备的法定条件。同时，近年又增设了如确立监理单位、消防设计审核等条件。当前申领施工许可证的法定批准条件如下：

（1）已经办理该建筑工程用地批准手续　根据《城市房地产管理法》《土地管理法》的规定，建设单位取得建筑工程用地的使用权，可以通过出让和划拨两种方式。

建设单位依法以出让或划拨方式取得土地使用权，应当向县级以上地方人民政府土地管理部门申请登记，经县级以上地方人民政府土地管理部门核实，由同级人民政府颁发土地使用权证书。建设单位取得土地使用权证书表明已经办理了该建筑工程用地批准手续。

（2）在城市规划的建筑工程，已经取得规划许可证　根据《城乡规划法》的规定，规划许可证包括建设用地规划许可证、建设工程规划许可证和乡村建设规划许可证。

建设用地规划许可证是建设单位在向土地管理部门申请征用、划拨土地前，经城乡规划行政主管部门确认建设项目位置和范围符合城乡规划的法定凭证，是建设单位用地的法律凭证。

建设工程规划许可证是由城乡规划行政主管部门核发的，用于确认建设工程是否符合城乡规划要求的法律凭证。

（3）需要征收房屋的，其进度符合施工要求　对在城市旧区进行建筑工程的新建、改建、扩建的，房屋征收是施工准备阶段的一项重要内容。对成片土地进行综合开发时，应根据建设计划，在满足施工要求的前提下，分期分批进行房屋征收。

（4）已经确定建筑施工企业　建筑工程的施工必须由具备相应资质的建筑施工企业来承担。在建筑工程开工前，建设单位必须确定承包该工程的建筑施工企业，否则，建筑工程的施工就无法进行。

已经确定了建筑工程的施工企业，就意味着建设单位已经完成了工程的发包工作，一般也就是建设单位与施工企业已经签订了建设工程合同。同时作为总承包的施工企业，也应该向建设单位明确在工程中的分包施工企业。

（5）有满足施工需要的施工图及技术资料　施工图是实现建筑工程的最根本的技术文件，是施工的依据，这就要求设计单位按工程的施工顺序和施工进度，安排好施工图的配套交付计划，保证满足施工的需要。施工设计图一般包括施工总平面图、房屋建筑施工平面图和剖面图、安装施工详图、各种专门工程的施工图和各类材料明细表等。

技术资料包括：①地形、地质、水文、气象等自然条件资料；②主要原材料、燃料来源，水、电供应和运输条件等技术经济条件资料。

（6）有保证工程质量和安全的具体措施　建设施工组织设计必须包括保证工程质量和安全的具体措施。而施工组织设计的编制是施工准备工作的核心环节，必须在建筑工程开工前编制完毕。

（7）按照规定应该委托监理的工程已委托监理　根据《建设工程质量管理条例》的规定，对于国家重点建设工程，大中型公用事业工程，成片开发建设的住宅小区工程，利用外国政府或者国际组织贷款、援助资金的工程，国家规定必须实行监理的其他工程，建设单位应该委托能够满足建设项目要求的监理单位。监理单位应该对建筑施工企业编制的施工组织设计，包括建设工程质量和安全生产的措施进行审核及盖章确认。

（8）建设工程应当通过消防设计审核　根据《消防法》的规定，应当经公安机关消防机构进行消防设计审核的建设工程，未经依法审核或者审核不合格的，负责审批该工程的建设行政主管部门不得给予施工许可证，建设单位、施工单位不得开工；其他建设工程取得施工许可证后依法抽查不合格的也应当停止施工。

（9）建设资金已经落实　建设资金的落实是建筑工程开工后顺利实施的关键。对于建设工期不足1年的建筑工程，到位资金原则上不得少于工程合同价的50%；建设工期超过1年的建筑工程，到位资金原则上不得少于工程合同价的30%。并且，建设单位应当提供银行出具的到位资金证明，有条件的可以实行银行付款保函或者第三方担保。

（10）法律、行政法规规定的其他条件　这是指单行法律、行政法规对施工许可证申领条件相关的特别规定。

上述10个方面的条件，是建设单位申领施工许可证所必须具备的条件。这些条件必须同时具备，缺一不可。为此，住建部编制了建筑工程施工许可证申请表的标准格式，严格控制施工许可证的申领条件要求。

3. 施工许可证的批准时间

为了促使建设行政主管部门及时对施工许可证申请的审查，提高颁发施工许可证的工作效率，更好地保护当事人的合法权益，《建筑法》对建设行政主管部门审查施工许可证的申请期限做出了规定，建设行政主管部门应当自收到申请之日起15个工作日内，对符合条件的申请颁发施工许可证。

4. 申领程序

根据《建筑工程施工许可管理办法》第五条的规定，申请办理施工许可证，应当按照下列程序进行：①建设单位向发证机关领取建筑工程施工许可证申请表。②建设单位持加盖单位及法定代表人印鉴的建筑工程施工许可证申请表，并附《建筑工程施工许可管理办法》第四条规定的证明文件（施工许可证申领的法定条件），向发证机关提出申请。③发证机关在收到建设单位报送的建筑工程施工许可证申请表和所附证明文件后，对于符合条件的，应当自收到申请之日起15日内颁发施工许可证；对于证明文件不齐全或者失效的，应当当场或者5日内一次告知建设单位需要补正的全部内容，审批时间可以自证明文件补正齐全后做相应顺延；对于不符合条件的，应当自收到申请之日起15日内书面通知建设单位，并说明理由。

因此，施工许可证的申领程序，一般是由建设单位向发证机关领取建筑工程施工许可证申请表，提交规定的材料、文件和证明，并持加盖单位及法定代表人印鉴的建筑工程施工许可证申请表，按规定的方式，向有审批权的建设行政主管部门提出申请。

建设单位（又称业主或项目法人）是指建设项目的投资者。建设项目由政府投资的，建设单位为该建设项目的管理或使用单位。建设单位既可以是法人，也可以是自然人。做好各项施工准备工作，是建设单位应尽的义务。因此，施工许可证的申领，应当由建设单位来承担，而不应由施工单位或其他单位来承担。

建设单位在具体办理施工许可证时，主要有下列要求：

1）工程投资额在30万元以上或建筑面积在300m² 以上的建筑工程必须向工程立项审批机关的同级建设行政主管部门办好施工许可证或国务院批准开工报告。

2）领取施工许可证须已经确定建筑施工企业，即建设单位办理施工许可前应依法确定施工单位。

3）领取施工许可证须有满足施工需要的施工图及技术资料，并依法进行施工图审查。

4）办理施工许可证前应当已经办理建筑工程用地批准手续，在城市规划区的建筑工程，已经取得规划许可证。

5）建设单位办理施工许可证前须建设资金已经落实。根据规定，建设单位办理施工许可证前须落实农民工工资保障金、建设资金保函及证明，房地产开发企业须进行资金核实。

6）建设工程办理施工许可证应有保证工程质量和安全的具体措施。根据规定，建设单位办理施工许可证前须向建设行政主管部门申请工程项目开工安全条件审查,并经评审合格。

7)建设单位在领取施工许可证或者开工报工前,应当按照国家有关规定办理工程质量监督手续。

8)建设工程施工须接受安全监督部门管理,建设单位在申请领取施工许可证时,应当提供建设工程有关安全施工措施的资料。

9)施工单位应当为施工现场从事危险作业的人员办理意外伤害保险。

5. 申领施工许可证须提供的相关资料

在施工许可证的申领过程中,一般应提交下列相关资料:

1)建设工程项目施工报建登记、招标备案、施工许可申请书。
2)工程项目建设立项批文。
3)建设工程用地许可证。
4)建设工程规划许可证。
5)施工中标通知书。
6)经建设行政主管部门备案的施工合同。
7)施工图审查备案表及合格证明。
8)经备案的监理合同及监理中标通知书。
9)质量、安全监督申请表。
10)安全生产条件评审意见,施工安全申请表。
11)意外伤害保险办理凭证。
12)房地产开发企业资金核实表,资金保函及证明。
13)项目经理及主要管理人员证书。
14)其他须提供的相关资料。

4.2.3 施工许可证的时间效力

1. 时间效力的概念

时间效力是指法律或行政法规所指事件和行为的效力生效或效力终止的时间和期间,以及对其颁布实施以前的事件和行为有无溯及力。

(1)法律生效时间的情况

1)自法律或规范性法律文件公布之日起开始生效。
2)由专门条文规定法律的具体生效时间。
3)规定法律公布后满一定时间开始生效。

后两种情况主要是考虑新法实施需要一定的适应时间或转换时间。

(2)法律终止效力的情况

1)新法公布实施后,原法律自动失效。
2)新法取代旧法,新法明文宣布旧法失效。
3)因法律已完成其历史使命而不再适用。
4)法律自行规定有效期间,到时限届满时无延期规定的,自动失效。
5)由立法机关颁布专门决议决定,废止某些法律。

6）司法机关以判决形式宣告某项法律或其中的个别条款因抵触上位法而无效，不予适用。

施工许可证的时间效力是指施工许可证在一定的时间范围内有效，超过这一期限即丧失其合法的效力。

2. 有效期限

《建筑法》第九条规定："建设单位应当自领取施工许可证之日起3个月内开工。"所谓领取施工许可证之日，是指建设行政主管部门经审核批准，并将施工许可证下发给建设单位的日期开始起算，自该日起3个月内应当开工建设。

建设单位在获得施工许可证的3个月内，可以实施工程正式开工的所有工作，使工程施工进入正常计划步骤中。建设单位应该在施工许可证的有效期内开工，不得无故拖延开工时间。建设单位在施工许可证的有效期内开工时合法的行为，也受到法律的保护。

3. 延期与限制

建设工程往往受到气候、环境的影响，也可能受到政治、经济以及社会等诸多因素的制约，使实施工程的施工活动遭遇客观条件的变化，以致建设单位不能使工程正常地开工。

为此，《建筑法》第九条还规定："因故不能按期开工的，应当向发证机关申请延期，延期以两次为限，每次不超过3个月。"即建设单位因客观原因可以延期，但不得无故拖延开工。这里的客观原因一般是指"三通一平"（即通水、通电、通道路、场地平整）没有完成，材料、构件、必要的施工设备等没有按计划进场。

建设单位因客观原因的确无法在施工许可证有效期限内开工的，必须向施工许可证的发证机关提出申请，由发证机关审核，通过后建设单位方可延期开工。但是建设单位只能申请两次延期，即在施工许可证的开始时间起，无论任何原因，其延期在6个月后仍未开工的，延期的法定条件也会终止。

4. 中止施工和恢复施工

（1）中止施工　中止施工是指建设工程开工后，在施工过程中，因特殊情况的发生而中途停止施工的一种行为。中止施工的原因一般比较复杂。造成中止施工的特殊情况主要有地震、洪水等不可抗力和宏观调控、压缩基建规模、停建缓建建筑工程等。

《建筑法》第十条规定："在建的建筑工程因故中止施工的，建设单位应当自中止施工之日起1个月内，向发证机关报告，并按照规定做好建筑工程的维护管理工作。"

建设单位在报告中止施工的同时，还应当按照规定做好工程的维护管理工作，防止工程期间遭受损失，保证工程恢复施工后的正常开展。建设单位应设立专人负责，定期检查中止施工工程的质量状况，发现问题及时解决，以保证已完工部分的工程质量。同时，建设单位还应督促施工单位做好该工程的安全管理工作，防止在停工过程中因工地脚手架、施工铁架、外墙挡板腐烂、断裂、坠落、倒塌等导致发生安全事故，采取切实可行的措施，消除任何安全隐患。

（2）恢复施工　恢复施工是指建筑工程中止施工后，造成中断施工的情况消除而继续进行施工的一种行为。对此，《建筑法》亦做出如下规定：

1）恢复施工时，中止施工不满1年的，建设单位应当向该建筑工程颁发施工许可证的建设行政主管部门报告恢复施工的有关情况。

2）中止施工满1年的，工程恢复施工前，建设单位应当报发证机关检验施工许可证。

符合条件的,应允许恢复施工,施工许可证继续有效;对不符合条件的,不允许恢复施工,施工许可证收回,待具备条件后,建设单位重新申领施工许可证。

5. 自行废止

当建设工程有如下两种情况发生时,其施工许可证自行废止:

1) 3个月内不开工,且未向发证机关申请延期。

2) 超过延期期限。即自颁发施工许可证之日起,不论何种原因,建设单位均须在9个月内开工,否则施工许可证自行废止。

6. 重新办证

对于施工许可证在上述各类情况发生后自行废止,经过客观条件的不断成熟和完善,使建设工程又具备了开工条件的;或者中止施工超过1年以上的建设工程。建设单位必须根据施工许可证申请的法定条件,重新向有关建设行政管理部门申请。经发证机关审核通过后,重新领取施工许可证。

对于实现开工报告制度的建设工程,即按照国务院有关规定批准开工报告的大中型建设工程,因故不能开工或中止施工的,应当及时向批准机关报告情况。因故不能按时开工超过6个月,应当重新办理开工报告的批准手续。

4.2.4 施工许可证的使用和管理

施工许可证是国家在建设领域的行政管理方法,是国家对建设工程质量实行管理的手段之一。因此,建设单位在获得施工许可证后必须严格按照法律和行政法规的要求使用该证,行政管理部门也必须根据法律和行政法规的要求对施工许可证的执行情况进行监督和管理。

1. 施工许可证的使用要求

建设单位在依法取得施工许可证后,除了必须遵守施工许可证法定的时间效力外,还应该遵守以下规定:

1) 建设单位申请领取施工许可证的工程名称、地点、规模,应当与依法签订的施工承包合同一致。

2) 在建设工程的施工过程中,如果建设单位或者施工单位发生变更的,应当重新申请领取施工许可证。

3) 施工许可证应当放置在施工现场备查。

4) 施工许可证不得伪造和涂改。

5) 施工许可证分为正本和副本,正本和副本具有同等法律效力。复印的施工许可证无效。

2. 施工许可证的行政管理

建设行政主管部门,除了审核、颁发施工许可证外,还对施工许可证承担着管理的责任,具体的行政管理措施有:

1) 建设工程施工许可证由国务院建设行政主管部门制定格式,由各省、自治区、直辖市人民政府建设行政主管部门统一印制。

2) 对于未取得施工许可证或者为规避办理施工许可证将工程项目分解后擅自施工的,由有管辖权的发证机关责令改正,对于不符合开工条件的责令停止施工,并对建设单位和施工单位分别处以罚款。

3）对于采用虚假证明文件骗取施工许可证的，由原发证机关收回施工许可证，责令停止施工，并对责任单位处以罚款；构成犯罪的，依法追究刑事责任。

4）对于伪造施工许可证的，该施工许可证无效，由发证机关责令停止施工，并对责任单位处以罚款；构成犯罪的，依法追究刑事责任。

5）对于涂改施工许可证的，由原发证机关责令改正，并对责任单位处以罚款；构成犯罪的，依法追究刑事责任。

4.3 本章小结

建筑许可制度是《建筑法》确定的建设活动的基本法律制度之一。建设工程开工前，建设单位应当按照国家有关规定向工程所在地县级以上人民政府建设行政主管部门申请领取施工许可证。

1. 何谓建筑许可？适用在哪些方面？表现为哪些制度？
2. 施工许可制度是如何规定的？申请领取施工许可证应具备哪些条件？
3. 施工许可证在时间上有哪些规定？如何使用施工许可证？

第 5 章

建设工程从业资质

建设工程从业资质是法律规定的参与建设工程等方面工作从业人员、单位的资格认证。只有拥有相应从业资质的技术人员或单位，才有资格参与相应建设工程工作。

通过本章的学习，熟悉建筑企业资质制度和建设工程从业人员职业资格制度的法律规定，以及注册建造师、注册结构工程师的执业资格规定，了解监理单位的资质管理要求和各类建设工程从业人员的资格要求。

■ 5.1 建设工程从业人员执业资格制度

建设工程从业资质案例分析

5.1.1 执业资格制度的概念

1. 建设工程从业人员

我国建设工程从业人员已经超过 3000 万人，数量大、工种类型繁多，包括专业技术人员和关键岗位从业人员。其中，专业技术人员主要有建筑师、结构工程师、监理工程师、造价工程师、建造师等，而施工单位管理人员如项目经理以及各类施工操作人员和特种作业人员都属于关键岗位从业人员。常设的施工操作人员有技术员、安全员、预算员、质量员、材料员和资料员，特种作业人员有电工、普工、各类机械操作工等。

随着改革开放步伐的加快，建设行业从业人员的数目日益扩大。为规范建设行业人才管理，保证工程质量，同时也为了推动我国建设行业走向国际市场和引进外资项目，人力资源和社会保障部按照国务院的部署，把建立和推行专业技术人员执业资格制度作为一项重点工作，并作为深化职称改革工作的一项重要内容，有计划、有步骤地组织实施了各类执业资格制度。

2. 执业资格的概念

执业资格是国家对涉及责任较大、社会通用性强、关系公共利益的专业技术工作实行的准入控制，是专业技术人员依法独立执业或独立从事某种专业技术工作学识、技术和能力的必备标准。一般执业资格由通过考试的方法取得。

执业资格考试由国家定期举行，实行全国统一大纲、统一命题、统一组织、统一时间。经执业资格考试合格的人员，由国家授予相应的执业资格证书。取得执业资格证书后，要在规定的期限内到指定的注册管理机构办理注册登记手续。所取得的执业资格经注册后，在全国范围有效。超过规定的期限未进行注册登记的话，执业资格证书及考试成绩就不再有效。

各行各业都有各自的执业证书，有的时候也把从业资格证列入执业资格的范围，如会计从业资格证、证券从业资格证、执业医师资格证等。

3. 建设工程执业资格制度

执业资格制度是指对具备一定专业学历、资历的从事建设活动的专业技术人员，通过考试和注册确定其执业的技术资格，获得相应建筑工程文件签字权的一种制度。

执业资格制度是市场经济国家对专业技术人员管理的通行做法。按照分类管理原则，我国已经在建设行业中一些事关国家财产安全、公众利益和人民生命财产安全的专业技术关键岗位实行执业资格制度。目前，我国建设行业已建立了房地产估价师、监理工程师、注册建筑师、造价工程师、注册结构工程师、注册城乡规划师、房地产经纪人、建造师等执业资格制度，基本形成了以教育评估、执业实践、资格考试、注册管理、继续教育和信用档案为主要内容的管理体系。

4. 建设工程执业资格证书和注册

从事建设工程活动的人员，要通过国家任职资格考试、考核，由建设行政主管部门注册并颁发资格证书，并在执业资格证书许可的范围内从事建筑活动。

取得执业资格证书的专业技术人员，必须经过注册登记方可执业。以建造师为例，取得建造师执业资格证书且符合注册条件的人员，必须经过注册登记后，方可以建造师名义执业。住建部或其授权机构为一级建造师执业资格的注册管理机构；各省、自治区、直辖市建设行政主管部门制定本行政区域内二级建造师执业资格的注册办法，报住建部或其授权机构备案。准予注册的申请人员，分别获得中华人民共和国一级建造师注册证书和中华人民共和国二级建造师注册证书。已经注册的建造师必须接受继续教育，更新知识，不断提高业务水平。建造师执业资格注册有效期一般为 3 年，期满前 3 个月，要办理再次注册手续。

5. 执业资格制度的意义

不断推行和完善执业资格制度，将建设行业中现行的以企业资质与个人执业资格相结合的管理模式，逐步发展为以个人执业资格管理为主的管理模式，是完善社会主义市场经济体制的必然要求，同时也是加入 WTO 后与国际接轨、达成国际共识、参与国际竞争的迫切需要，这利于提高建设行业专业技术人员的素质，对促进我国建设事业持续健康发展意义十分重大。

5.1.2 执业资格的种类与要求

改革开放以来，在我国建设工程领域内已逐步建立、完善了注册城乡规划师、注册建筑师、勘察设计注册工程师、建造师、监理工程师、造价工程师、房地产估价师、物业管理师等执业资格制度。

1. 建造师

我国的建造师是指从事建设工程项目总承包和施工管理关键岗位的专业技术人员。

（1）建造师的执业要求　建造师经注册后，方有资格以建造师名义担任建设工程项目施工的项目经理及从事其他施工活动的管理。取得建造师执业资格，未经注册的不得以建造师名义从事建设工程施工项目的管理工作。建造师在工作中，必须严格遵守法律、法规和行业管理的各项规定，恪守职业道德。

（2）建造师的执业分类　建造师执业划分为10个专业：建筑工程、公路工程、铁路工程、民航机场工程、港口与航道工程、水利水电工程、市政公用工程、通信与广电工程、矿业工程、机电工程。注册建造师应在相应的岗位上执业。同时鼓励和提倡注册建造师"一师多岗"，从事国家规定的其他业务。我国现行建造师制度中建造师分为一级建造师和二级建造师。

（3）一级建造师应具备的执业技术能力

1）具有一定的工程技术、工程管理理论和相关经济理论水平，并具有丰富的施工管理专业知识。

2）能够熟练掌握和运用与施工管理业务相关的法律、法规、工程建设强制性标准和行业管理的各项规定。

3）具有丰富的施工管理实践经验和资历，有较强的施工组织能力，能保证工程质量和安全生产。

4）具有一定的外语水平。

（4）二级建造师应具备的执业技术能力

1）了解工程建设的法律、法规，工程建设强制性标准及有关行业管理的规定。

2）具有一定的施工管理专业知识。

3）具有一定的施工管理实践经验和资历，有一定的施工组织能力，能保证工程质量和安全生产。

建造师必须接受继续教育，更新知识，不断提高业务水平。

（5）建造师的执业范围

1）担任建设工程项目施工的项目经理。

2）从事其他施工活动的管理工作。

3）法律、行政法规或国务院建设行政主管部门规定的其他业务。

（6）建造师和项目经理的关系

建造师与项目经理的定位不同，但所从事的都是建设工程的管理工作。建造师执业的覆盖面较大，可涉及工程建设项目管理的许多方面，担任项目经理只是建造师执业中的一项；项目经理则限于企业内某一特定工程的项目管理。建造师选择工作的权利相对自主，可在社会市场上有序流动，有较大的活动空间；项目经理岗位则是企业设定的，项目经理是企业法定代表人授权或聘用的、一次性的工程项目施工管理者。

项目经理责任制是我国施工管理体制上一个重大的改革，对加强工程项目管理，提高工程质量起到了很好的作用。建造师执业资格制度建立以后，取消项目经理资质的行政审批，而不是取消项目经理，项目经理责任制仍然要继续坚持。项目经理仍然是施工企业某一具体工程项目施工的主要负责人，他的职责是根据企业法定代表人的授权，对工程项目自开工准备至竣工验收，实施全面的组织管理。有变化的是，大中型工程项目的项目经理必须由取得建造师执业资格的建造师担任。建造师资格是担任大中型工程项目经理的一项必要条件，是国家的强制性要求。但选聘哪位建造师担任项目经理，则由企业决定，那是企业行为。小型工程项目的项目经理可以由不是建造师的人员担任。所以，要充分发挥有关行业协会的作用，加强项目经理培训，不断提高项目经理队伍素质。

2. 注册建筑师

1）注册建筑师是指依法取得注册建筑师证书并从事房屋建筑设计及相关业务的人员。我国注册建筑师分为一级注册建筑师和二级注册建筑师。

2）注册建筑师的执业范围包括：①建筑设计；②建筑设计技术咨询；③建筑物调查与鉴定；④对本人主持设计的项目进行施工指导和监督；⑤国务院建设行政主管部门规定的其他业务。

3. 注册结构工程师

注册结构工程师是指取得中华人民共和国注册结构工程师执业资格证书和注册证书，从事房屋结构、桥梁结构及塔架结构等工程设计及相关业务的专业技术人员。注册结构工程师分为一级注册结构工程师和二级注册结构工程师。

注册结构工程师的执业范围包括：①结构工程设计；②结构工程设计技术咨询；③建筑物、构筑物、工程设施等调查和鉴定；④对本人主持设计的项目进行施工指导和监督；⑤住建部和国务院有关部门规定的其他业务。一级注册结构工程师的执业范围不受工程规模及工程复杂程度的限制。

4. 关键工作岗位的从业人员持证上岗制度

建设企事业单位关键岗位是指建筑业、房地产业、市政公用事业等企事业单位中关系着工程质量、产品质量、服务质量、经济效益、安全生产和人民生命安全的重要岗位，如施工项目经理、施工机械操作人员、企业内部质量管理人员、安全管理人员、房地产估价员等。

为保证建设企事业单位关键岗位人员的素质，我国实行了建设企事业单位关键岗位持证上岗制度。1991年7月29日，建设部（现住建部）、国家计划委员会（现国家发改委）、人事部（现人力资源和社会保障部）发布了《建设企事业单位关键岗位持证上岗管理规定》。该规定指出，凡在关键岗位上工作的人员，必须有相应的岗位合格证书，未取得岗位合格证书的人员，一律不得在关键岗位上岗。这对确保工程建设质量和人民生命财产安全，起到了重要的作用。例如，垂直运输机械作业人员、安装拆卸工、爆破作业人员、起重信号工、登高架设作业人员等特种作业人员，必须按照国家有关规定经过专门的安全作业培训，并取得特种作业操作资格证书后，方可上岗作业。

5.2 建设工程企业资质等级制度

5.2.1 建设工程企业资质等级的概念

建设工程企业是指具有资质、满足法定条件的，从事建设工程勘察、设计、施工，以及管理、咨询、检测和检查、审核和评定等工作的企业。

近年来，随着国家经济平稳快速地发展，全社会固定资产投资保持较快增长，建筑业在大规模投资拉动下，呈现平稳增长的态势。目前我国的建设工程企业数量庞大，建筑业的发展，不但极大地推动了国民经济的增长，也提高了人民的生活水平。建设工程企业也正向着效益水平稳步提高、运行质量可靠增长的方向发展。

1. 从事建设工程活动的企业或单位

从事建设工程活动的企业或单位是一种经济组织，包括：

1）发包单位，即业主、业主代理人。

2）承包单位，即工程勘察、设计单位，施工单位。

3）法律、法规规定的其他单位，如工程监理单位、工程招标代理机构、工程造价咨询机构以及质量检测和评定机构等。

2. 资质等级的基本要求、资质证书的概念

《建筑法》规定，从事建筑活动的建筑施工企业、勘察单位、设计单位和工程监理单位，应当具备下列条件：

1）有符合国家规定的注册资本。

2）有与其从事的建筑活动相适应的具有法定执业资格的专业技术人员。

3）有从事相关建筑活动所应有的技术装备。

4）法律、行政法规规定的其他条件。

建筑工程企业的
从业资格条件

从事建设工程活动的企业或单位，按照其拥有的注册资本、专业技术人员、技术装备和已完成的建筑工程业绩等资质条件，划分为不同的资质等级，经资质审查合格，方可取得相应等级的资质证书。从事建设工程活动的企业或单位，应当向工商行政管理部门申请设立登记，并由县级以上地方人民政府建设行政主管部门审查，对符合法定条件的企业或单位，颁发资质证书。建筑业企业必须取得资质证书，在资质等级许可范围内从事建筑活动。

3. 从业要求

《建设工程质量管理条例》规定，凡是从事新建、扩建、改建和拆除等建设工程活动的企业或单位，应当具备国家规定的注册资本、专业技术人员、技术装备和安全生产等条件，依法取得相应等级的资质证书，并在其资质等级许可的范围内承揽工程。

5.2.2 建设工程企业的资质等级

根据《建筑法》《行政许可法》《建设工程质量管理条例》《建设工程安全生产管理条例》等法律和法规的规定，2015年1月22日，我国以住房和城乡建设部令第22号发布了《建筑业企业资质管理规定》，其中规定企业应当按照其拥有的资产、主要人员、已完成的工程业绩和技术装备等条件申请建筑业企业资质，经审查合格，取得建筑业企业资质证书后，方可在资质许可的范围内从事建筑施工活动。

根据《建筑法》《行政许可法》《建设工程质量管理条例》和《建设工程安全生产管理条例》，2014年11月6日，住建部会同国务院有关部门制定了《建筑业企业资质标准》，对建筑业企业资质等级及相应要求做出明确规定。

1. 施工企业资质的法定条件

（1）有符合规定的注册资本　注册资本是企业的资产数量，也是判断企业经济实力的依据之一。所有从事工程建设施工活动的企业组织，都必须具备基本的责任承担能力，能够担负与其承包施工工程相适应的财产义务。这既是法律上权利与义务相一致、利益与风险相一致原则的体现，也是维护债权人利益的需要。因此，施工企业的注册资本必须能够适应从事施工活动的需要，不得低于最低限额。

（2）有符合规定的专业技术人员　建设工程施工活动是一种专业性、技术性很强的活动，同时施工活动也需要投入大量人力。因此，从事建设工程施工活动的企业必须拥有足够数量的专业技术人员,这些专业技术人员在企业中担当管理、技术、经济等全面工作,保证企业在施工活动中顺利开展各项工作。我国对专业技术人员也实行执业资格制度,因此一些专业技术人员还须有通过考试和注册取得的法定执业资格。

(3) 有符合规定的技术设备 随着建设工程机械化程度的不断提高,大跨度、超高层、结构复杂和超深基坑等大型工程项目越来越多,如果没有相应的技术设备将无法从事此类建设工程的施工活动。因此,施工单位必须拥有与其从事施工活动相适应的技术设备。

当然,随着我国机械租赁市场的发展,许多大中型机械设备都可以采用租赁的方式取得,这有利于提高机械设备的使用率,降低施工成本。目前的企业资质标准对技术设备的要求并不多,特别是特级企业更多的是衡量其科技进步水平。

(4) 有符合规定的已完成工程业绩 工程建设施工活动是一项重要的实践活动。有无承担过相应工程的经验及其业绩好坏,是衡量其实际能力和水平的一项重要标准。

2. 施工企业的资质序列、类别和等级

(1) 施工企业的资质序列 资质序列是工程建设经营模式的一种划分。《建筑业企业资质管理规定》中规定,建筑业企业资质分为施工总承包资质、专业承包资质和劳务分包资质三个序列。

1) 获得施工总承包资质的企业(简称施工总承包企业),可以承接施工总承包工程。施工总承包企业可以对所承接的施工总承包工程内各专业工程全部自行施工,也可以将非主体结构工程的专业工程或劳务作业依法分包给具有相应资质的专业承包企业或劳务分包企业。

2) 获得专业承包资质的企业(简称专业承包企业),可以承接施工总承包企业分包的专业工程和建设单位依法发包的专业工程。专业承包企业可以对所承接的专业工程全部自行施工,也可以将劳务作业依法分包给具有相应资质的劳务分包企业。

3) 获得劳务分包资质的企业(简称劳务分包企业),可以承接施工总承包企业或专业承包企业分包的劳务作业。

(2) 施工企业的资质类别和等级 施工总承包资质、专业承包资质、劳务分包资质序列按照工程性质和技术特点分别划分为若干资质类别。各资质类别按照规定的条件划分为若干等级。建筑业企业资质等级标准由国务院建设行政主管部门会同国务院有关部门制定。

(3) 施工总承包企业的资质标准 根据建设工程的性质和技术特点,施工总承包企业的资质划分为12个类别及4个等级(见表5-1)。

表5-1 施工总承包企业资质等级

序号	施工总承包企业资质等级	特级	一级	二级	三级
1	房屋建筑工程施工总承包企业资质等级	√	√	√	√
2	公路工程施工总承包企业资质等级	√	√	√	√
3	铁路工程施工总承包企业资质等级	√	√	√	√
4	港口与航道工程施工总承包企业资质等级	√	√	√	—
5	水利水电工程施工总承包企业资质等级	√	√	√	√
6	电力工程施工总承包企业资质等级	√	√	√	√
7	矿山工程施工总承包企业资质等级	√	√	√	√
8	冶炼工程施工总承包企业资质等级	√	√	√	—

（续）

序号	施工总承包企业资质等级	特级	一级	二级	三级
9	化工石油工程施工总承包企业资质等级	√	√	√	—
10	市政公用工程施工总承包企业资质等级	√	√	√	√
11	通信工程施工总承包企业资质等级	—	√	√	√
12	机电安装工程施工总承包企业资质等级	—	√	√	—

（4）专业承包企业的资质标准 专业承包企业的资质共有36个类别及3个等级（见表5-2）。

表5-2 专业承包企业资质等级

序号	专业承包企业资质等级	一级	二级	三级
1	地基与基础工程专业承包企业资质等级	√	√	√
2	起重设备安装工程专业承包资质等级	√	√	√
3	预拌混凝土专业承包资质等级	—	—	—
4	电子与智能化工程专业承包资质等级	√	√	—
5	消防设施工程专业承包资质等级	√	√	—
6	防水防腐保温工程专业承包资质等级	√	√	—
7	桥梁工程专业承包资质等级	√	√	√
8	隧道工程专业承包资质等级	√	√	√
9	钢结构工程专业承包资质等级	√	√	√
10	模板脚手架专业承包资质等级	√	√	—
11	建筑装修装饰工程专业承包资质等级	√	√	√
12	建筑机电安装工程专业承包资质等级	√	√	√
13	建筑幕墙工程专业承包资质等级	√	√	—
14	古建筑工程专业承包资质等级	√	√	—
15	城市及道路照明工程专业承包资质等级	√	√	—
16	公路路面工程专业承包资质等级	√	√	√
17	公路路基工程专业承包资质等级	√	√	√
18	公路交通工程专业承包资质等级	√	√	—
19	铁路电务工程专业承包资质等级	√	√	√
20	铁路铺轨架梁工程专业承包资质等级	√	√	—
21	铁路电气化工程专业承包资质等级	√	√	√
22	机场场道工程专业承包资质等级	√	√	—
23	民航空管工程及机场弱电系统工程专业承包资质等级	√	√	—
24	机场目视助航工程专业承包资质等级	√	√	—
25	港口与海岸工程专业承包资质等级	√	√	√
26	航道工程专业承包资质等级	√	√	√
27	通航建筑物工程专业承包资质等级	√	√	√

（续）

序号	专业承包企业资质等级	一级	二级	三级
28	港航设备安装及水上交管工程专业承包资质等级	√	√	—
29	水工金属结构制作与安装工程专业承包资质等级	√	√	√
30	水利水电机电安装工程专业承包资质等级	√	√	√
31	河湖整治工程专业承包资质等级	√	√	√
32	输变电工程专业承包资质等级	√	√	√
33	核工程专业承包资质等级	√	√	—
34	海洋石油工程专业承包资质等级	√	√	—
35	环保工程专业承包资质等级	√	√	√
36	特种工程专业承包资质等级	—	—	—

（5）建筑业劳务分包企业的资质标准　建筑业劳务分包企业资质不划分类别与等级。

3. 建筑工程施工总承包企业的资质标准、承包工程范围

房屋建筑工程是指工业、民用与公共建筑（建筑物、构筑物）工程。工程内容包括地基与基础工程，土石方工程，结构工程，屋面工程，内、外部的装修装饰工程，上下水、供暖、电器、卫生洁具、通风、照明、消防、防雷等安装工程。

在工程建设中，建筑工程施工总承包企业所占据的比例较大，此处以建筑工程施工总承包企业为例，叙述其资质标准要求。

建筑工程施工总承包企业资质等级分特级、一级、二级、三级。下面分别列举建筑工程施工总承包企业资质等级标准。

（1）特级资质标准　2007年3月13日建设部发布了《关于印发〈施工总承包企业特级资质标准〉的通知》（建市〔2007〕72号），2010年11月30日住建部印发了《施工总承包企业特级资质标准实施办法》，规定特级企业必须在2012年3月13日起达到上述标准规定的特级资质的标准。

颁布《施工总承包企业特级资质标准》的目的是规范对施工总承包特级企业的资质管理，引导企业成为技术含量高、融资能力强、管理水平高的龙头企业，促进建筑业企业向工程总承包发展。

施工总承包企业特级资质共分10个类别，包括房屋建筑工程、公路工程、铁路工程、港口与航道工程、水利水电工程、电力工程、矿山工程、冶炼工程、石油化工工程和市政公用工程。施工总承包企业特级资质标准，必须具备的条件有如下几个方面：

1）企业资信能力

①企业注册资本金3亿元以上。

②企业净资产3.6亿元以上。

③企业近3年上缴建筑业营业税均在5000万元以上。

④企业银行授信额度近3年均在5亿元以上。

2）企业主要管理人员和专业技术人员要求

①企业经理具有10年以上从事工程管理工作经历。

②技术负责人具有15年以上从事工程技术管理工作经历，且具有工程序列高级职称及

一级建造师或注册工程师执业资格;主持完成过两项及以上施工总承包一级资质要求的代表工程的技术工作或甲级设计资质要求的代表工程或合同额 2 亿元以上的工程总承包项目。

③财务负责人具有高级会计师职称及注册会计师资格。

④企业具有一级建造师（一级项目经理）50 人以上。

⑤企业具有本类别相关的行业工程设计甲级资质标准要求的专业技术人员。

3）科技进步水平

①企业具有省部级（或相当于省部级水平）及以上的企业技术中心。

②企业近 3 年科技活动经费支出平均达到营业额的 0.5% 以上。

③企业具有国家级工法 3 项以上；近 5 年具有与工程建设相关的、能够推动企业技术进步的专利 3 项以上，累计有效专利 8 项以上，其中至少有 1 项发明专利。

④企业近 10 年获得过国家级科技进步奖项或主编过工程建设国家或行业标准。

⑤企业已建立内部局域网或管理信息平台，实现了内部办公、信息发布、数据交换的网络化；已建立并开通了企业外部网站；使用了综合项目管理信息系统和人事管理系统、工程设计相关软件，实现了档案管理和设计文档管理。

4）代表工程业绩。近 5 年承担过下列 5 项工程总承包或施工总承包项目中的 3 项，工程质量合格：

①高度 100m 以上的建筑物。

②28 层以上的房屋建筑工程。

③单体建筑面积 5 万 m^2 以上的房屋建筑工程。

④钢筋混凝土结构单跨 30m 以上的建筑工程或钢结构单跨 36m 以上的房屋建筑工程。

⑤单项建安合同额 2 亿元以上的房屋建筑工程。

（2）一级资质标准

1）企业近 5 年承担过下列 6 项中的 4 项以上工程的施工总承包或主体工程承包，工程质量合格：

①25 层以上的房屋建筑工程。

②高度 100m 以上的构筑物或建筑物。

③单体建筑面积 3 万 m^2 以上的房屋建筑工程。

④单跨跨度 30m 以上的房屋建筑工程。

⑤建筑面积 10 万 m^2 以上的住宅小区或建筑群体。

⑥单项建安合同额 1 亿元以上的房屋建筑工程。

2）企业经理具有 10 年以上从事工程管理工作经历或具有高级职称；总工程师具有 10 年以上从事建筑施工技术管理工作经历并具有本专业高级职称；总会计师具有高级会计师职称；总经济师具有高级职称。

企业有职称的工程技术人员和经济管理人员不少于 300 人，其中，工程技术人员不少于 200 人；工程技术人员中，具有高级职称的人员不少于 10 人，具有中级职称的人员不少于 60 人。

企业具有一级资质的项目经理不少于 12 人。

3）企业注册资本金 5000 万元以上，企业净资产 6000 万元以上。

4）企业近 3 年最高年工程结算收入 2 亿元以上。

5）企业具有与承包工程范围相适应的施工机械和质量检测设备。

（3）二级资质标准

1）企业近5年承担过下列6项中的4项以上工程的施工总承包或主体工程承包，工程质量合格：

①12层以上的房屋建筑工程。

②高度50m以上的构筑物或建筑物。

③单体建筑面积1万m²以上的房屋建筑工程。

④单跨跨度21m以上的房屋建筑工程。

⑤建筑面积5万m²以上的住宅小区或建筑群体。

⑥单项建安合同额3000万元以上的房屋建筑工程。

2）企业经理具有8年以上从事工程管理工作经历或具有中级以上职称；技术负责人具有8年以上从事建筑施工技术管理工作经历并具有本专业高级职称；财务负责人具有中级以上会计职称。

企业有职称的工程技术人员和经济管理人员不少于150人，其中，工程技术人员不少于100人；工程技术人员中，具有高级职称的人员不少于2人，具有中级职称的人员不少于20人。

企业具有二级资质以上的项目经理不少于12人。

3）企业注册资本金2000万元以上，企业净资产2500万元以上。

4）企业近3年最高年工程结算收入8000万元以上。

5）企业具有与承包工程范围相适应的施工机械和质量检测设备。

（4）三级资质标准

1）企业近5年承担过下列5项中的3项以上工程的施工总承包或主体工程承包，工程质量合格：

①6层以上的房屋建筑工程。

②高度25m以上的构筑物或建筑物。

③单体建筑面积5000m²以上的房屋建筑工程。

④单跨跨度15m以上的房屋建筑工程。

⑤单项建安合同额500万元以上的房屋建筑工程。

2）企业经理具有5年以上从事工程管理工作经历；技术负责人具有5年以上从事建筑施工技术管理工作经历并具有本专业中级以上职称；财务负责人具有初级以上会计职称。

3）企业有职称的工程技术人员和经济管理人员不少于50人，其中工程技术人员不少于30人；工程技术人员中，具有中级以上职称的人员不少于10人。企业具有三级资质以上的项目经理不少于10人。

4）企业注册资本金600万元以上，企业净资产700万元以上。企业近3年最高年工程结算收入2400万元以上。

5）企业具有与承包工程范围相适应的施工机械和质量检测设备。

（5）建筑工程施工总承包企业的工程承包范围

1）特级企业

①取得施工总承包特级资质的企业可承担本类别各等级工程施工总承包、设计及开展工

程总承包和项目管理业务。

②取得房屋建筑、公路、铁路、市政公用、港口与航道、水利水电等专业中任意1项施工总承包特级资质和其中2项施工总承包一级资质，即可承接上述各专业工程的施工总承包、工程总承包和项目管理业务，及开展相应设计主导专业人员齐备的施工图设计业务。

③取得房屋建筑、矿山、冶炼、石油化工、电力等专业中任意1项施工总承包特级资质和其中2项施工总承包一级资质，即可承接上述各专业工程的施工总承包、工程总承包和项目管理业务，及开展相应设计主导专业人员齐备的施工图设计业务。

④特级资质的企业，限承担施工单项合同额3000万元以上的房屋建筑。

2）一级企业。可承担单项建安合同额不超过企业注册资本金5倍的下列房屋建筑工程的施工：

①40层及以下、各类跨度的房屋建筑工程。

②高度240m及以下的构筑物。

③建筑面积20万m^2及以下的住宅小区或建筑群体。

3）二级企业。可承担单项建安合同额不超过企业注册资本金5倍的下列房屋建筑工程的施工：

①28层及以下、单跨跨度36m及以下的房屋建筑工程。

②高度120m及以下的构筑物。

③建筑面积12万m^2及以下的住宅小区或建筑群体。

4）三级企业。可承担单项建安合同额不超过企业注册资本金5倍的下列房屋建筑工程的施工：

①14层及以下、单跨跨度24m及以下的房屋建筑工程。

②高度70m及以下的构筑物。

③建筑面积6万m^2及以下的住宅小区或建筑群体。

4．施工企业的资质许可

我国对建筑业企业的资质管理，实行分级实施与有关部门相配合的管理模式。

（1）施工企业资质管理体制　《建筑业企业资质管理规定》中规定，国务院住房城乡建设主管部门负责全国建筑业企业资质的统一监督管理。国务院交通运输、水利、工业信息化等有关部门配合国务院住房城乡建设主管部门实施相关资质类别建筑业企业资质的管理工作。

省、自治区、直辖市人民政府住房城乡建设主管部门负责本行政区域内建筑业企业资质的统一监督管理。省、自治区、直辖市人民政府交通运输、水利、通信等有关部门配合同级住房城乡建设主管部门实施本行政区域内相关资质类别建筑业企业资质的管理工作。

县级以上人民政府住房城乡建设主管部门和其他有关部门应当依照有关法律、法规和《建筑业企业资质管理规定》，加强对企业取得建筑业企业资质后是否满足资质标准和市场行为的监督管理。上级住房城乡建设主管部门应当加强对下级住房城乡建设主管部门资质管理工作的监督检查，及时纠正建筑业企业资质管理中的违法行为。

（2）施工企业资质的许可权限

1）下列建筑业企业资质，由国务院住房城乡建设主管部门许可：

①施工总承包资质序列特级资质、一级资质及铁路工程施工总承包二级资质。

②专业承包资质序列公路、水运、水利、铁路、民航方面的专业承包一级资质及铁路、民航方面的专业承包二级资质；涉及多个专业的专业承包一级资质。

申请以上所列资质的，应当向企业工商注册所在地省、自治区、直辖市人民政府建设主管部门提出申请。其中，国务院国有资产管理部门直接监管的企业及其下属一层级的企业，应当由国务院国有资产管理部门直接监督的企业向国务院建设主管部门提出申请。

省、自治区、直辖市人民政府建设主管部门应当自受理申请之日起20日内初审完毕并将初审意见和申请材料报国务院建设主管部门。

国务院建设主管部门应当自省、自治区、直辖市人民政府建设主管部门受理申请材料之日起60日内完成审查，公示审查意见，公示时间为10日。其中，涉及铁路、交通、水利、信息产业、民航等方面的建筑业企业资质，由国务院建设主管部门送国务院有关部门审核，国务院有关部门在20日内审核完毕，并将审核意见送国务院建设主管部门。

2）下列建筑业企业资质，由企业工商注册所在地省、自治区、直辖市人民政府住房城乡建设主管部门许可：

①施工总承包资质序列二级资质及铁路、通信工程施工总承包三级资质。

②专业承包资质序列一级资质（不含公路、水运、水利、铁路、民航方面的专业承包一级资质及涉及多个专业的专业承包一级资质）。

③专业承包资质序列二级资质（不含铁路、民航方面的专业承包二级资质）；铁路方面专业承包三级资质；特种工程专业承包资质。

3）下列建筑业企业资质，由企业工商注册所在地设区的市人民政府住房城乡建设主管部门许可：

①施工总承包资质序列三级资质（不含铁路、通信工程施工总承包三级资质）。

②专业承包资质序列三级资质（不含铁路方面专业承包资质）及预拌混凝土、模板脚手架专业承包资质。

③施工劳务资质。

④燃气燃烧器具安装、维修企业资质。

5. 施工企业资质证书的申请、延续和变更

（1）企业资质的申请　《建筑业企业资质管理规定》中规定，建筑业企业可以申请1项或多项建筑业企业资质。企业申请建筑业企业资质，应当提交以下材料：

①建筑业企业资质申请表及相关的电子文档。

②企业营业执照正副本复印件。

③企业章程复印件。

④企业资产证明文件复印件。

⑤企业主要人员证明文件复印件。

⑥企业资质标准要求的技术装备的相应证明文件复印件。

⑦企业安全生产条件有关材料复印件。

⑧按照国家有关规定应提交的其他材料。

企业首次申请、增项申请建筑业企业资质，不考核企业工程业绩，其资质等级按照最低资质等级核定。已取得工程设计资质的企业首次申请同类别或相近类别的建筑业企业资质的，可以将相应规模的工程总承包业绩作为工程业绩予以申报，但申报资质等级最高不超过其现有工程设计资质等级。

（2）企业资质证书的延续　建筑业企业资质证书的有效期为5年。建筑业企业资质证书有效期届满，企业继续从事建筑施工活动的，应当于资质证书有效期届满3个月前，向原资质许可机关提出延续申请。资质许可机关应当在建筑业企业资质证书有效期届满前做出是否准予延续的决定；逾期未做出决定的，视为准予延续。

（3）企业资质证书的变更

1）办理企业资质证书变更手续的程序如下：

①建筑业企业在资质证书有效期内名称、地址、注册资本、法定代表人等发生变更的，应当在工商行政管理部门办理变更手续后30日内办理资质证书变更手续。

②由国务院建设主管部门颁发的建筑业企业资质证书，涉及企业名称变更的，应当向企业工商注册所在地省、自治区、直辖市人民政府建设主管部门提出变更申请，省、自治区、直辖市人民政府建设主管部门应当自受理申请之日起2日内将有关变更证明材料报国务院建设主管部门，由国务院建设主管部门在2日内办理变更手续。

③上述规定以外的资质证书变更手续，由企业工商注册所在地的省、自治区、直辖市人民政府建设主管部门或者设区的市人民政府建设主管部门负责办理。

2）办理企业资质证书变更时，企业应提交以下材料：

①资质证书变更申请。

②企业法人营业执照复印件。

③建筑业企业资质证书正、副本原件。

④与资质变更事项有关的证明材料。

企业改制的，除提供以上材料外，还应当提供改制重组方案、上级资产管理部门或者股东大会的批准决定、企业职工代表大会同意改制重组的决议。

3）企业发生合并、分立、改制的资质办理

①企业合并的，合并后存续或者新设立的建筑业企业可以承继合并前各方中较高的资质等级，但应当符合相应的资质等级条件。

②企业分立的，分立后企业的资质等级，根据实际达到的资质条件，按照《建筑业企业资质管理规定》规定的审批程序核定。

③企业改制的，改制后不再符合资质标准的，应按其实际达到的资质标准及《建筑业企业资质管理规定》申请重新核定；资质条件不发生变化的，按照《建筑业企业资质管理规定》关于申请资质证书变更的程序办理。

（4）不予批准企业资质升级申请和增项申请的规定　取得建筑业企业资质的企业，申请资质升级、资质增项，在申请之日起前1年内有下列情形之一的，资质许可机关不予批准企业的资质升级申请和增项申请：

1）超越本企业资质等级或以其他企业的名义承揽工程，或允许其他企业或个人以本企业的名义承揽工程的。

2）与建设单位或企业之间相互串通投标，或以行贿等不正当手段谋取中标的。

3）未取得施工许可证擅自施工的。

4）将承包的工程转包或违法分包的。

5）违反国家工程建设强制性标准施工的。

6）恶意拖欠分包企业工程款或者劳务人员工资的。

7）隐瞒或谎报、拖延报告工程质量安全事故，破坏事故现场、阻碍对事故调查的。

8）按照国家法律、法规和标准规定需要持证上岗的现场管理人员和技术工种作业人员未取得证书上岗的。

9）未依法履行工程质量保修义务或拖延履行保修义务的。

10）伪造、变造、倒卖、出租、出借或者以其他形式非法转让建筑业企业资质证书的。

11）发生过较大以上质量安全事故或者发生过两起以上一般质量安全事故的。

12）其他违反法律、法规的行为。

（5）企业资质证书的撤回、撤销和注销　企业取得建筑业企业资质后不再符合相应资质条件的，建设主管部门、其他有关部门根据利害关系人的请求或者依据职权，可以责令其限期改正；逾期不改的，资质许可机关可以撤回其资质。被撤回建筑业企业资质的企业，可以申请资质许可机关按照其实际达到的资质标准，重新核定资质。

1）有下列情形之一的，资质许可机关或者其上级机关，根据利害关系人的请求或者依据职权，可以撤销建筑业企业资质：

①资质许可机关工作人员滥用职权、玩忽职守准予建筑业企业资质许可的。

②超越法定职权准予建筑业企业资质许可的。

③违反法定程序准予建筑业企业资质许可的。

④对不符合许可条件的申请人准予建筑业企业资质许可的。

⑤依法可以撤销资质证书的其他情形。以欺骗、贿赂等不正当手段取得建筑业企业资质证书的，应当予以撤销。

2）有下列情形之一的，资质许可机关应当依法注销建筑业企业资质，并向社会公布其建筑业企业资质证书作废，企业应当及时将建筑业企业资质证书交回资质许可机关：

①资质证书有效期届满，未依法申请延续的。

②企业依法终止的。

③资质证书依法被撤回、撤销或吊销的。

④企业提出注销申请的。

⑤法律、法规规定的应当注销建筑业企业资质的其他情形。

5.2.3　工程勘察、工程设计企业的资质规定

根据《建设工程勘察设计资质管理规定》（2015年5月4日修订），从事建设工程勘察、工程设计活动的企业，应当按照其拥有的注册资本、专业技术人员、技术装备和勘察设计业绩等条件申请资质，经审查合格，取得建设工程勘察、工程设计资质证书后，方可在资质许可的范围内从事建设工程勘察、工程设计活动。

1. 勘察与设计的定义

1）建设工程勘察包括建设工程项目的岩土工程、水文地质、工程测量、海洋工程勘察等。

2）建设工程设计包括：

①建设工程项目的主体工程和配套工程［含厂（矿）区内的自备电站、道路、专用铁路、通信、各种管网管线和配套的建筑物等全部配套工程］以及与主体工程、配套工程相

关的工艺、土木、建筑、环境保护、水土保持、消防、安全、卫生、节能、防雷、抗震、照明工程等的设计。

②建筑工程建设用地规划许可证范围内的室外工程设计、建(构)筑物设计、民用建筑修建的地下工程设计及住宅小区、工厂厂前区、工厂生活区、小区规划设计及单体设计等,以及上述建筑工程所包含的相关专业的设计(包括总平面布置、竖向设计、各类管网管线设计、景观设计、室内外环境设计及建筑装饰、道路、消防、安保、通信、防雷、人防、供配电、照明、废水治理、空调设施、抗震加固等)。

2. 资质分类和分级

(1) 工程勘察企业 工程勘察资质分为工程勘察综合资质、工程勘察专业资质、工程勘察劳务资质。工程勘察综合资质只设甲级;工程勘察专业资质设甲级、乙级,根据工程性质和技术特点,部分专业可以设丙级;工程勘察劳务资质不分等级。

取得工程勘察综合资质的企业,可以承接各专业(海洋工程勘察除外)各等级工程勘察业务;取得工程勘察专业资质的企业,可以承接相应等级相应专业的工程勘察业务;取得工程勘察劳务资质的企业,可以承接岩土工程治理、工程钻探、凿井等工程勘察劳务业务。

(2) 工程设计企业 工程设计资质分为工程设计综合资质、工程设计行业资质、工程设计专业资质和工程设计专项资质。工程设计综合资质只设甲级;工程设计行业资质、工程设计专业资质、工程设计专项资质设甲级、乙级。根据工程性质和技术特点,个别行业、专业、专项资质可以设丙级,建筑工程专业资质可以设丁级。取得工程设计综合资质的企业,可以承接各行业、各等级的建设工程设计业务;取得工程设计行业资质的企业,可以承接相应行业相应等级的工程设计业务及本行业范围内同级别的相应专业、专项工程设计业务(设计施工一体化资质除外);取得工程设计专业资质的企业,可以承接本专业相应等级的专业工程设计业务及同级别的相应专项工程设计业务(设计施工一体化资质除外);取得工程设计专项资质的企业,可以承接本专项相应等级的专项工程设计业务。

3. 资质申请和审批

(1) 甲级资质的申请和审批 申请工程勘察甲级资质、工程设计甲级资质以及涉及铁路、交通、水利、信息产业、民航等方面的工程设计乙级资质的,应当向企业工商注册所在地的省、自治区、直辖市人民政府建设主管部门提出申请。其中,国务院国有资产监督管理委员会(以下简称国资委)管理的企业应当向国务院建设主管部门提出申请;国务院国资委管理的企业下属一层级的企业申请资质,应当由国务院国资委管理的企业向国务院建设主管部门提出申请。

省、自治区、直辖市人民政府建设主管部门应当自受理申请之日起 20 日内初审完毕,并将初审意见和申请材料报国务院建设主管部门。

国务院建设主管部门应当自省、自治区、直辖市人民政府建设主管部门受理申请材料之日起 60 日内完成审查,公示审查意见,公示时间为 10 日,其中,涉及铁路、交通、水利、信息产业、民航等方面的工程设计资质,由国务院建设主管部门送国务院有关部门审核,国务院有关部门在 20 日内审核完毕,并将审核意见送国务院建设主管部门。

(2) 乙级资质的申请和审批 工程勘察乙级及以下资质、劳务资质、工程设计乙级(涉及铁路、交通、水利、信息产业、民航等方面的工程设计乙级资质除外)及以下资质许可由省、自治区、直辖市人民政府建设主管部门实施。具体实施程序由省、自治区、直辖市人民政府建设主管部门依法确定。

省、自治区、直辖市人民政府建设主管部门应当自做出决定之日起30日内，将准予资质许可的决定报国务院建设主管部门备案。

（3）企业首次资质申请的要求　企业首次申请工程勘察、工程设计资质，应当提供以下材料：

1）工程勘察、工程设计资质申请表。

2）企业法人、合伙企业营业执照副本复印件。

3）企业章程或合伙人协议。

4）企业法定代表人、合伙人的身份证明。

5）企业负责人、技术负责人的身份证明、任职文件、毕业证书、职称证书及相关资质标准要求提供的材料。

6）工程勘察、工程设计资质申请表中所列注册执业人员的身份证明、注册执业证书。

7）工程勘察、工程设计资质标准要求的非注册专业技术人员的职称证书、毕业证书、身份证明及个人业绩材料。

8）工程勘察、工程设计资质标准要求的注册执业人员、其他专业技术人员与原聘用单位解除聘用劳动合同的证明及新单位的聘用劳动合同。

9）资质标准要求的其他有关材料。

（4）企业增项资质申请的要求　企业增项申请工程勘察、工程设计资质，应当提交下列材料：

1）上述企业首次申请资质规定的第1）、2）、5）、6）、7）、9）项所列资料。

2）工程勘察、工程设计资质标准要求的非注册专业技术人员与本单位签订的劳动合同及社保证明。

3）原工程勘察、工程设计资质证书副本复印件。

4）满足资质标准要求的企业工程业绩和个人工程业绩。

企业首次申请、增项申请工程勘察、工程设计资质，其申请资质等级最高不超过乙级，且不考核企业工程勘察、工程设计业绩。

已具备施工资质的企业首次申请同类别或相近类别的工程勘察、工程设计资质的，可以将相应规模的工程总承包业绩作为工程业绩予以申报。其申请资质等级最高不超过其现有施工资质等级。

（5）企业申请资质升级的要求　在建设工程活动中，企业的完善和发展达到了企业升级要求条件的，企业可申请资质升级。在申请资质升级时，应当提交以下材料：

1）上述企业首次申请资质规定的第1）、2）、5）、6）、7）、9）项所列资料。

2）工程勘察、工程设计资质标准要求的非注册专业技术人员与本单位签订的劳动合同及社保证明。

3）原资质证书正、副本复印件。

4）满足相应资质标准要求的个人工程业绩证明。

4. 资质的使用与管理

（1）资质证书形式

1）工程勘察、工程设计资质证书分为正本和副本，正本1份，副本6份，由国务院建设主管部门统一印制，正、副本具备同等法律效力。企业在领取新的工程勘察、工程设计资质证书的同时，应当将原资质证书交回原发证机关予以注销。

2）企业需增补（含增加、更换、遗失补办）工程勘察、工程设计资质证书的，应当持资质证书增补申请等材料向资质许可机关申请办理。遗失资质证书的，在申请补办前应当在公众媒体上刊登遗失声明。资质许可机关应当在 2 日内办理完毕。

（2）资质证书的有效期限

1）资质证书的有效期为 5 年。

2）资质有效期届满，企业需要延续资质证书有效期的，应当在资质证书有效期届满 60 日前，向原资质许可机关提出资质延续申请。对在资质有效期内遵守有关法律、法规、规章、技术标准，信用档案中无不良行为记录且专业技术人员满足资质标准要求的企业，经资质许可机关同意，有效期延续 5 年。

（3）资质变更的条件

1）企业在资质证书有效期内名称、地址、注册资本、法定代表人等发生变更的，应当在工商行政管理部门办理变更手续后 30 日内办理资质证书变更手续。

2）取得工程勘察甲级资质、工程设计甲级资质以及涉及铁路、交通、水利、信息产业、民航等方面的工程设计乙级资质的企业，在资质证书有效期内发生企业名称变更的，应当向企业工商注册所在地省、自治区、直辖市人民政府建设主管部门提出变更申请，省、自治区、直辖市人民政府建设主管部门应当自受理申请之日起 2 日内将有关变更证明材料报国务院建设主管部门，由国务院建设主管部门在 2 日内办理变更手续。

3）上述企业以外的资质证书变更手续，由企业工商注册所在地的省、自治区、直辖市人民政府建设主管部门负责办理。省、自治区、直辖市人民政府建设主管部门应当自受理申请之日起 2 日内办理变更手续，并在办理资质证书变更手续后 15 日内将变更结果报国务院建设主管部门备案。

4）涉及铁路、交通、水利、信息产业、民航等方面的工程设计资质的变更，国务院建设主管部门应当将企业资质变更情况告知国务院有关部门。

企业合并的，合并后存续或者新设立的企业可以承继合并前各方中较高的资质等级，但应当符合相应的资质标准条件。

企业分立的，分立后企业的资质按照资质标准及规定的审批程序核定。

企业改制的，改制后不再符合资质标准的，应按其实际达到的资质标准及规定重新核定。

（4）资质变更的要求　企业申请资质证书变更，应当提交以下材料：

1）资质证书变更申请。

2）企业法人、合伙企业营业执照副本复印件。

3）资质证书正、副本原件。

4）与资质变更事项有关的证明材料。

企业改制的，除提供上述规定资料外，还应当提供改制重组方案、上级资产管理部门或者股东大会的批准决定、企业职工代表大会同意改制重组的决议。

（5）资质的终止　有下列情形之一的，企业应当及时向资质许可机关提出注销资质的申请，交回资质证书，资质许可机关应当办理注销手续，公告其资质证书作废：

1）资质证书有效期届满未依法申请延续的。
2）企业依法终止的。
3）资质证书依法被撤销、撤回，或者吊销的。
4）法律、法规规定的应当注销资质的其他情形。

（6）资质的监督与管理 国务院建设主管部门对全国的建设工程勘察、设计资质实施统一的监督管理。国务院铁路、交通、水利、信息产业、民航等有关部门配合国务院建设主管部门对相应的行业资质进行监督管理。

县级以上地方人民政府建设主管部门负责对本行政区域内的建设工程勘察、设计资质实施监督管理。县级以上人民政府交通、水利、信息产业等有关部门配合同级建设主管部门对相应的行业资质进行监督管理。

上级建设主管部门应当加强对下级建设主管部门资质管理工作的监督检查，及时纠正资质管理中的违法行为。

5. 与资质相关的违法行为与处理

从事建设工程勘察、设计活动的企业，申请资质升级、资质增项，在申请之日起前1年内有下列情形之一的，资质许可机关不予批准企业的资质升级申请和增项申请：

1）企业相互串通投标或者与招标人串通投标承揽工程勘察、工程设计业务的。
2）将承揽的工程勘察、工程设计业务转包或违法分包的。
3）注册执业人员未按照规定在勘察设计文件上签字的。
4）违反国家工程建设强制性标准的。
5）因勘察设计原因造成过重大生产安全事故的。
6）设计单位未根据勘察成果文件进行工程设计的。
7）设计单位违反规定指定建筑材料、建筑构配件的生产厂、供应商的。
8）无工程勘察、工程设计资质或者超越资质等级范围承揽工程勘察、工程设计业务的。
9）涂改、倒卖、出租、出借或者以其他形式非法转让资质证书的。
10）允许其他单位、个人以本单位名义承揽建设工程勘察、设计业务的。
11）其他违反法律、法规行为的。

企业隐瞒有关情况或者提供虚假材料申请资质的，资质许可机关不予受理或者不予行政许可，并给予警告，该企业在1年内不得再次申请该资质。

企业以欺骗、贿赂等不正当手段取得资质证书的，由县级以上地方人民政府建设主管部门或者有关部门给予警告，并依法处以罚款；该企业在3年内不得再次申请该资质。

企业不及时办理资质证书变更手续的，由资质许可机关责令限期办理；逾期不办理的，可处以1000元以上1万元以下的罚款。

企业未按照规定提供信用档案信息的，由县级以上地方人民政府建设主管部门给予警告，责令限期改正；逾期未改正的，可处以1000元以上1万元以下的罚款。

涂改、倒卖、出租、出借或者以其他形式非法转让资质证书的，由县级以上地方人民政府建设主管部门或者有关部门给予警告，责令改正，并处以1万元以上3万元以下的罚款；造成损失的，依法承担赔偿责任；构成犯罪的，依法追究刑事责任。

5.2.4 工程监理单位的资质规定

根据《工程监理企业资质管理规定》，从事建设工程监理活动的企业，应当按照规定取得工程监理企业资质，并在工程监理企业资质证书许可的范围内从事工程监理活动。

1. 监理的作用

建设工程监理是指具有相关资质的监理单位受建设单位（项目法人）的委托，依据国家批准的工程项目建设文件、有关工程建设的法律、法规和工程建设监理合同及其他工程建设合同，代替建设单位对承建单位的工程建设实施监控的一种专业化服务活动。

建设工程监理是在贯彻执行国家有关法律、法规的前提下，依据技术标准与规范、设计图，促使建设单位与建筑施工企业签订的工程承包合同得到全面履行。建设工程监理控制工程建设的投资、建设工期、工程质量；进行安全管理、工程建设合同管理；协调有关单位之间的工作关系，即"三控、两管、一协调"。

监理单位是建筑市场的主体之一，建设工程监理是一种高智能的有偿技术服务。监理单位与项目法人之间是委托与被委托的合同关系；与被监理单位之间是监理与被监理关系。从事工程建设监理活动，应当遵循守法、诚信、公正、科学的准则。

工程项目的监理，国外统称为工程咨询，是国际上普遍实行的工程建设项目监督管理制度。它能使投资、进度、质量三大目标得到有效的控制，保证和提高工程建设水平，节省建设资金、提高投资效益。

工程建设实行监理制度，是结合我国国情与国际的接轨，是我国工程建设领域中进行的一项重大改革。与国际上通常为业主提供工程项目管理服务相似，工程监理可以根据业主需要为业主提供工程项目全过程或某个分阶段的监理服务。自 1988 年起，我国实行建设工程监理制度以来，实行监理的建设工程在工期、质量、造价等方面均取得了较好的效果。实践证明，实行这项改革对完善我国的工程建设管理体制是完全必要的，对于促进我国工程建设管理水平和投资效益的提高具有十分重要的意义。

2. 工程监理企业的资质等级

从事建设工程监理活动的企业，应当按照规定取得工程监理企业资质，并在工程监理企业资质证书许可的范围内从事工程监理活动。建设工程监理企业资质分为综合资质、专业资质和事务所资质。其中，专业资质按照工程性质和技术特点划分为若干工程类别。

综合资质、事务所资质不分级别。专业资质分为甲级、乙级；其中，房屋建筑、水利水电、公路和市政公用专业资质可设立丙级。根据《工程监理企业资质管理规定》，工程监理企业的资质等级标准如下：

（1）综合资质标准

1）具有独立法人资格且具有符合国家有关规定的资产。

2）企业技术负责人应为注册监理工程师，并具有 15 年以上从事工程建设工作的经历或者具有工程类高级职称。

3）具有 5 个以上工程类别的专业甲级工程监理资质。

4）注册监理工程师不少于 60 人，注册造价工程师不少于 5 人，一级建造师、一级注册建筑师、一级注册结构工程师或者其他勘察设计注册工程师合计不少于 15 人次。

5）企业具有完善的组织结构和质量管理体系，有健全的技术、档案等管理制度。

6）企业具有必要的工程试验检测设备。

7）申请工程监理资质之日前1年内没有发生《工程监理企业资质管理规定》第十六条禁止的行为。

8）申请工程监理资质之日前1年内没有因本企业监理责任造成重大质量事故。

9）申请工程监理资质之日前1年内没有因本企业监理责任发生三级以上工程建设重大安全事故或者发生两起以上四级工程建设安全事故。

（2）专业甲级资质标准

1）具有独立法人资格且具有符合国家有关规定的资产。

2）企业技术负责人应为注册监理工程师，并具有15年以上从事工程建设工作的经历或者具有工程类高级职称。

3）注册监理工程师、注册造价工程师、一级建造师、一级注册建筑师、一级注册结构工程师或者其他勘察设计注册工程师合计不少于25人次；其中，相应专业注册监理工程师不少于《专业资质注册监理工程师人数配备表》中要求配备的人数，注册造价工程师不少于2人。

4）企业近2年内独立监理过3个以上相应专业的二级工程项目，但是，具有甲级设计资质或一级及以上施工总承包资质的企业申请本专业工程类别甲级资质的除外。

5）企业具有完善的组织结构和质量管理体系，有健全的技术、档案等管理制度。

6）企业具有必要的工程试验检测设备。

7）申请工程监理资质之日前1年内没有《工程监理企业资质管理规定》第十六条禁止的行为。

8）申请工程监理资质之日前1年内没有因本企业监理责任造成重大质量事故。

9）申请工程监理资质之日前1年内没有因本企业监理责任发生三级以上工程建设重大安全事故或者发生两起以上四级工程建设安全事故。

（3）专业乙级资质标准

1）具有独立法人资格且具有符合国家有关规定的资产。

2）企业技术负责人应为注册监理工程师，并具有10年以上从事工程建设工作的经历。

3）注册监理工程师、注册造价工程师、一级建造师、一级注册建筑师、一级注册结构工程师或者其他勘察设计注册工程师合计不少于15人次。其中，相应专业注册监理工程师不少于《专业资质注册监理工程师人数配备表》中要求配备的人数，注册造价工程师不少于1人。

4）有较完善的组织结构和质量管理体系，有技术、档案等管理制度。

5）有必要的工程试验检测设备。

6）申请工程监理资质之日前1年内没有《工程监理企业资质管理规定》第十六条禁止的行为。

7）申请工程监理资质之日前1年内没有因本企业监理责任造成重大质量事故。

8）申请工程监理资质之日前1年内没有因本企业监理责任发生三级以上工程建设重大安全事故或者发生两起以上四级工程建设安全事故。

（4）专业丙级资质标准

1）具有独立法人资格且具有符合国家有关规定的资产。

2）企业技术负责人应为注册监理工程师，并具有8年以上从事工程建设工作的经历。

3）相应专业的注册监理工程师不少于《专业资质注册监理工程师人数配备表》中要求配备的人数。

4）有必要的质量管理体系和规章制度。

5）有必要的工程试验检测设备。

（5）事务所资质标准

1）取得合伙企业营业执照，具有书面合作协议书。

2）合伙人中有3名以上注册监理工程师，合伙人均有5年以上从事建设工程监理的工作经历。

3）有固定的工作场所。

4）有必要的质量管理体系和规章制度。

5）有必要的工程试验检测设备。

3. 工程监理企业资质的业务范围

（1）综合资质　可承担所有专业工程类别建设工程项目的工程监理业务。

（2）专业资质

1）专业甲级资质：可承担相应专业工程类别建设工程项目的工程监理业务。

2）专业乙级资质：可承担相应专业工程类别二级以下（含二级）建设工程项目的工程监理业务。

3）专业丙级资质：可承担相应专业工程类别三级建设工程项目的工程监理业务。

（3）事务所资质　可承担三级建设工程项目的工程监理业务，但是，国家规定必须实行强制监理的工程除外。

工程监理企业可以开展相应类别建设工程的项目管理、技术咨询等业务。

4. 资质申请和审批

（1）综合资质、专业甲级资质　申请综合资质、专业甲级资质的，应当向企业工商注册所在地的省、自治区、直辖市人民政府建设主管部门提出申请。省、自治区、直辖市人民政府建设主管部门应当自受理申请之日起20日内初审完毕，并将初审意见和申请材料报国务院建设主管部门。

国务院建设主管部门应当自省、自治区、直辖市人民政府建设主管部门受理申请材料之日起60日内完成审查，公示审查意见，公示时间为10日。其中，涉及铁路、交通、水利、通信、民航等专业工程监理资质的，由国务院建设主管部门送国务院有关部门审核。国务院有关部门应当在20日内审核完毕，并将审核意见报国务院建设主管部门。国务院建设主管部门根据初审意见审批。

（2）专业乙级、丙级资质和事务所资质　专业乙级、丙级资质和事务所资质由企业所在地省、自治区、直辖市人民政府建设主管部门审批。专业乙级、丙级资质和事务所资质许可延续的实施程序由省、自治区、直辖市人民政府建设主管部门依法确定。

省、自治区、直辖市人民政府建设主管部门应当自做出决定之日起10日内，将准予资质许可的决定报国务院建设主管部门备案。

（3）申请工程监理企业资质，应当提交的材料

1）工程监理企业资质申请表及相应电子文档。

2）企业法人、合伙企业营业执照。

3）企业章程或合伙人协议。

4）企业法定代表人、企业负责人和技术负责人的身份证明、工作简历及任命（聘用）文件。

5）工程监理企业资质申请表中所列注册监理工程师及其他注册执业人员的注册执业证书。

6）有关企业质量管理体系、技术和档案等管理制度的证明材料。

7）有关工程试验检测设备的证明材料。

取得专业资质的企业申请晋升专业资质等级或者取得专业甲级资质的企业申请综合资质的，除上述规定的材料外，还应当提交企业原工程监理企业资质证书正、副本复印件，企业《监理业务手册》及近两年已完成代表工程的监理合同、监理规划、工程竣工验收报告及监理工作总结。

5. 资质的使用与管理

（1）资质证书的形式　工程监理企业资质证书分为正本和副本，每套资质证书包括 1 本正本，4 本副本。正、副本具有同等法律效力。

（2）资质证书的有效期限　工程监理企业资质证书的有效期为 5 年。工程监理企业资质证书由国务院建设主管部门统一印制并发放。

资质有效期届满，工程监理企业需要继续从事工程监理活动的，应当在资质证书有效期届满 60 日前，向原资质许可机关申请办理延续手续。对在资质有效期内遵守有关法律、法规、规章、技术标准，信用档案中无不良记录，且专业技术人员满足资质标准要求的企业，经资质许可机关同意，有效期延续 5 年。

（3）资质的变更条件　工程监理企业在资质证书有效期内名称、地址、注册资本、法定代表人等发生变更的，应当在工商行政管理部门办理变更手续后 30 日内办理资质证书变更手续。

涉及综合资质、专业甲级资质证书中企业名称变更的，由国务院建设主管部门负责办理，并自受理申请之日起 3 日内办理变更手续。

综合资质、专业甲级资质企业以外的资质证书变更手续，由省、自治区、直辖市人民政府建设主管部门负责办理。省、自治区、直辖市人民政府建设主管部门应当自受理申请之日起 3 日内办理变更手续，并在办理资质证书变更手续后 15 日内将变更结果报国务院建设主管部门备案。

（4）资质变更的要求

1）企业申请资质证书变更，应当提交以下材料：①资质证书变更的申请报告；②企业法人营业执照副本原件；③工程监理企业资质证书正、副本原件。

2）企业改制的，除提供前述规定资料外，还应当提交企业职工代表大会或股东大会关于企业改制或股权变更的决议、企业上级主管部门关于企业申请改制的批复文件。

3）工程监理企业合并的，合并后存续或者新设立的工程监理企业可以承继合并前各方中较高的资质等级，但应当符合相应的资质等级条件。

4）工程监理企业分立的，分立后企业的资质等级，根据实际达到的资质条件，按规定的审批程序核定。

(5) 监督与管理　县级以上人民政府建设主管部门和其他有关部门应当依照有关法律、法规规定，加强对工程监理企业资质的监督管理。建设主管部门履行监督检查职责时，有权采取下列措施：

1) 要求被检查单位提供工程监理企业资质证书、注册监理工程师注册执业证书，有关工程监理业务的文档，有关质量管理、安全生产管理、档案管理等企业内部管理制度的文件。

2) 进入被检查单位进行检查，查阅相关资料。

3) 纠正违反有关法律、法规和《工程监理企业资质管理规定》及有关规范和标准的行为。

建设主管部门进行监督检查时，应当有两名以上监督检查人员参加，并出示执法证件，不得妨碍被检查单位的正常经营活动，不得索取或者收受财物、谋取其他利益。有关单位和个人对依法进行的监督检查应当协助与配合，不得拒绝或者阻挠。

监督检查机关应当将监督检查的处理结果向社会公布。

(6) 与资质相关的违法行为与处理

1) 工程监理企业违法从事工程监理活动的，违法行为发生地的县级以上地方人民政府建设主管部门应当依法查处，并将违法事实、处理结果或处理建议及时报告该工程监理企业资质的许可机关。

2) 工程监理企业取得工程监理企业资质后不再符合相应资质条件的，资质许可机关根据利害关系人的请求或者依据职权，可以责令其限期改正；逾期不改的，可以撤回其资质。

3) 有下列情形之一的，资质许可机关或者其上级机关，根据利害关系人的请求或者依据职权，可以撤销工程监理企业资质：

①资质许可机关工作人员滥用职权、玩忽职守做出准予工程监理企业资质许可的。

②超越法定职权做出准予工程监理企业资质许可的。

③违反资质审批程序做出准予工程监理企业资质许可的。

④对不符合许可条件的申请人做出准予工程监理企业资质许可的。

⑤以欺骗、贿赂等不正当手段取得工程监理企业资质证书的。

⑥依法可以撤销资质证书的其他情形。

4) 有下列情形之一的，工程监理企业应当及时向资质许可机关提出注销资质的申请，交回资质证书，国务院建设主管部门应当办理注销手续，公告其资质证书作废：

①资质证书有效期届满，未依法申请延续的。

②工程监理企业依法终止的。

③工程监理企业资质依法被撤销、撤回或吊销的。

④法律、法规规定的应当注销资质的其他情形。

5.2.5　其他建设工程企业的资质要求

除了上述建设工程勘察、设计和施工企业，监理单位外，其他与建设工程相关的企业单位同样需要有符合国家规定的资质等级标准，并在资质等级允许的范围内承接建设工程中的项目。这些其他相关企业主要有工程招标代理机构、工程咨询单位、工程造价咨询单位、建设工程质量检测机构等。

1. 工程招标代理机构资质标准

工程招标代理机构是指对建设工程勘察、设计、施工、监理以及与工程相关的设备、材料等采购的招标代理单位。工程招标代理机构是独立经营、自负盈亏，并依法取得工程招标代理资质证书、在资质证书许可的范围内从事工程招标代理业务，享有民事权利、承担民事责任的社会中介组织。

工程招标代理机构资格分为甲、乙两级；甲级工程招标代理机构资格按行政区划，由省、自治区、直辖市人民政府建设行政主管部门初审，报国务院建设行政主管部门认定；乙级工程招标代理机构资格由省、自治区、直辖市人民政府建设行政主管部门认定，报国务院建设行政主管部门备案。

国务院建设行政主管部门将认定的甲级工程招标代理机构名单在认定后的15日内通报国务院发展计划部门和有关部门。

（1）工程招标代理机构的基本条件

1）是依法设立的中介组织。

2）与行政机关和其他国家机关没有行政隶属关系或者其他利益关系。

3）有固定的营业场所和开展工程招标代理业务所需的设施及办公条件。

4）有健全的组织机构和内部管理的规章制度。

5）具备编制招标文件和组织评标的相应专业力量。

6）具有可以作为评标委员会成员入选的技术、经济等方面的专家库。

（2）甲级工程招标代理机构应当具备的条件

1）近3年内代理中标金额3000万元以上的工程不少于10个，或者代理招标的工程累计中标金额在8亿元以上（以中标通知书为依据，下同）。

2）具有工程建设类执业注册资格或者中级以上专业技术职称的专职人员不少于20人，其中具有造价工程师执业资格的人员不少于2人。

3）法定代表人、技术经济负责人、财会人员为本单位专职人员，其中技术经济负责人具有高级职称或者相应执业注册资格并有10年以上从事工程管理的经验。

4）注册资金不少于100万元。

（3）乙级工程招标代理机构应当具备的条件

1）近3年内代理中标金额1000万元以上的工程不少于10个，或者代理招标的工程累计中标金额在3亿元以上。

2）具有工程建设类执业注册资格或者中级以上专业技术职称的专职人员不少于10人，其中具有造价工程师执业资格的人员不少于2人。

3）法定代表人、技术经济负责人、财会人员为本单位专职人员，其中技术经济负责人具有高级职称或者相应执业注册资格并有7年以上从事工程管理的经验。

4）注册资金不少于50万元。

乙级工程招标代理机构只能承担工程投资额（不含征地费、大市政配套费与拆迁补偿费）3000万元以下的工程招标代理业务。

2. 工程咨询单位资质标准

工程咨询单位是指在中国境内设立的开展工程咨询业务并具有独立法人资格的企业、事业单位的统称，其组织形式和规模多种多样。我国的工程咨询单位大体分为以下三类：①综合性工程咨询单位；②专业性工程咨询单位；③管理性工程咨询单位。

工程咨询单位资格认定，关系着国家和社会投资效益，是需要具备特殊信誉和条件而确定的资格许可类事项。国家发改委是工程咨询单位资格认定的行政管理部门。工程咨询单位资格包括资格等级、咨询专业和服务范围三部分。

工程咨询单位必须依法取得国家发改委颁发的工程咨询资格证书，凭工程咨询资格证书开展相应的工程咨询业务。

工程咨询单位资格共设甲、乙、丙三个等级。

工程咨询单位资格认定，先由初审机构提出初审意见，再报国家发改委审定批准。根据隶属关系，各省、自治区、直辖市、计划单列市及新疆生产建设兵团发改委、国务院有关主管部门是工程咨询单位资格认定的初审机构。中央管理企业可直接向国家发改委申报。

（1）甲级工程咨询单位的资格标准

1）基本条件

①综合实力和业绩。从事工程咨询业务5年以上，独立承担国家或地方大型基本建设项目或技术改造项目的工程咨询任务不少于10项，社会信誉卓著。

单位从事工程咨询业务不足5年者，可申请甲级工程咨询临时资格。

②注册资金不低于200万元或固定资产不低于150万元。

③有良好的固定办公场所。

④工程咨询年营业收入200万元以上。

2）技术力量

①技术力量雄厚。专职从事工程咨询业务的技术人员不得少于24人，其中具有高级专业技术职称或注册咨询工程师资格的人员不得少于30人，从事工程咨询业务5年以上的技术骨干不得少于6人。

②专业配备合理。按业务领域和服务范围配备有相应的专业技术人员，具有同时承担2个及以上大型项目工程咨询任务的能力。

③主要技术负责人应具有高级专业技术职称，从事10年以上工程咨询业务，并主持过2个及以上大型项目工程咨询任务。

3）技术水平和技术装备

①掌握现代工程技术和科学管理方法，技术装备齐全和先进，具有较完整的专业技术资料积累以及具有处理国内外相关业务信息的水平。

②具有独立或与国内外工程咨询单位合作承接国外工程咨询业务的能力。

③直接从事业务的专业技术人员人均配备计算机1台，通信及信息处理手段完备，能应用工程技术和经济评价系统软件开展业务，运用计算机完成工程咨询成果文件编制达到100%，经济评价系统软件的应用达到100%。

4）管理水平

①有完善的组织机构，健全的管理班子，严格的管理制度。

②建立了比较完善的质量管理体系和制度，或已通过ISO9000族质量管理体系认证。

（2）乙级工程咨询单位的资格标准

1）基本条件

①综合实力和业绩。从事工程咨询业务3年以上，独立承担国家或地方中型基本建设项

目或技术改造项目的工程咨询任务不少于10项，社会信誉良好。

单位从事工程咨询业务不足3年者，可申请乙级工程咨询临时资格。

②注册资金不低于100万元，或固定资产不低于80万元。

③有相对固定和良好的办公场所。

④工程咨询年营业收入100万元以上。

2）技术力量

①技术力量较强。专职从事工程咨询业务的技术人员不得少于15人，其中具有高级专业技术职称或注册咨询工程师资格的人员不得少于20人，从事工程咨询业务3年以上的技术骨干不得少于3人。

②专业配备合理。按业务领域和服务范围配备有相应的专业技术人员，具有同时承担2个及以上中型项目工程咨询任务的能力。

③主要技术负责人应具有高级专业技术职称，从事8年以上工程咨询业务，并主持过2个及以上中型项目工程咨询任务。

3）技术水平和技术装备

①掌握现代专业技术和科学管理方法，拥有较先进的技术装备，具备开展业务必需的专业技术资料基础和及时查询相关专业信息的手段。

②直接从事业务的专业技术人员中配备计算机，运用计算机完成工程咨询成果文件编制达到80%以上，经济评价软件的应用达到80%以上。

4）管理水平

①有完善的组织机构，健全的管理班子，完备的管理制度。

②建立了以质量为中心的管理体系。

（3）丙级工程咨询单位的资格标准

1）注册资金不低于50万元，或固定资产不低于30万元。

2）专业技术人员不得少于10人，其中具有高级专业技术职称或注册咨询工程师资格的人员不得少于2人。

3）主要技术负责人应具有中级以上专业技术职称，从事3年以上工程咨询业务，并有主持2个以上小型项目工程咨询任务的经历。

4）地方工程咨询协会可以结合本地区实际，补充提出其他具体实施标准。

3. 工程造价咨询单位资质标准

工程造价咨询单位依法从事工程造价咨询活动，不受行政区划限制。工程造价咨询单位资质等级分为甲级、乙级。

（1）工程造价咨询单位的业务范围

1）建设项目建议书及可行性研究投资估算、项目经济评价报告的编制和审核。

2）建设项目概预算的编制与审核，并配合设计方案比选、优化设计、限额设计等工作进行工程造价分析与控制。

3）建设项目合同价款的确定（包括招标工程工程量清单和标底、投标报价的编制）和审核合同价款的签订与调整（包括工程变更、工程洽谈和索赔费用的计算）以及工程款支付，工程结算及竣工结（决）算报告的编制与审核等。

4）工程造价经济纠纷的鉴定和仲裁的咨询。

5）提供工程造价信息服务等。

工程造价咨询单位可以对建设项目的组织实施进行全过程或者若干阶段的管理和服务。

（2）甲级工程造价咨询单位资质标准

1）专职技术负责人具有高级专业技术职称，从事工程造价专业工作10年以上，并取得造价工程师注册证书。

2）具有专业技术职称、从事工程造价专业工作的专职人员不少于20人，其中具有高级专业技术职称的人员不少于6人，中级专业技术职称的人员不少于10人，取得造价工程师注册证书的人员不少于8人。

3）注册资金不少于100万元。

4）具有固定的办公场所，健全的组织机构，完善的技术、经济档案管理制度和严格的质量保证体系。

5）近3年已完成5个大型或者8个中型以上建设项目工程造价的咨询工作。

6）有良好的社会信誉。

（3）乙级工程造价咨询单位资质标准

1）专职技术负责人具有高级专业技术职称，从事工程造价专业工作8年以上，并取得造价工程师注册证书。

2）具有专业技术职称、从事工程造价专业工作的专职人员不少于12人，其中具有高级专业技术职称的人员不少于3人，中级专业技术职称的人员不少于6人，取得造价工程师注册证书的人员不少于4人。

3）注册资金不少于50万元。

4）具有固定的办公场所，健全的组织机构，完善的技术、经济档案管理制度和严格的质量保证体系。

5）近3年已完成5个以上中小型建设项目工程造价的咨询工作。

6）有较好的社会信誉。

4. 建设工程质量检测机构资质标准

根据《建设工程质量检测管理办法》（2005年9月28日发布，2015年5月4日修订）以及国家有关法律、法规、工程建设强制性标准和设计文件规定，必须对建设工程的材料、构配件、设备以及工程实体质量、使用功能等进行测试，确定其质量特性。

根据《建设工程质量检测管理办法》，建设工程质量检测机构分为见证取样检测机构和专项检测机构。专项检测机构根据检测项目又分为地基基础工程检测、主体结构工程现场检测、建筑幕墙工程检测、钢结构工程检测。

（1）专项检测机构和见证取样检测机构应满足的基本条件

1）所申请检测资质对应的项目应通过计量认证。

2）有质量检测、施工、监理或设计经历，并接受了相关检测技术培训的专业技术人员不少于10人；边远的县（区）的专业技术人员可不少于6人。

3）有符合开展检测工作所需的仪器、设备和工作场所；其中，使用属于强制检定的计量器具要经过计量检定合格后方可使用。

4）有健全的技术管理和质量保证体系。

（2）专项检测机构除应满足基本条件外的其他条件

1）地基基础工程检测类，专业技术人员中从事工程桩检测工作3年以上并具有高级或者中级职称的不得少于4人，其中1人应当具备注册岩土工程师资格。

2）主体结构工程现场检测类，专业技术人员中从事结构工程检测工作3年以上并具有高级或者中级职称的不得少于4人，其中1人应当具备二级注册结构工程师资格。

3）建筑幕墙工程检测类，专业技术人员中从事建筑幕墙检测工作3年以上并具有高级或者中级职称的不得少于4人。

4）钢结构工程检测类，专业技术人员中从事钢结构机械连接检测、钢网架结构变形检测工作3年以上并具有高级或者中级职称的不得少于4人，其中1人应当具备二级注册结构工程师资格。

（3）见证取样检测机构除应满足基本条件外的其他条件　见证取样检测机构除应满足基本条件外，还需满足专业技术人员中从事检测工作3年以上并具有高级或者中级职称的不得少于3人；边远的县（区）可不少于2人。

（4）专项检测业务的内容

1）地基基础工程检测主要包括地基及复合地基承载力静载检测、桩的承载力检测、桩身完整性检测、锚杆锁定力检测。

2）主体结构工程现场检测主要包括混凝土、砂浆、砌体强度现场检测、钢筋保护层厚度检测、混凝土预制构件结构性能检测、后置埋件的力学性能检测。

3）建筑幕墙工程检测主要包括建筑幕墙的气密性、水密性、风压变形性能、层间变位性能检测和硅酮结构胶相容性检测。

4）钢结构工程检测主要包括钢结构焊接质量无损检测、钢结构防腐及防火涂装检测、钢结构节点、机械连接用紧固标准件及高强度螺栓力学性能检测、钢网架结构的变形检测。

5.2.6　外商投资建筑业企业的规定

外商投资建筑业企业是指根据我国法律、法规的规定，在中华人民共和国境内投资设立的外资建筑业企业、中外合资经营建筑业企业以及中外合作经营建筑业企业。

2002年，建设部、对外贸易经济合作部（现商务部）在《外商投资建筑业企业管理规定》中规定，在中华人民共和国境内设立外商投资建筑业企业，申请建筑业企业资质，并从事建筑活动，应当依法取得对外贸易经济行政主管部门颁发的外商投资企业批准证书，在国家工商行政管理总局或者其授权的地方工商行政管理局注册登记，并取得建设行政主管部门颁发的建筑业企业资质证书。

1. 外商投资建筑业企业设立与资质的审批权限

外商投资建筑业企业设立与资质的申请和审批，实行分级、分类管理。

申请设立施工总承包序列特级和一级、专业承包序列一级资质外商投资建筑业企业的，其设立由国务院对外贸易经济行政主管部门审批，其资质由国务院建设行政主管部门审批。

申请设立施工总承包序列和专业承包序列二级及二级以下、劳务分包序列资质的，其设立由省、自治区、直辖市人民政府对外贸易经济行政主管部门审批，其资质由省、自治区、直辖市人民政府建设行政主管部门审批。

中外合资经营建筑业企业、中外合作经营建筑业企业的中方投资者为中央管理企业的，其设立由国务院对外贸易经济行政主管部门审批，其资质由国务院建设行政主管部门审批。

外商投资建筑业企业申请晋升资质等级或者增加主项以外资质的，应当依照有关规定到建设行政主管部门办理相关手续。

2. 申请设立外商投资建筑业企业应当提交的资料

（1）申请设立外商投资建筑业企业应当向对外贸易经济行政主管部门提交的资料

1）投资方法定代表人签署的外商投资建筑业企业设立申请书。

2）投资方编制或者认可的可行性研究报告。

3）投资方法定代表人签署的外商投资建筑业企业合同和章程（其中，设立外资建筑业企业的只需提供章程）。

4）企业名称预先核准通知书。

5）投资方法人登记注册证明、投资方银行资信证明。

6）投资方拟派出的董事长、董事会成员、经理、工程技术负责人等任职文件及证明文件。

7）经注册会计师或者会计师事务所审计的投资方最近3年的资产负债表和利润表。

（2）申请外商投资建筑业企业资质应向建设行政主管部门提交的资料

1）外商投资建筑业企业资质申请表。

2）外商投资企业批准证书。

3）企业法人营业执照。

4）投资方的银行资信证明。

5）投资方拟派出的董事长、董事会成员、企业财务负责人、经营负责人、工程技术负责人等任职文件及证明文件。

6）经注册会计师或者会计师事务所审计的投资方最近3年的资产负债表和利润表。

7）建筑业企业资质管理规定要求提交的资料。

中外合资经营建筑业企业、中外合作经营建筑业企业中方合营者的出资总额不得低于注册资本的25%。

（3）外商投资建筑业企业的工程承包范围

外资建筑业企业只允许在其资质等级许可的范围内承包下列工程：

1）全部由外国投资、外国赠款、外国投资及赠款建设的工程。

2）由国际金融机构资助并通过根据贷款条款进行的国际招标授予的建设项目。

3）外资等于或者超过50%的中外联合建设项目，或者外资少于50%，但因技术困难而不能由我国建筑企业独立实施的，经省、自治区、直辖市人民政府建设行政主管部门批准的中外联合建设项目。

4）由我国投资，但因技术困难而不能由我国建筑企业独立实施的建设项目，经省、自治区、直辖市人民政府建设行政主管部门批准，可以由中外建筑企业联合承揽。

中外合资经营建筑业企业、中外合作经营建筑业企业应当在其资质等级许可的范围内承包工程。香港特别行政区、澳门特别行政区和台湾地区投资者在其他省、自治区、直辖市投资设立建筑业企业并从事建筑活动的，参照《外商投资建筑业企业管理规定》执行。国家法律、法规以及国务院另有规定的除外。

（4）外商投资建筑业企业的监督管理

1）外商投资建筑业企业的资质等级标准执行国务院建设行政主管部门颁发的建筑业企业资质等级标准。

2）承揽施工总承包工程的外商投资建筑业企业，建筑工程主体结构的施工必须由其自行完成。外商投资建筑业企业与其他建筑业企业联合承包的，应当按照资质等级低的企业的业务许可范围承包工程。

3）外商投资建筑业企业从事建筑活动，违反《建筑法》《招标投标法》《建设工程质量管理条例》《建筑业企业资质管理规定》等有关法律、法规、规章的，依照有关规定处罚。

5.3 本章小结

从建筑企业资质管理中看"全面深化改革"

《建筑法》第十三条明确规定："从事建筑活动的建筑施工企业、勘察单位、设计单位和工程监理单位，按照其拥有的注册资本、专业技术人员、技术装备和已完成的建筑工程业绩等资质条件，划分为不同的资质等级，经资质审查合格，取得相应等级的资质证书后，方可在其资质等级许可的范围内从事建筑活动。"专业技术人员职业资格分为从业资格和执业资格两大类，其中，执业资格是指被承认具有对某些文件签字的权利，且要负法律责任。

思考题

1. 从事建筑活动的单位应具备哪些条件？《建筑法》规定的资质审查制度是什么？
2. 建筑工程施工总承包企业的一级资质有哪些要求？
3. 工程设计企业的资质有哪些分类和分级？
4. 专业技术人员的执业资格制度是如何规定的？
5. 建造师的执业范围包括哪些？
6. 建造师的执业要求是什么？应满足哪些基本条件？

第 6 章

建设工程的发包承包、招标投标

　　招标承包是国际直接投资项目管理中特别是设备采购、建筑工程承建中经常采用的一种方式。招标承包是指通过招标、投标、决标等一系列程序，招标单位择优选定中标单位并与之签订承包合同的过程。其基本做法是先由项目主办单位招标，即发出招标通知，说明招标项目的技术要求及各种交易条件，邀请各方卖主或承包人在指定期限内提出报价，进行投标，最后由招标人开标，并根据各投标人所报技术、经济标的进行评价、比较，以确定中标人并与之签订合同，予以承包。

　　通过本章的学习，掌握建设工程发包与承包的法律规定，熟悉工程发包和承包的方式；掌握《招标投标法》的适用对象，熟悉招标、投标、开标、评标和中标的法律规定，了解工程建设项目的发包承包方法和招标投标程序；熟悉建筑市场诚信行为的基本要求，了解建筑市场主体不良行为记录的认定标准。

■ 6.1　建设工程的发包与承包

6.1.1　发包与承包的概念以及方式

发包与承包的
概念讲解

1. 发包与承包的概念

　　建设工程发包是指建设工程的建设单位（或总承包单位）将建设工程任务（包括勘察、设计、施工、设备采购等）的全部或部分通过招标或其他方式，交付给具有从事相应建设活动的法定从业资格的单位完成，并按合同约定支付报酬的行为。

　　建设工程承包是指具有从事建设活动的法定从业资格的单位，通过投标或其他方式承揽建设工程任务，并签订合同，确定双方的权利与义务，按约定取得报酬的行为。

2. 发包与承包的方式

　　（1）发包的方式　建设工程的发包方式主要有两种，即招标发包与直接发包。建设工程应当依法实行招标发包，对不适用于招标发包的可以直接发包。

　　建设工程实行招标的，发包单位应该按照法定程序和方式，在具备相应资质条件的投标者中，择优选定中标者。实行招标发包的，发包单位应当将建设工程发包给依法中标的承包单位。实行直接发包的，发包单位应当将建设工程发包给具有相应资质条件的承包单位。

　　1）直接发包是指发包人直接与承包人签订承包合同，将工程项目委托给承包人的一种交易方式。直接发包主要对不适于招标发包的工程，或者法律法规未要求招标发包的工程。虽然直接发包是限于特定的条件，难以展开公平竞争的一种补充发包方式，但在现实中仍然有其存在的空间，所以，法律对其采取限制而非禁止的态度。

2）招标发包是指建设单位设定标的并编制反映其建设内容与要求的发包文件，吸引承包人参与竞争，按照特定程序择优达成交易并签约，并按合同确定双方权利义务关系的交易行为和方式。

（2）承包的方式　建设工程的承包方式主要有共同承包、总承包和分包三种形式。无论采用哪一种承包形式，承包建设工程的单位都必须符合如下条件：持有依法取得的资质证书，并且在其资质等级许可的业务范围内承揽工程。

1）共同承包。共同承包是指对于大型建设工程或者结构复杂的建设工程，可以由两个以上的承包单位联合共同承包的一种承包方式。在国际工程的承发包活动中，由几个承包人组成联合体进行工程承包是一种通行的做法。采用这种方式进行承包，至少有如下优越性：①利用各自优势进行联合投标可以减弱相互间的竞争，增加中标的机会；②减少承包风险，争取更大的利润；③有助于企业之间相互学习先进技术与管理经验，促进企业发展。

共同承包的适用范围、资质要求和责任要求的规定如下：

①共同承包的适用范围：共同承包适用于大型建筑工程或者结构复杂的建筑工程。大型建筑工程或结构复杂的建筑工程一般投资额大、技术要求复杂、建设周期长、潜在风险较大，采取联合共同承包的方式，可以更好地发挥各承包单位在资金、技术、管理等方面的优势，增强抗风险能力，有利于保证工程质量和工期，提高投资效益。

②共同承包的资质要求：当两个以上不同资质等级的单位实行联合共同承包时，其业务许可范围应当按照资质等级低的承包单位来承揽工程。按照我国实施的资质管理制度，承包单位必须在资质等级范围内承包工程，这同样也适用于共同承包。因而共同承包各方本身必须具有与其承包的工程相符合的资质条件。

③共同承包的责任要求：共同承包的各方对承包合同的履行承担连带责任。共同承包的各方应签订联合承包协议，明确约定各方在承包合同中的权利、义务以及相互合作、违约责任等条款。如果出现赔偿责任，建设单位有权向共同承包的任何一方请求赔偿，被请求方不得拒绝，但在赔偿后可以依据联合承包协议及各方过错大小，对于超过自己应赔偿的那部分份额，有权向共同承包的其他方要求赔偿。这对于避免共同承包各方相互推诿责任是很有必要的。

2）总承包。对建设工程实行总承包是政府较为提倡的一种承包方式。建设工程的发包单位可以将建设工程的勘察、设计、施工、设备采购一并发包给一个工程总承包单位，也可以将建设工程勘察、设计、施工、设备采购的一项或者多项发包给一个工程总承包单位。工程总承包的方式有利于充分发挥在工程建设方面具有较强的技术力量、丰富的经验和组织管理能力的大承包商的专业优势，综合协调工程建设中的各种关系，强化对工程建设的统一指挥和组织管理，保证工程质量和进度，提高投资效益。在建设工程承发包中采用总承包的方式，对那些缺乏工程建设方面的专门技术力量，难以对建设项目实施具体组织管理的建设单位来说，更具有明显的优势，也符合社会化大生产专业分工的要求。

对于建设工程总承包单位，可以将承包工程中的部分工程发包给具有相应资质条件的分包单位；但是，除总承包合同中约定的分包项外，必须经建设单位认可。而且，施工总承包的建设工程主体结构的施工必须由总承包单位自行完成。

按照2003年建设部发布的《关于培育发展工程总承包和工程项目管理企业的指导意见》，工程总承包主要有下列方式：

①设计采购施工（EPC）\交钥匙总承包。设计采购施工总承包是指工程总承包企业按照合同约定，承担工程项目的设计、采购、施工、试运行服务等工作，并对承包工程的质量、安全、工期、造价全面负责。

②设计—施工总承包（D-B）。设计—施工总承包是指工程总承包企业按照合同约定，承担工程项目设计和施工，并对承包工程设计和施工的质量、安全、工期、造价负责。

③设计—采购总承包（E-P）。设计—采购总承包是指工程总承包企业按照合同约定，承担工程项目设计和采购工作，并对工程项目设计和采购的质量、进度等负责。

④采购—施工总承包（P-C）。采购—施工总承包是指工程总承包企业按照合同约定，承担工程项目的采购和施工，并对承包工程采购和施工的质量、安全、工期、造价负责。

相关法律法规对总承包的资质和责任的规定如下：

①总承包的资质要求。我国对工程总承包不设立专门的资质。凡具有工程勘察、设计或施工总承包资质的企业，都可以依法从事资质许可范围内相应等级的建设工程总承包业务。但是，承接施工总承包业务的，必须是取得施工总承包资质的企业。

②总承包的责任要求。《建筑法》规定，建筑工程总承包单位按照总承包合同的约定对建设单位负责；分包单位按照分包合同的约定对总承包单位负责。总承包单位和分包单位就分包工程对建设单位承担连带责任。

3）分包。分包是指建设工程总承包单位根据工程项目的实际情况，将承包工程中的部分工程发包给具有相应资质条件的分包单位承揽的一种承包方式。

法律法规对分包的范围、资质要求和责任要求做了以下规定：

①分包的范围。《建筑法》规定，建筑工程总承包单位可以将承包工程中的部分工程发包给具有相应资质条件的分包单位。禁止承包单位将其承包的全部建筑工程转包给他人，禁止承包单位将其承包的全部建筑工程肢解以后以分包的名义分别转包给他人。施工总承包的，建筑工程主体结构的施工必须由总承包单位自行完成。《招标投标法》也规定，中标人按照合同约定或者经招标人同意，可以将中标项目的部分非主体、非关键性工作分包给他人完成。

②分包的资质要求。分包单位必须持有依法取得的资质证书，并在其资质等级许可的业务范围内承揽工程。不具备资质条件的单位不仅不可以进行工程承包，也不得承接分包工程。《房屋建筑和市政基础设施工程施工分包管理办法》还规定，严禁个人承揽分包工程业务。

③分包的责任要求。分包单位应当与总承包单位签订分包合同，并按分包合同的约定对总承包单位负责。同时，分包单位和总承包单位还要就分包工程承担连带责任。

6.1.2 发包与承包的法律规定

我国《建筑法》《招标投标法》《合同法》《建设工程质量管理条例》等对发包与承包都有所规定，以下主要对《建筑法》的相关规定进行说明：

1. 工程发包与承包的一般规定

《建筑法》对于建设工程发包、承包行为应当遵守的基本原则规定如下：

1）建筑工程的发包单位与承包单位应当依法订立书面合同，明确双方的权利和义务。双方应当全面履行合同约定的义务。由于建设工程是一项重大而复杂的商业活动，采取书面形式有利于促进当事人更为谨慎地从事交易活动，维护当事人的利益，同时，在纠纷产生时，也方便当事人举证。

2）建筑工程发包与承包的招标投标活动，应当遵循公开、公正、平等竞争的原则，择优选择承包单位。

3）在工程发包与承包中不得索贿、受贿、行贿。

4）建筑工程的造价应当按照国家有关规定，由发包单位与承包单位在合同中约定，发包单位应当按照合同的约定及时拨付工程款项。

2. 工程发包的法律规定

1）建筑工程依法实行招标发包，对不适于招标发包的可以直接发包。

2）发包单位只能将工程发包给具备相应资质条件的单位。

3）提倡工程总承包，禁止肢解发包。肢解发包可能导致发包单位变相规避招标，不利于投资和进度目标的控制，增加发包和管理成本。

所谓肢解发包，是指建设单位将应当由一个承包单位完成的建设工程分解成若干部分发包给不同的承包单位的行为。由于肢解发包存在许多弊端，所以《建筑法》规定，"禁止将建筑工程肢解发包"，"不得将应当由一个承包单位完成的建筑工程肢解成若干部分发包给几个承包单位。"

3. 工程承包的法律规定

1）承包单位必须按其资质条件承揽工程，禁止无资质、超资质等级或者以任何形式借用其他建筑企业的名义承揽工程。

2）两个以上不同资质等级的单位实行联合共同承包的，应当按照资质等级较低的单位的业务许可范围承揽工程；共同承包的各方对承包合同的履行承担连带责任。

3）禁止违法转包、全部分包。《建筑法》规定，承包单位不允许将其承包的全部建设工程转包给他人，也不允许将其承包的全部工程肢解以后以分包的名义分别转包给他人。所谓转包，是指承包单位承包建设工程后，不履行合同约定的责任和义务，将其承包的全部建设工程转给他人或者将其承包的全部建设工程肢解以后以分包的名义分别转给其他单位承包的行为。

转包的表现形式包括两种：①承包单位将其承包的全部建设工程转包给他人；②承包单位将其承包的全部工程肢解后以分包的名义发包给他人。《建筑法》禁止转包的主要目的在于确保建设工程避免出现层层转包，并确保建设工程的项目管理质量，维护社会更多利益人群的公共安全和财产安全。确定是否构成转包，可以从施工承包合同的实施主体、现场项目管理人员的隶属关系、对项目现场材料分包商的管理、对工程技术和进度的管理等方面来认定。

4）禁止违法分包、再分包。《建筑法》规定，建筑工程总承包单位可以将承包工程中的部分工程分包给具有相应资质条件的分包单位；但是，除总承包合同中约定的分包外，必须经建设单位认可。这种认可应通过两种方式：①在总承包合同中规定分包的内容；②在总承包合同中没有规定分包内容的，应当事先征得建设单位的同意。但是，劳务作业分包由劳务作业发包人与劳务作业承包人通过劳务合同约定，可不经过建设单位认可。

我国不允许分包工程的主体结构，不允许在建设单位未同意的情况下进行分包，不允许分包单位再分包，不允许分包给不具备资质条件的单位。

4. 违法行为应承担的法律责任

建设工程承包活动中违法行为应承担的主要法律责任如下：

（1）发包单位违法行为应承担的法律责任

1）《建筑法》规定，发包单位将工程发包给不具有相应资质条件的承包单位的，或者违反《建筑法》规定将建筑工程肢解发包的，责令改正，处以罚款。

2）《建设工程质量管理条例》规定，建设单位将建设工程发包给不具有相应资质等级的勘察、设计、施工单位或者委托给不具有相应资质等级的工程监理单位的，责令改正，处50万元以上100万元以下的罚款。

3）建设单位将建设工程肢解发包的，责令改正，处工程合同价款0.5%以上1%以下的罚款；对全部或者部分使用国有资金的项目，还可以暂停项目执行或者暂停资金拨付。

（2）承包单位违法行为应承担的法律责任　《建筑法》规定，超越本单位资质等级承揽工程的，责令停止违法行为，处以罚款，可以责令停业整顿，降低资质等级；情节严重的，吊销资质证书；有违法所得的，予以没收。未取得资质证书承揽工程的，予以取缔，并处罚款；有违法所得的，予以没收。

建筑施工企业转让、出借资质证书或者以其他方式允许他人以本企业的名义承揽工程的，责令改正，没收违法所得，并处罚款，可以责令停业整顿，降低资质等级；情节严重的，吊销资质证书。对因该承揽工程不符合规定的质量标准造成的损失，建筑施工企业与使用本企业名义的单位或者个人承担连带赔偿责任。

承包单位将承包的工程转包的，或者违反《建筑法》规定进行分包的，责令改正，没收违法所得，并处罚款，可以责令停业整顿，降低资质等级；情节严重的，吊销资质证书。承包单位有以上规定的违法行为的，对因转包工程或者违法分包的工程不符合规定的质量标准造成的损失，与接受转包或者分包的单位承担连带赔偿责任。

《建设工程质量管理条例》规定，勘察、设计、施工、工程监理单位超越本单位资质等级承揽工程的，责令停止违法行为，对勘察、设计单位或者工程监理单位处合同约定的勘察费、设计费或者监理酬金1倍以上2倍以下的罚款；对施工单位处工程合同价款2%以上4%以下的罚款，可以责令停业整顿，降低资质等级；情节严重的，吊销资质证书；有违法所得的，予以没收。未取得资质证书承揽工程的，予以取缔，依照以上规定处以罚款；有违法所得的，予以没收。

勘察、设计、施工、工程监理单位允许其他单位或者个人以本单位名义承揽工程的，责令改正，没收违法所得，对勘察、设计单位和工程监理单位处合同约定的勘察费、设计费和监理酬金1倍以上2倍以下的罚款；对施工单位处工程合同价款2%以上4%以下的罚款；可以责令停业整顿，降低资质等级；情节严重的，吊销资质证书。

承包单位将承包的工程转包或者违法分包的，责令改正，没收违法所得，对勘察、设计单位处合同约定的勘察费、设计费25%以上50%以下的罚款；对施工单位处工程合同价款0.5%以上1%以下的罚款；可以责令停业整顿，降低资质等级；情节严重的，吊销资质证书。《房屋建筑和市政基础设施工程施工分包管理办法》规定，转包、违法分包或者允许他人以本企业名义承揽工程的，以及接受转包和用他人名义承揽工程的，按《建筑法》《招标投标法》和《建设工程质量管理条例》的规定予以处罚。

（3）其他法律责任　《建筑法》规定，在工程发包与承包中索贿、受贿、行贿，构成犯罪的，依法追究刑事责任；不构成犯罪的，分别处以罚款，没收贿赂的财物，对直接负责的主管人员和其他直接责任人员给予处分。对在工程承包中行贿的承包单位，除依照以上规定处罚外，可以责令停业整顿，降低资质等级或者吊销资质证书。

6.2　建设工程的招标与投标

6.2.1　建设工程招标的范围、规模和方式

1. 建设工程必须招标的范围

1）《招标投标法》规定，在中华人民共和国境内进行下列工程建设项目包括项目的勘察、设计、施工、监理以及与工程建设有关的重要设备、材料等的采购，必须进行招标：

①大型基础设施、公用事业等关系社会公共利益、公众安全的项目。

②全部或者部分使用国有资金投资或者国家融资的项目。

③使用国际组织或者外国政府贷款、援助资金的项目。

2）经国务院批准的《工程建设项目招标范围和规模标准规定》进一步规定，关系社会公共利益、公众安全的基础设施项目的范围包括：

①煤炭、石油、天然气、电力、新能源等能源项目。

②铁路、公路、管道、水运、航空以及其他交通运输业等交通运输项目。

③邮政、电信枢纽、通信、信息网络等邮电通信项目。

④防洪、灌溉、排涝、引（供）水、滩涂治理、水土保持、水利枢纽等水利项目。

⑤道路、桥梁、地铁和轻轨交通、污水排放及处理、垃圾处理、地下管道、公共停车场等城市设施项目。

⑥生态环境保护项目。

⑦其他基础设施项目。

3）关系社会公共利益、公众安全的公用事业项目的范围包括：

①供水、供电、供气、供热等市政工程项目。

②科技、教育、文化等项目。

③体育、旅游等项目。

④卫生、社会福利等项目。

⑤商品住宅，包括经济适用住房。

⑥其他公用事业项目。

4）使用国有资金投资项目的范围包括：

①使用各级财政预算资金的项目。

②使用纳入财政管理的各种政府性专项建设基金的项目。

③使用国有企业事业单位自有资金，并且国有资产投资者实际拥有控制权的项目。

5）国家融资项目的范围包括：

①使用国家发行债券所筹资金的项目。

②使用国家对外借款或者担保所筹资金的项目。
③使用国家政策性贷款的项目。
④国家授权投资主体融资的项目。
⑤国家特许的融资项目。

6) 使用国际组织或者外国政府资金的项目的范围包括：
①使用世界银行、亚洲开发银行等国际组织贷款资金的项目。
②使用外国政府及其机构贷款资金的项目。
③使用国际组织或者外国政府援助资金的项目。

2. 建设工程必须招标的规模标准

1) 按照《工程建设项目招标范围和规模标准规定》，必须招标范围内的各类工程建设项目，达到下列标准之一的，必须进行招标：
①施工单项合同估算价在200万元以上的。
②重要设备、材料等货物的采购，单项合同估算价在100万元人民币以上的。
③勘察、设计、监理等服务的采购，单项合同估算价在50万元人民币以上的。
④单项合同估算价低于第①②③项规定的标准，但项目总投资额在3000万元人民币以上的。

2)《招标投标法》规定，依法必须进行招标的项目，其招标投标活动不受地区或者部门的限制。任何单位和个人不得违法限制或者排斥本地区、本系统以外的法人或者其他组织参加投标，不得以任何方式非法干涉招标投标活动。

3. 可以不进行招标的建设工程项目

1) 对于依法必须招标的具体范围和规模标准以外的建设工程项目，可以不进行招标，采用直接发包的方式。此外，根据《工程建设项目招标范围和规模标准规定》，建设项目的勘察、设计，采用特定专利或者专有技术的，或者其建筑艺术造型有特殊要求的，经项目主管部门批准，可以不进行招标。

2)《工程建设项目施工招标投标办法》（2013年修订）中规定，有下列情形之一的，经该办法规定的审批部门批准，可以不进行施工招标：
①涉及国家安全、国家秘密、抢险救灾或者属于利用扶贫资金实行以工代赈需要使用农民工等特殊情况，不适宜进行招标。
②施工主要技术采用不可替代的专利或者专有技术。
③已通过招标方式选定的特许经营项目投资人依法能够自行建设。
④采购人依法能够自行建设。
⑤在建工程追加的附属小型工程或者主体加层工程，原中标人仍具备承包能力，并且其他人承担将影响施工或者功能配套要求。
⑥国家规定的其他情形。

4. 建设工程招标方式

《招标投标法》规定，招标分为公开招标和邀请招标。

（1）公开招标

1) 公开招标是指招标人以招标公告的方式邀请不特定的法人或者其他组织投标。招标人是依法提出招标项目、进行招标的法人或者其他组织。依法必须进行招

建设工程招标方式

标的项目的招标公告,应当通过国家指定的报刊、信息网络或者其他媒介发布。

2)《工程建设项目招标范围和规模标准规定》规定,依法必须进行招标的项目,全部使用国有资金投资或者国有资金投资占控股或者主导地位的,应当公开招标。

3)这种招标方式的优点是,业主可以在较广的范围内选择承包单位,投标竞争激烈,有利于业主将工程项目的建设任务交予可靠的承包商实施,并获得有竞争性的商业报价。但其缺点是,准备招标、对投标申请单位进行资格预审和评标的工作量大,因而,招标的时间长、费用高。

(2)邀请招标 邀请招标是指招标人以投标邀请书的方式邀请特定的法人或者其他组织投标。为了保证邀请招标的竞争性,《招标投标法》规定,招标人采用邀请招标方式的,应当向3个以上具备承担招标项目的能力、资信良好的特定的法人或者其他组织发出投标邀请书。

《工程建设项目施工招标投标办法》规定,对于应当公开招标的建设工程招标项目,有下列情形之一的,经批准可以进行邀请招标:

①项目技术复杂或有特殊要求,或者受自然地域环境限制,只有少量潜在投标人可供选择。

②涉及国家安全、国家秘密或者抢险救灾,适宜招标但不宜公开招标。

③采用公开招标方式的费用占项目合同金额的比例过大。

与公开招标比较,其优点是不发招标广告,不进行资格预审,简化了招标程序,因此,节约了招标费用和缩短了招标时间。而且因对投标人比较了解,减小了承包商违约的风险。但其缺点是,由于投标竞争的激烈程度较低,有可能提高中标的合同价。

6.2.2 建设工程的招标文件和招标程序

1. 招标文件

招标文件应当包括招标项目的技术要求、对投标人资格审查的标准、投标报价要求和评标标准等所有实质要求和条件以及拟签订合同的主要条款。国家对招标项目的技术、标准有规定的,招标人应当按照其规定在招标文件中提出相应要求。

《招标投标法》规定,招标文件不得要求或者标明特定的生产供应者以及含有倾向或者排斥潜在投标人的其他内容。招标人对已发出的招标文件进行必要的澄清或者修改的,应当在招标文件要求提交投标文件截止时间至少15日前,以书面形式通知所有招标文件收受人。该澄清或者修改的内容为招标文件的组成部分。

招标人应当确定投标人编制投标文件所需要的合理时间;但是,依法必须进行招标的项目,自招标文件开始发出之日起至投标人提交投标文件截止之日止,最短不得少于20日。

2. 招标程序

建设工程招标的基本程序主要包括落实招标条件、委托招标代理机构、编制招标文件、发布招标公告或投标邀请书、资格审查、开标、评标、中标和签订合同等。

招标案例学习

(1)落实招标条件 《招标投标法》规定,招标项目按照国家有关规定需要履行项目审批手续的,应当先履行审批手续,取得批准。招标人应当有进行招标项目的相应资金或者资金来源已经落实,并应当在招标文件中如实载明。

《工程建设项目施工招标投标办法》规定,依法必须招标的工程建设项目,应当具备下列条件才能进行施工招标：

①招标人已经依法成立。

②初步设计及概算应当履行审批手续的，已经批准。

③招标范围、招标方式和招标组织形式等应当履行核准手续的，已经核准。

④有相应资金或资金来源已经落实。

⑤有招标所需的设计图及技术资料。

（2）委托招标代理机构　招标组织形式分为委托招标和自行招标。招标人根据项目实际情况需要和自身条件可选择招标代理机构进行委托招标。

招标代理机构是依法设立、从事招标代理业务并提供相关服务的社会中介组织。按照《招标投标法》的规定，招标代理机构应当具备下列条件：

①有从事招标代理业务的营业场所和相应资金。

②有能够编制招标文件和组织评标的相应专业力量。

③有符合《招标投标法》第三十七条规定条件、可以作为评标委员会成员人选的技术、经济等方面的专家库。

招标代理机构应当在投标人委托的范围内承担招标事宜。招标代理机构可以在其资格等级范围内承担下列招标事宜：

①拟订招标方案，编制和出售招标文件、资格预审文件。

②审查投标人资格。

③编制标底。

④组织投标人踏勘现场。

⑤组织开标、评标，协助招标人定标。

⑥草拟合同。

⑦招标人委托的其他事项。

（3）编制招标文件　《招标投标法》规定，招标人应当根据招标项目的特点和需要编制招标文件。招标文件一般包括下列内容：①投标邀请书；②投标人须知；③合同主要条款；④投标文件格式；⑤采用工程量清单招标的，应当提供工程量清单；⑥技术条款；⑦设计图；⑧评标标准和方法；⑨投标辅助材料。招标人应当在招标文件中规定实质性要求和条件，并用醒目的方式标明。

（4）发布招标公告或投标邀请书　《招标投标法》规定，招标人采用公开招标方式的，应当发布招标公告。招标公告应当载明招标人的名称和地址，招标项目的性质、数量、实施地点和时间，以及获取招标文件的办法等事项。

招标人采用邀请招标方式的，应当向3个以上具备承担招标项目的能力、资信良好的特定的法人或者其他组织发出投标邀请书。投标邀请书也应当载明招标人的名称和地址，招标项目的性质、数量、实施地点和时间，以及获取招标文件的办法等事项。

自招标文件出售之日起至停止出售之日止，最短不得少于5个工作日。对招标文件的收费应当合理，不得以营利为目的。招标人在发布招标公告、发出投标邀请书或者售出招标文件或资格预审文件后不得擅自终止招标。

（5）资格审查　资格审查分为资格预审和资格后审。资格预审是指在投标前对潜在投标人进行的资格审查。资格后审是指在开标后对投标人进行的资格审查。进行资格预审的，一般不再进行资格后审,但招标文件另有规定的除外。

采取资格预审的,招标人可以发布资格预审公告,在资格预审文件中载明资格预审的条件、标准和方法;采取资格后审的,招标人应当在招标文件中载明对投标人资格要求的条件、标准和方法。招标人不得改变载明的资格条件或者以没有载明的资格条件对潜在投标人或者投标人进行资格审查。

资格审查应主要审查潜在投标人或者投标人是否符合下列条件:①具有独立订立合同的权利。②具有履行合同的能力,包括专业、技术资格和能力,资金、设备和其他物质设施状况,管理能力、经验、信誉和相应的从业人员。③没有处于被责令停业,投标资格被取消,财产被接管、冻结、破产状态。④在最近3年内没有骗取中标和严重违约及重大工程质量问题。⑤法律、行政法规规定的其他资格条件。

(6) 开标、评标、中标

1) 开标,即由招标人主持,在招标文件中预先载明的开标时间和开标地点,邀请所有投标人到场,密封情况经确认无误后,当众开启招标文件要求提交投标文件的截止时间前收到的所有投标文件,宣读投标人名称、投标价格和投标文件的其他内容。

2) 评标,即招标人或者招标投标中介机构组建评标委员会,按照招标文件的规定,对所有投标文件进行审查和比较,并向招标人推荐中标候选人。招标人应当从评标委员会推荐的中标候选人中确定中标人。

3) 中标,即招标人从评标委员会推荐的中标候选人中确定中标人。中标人确定后,招标人应当向中标人发出中标通知书,并同时将中标结果通知所有投标人。按照法律规定,部分招标项目在确定中标候选人和中标人之后还应当依法进行公示。

该部分内容在本章后续内容将详细阐述。

(7) 签订合同 《招标投标法》规定,招标人和中标人应当自中标通知书发出之日起30日内,按照招标文件和中标人的投标文件订立书面合同。招标人和中标人不得再行订立背离合同实质性内容的其他协议。订立书面合同后7日内,中标人应当将合同送工程所在地的县级以上地方人民政府建设行政主管部门备案。

6.2.3 投标文件与投标程序

建设工程投标是指经过特定审查而获得投标资格的建筑项目承包单位,按照招标文件的要求,在规定的时间内向招标单位填报投标书,争取中标的法律行为。

1. 投标文件及要求

投标文件应当对招标文件提出的实质性要求和条件做出响应。招标项目属于建设施工项目的,投标文件的内容应当包括拟派出的项目负责人与主要技术人员的简历、业绩和拟用于完成招标项目的机械设备等。

(1) 投标文件的组成

1)《工程建设项目施工招标投标办法》规定,投标文件一般包括下列内容:①投标函。②投标报价。③施工组织设计。④商务和技术偏差表。投标人根据招标文件载明的项目实际情况,拟在中标后将中标项目的部分非主体、非关键性工作进行分包的,应当在投标文件中载明。

2) 国家发改委、财政部等九部委联合颁布的《〈标准施工招标资格预审文件〉和〈标准施工招标文件〉暂行规定》中进一步明确，投标文件应包括下列内容：

①投标函及投标函附录。
②法定代表人身份证明或附有法定代表人身份证明的授权委托书。
③联合体协议书。
④投标保证金。
⑤已标价工程量清单。
⑥施工组织设计。
⑦项目管理机构。
⑧拟分包项目情况表。
⑨资格审查资料。
⑩投标人须知前附表规定的其他材料。

但是，投标人须知前附表规定不接受联合体投标的，或投标人没有组成联合体的，投标文件不包括联合体协议书。

3）响应招标文件的实质性要求是投标的基本前提。凡是不能满足招标文件中的任何一项实质性要求和条件的投标文件，都将被拒绝。实质性要求和条件主要是指招标文件中有关招标项目的价格、期限、技术规范、合同的主要条款等内容。

（2）投标文件的修改与撤回　《招标投标法》规定，投标人在招标文件要求提交投标文件的截止时间前，可以补充、修改或者撤回已提交的投标文件并书面通知招标人。补充、修改的内容为投标文件的组成部分。投标截止时间之后至投标有效期满之前，投标人对投标文件的任何补充、修改，招标人不予接受，撤回投标文件的还将被没收投标保证金。

投标文件的修改是指投标人对投标文件中的遗漏和不足部分进行增补，对已有的内容进行修订。

投标文件的撤回是指投标人收回全部投标文件，或放弃投标，或以新的投标文件重新投标。

（3）投标文件的送达与签收　《招标投标法》规定，投标人应当在招标文件要求提交投标文件的截止时间前，将投标文件送达投标地点。招标人收到投标文件后，应当签收保存，不得开启。投标人少于3个的，招标人应当依法重新招标。在招标文件要求提交投标文件的截止时间后送达的投标文件，招标人应当拒收。

1）投标文件的送达。按照法律法规的规定，对于投标文件的送达，应注意以下几个问题：

①投标文件必须在投标文件的截止时间前送达，招标文件中通常会明确规定投标文件的提交时间。
②投标文件的送达方式可以是直接送达，也可以通过邮寄方式。直接送达即投标人授权代表直接将投标文件按照规定的时间和地点送达。采用邮寄方式的，应以招标人实际收到的时间为准，而不是以"邮戳为准"。
③投标文件的送达地点应准确。投标人应严格按照招标文件规定的地址送达，特别是采用邮寄送达方式时。投标人因为递交地点发生错误而逾期送达投标文件的，将被招标人拒绝接收。

2）投标文件的签收。《工程建设项目施工招标投标办法》规定，招标人收到投标文件后，应当向投标人出具标明签收人和签收时间的凭证，在开标前任何单位和个人不得开启投标文件。

3) 投标文件的拒收。如果投标文件没有按照招标文件的要求送达，则招标人可以拒绝受理。《工程建设项目施工招标投标办法》规定，投标文件有下列情形之一的，招标人应当拒收：

①逾期送达。

②未按招标文件要求密封。

（4）投标有效期　投标有效期是从投标人提交投标文件截止之日起计算，一般至中标通知书签发日期止。在此期限内，所有招标文件均保持有效。投标保证金的有效期应当与投标有效期一致。

《工程建设项目施工招标投标办法》规定，招标文件应当规定一个适当的投标有效期，以保证招标人有足够的时间完成评标，并且与中标人签订合同。

在原投标有效期结束前，出现特殊情况的，招标人可以书面形式要求所有投标人延长投标有效期。投标人同意延长的，不得要求或被允许修改其投标文件的实质性内容，但应当相应延长其投标保证金的有效期；投标人拒绝延长的，其投标失效，但投标人有权收回其投标保证金。因延长投标有效期造成投标人损失的，招标人应当给予补偿，但因不可抗力需要延长投标有效期的除外。

2. 投标程序

工程项目投标程序一般应遵循以下几方面：

（1）投标人的资格　投标人应当具备承担招标项目的能力；国家有关规定对投标人资格条件或者招标文件对投标人资格条件有规定的，投标人应当具备规定的资格条件。

（2）编制投标文件　根据《招标投标法》的规定，投标人应当按照招标文件的要求编制投标文件。投标文件应当对招标文件的实质性要求做出响应。

（3）投标文件的提交　投标人应当在招标文件要求提交投标文件的截止时间前，将投标文件送达投标地点；在截止时间后送达的投标文件，招标人应当拒收。

招标人收到投标文件后，应当签收保存，不得开启。投标人少于3个的，招标人应当依法重新招标。

（4）投标文件的补充、修改、替代或撤回　投标人在招标文件要求投标文件的截止时间前，可以补充、修改或者撤回已提交的投标文件，并书面通知招标人。补充、修改的内容为投标文件的组成部分。

在提交文件截止时间后到招标文件规定的投标有效终止之前，投标人不得补充、修改或者撤回其投标文件。

6.2.4　招标、投标行为的法律责任

所谓法律责任，是指行为人因违反法律规定的或合同规定的义务，而应当承担的强制性的不利后果。

1. 招标人违法行为应承担的法律责任

（1）规避招标及应承担的法律责任　规避招标的行为主要有：

1) 必须进行招标的项目而不招标的。《招标投标法》第三条规定了必须进行招标项目

的范围。法律之所以如此规定是为了达到"保护国家利益、社会公共利益和招标投标活动当事人的合法权益,提高经济效益,保证项目质量"的立法目的。

2)将必须进行招标的项目化整为零以规避招标的。对于法律规定范围内的招标项目,必须达到一定的招标限额才须进行强制招标。法律并不要求限额以下的项目必须进行招标。所以现实生活中,某些项目单位采取拆分、肢解等方式将单项合同项目化整为零,从而使其低于招标限额,达到规避招标的目的。

3)采取其他方法规避招标的。例如,隐瞒事实真相,故意混淆资金和建设项目性质,或者利用各种手段提供虚假信息,以项目技术复杂,供应商和承包商有限为借口等以达到规避公开招标的目的。这是为避免出现法律漏洞而规定的"兜底"条款。

行为人规避招标的,应当承担如下责任:①责令限期改正,可以处项目合同金额5‰以上,10‰以下的罚款。②对全部或者部分使用国有资金的项目,可以暂停项目执行或者暂停资金拨付。③对单位直接负责的主管人员和其他直接责任人员依法给予处分。

(2)招标人限制、排斥投标竞争的违法行为及其应承担的法律责任　招标人限制、排斥投标竞争的违法行为主要有:

1)以不合理的条件限制或者排斥潜在投标人。招标人为了达到排斥或限制潜在投标人的目的,往往在资格预审文件或招标文件中提出不合理的条件和要求,使得一些潜在投标人丧失了参与投标的机会。这与公平、公正原则相违背。

2)对潜在投标人实行歧视待遇。实践中实行歧视待遇的情况有在投标报价上对某一产品、设备实行优惠,明示或暗示在同一条件下优先选择的供应商等。这种做法显然违背了《招标投标法》的基本原则和法律的禁止性规定。

3)强制要求投标人组成联合体共同投标。组成联合体投标可以集中联合体内各个法人或组织的不同优势,增加中标的可能性。但组成联合体投标必须出于各个投标人的自愿而不能强求。其原因主要包括:①由于组成联合体的各个投标人应当就中标项目向招标人负连带责任,因此要求组成联合体的各投标人之间具有较强的信赖关系。②强制各个投标人组成联合体会使投标人的数量减少,限制和减少了投标人之间的竞争,达不到通过招标方式促进竞争的目的。

4)限制投标人之间竞争。实践中,招标人还可能用下列手段限制投标人之间的竞争:①将招标项目肢解,在各个投标人之间进行"分配"。②故意限制招标信息的发布范围,使潜在投标人无法知悉招标信息。③不合理地提高技术规范或者将技术规范规定得只有少量投标人才能满足要求等。这些控制投标人的数量、人为造成投标人之间竞争的不平等的做法严重妨碍了招标投标制度目的的实现,即通过充分有效的竞争来节约资金、提高采购质量。

招标人从事以上违法行为的,应当承担如下法律责任:责令改正,可以处1万元以上5万元以下的罚款。

(3)招标人泄露秘密的行为及其应承担的法律责任　招标人泄露秘密的行为主要有:

1)向他人泄露已获得招标文件的潜在投标人的名称、数量或可能影响公平竞争的有关招标投标的其他情况。

2)泄露标底。设立标底是具有中国特色的招标投标制度的一个具体表现。标底往往作为衡量投标报价的基准,直接影响投标者是否中标。因此,开标前标底是保密的,任何人不得泄露标底。

招标人从事上述行为应当承担以下法律责任：①警告，可以并处一万元以上十万元以下的罚款。②对单位直接负责的主管人员和其他直接责任人员依法给予处分。③构成犯罪的，依法追究其刑事责任。上述行为影响中标结果，并且中标人为上述行为的受益人的，中标无效。

（4）招标人违规定标的行为及其应承担的法律责任　招标人违规定标的行为主要有：

1）招标人在评标委员会推荐的中标候选人以外确定中标人。为了防止招标人因为人情、利害关系等原因而不能保证评标结果的公正，招标人只能在评标委员会推荐的中标候选人中选定中标人。如果招标人在评标委员会推荐的中标候选人以外确定中标人的话，就会使评标委员会的工作失去意义，难以保证招标结果的公正性。

2）所有投标被否决后自行确定中标人的行为。所有投标被否决意味着招标失败，招标人应当依法重新招标，而不能出于简便、节约成本等考虑，自行确定中标人。否则，招标将流于形式，不能实现招标制度的价值，也有违法律对强制招标的要求。

招标人从事以上违法行为的，应当承担如下法律责任：中标无效，责令改正，可以处中标金额5‰以上10‰以下的罚款；对单位直接负责的主管人员和其他直接负责人员依法给予处分。

2. 投标人和中标人违法行为应承担的法律责任

（1）投标人骗取中标的方式及其应负的法律责任　投标人骗取中标的方式：

1）投标人以他人名义投标。《招标投标法》规定，投标人应当具备承担招标项目的能力；国家有关规定对投标人的资格条件或者招标文件对投标人的资格条件有规定的，投标人应当具备规定的资格条件。投标人如果不具备承担招标项目的能力或者没有应当具备的资格条件而以其他有能力或者有资格条件的投标人的名义投标以骗取中标的，即属违法。

2）以其他方式弄虚作假，骗取中标的。包括伪造资质证书、营业执照，在递交的资格审查材料中弄虚作假等一切骗取中标的行为。

投标人从事以上违法行为的，应当承担如下法律责任：

1）赔偿损失。给招标人造成损失的，依法承担赔偿责任。一般来说，投标人的赔偿责任仅限于财产损失，而不包括精神损害。

2）依法追究刑事责任。投标人弄虚作假骗取中标的行为情节严重构成犯罪的，应当由司法机关追究投标人的刑事责任。单位构成犯罪的，对单位处以罚金，对单位直接负责的主管人员和其他直接责任人员处以相应的刑罚。

3）罚款。依法必须进行招标的项目的投标人有以上行为尚未构成犯罪的，处中标金额5‰以上10‰以下的罚款，对单位直接负责的主管人员和其他直接责任人员处单位罚款数额5%以上10%以下的罚款。

4）并处没收违法所得。没收违法所得是由行政主体实施的将行政违法行为人的部分或者全部违法收入、物品或者其他非法占有的财务收归国家所有的处罚方式。没收可以视情节轻重而决定部分或全部没收。没收的物品，除应当予以销毁及存档备查外，均应上交国库或交由法定专管机关处理。

5）取消投标资格。情节严重的，取消其1~3年内参加依法必须进行招标的项目的投标资格并予以公告。所谓情节严重，是指骗取中标的行为所导致的后果严重、投标人多次实施骗取中标的行为、骗取中标的手段较为恶劣等。

6）吊销营业执照。情节严重的，取消其投标资格不足以达到制裁目的的，工商行政管理机关应该吊销其营业执照。

（2）投标人串通投标和为了中标而行贿的行为及其应负的法律责任　投标人串通投标的行为包括两种情况，即投标人之间进行串通和投标人与招标人进行串通。投标人相互串通投标的行为表现为各个投标人之间彼此达成协议，轮流获取中标等。这种行为限制了竞争，使招标流于形式。由于必须进行招标的项目资金大多来源于国家投资或者来源于外国政府或国际组织的贷款，所以实践中除了投标人相互串通投标以获取合同外，在某些情况下，还存在着投标人与招标人彼此进行串通投标，损害国家利益或社会公共利益的可能。

在某些情况下，投标人为了中标，甚至会向招标人和评标委员会成员行贿。行贿受贿既是一种腐败行为，同时也造成了平等竞争基础的消失，不利于评标的客观进行。

投标人从事以上违法行为的，应当承担如下法律责任：①中标无效，处中标金额5‰以上10‰以下的罚款，对单位直接负责的主管人员和其他直接责任人员处单位罚款数额5%以上10%以下的罚款；②有违法所得的，并处没收违法所得；③情节严重的，取消其1～2年内参加依法必须进行招标项目的投标资格并予以公告，直至由工商行政管理机关吊销营业执照；④构成犯罪的，依法追究刑事责任；⑤给他人造成损失的，依法承担赔偿责任。

（3）中标人转让中标项目以及分包人再次分包行为及其应负的法律责任　招标人与中标人之间签订的合同具有较强的信赖性质，中标人应当亲自履行，否则构成违约。另外，如果中标人在获取中标项目后倒手转让给他人，将会使招标程序失去意义。最后，由于中标项目每转让一次，实际用于该项目的资金就会减少一部分，将严重影响招标项目的质量。有鉴于此，《招标投标法》第四十八条规定，中标人不得向他人转让中标项目，也不得将中标项目肢解后分别向他人转让。

中标人除了不得将中标项目转让给他人完成外，还不得将中标项目的主体、关键性工作分包给他人完成。但允许中标人在取得招标人同意的前提下将某些非主体、非关键性工作分包给具有相应资质条件的人完成。但是这并不意味着允许分包人再次分包，否则将会造成工程项目资金的层层盘剥，最终影响工程的质量。

中标人或者分包人有前述违法行为的，应当承担以下法律责任：①转让、分包无效，并处转让、分包项目金额5‰以上10‰以下的罚款，有违法所得的，并处没收违法所得，可以责令停业整顿。②情节严重的，由工商行政管理机关吊销营业执照。

构成以上法律责任，行为人在主观上必须有进行违法行为的故意，即对其转让或分包行为有充分的认识或理解。在客观上，无须行为人的违法行为造成实际的损害后果，只要行为人主观上有过错且实施了上述违法行为就应当承担法律责任。

（4）中标人的违约行为及其应负的法律责任　中标人的违约行为大致可以分为以下几类：

1）不履行。所谓不履行，是指合同到了履行期而没有履行的行为。不履行可分为拒绝履行和履行不能。对于因中标人主观过错原因而导致的履行不能，中标人仍应负法律责任。

2）不完全履行。即中标人没有完全按照合同的约定履行义务，也称不适当履行或不正当履行。不完全履行分以下两种情况：①给付有缺陷，就工程项目而言，是指中标人完成的工程项目存在质量问题；②加害给付，就招标项目而言，是指中标人完成的工程项目不仅不符合质量要求，而且还因为该质量问题造成了他人人身、财产损害。

3）迟延履行。即中标人能够履行而不按照法定或约定的时间履行合同义务，如中标人不能按时完成中标项目。

4）毁约行为。即中标人无任何正当理由和法律依据而单方撕毁合同。

中标人不履行与招标人订立的合同的，应当承担以下法律责任：①履约保证金不予退还，给招标人造成的损失超过履约保证金数额的，还应当对超过部分予以赔偿，没有提交履约保证金的，应当对招标人的损失承担赔偿责任。②中标人不按照与招标人签订的合同履行义务，情节严重的，取消其2～5年内参加依法必须进行招标项目的投标资格并予以公告，直至由工商行政管理机关吊销其营业执照。

以上法律责任的主体是已经与招标人签订合同的中标人。行为人主观上无须具有过错，只要行为人实施了违约行为，就应对该违约行为负责。

中标人因不可抗力不能履行合同的，可以免除责任。所谓不可抗力，是指不能预见、不能避免、不能克服的情况，包括自然灾害和某些社会现象。但是，如果不可抗力发生在债务履行延迟期间，则债务人不能以不可抗力为由拒绝承担违反债务的民事责任。根据《合同法》的规定，中标人因不可抗力不能履行合同的，应当及时通知招标人，以减轻可能给招标人造成的损失，并应当在合理期限内提供发生了不可抗力的证明。

6.3 建设工程的开标、评标和中标

6.3.1 开标的要求

开标即由招标人主持，邀请所有投标人到场，密封情况经确认无误后，当众开启要求提交投标文件截止时间前收到的所有投标文件，宣读投标人名称、投标价格和投标文件的其他内容。开标是招标投标活动中"公开"原则的重要体现。开标的时间、地点、参与人及其程序在相关法律法规中都有规定。

1. 开标的时间

《招标投标法》规定，开标应当在招标文件确定的提交投标文件截止时间的同一时间公开进行。也就是说，开标时间和提交投标文件的截止时间应为同一时间，应在招标文件中标明并具体到某年某月某日的几时几分。

2. 开标的地点

《招标投标法》规定，开标地点应当为招标文件中预先确定的地点。开标的地点应具体确定到进行开标活动的房间。

如招标人需要修改开标时间和地点，则应以书面形式通知所有招标文件收受人。如果涉及房屋建筑和市政基础设施工程施工项目招标，则招标文件的澄清和修改均应在通知招标文件收受人的同时，报工程所在地县级以上地方人民政府建设行政主管部门备案。

3. 开标的参与人

开标由招标人主持，邀请所有投标人参加。开标的参与人大致分为以下三类：

1）招标人。开标应依法由招标人主持，也可以委托招标代理机构主持。

2）投标人。投标人或其授权代表有权出席开标会，也可以自主决定不参加开标会。

3）其他人员。招标人可邀请除投标人以外的其他方面相关人员参加开标。根据《招标

投标法》的规定，招标人可以委托公证机构对开标情况进行公证。在实际的招标投标活动中，招标人经常邀请行政监督部门、纪检监察部门等参加开标，对开标程序进行监督。

4. 开标的程序

《招标投标法》规定，开标时，由投标人或者其推选的代表检查投标文件的密封情况，也可以由招标人委托的公证机构检查并公证；经确认无误后，由工作人员当众拆封，宣读投标人名称、投标价格和投标文件的其他主要内容。招标人在招标文件要求提交投标文件的截止时间前收到的所有投标文件，开标时都应当当众予以拆封、宣读。开标过程应当记录，并存档备查。

由上述规定可知，开标程序大致分为以下四步：

1）检查密封情况。当众检查投标文件的密封情况，检查由投标人或者其推选的代表进行。如果招标人委托了公证机构对开标情况进行公证，也可以由公证机构检查并公证。如果投标文件未密封，或者存在拆开过的痕迹，则不能进入后续的程序。

2）拆封。当众拆封所有的投标文件。招标人或其委托的招标代理机构的工作人员，应当对所有在投标文件截止时间之前收到的合格的投标文件，在开标现场当众拆封。

3）唱标。招标人或者其委托的招标代理机构的工作人员应当根据法律规定和招标文件要求进行唱标，即宣读投标人名称、投标价格和投标文件的其他主要内容。

4）记录并存档。招标人或其委托的招标代理机构应该当场制作开标记录，记载开标时间、地点、参与人、唱标内容等情况，由参加开标的投标人代表签字确认，开标记录应作为评标报告的组成部分存档备查。

6.3.2 评标程序和评标委员会

评标即招标人或者招标投标中介机构组建评标委员会，按照招标文件的规定，对所有投标文件进行审查和比较，并向招标人推荐1~3位中标候选人。招标人也可以授权评标委员会直接确定中标人。

1. 评标

（1）评标原则

1）公平、公正、科学、择优。首先，评标应遵循招标投标活动的最基本原则，即公平、公正原则。另外，评标活动还应做到科学化，有理可依，有迹可循，选择出最优方案，以达到经济合理的目标。

2）严格保密。《招标投标法》规定，招标人应当采取必要的措施，保证评标在严格保密的情况下进行。严格保密的措施涉及多方面，包括：①评标地点保密。②评标委员会成员的名单在中标结果确定之前保密。③评标委员会成员在封闭状态下开展评标工作，评标期间不得与外界有任何接触，对评标情况承担保密义务。④招标人、招标代理机构或相关主管部门等参与评标现场工作的人员，均应承担保密义务。

3）独立评审。《招标投标法》规定，任何单位和个人不得非法干预、影响评标的过程和结果。评标委员会虽然由招标人组建并受其委托评标，但是，一经组建并开始评标工作，评标委员会即应依法独立开展评审工作。不论是招标人，还是有关主管部门，均不得非法干预、影响或改变评标过程和结果。

4）严格遵守评标方法。《招标投标法》规定，评标委员会应当按照招标文件确定的评标标准和方法对投标文件进行评审和比较；设有标底的，应当参考标底。评标委员会应当根据招标文件规定的评标标准和方法，对投标文件进行系统评审和比较。招标文件中没有规定的标准和方法不得作为评标的依据。

（2）评标纪律　《招标投标法》规定，评标委员会成员应当客观、公正地履行职务，遵守职业道德，对所提出的评审意见承担个人责任。评标委员会成员不得私下接触投标人，不得收受投标人的财物或者其他好处。评标委员会成员和参与评标的有关工作人员不得透露对投标文件的评审和比较、中标候选人的推荐情况以及与评标有关的其他情况。上述规定表明，评标委员会成员应当遵守以下几方面评标纪律：

1）遵守职业道德。评标委员会成员必须严格遵守有关法规和招标文件的评标办法与评标细则，对开标中所有拆封并唱标的投标文件进行评审和比较，独立评审，不得将自身意见强加给其他评委或诱导其他评委认同，不得私下互相串通压制其他评标委员会成员的意见，并对所提出的评审意见承担个人责任。评标委员会成员应以高尚的职业道德、良好的专业知识和认真负责的精神，公平和公正地履行评标职责。

2）不得受贿。由于评标委员会成员享有评审和比较投标，推荐中标候选人的重要权力，为了保证评标的公正和公平性，评标委员会成员不得私下接触投标人，不得接受投标人的馈赠或者其他好处。

3）对评标情况保密。评标委员会成员必须自觉遵守评标保密纪律，评标过程中和评标结束后均不得私下向外透露对投标文件的评审、推荐中标候选人与评标有关的情况。参与评标的有关工作人员也应自觉遵守评标保密纪律。

（3）评标程序　根据《评标委员会和评标方法暂行规定》的规定，工程建设的评标程序如下：

1）评标的准备。评标委员会成员应当在评标开始之前熟悉招标的基本情况和招标文件的具体内容，尤其是招标文件规定的评标标准、评标方法和在评标过程中应考虑的相关因素。此外，招标人或者其委托的招标代理机构应当向评标委员会提供评标所需的重要信息和数据。

2）初步评审。

3）澄清。《招标投标法》规定，评标委员会可以要求投标人对投标文件中含义不明确的内容做必要的澄清或者说明，但是澄清或者说明不得超出投标文件的范围或者改变投标文件的实质性内容。

评标过程中，评标委员会视投标文件情况，在需要时可以要求投标人做澄清或者说明。通常，澄清应注意以下几个问题：

①除了评标委员会外，其他相关主体，不论是招标人、招标代理机构，还是行政监督部门，均无权启动澄清。一旦评标委员会要求，则投标人应相应进行澄清和说明，否则，将自行承担不利的后果。

②评标委员会只能在特定的某些我国相关法律法规条文规定的情况下，要求澄清。禁止评标委员会借澄清之名提出暗示性或者诱导性问题，或者明确地向投标人提示投标文件中的实质性偏差。根据《评标委员会和评标方法暂行规定》的规定，投标文件中有含义不明确、对同类问题表述不一致或者有明显文字和计算错误的内容，或者投标人的报价明显低于其他投标报价或者在设有标底时明显低于标底，使得其投标报价可能低于其个别成本的，评标委

员会应当要求该投标人做出书面说明并提供相关证明材料。根据《房屋建筑和市政基础设施工程施工招标投标管理办法》的规定，有下列情形之一的，评标委员会可以要求投标人做出书面说明并提供相关材料：设有标底的，投标报价低于标底合理幅度的；不设标底的，投标报价明显低于其他投标报价，有可能低于其企业成本的。

③投标人的澄清不得超出投标文件的范围或者改变投标文件的实质性内容：第一，投标人只能针对评标委员会的要求，进行澄清、说明或者补正，不能超出评标委员会的要求；第二，澄清、说明或者补正的内容，不得超出投标文件的范围，不能提出在投标文件中没有的新的投标内容；第三，即便在投标文件范围内，也不能改变投标文件的实质性内容。所以，《工程建设项目施工招标投标办法》明确规定，投标文件不响应招标文件的实质性要求和条件的，评标委员会不得允许投标人通过修正或撤销其不符合要求的差异或保留，使之成为具有响应性的投标。

④澄清一般应以书面方式进行。评标委员会应以书面方式提出澄清要求，投标人也应以书面方式提供澄清、说明或者补正，通常投标人和评标委员会不得借澄清进行当面交流。但对于较为特殊的项目，如工程建设项目勘察设计的招标，《工程建设项目勘察设计招标投标办法》规定，评标委员会可以要求投标人对其技术文件进行必要的说明或介绍。

4）详细评审。经初步评审合格的投标文件，评标委员会应当按照招标文件确定的评标标准和方法，对投标文件进行评审和比较；设有标底的，应当参考标底。如果评标委员会在评标过程中发现问题，应当及时做出处理或者向招标人提出处理建议，并进行书面记录。评标和定标应当在投标有效期结束日30个工作日前完成。不能在投标有效期结束日30个工作日前完成评标和定标的，招标人应当通知所有投标人延长投标有效期。招标文件应当载明投标有效期，投标有效期从提交投标文件截止日起计算。

根据招标文件的规定，允许投标人投备选标的，评标委员会可以对中标人所投的备选标进行评审，以决定是否采纳备选标。不符合中标条件的投标人的备选标不予考虑。

5）提交评标报告。《评标委员会和评标方法暂行规定》规定，评标委员会完成评标后，应当向招标人提出书面评标报告，并抄送有关行政监督部门。

6）评标报告应由评标委员会经全体成员签字后向招标人提交，并全面反映评标情况。相关部门规章对评标报告的内容做了具体的规定。评标报告应当如实记载以下内容：

①基本情况和数据表。
②评标委员会成员名单。
③开标记录。
④符合要求的投标一览表。
⑤废标情况说明。
⑥评标标准、评标方法或者评标因素一览表。
⑦经评审的价格或者评分比较一览表。
⑧经评审的投标人排序。
⑨推荐的中标候选人名单与签订合同前要处理的事宜。
⑩澄清、说明、补正事项纪要。

对评标结论持有异议的评标委员会成员可以书面方式阐述其不同意见和理由，但若不以书面方式陈述其不同意见和理由的视为同意评标结论，评标委员会应当对此做出书面说明并记录在案。

7) 推荐中标候选人。评标委员会在评标报告中应依法推荐中标候选人。推荐的中标候选人应列明顺序,一般推荐 1~3 人。排名的顺序应当是依次最大限度符合评标标准,最佳满足条件的排第一,依次类推。

应注意,涉及建筑工程设计招标的项目,采用公开招标方式的,评标委员会应当推荐 3 个中标候选人;采用邀请招标方式的,评标委员会应当推荐 1~2 个中标候选人。涉及房屋建筑和市政基础设施工程施工招标的项目,评标委员会应推荐不超过 3 名有排序的合格的中标候选人。

8) 确定中标人。招标人根据评标委员会提出的书面评标报告和推荐的中标候选人确定中标人。招标人也可以授权评标委员会直接确定中标人。

2. 评标委员会

(1) 评标委员会的组成 评标委员会是由招标人组建的独立评标小组,由招标人的代表和有关技术、经济等方面的专家组成,成员人数为 5 人以上且为单数。一般来讲,招标人的代表可以是招标人本单位的代表,也可以包括委托招标的招标代理机构代表。由于评标是一种复杂的专业活动,非专业人员无法对投标文件进行评审和比较,所以要求评标委员会中还应有有关技术、经济等方面的专家,且比例不得少于成员总数的 2/3。

(2) 评标专家 《招标投标法》规定,评标专家应当从事相关领域工作满 8 年并具有高级职称或者具有同等专业水平,由招标人从国务院有关部门或者省、自治区、直辖市人民政府有关部门提供的专家名册或者招标代理机构的专家库内相关专业的专家名单中确定;一般招标项目可以采取随机抽取的方式,特殊招标项目可以由招标人直接确定。评标委员会成员的名单在中标结果确定前应当保密。

1) 评标专家的资格限定。从以上规定可以看到,评标专家应满足的条件包括:

①从事相关领域工作满 8 年并具有高级职称或者具有同等专业水平。从事相关领域工作满 8 年,是对专家实际工作经验和业务熟悉程度的要求;具有高级职称或者具有同等专业水平,是对专家的专业水准和职称的要求。两个条件的限制,为评标工作的顺利进行提供了素质保证。

②熟悉有关招标投标的法律法规。根据《评标委员会和评标方法暂行规定》的规定,评标专家应熟悉有关招标投标的法律法规。《政府采购评审专家管理办法》还明确要求,评标专家应熟悉政府采购相关政策法规和业务理论知识,能胜任政府采购评审工作。

③认真、公正、诚实、廉洁地履行职责。《评标委员会和评标方法暂行规定》《评标专家和评标专家库管理暂行办法》均规定,评标专家应能够认真、公正、诚实、廉洁地履行职责;具有良好的政治素质和职业道德,做到遵纪守法,在评审过程中客观公正、廉洁自律。

④身体健康,能够承担评标工作。评标专家应具有能够胜任评标工作的身体健康条件。有的规章对此做了明确规定,如《评标专家和评标专家库管理暂行办法》。有的规定间接涉及,如《进一步规范机电产品国际招标投标活动有关规定》规定,招标机构应当按照《机电产品国际招标投标实施办法》的有关规定推荐评审专家入库,被推荐的专家原则上年龄不宜超过 70 岁;对确有特殊专长、年龄超过 70 岁且身体健康的专家,应报主管部门备案后入库。虽然有的相关规章并未明确提及,但具备适合的身体健康条件,从而能够顺利承担评标工作,是评标专家应符合的基本条件。

2）选择评标专家的方式。评标专家应由招标人在相关专家库名单中确定，原则上应在国务院有关部门或者省、自治区、直辖市人民政府有关部门提供的专家名册或者招标代理机构的专家库内相关专业的专家名单中确定。一般招标项目可以采取随机抽取方式，特殊招标项目可以由招标人直接确定。评标委员会的专家名单在中标结果确定前应当保密。

对于政府投资项目，《评标专家和评标专家库管理暂行办法》规定，政府投资项目的评标专家，必须从政府有关部门组建的评标专家库中抽取。对于房屋建筑和市政基础设施工程施工招标项目，《房屋建筑和市政基础设施工程施工招标投标管理办法》规定，评标委员会的专家成员，应当由招标人从建设行政主管部门及其他有关政府部门确定的专家名册或者工程招标代理机构的专家库内相关专业的专家名单中确定。

（3）评标委员会成员的权利和义务　评标委员会成员的权利和义务直接与评标委员会的法定权利和义务紧密相关，但评标委员会成员个人的权利和义务并不能与评标委员会的法定权利和义务画上等号。相关法律法规对评标委员会成员，特别是评标专家的权利和义务做出了具体规定，可以概括为以下几个方面：

1）依法评审投标文件。这是评标委员会成员最基本的权利和义务，即依法按照招标文件确定的评标标准和方法，运用专业知识认真负责地对投标文件进行全面仔细的评审，发表并出具个人评审意见，行使评审表决权，并对自己的评审意见负责。

2）签署评标报告。评标委员会直接的工作成果体现为评标报告。评标报告汇集、总结了评标委员会全部成员的评审意见，由每个成员签字认定后，以评标委员会的名义出具。虽然有关规章中没有详细明示，但是，签署评标报告，也是每个成员的基本义务。

3）需要时配合质疑和投诉处理工作。通常完成并向招标人提交了评标报告之后，评标委员会即告解散。但是，在招标投标活动中，有的招标项目还会发生质疑和投诉的情况。对于评标工作和评标结果发生的质疑和投诉，招标人、招标代理机构及有关主管部门依法处理质疑和投诉时，往往会需要评标委员会成员做出解释，包括评标委员会对某些问题所做结论的理由和依据等。

4）遵守职业道德。评标委员会成员在投标文件评审直至提出评标报告的全过程中，均应恪守职责，认真、公正、诚实、廉洁地履行职责，这是每个成员最根本的义务。

5）遵守评标纪律。评标委员会成员在评标过程中必须遵守各项评标的纪律，这也是评标委员会成员的主要义务之一。评标委员会成员和参与评标的有关工作人员不得私自透露对投标文件的评审和比较、中标候选人的推荐情况以及与评标有关的其他情况。同时，评标委员会成员应遵守评标工作时间和进度安排。

6）有接受劳务报酬的权利。评标工作实际上也是一种劳务活动。所以，个人参加评标承担相应的工作和责任，有权依法接受劳务报酬。《评标专家和评标专家库管理暂行办法》和《政府采购评审专家管理办法》均明确了评标专家领取评标劳务报酬的权利。

7）其他相关权利和义务。评标委员会成员还享有并承担其他与评标工作相关的权利和义务，包括协助、配合有关行政监督部门的监督和检查工作，对发现的违规违法情况加以制止，并向有关方面反映、报告评标过程中的问题等。

6.3.3　中标的法定条件

中标即招标人从评标委员会推荐的中标候选人中确定中标人。中标人确定后，招标人应当向中标人发出中标通知书，并同时将中标结果通知所有投标人。按照法律规定，部分招标项目在确定中标候选人和中标人之后还应当依法进行公示。

1. 中标人的法定条件

1）《招标投标法》规定，中标人的投标应当符合下列条件之一：①能够最大限度地满足招标文件中规定的各项综合评价标准。②能够满足招标文件的实质性要求，并且经评审的投标价格最低，但是投标价格低于成本的除外。

2）对于投标价格低于成本的认定，《房屋建筑和市政基础设施工程施工招标投标管理办法》规定，有下列情形之一的，评标委员会可以要求投标人做出书面说明并提供相关材料：①设有标底的，投标报价低于标底合理幅度的。②不设标底的，投标报价明显低于其他投标报价，有可能低于其企业成本的。该管理办法还规定，经评标委员会论证，认定该投标人的报价低于其企业成本的，不能推荐为中标候选人或者中标人。

2. 中标人的确定

（1）中标人的确定方式　确定中标人的权利归属于招标人，但这种权利受到很大限制。评标委员会负责评标工作，推荐1～3个中标候选人。招标人可自行或者授权评标委员会确定中标人。按照国家有关部门规章的规定，使用国有资金投资或者国家融资的工程建设勘察设计和货物招标项目、依法必须进行招标的工程建设施工招标项目、政府采购货物和服务招标项目、机电产品国际招标项目，招标人只能确定排名第一的中标候选人为中标人。若排名第一的中标候选人放弃中标、因不可抗力提出不能履行合同、招标文件规定应当提交履约保证金而在规定的期限内未能提交的，可以向后面排名的中标候选人顺延。

（2）中标人的确定时限和中标候选人公示　《评标委员会和评标方法暂行规定》规定，评标和定标应当在投标有效期内完成。不能在投标有效期内完成评标和定标的，招标人应当通知所有投标人延长投标有效期。拒绝延长投标有效期的投标人有权收回投标保证金。同意延长投标有效期的投标人应当相应延长其投标担保的有效期，但不得修改投标文件的实质性内容。因延长投标有效期造成投标人损失的，招标人应当给予补偿，但因不可抗力需延长投标有效期的除外。

为了进一步规范施工招标投标活动，建设部发布的《关于加强房屋建筑和市政基础设施工程项目施工招标投标行政监督工作的若干意见》要求，各地应当建立中标候选人的公示制度。采用公开招标的，在中标通知书发出前，要将预中标人的情况在该工程项目招标公告发布的同一信息网络和建设工程交易中心予以公示，公示的时间最短应当不少于2个工作日。对于拖延确定中标人、随意更换中标人、向中标人提出额外要求甚至无正当理由拒不与中标人签署合同的招标人，要依法予以处理。

3. 中标结果公示

为了体现招标投标中的公平、公正、公开原则，且便于社会的监督，确定中标人后，中标结果应当公示或者公告。对于工程建设项目，《关于加强房屋建筑和市政基础设施工程项目施工招标投标行政监督工作的若干意见》做出了具体要求。

4. 中标通知书

公示结束后，招标人应当向中标人发出中标通知书，告知中标人中标的结果。《招标投标法》规定，中标人确定后，招标人应当向中标人发出中标通知书，并同时将中标结果通知所有未中标的投标人。

5. 提交中标情况报告

《招标投标法》规定，依法必须进行招标的项目，招标人应当自确定中标人之日起 15 日内，向有关行政监督部门提交招标投标情况的书面报告。

《工程建设项目施工招标投标办法》进一步规定，依法必须进行施工招标的项目，招标人应当自发出中标通知书之日起 15 日内，向有关行政监督部门提交招标投标情况的书面报告。书面报告至少应包括下列内容：①招标范围；②招标方式和发布招标公告的媒介；③招标文件中投标人须知、技术条款、评标标准和方法、合同主要条款等内容；④评标委员会的组成和评标报告；⑤中标结果。

6.4 建筑市场的信用体系建设

6.4.1 建筑市场诚信行为要求

社会信用体系建设

建筑市场信用要求

目前，我国建筑市场中各方主体信用缺失的情况还比较普遍。某些建设单位不按工程建设程序办事，强行要求垫资承包，肢解工程发包，明招暗定，拖欠工程款；某些承包企业层层转包工程，在施工过程中偷工减料，导致质量和安全问题；某些监理、招标代理、造价咨询等中介机构办事不公正，扰乱了市场秩序。造成这些问题的原因很多，其中最主要的原因之一就是信用缺失，这不仅造成建筑市场混乱、经营成本浪费，也给企业和行业发展带来很大风险，影响了建筑行业的健康发展。因此，为维护建筑市场秩序，保障工程质量安全，相关的建设部门对建筑市场的诚信行为有了一定的要求。

2005 年，建设部在《关于加快推进建筑市场信用体系建设工作的意见》（以下简称《信用体系建设意见》）中提出了要同步推进政府对市场主体的守法诚信评价和社会中介信用机构开展的综合信用评价。

1. 政府对市场主体的守法诚信评价

《信用体系建设意见》中指出，要以政府对市场主体的守法诚信评价为重点。政府对市场主体的守法诚信评价是政府主导，以守法为基础，根据违法违规行为的行政处罚记录，对市场主体进行诚信评价。具体标准由住建部制定，内容包括对市场主体违反各类行政法律规定强制义务的行政处罚记录以及其他不良失信行为记录。

2. 社会中介信用机构开展的综合信用评价

《信用体系建设意见》中指出，要以政府对市场主体守法诚信评价为前提和基础，积极推进社会中介信用机构开展的综合信用评价。社会中介信用机构的综合评价是市场主导，以守法、守信（主要指经济信用，包括市场交易信用和合同履行信用）、守德（主要指道德、伦理信用）、综合实力（主要包括经营、资本、管理、技术等）为基础进行综合评价。具体评价指标由有关协会指导社会中介信用机构研究制定。

2011 年，住建部出台的《关于进一步加强建筑市场监管工作的意见》对建筑市场的诚信行为做了以下要求：

（1）落实建设单位责任，严格依法发包工程

1）不具备建设条件的项目一律不得发包。建设单位要严格遵守国家有关建设工程基本程序、工期、造价、质量、安全、节能与环境保护等方面的法律法规和强制性标准，依法进

行项目发包,不得以任何名义不履行法定建设程序或者擅自简化法定建设程序。建设工程发包应当具备以下条件:

①已经履行工程立项审批、核准或备案手续。

②发包人为法人或依法成立的其他组织。

③有满足工程发包所需的资料或文件。

④工程建设资金已经落实。

⑤法律法规规定的其他条件。

2)禁止设置不合理的招标条件。建设单位要严格依法进行工程招标,不得设置不合理条款排斥或限制潜在投标人,不得将所有制形式、企业注册地、过高的资质等级要求、特定地域业绩及奖项等设置为招标条件,严禁政府投资项目使用带资承包方式进行建设。

3)禁止肢解发包工程。

4)禁止建设单位指定工程分包单位。

(2)规范工程承包行为,严禁转包和违法分包

1)禁止转包工程。承包单位要严格履行合同约定的责任和义务,不得转包工程。工程勘察、设计、施工单位不履行合同约定的责任和义务,将其承包的全部建设工程转给他人或者以分包名义分别转给他人的;分包工程的发包单位未在施工现场设立项目管理机构、派驻项目经理及配备项目管理人员的,视为转包工程,有关部门要依法进行查处。

实行施工总承包的工程,施工总承包单位与施工总承包范围内分包工程的发包单位是两个独立法人单位的;主体工程使用的主要建筑材料或设备由分包单位购买或租赁的,有关部门应当依法进行查处。

2)禁止违法分包工程。承包单位要严格按照法律法规的规定进行工程分包。承包单位不得将承接工程的主体工程进行分包,分包单位不得将分包工程再分包。承包单位存在下列情形之一的视为违法分包,有关部门要依法进行查处:

①承包单位将建设工程分包给不具备相应资质条件的单位或个人的。

②承包合同中没有约定,又未经建设单位书面认可,承包单位将其承包的部分建设工程交由其他单位完成的。

③劳务企业将承包的劳务作业再分包的。

④法律法规规定的其他情形。

建筑工程设计单位将建筑专业的全部设计业务分包给其他单位的,建筑、结构、机电工程设计事务所将本专业的设计业务分包给其他单位的,其他专业工程设计单位将全部工艺设计业务分包给其他单位的,有关部门应当依法进行查处。

3. 加强合同管理,规范合同履约行为

1)规范合同订立。建设工程合同双方要在合同中明确约定承包范围、质量安全要求、工期、价款及支付方式、变更要求、验收与结算以及合同争议的解决方式等内容,避免因双方责任、权利、义务约定不明确造成合同纠纷。建设单位不得任意压低造价和压缩工期。合同双方要依据国家和建设项目所在地的有关规定,合理确定工程预付款、进度款的数额和支付方式,工程变更的调整方式,工程量清单错漏项的认定方式,人工及材料价格大幅变化所致风险的承担方式,竣工结算款的支付期限等。各地造价管理机构要依据市场实际价格情况及时发布建设工程造价信息,指导和推进合同双方规范工程计价行为。

2）推行合同备案制度。合同双方要按照有关规定，将合同报项目所在地建设主管部门备案。工程项目的规模标准、使用功能、结构形式、基础处理等方面发生重大变更的，合同双方要及时签订变更协议并报送原备案机关备案。在解决合同争议时，应当以备案合同为依据。

3）落实合同履约责任。合同双方应当按照合同约定，全面履行各自义务和责任，协商处理合同履行中出现的问题和争议。建设单位要及时跟踪工程质量安全、工程进展等情况，按时支付工程预付款、安全防护费、进度款和办理竣工结算，并督促承包单位落实质量安全防护措施。建设单位未按合同约定支付工程款，致使承包单位无法施工的，由建设单位承担工期延误的责任，并按照合同约定向承包单位赔偿经济损失。承包单位要按照合同约定认真履行工程质量、安全、工期等义务，按时支付劳务费和办理竣工结算。

4）建立合同履约风险防范机制。在工程建设项目特别是房地产开发项目中，要积极推行以业主工程款支付担保、承包商履约担保为主要内容的工程担保制度，完善相关措施，落实担保人担保后的监管责任，促进合同履约，防范和化解合同争议。要积极推行工程质量保险制度，防范和降低工程质量风险。

4. 加强施工现场管理，保障工程质量安全

1）强化施工总承包单位负责制。施工总承包单位对工程施工的质量、安全、工期、造价以及执行强制性标准等负总责。施工总承包单位的责任不因工程分包行为而转移。分包单位责任导致的工程质量安全事故，施工总承包单位承担连带责任。专业分包或劳务分包单位应当接受施工总承包单位的施工现场统一管理。建设单位依法直接发包的专业工程，建设单位、专业承包单位要与施工总承包单位签订施工现场统一管理协议，明确各方的责任、权利、义务。

2）健全施工现场管理制度。施工单位要制定工程项目现场管理办法并严格执行，配备与项目规模技术要求相适应的项目管理班子。项目经理与施工、技术、质量、安全、劳资等管理人员应为本企业人员且持有相应资格的上岗证书。施工单位要切实履行职责，定期对本单位和分包单位的现场管理人员和作业人员到位和持证上岗、质量安全保证体系、技术交底、教育培训等实施情况进行检查。

3）强化设计单位的现场设计服务。建设单位和设计单位要明确约定现场设计服务的内容及费用。设计单位要加强工程项目建设过程中的现场设计服务，在项目施工前应对审查合格的施工图文件向施工单位做出详细说明，并及时解决施工过程中与设计有关的问题。设计单位要对参加现场设计服务情况做出记录并予以保存。

4）严格履行监理单位职责。监理单位要严格依照法律法规以及有关技术标准、设计文件和建设工程承包合同实施监理，对建设工程的施工质量安全依法承担监理责任。监理单位要落实项目总监理工程师负责制，建立项目监理机构，配备足够的、专业配套的监理人员，严格按程序开展监理工作。监理工程师要按照工程监理规范的要求，采取旁站、巡视、平行检验等多种形式，及时到位地进行监督检查，对达不到规定要求的建筑材料、构配件、设备以及不符合要求的施工组织设计、施工方案不得签字放行。发现存在质量安全隐患的，应当要求施工单位整改；情况严重的，应当要求施工单位暂停施工，并及时报告建设单位。施工单位拒不整改或者不停止施工的，监理单位要及时向有关主管部门报告。

5）严格执行工程建设标准。建设工程的建设、勘察、设计、施工、监理、检测等单位要严格执行工程建设标准，督促从业人员认真掌握并严格执行相关工程建设标准。各地要加强对工程建设标准的培训和宣传，并将市场各方主体不执行工程建设强制性标准的情况及时在建筑市场诚信信息平台上公布。

6.4.2 建筑市场主体不良行为记录的认定标准

建设部《全国建筑市场各方主体不良行为记录认定标准》中，对涉及建筑市场最主要的责任主体，即建设、勘察、设计、施工、监理、招标代理、造价咨询、检测机构及施工图审查机构等单位的不良行为，制定了具体的认定标准。另外，《全国建筑市场注册执业人员不良行为记录认定标准》也对建筑市场涉及的注册执业人员包括注册建筑师、勘察设计注册工程师、建造师、监理工程师的不良行为制定了认定标准。这里的不良行为，是指违反相关法律、法规、部门规章，被实施行政处罚的不良行为。现对建设单位和施工单位不良行为记录的认定标准进行具体说明。

1. 建设单位不良行为记录的认定标准

建设单位不良行为记录认定标准分为以下四大类：

（1）建设程序中的不良行为记录

1）未取得资质等级证书或超越资质等级从事房地产开发经营的。

2）在报送的可行性研究报告中，未将招标范围、招标方式、招标组织形式等有关招标内容报项目审批部门核准的；不按核准内容进行招标的。

3）未取得建设工程规划许可证件或违反建设工程规划许可证件的规定进行建设的。

4）建设项目必须实行工程监理而未实行工程监理的。

5）未按照国家规定办理工程质量监督手续的。

6）施工图设计文件未经审查或者审查不合格，擅自施工的。

7）未取得施工许可证或者开工报告未经批准或者为规避办理施工许可证将工程项目分解后，擅自施工的；采用虚假证明文件骗取施工许可证的；伪造、涂改施工许可证的。

8）在工程竣工验收合格之日起15日内未办理工程竣工验收备案的；将备案机关决定重新组织竣工验收的工程，在重新组织竣工验收前，擅自使用的；采用虚假证明文件办理工程竣工验收备案的。

9）建设工程竣工验收后，建设单位未按规定移交建设项目档案的。

（2）招标发包中的不良行为记录

1）必须进行招标的项目而不进行招标的；将必须进行招标的项目化整为零或者以其他任何方式规避招标的。

2）不具备招标条件而进行招标的。

3）不具备自行办理施工招标事宜条件而自行招标的。

4）应当公开招标而不公开招标的；勘察、设计、货物擅自进行邀请招标或不招标的。

5）未在指定的媒介发布招标公告的。

6）自招标文件或资格预审文件出售之日起至停止出售之日止，少于5个工作日的。

7）在发布招标公告、发出投标邀请书或者售出招标文件或资格预审文件后终止招标的。

8）以不合理的条件限制或者排斥潜在投标人的，对潜在投标人实行歧视待遇的；强制要求投标人组成联合体共同投标的；或者限制投标人之间竞争的。

9）资格预审或者评标标准和方法含有排斥投标人的内容，妨碍或者限制投标人之间竞争的。

10）依法必须进行招标的项目向他人透露已获取招标文件的潜在投标人的名称、数量或者可能影响公平竞争的有关招标投标的其他情况的。

11）依法必须进行招标的项目泄露标底的。

12）依法必须招标的项目，自招标文件发出之日起开始至提交投标文件截止之日止，少于20日的。

13）在提交投标文件截止时间后接收投标文件的。

14）投标人数量不符合法定要求不重新招标的。

15）评标委员会的组建及人员组成不符合法定要求的。

16）不从依法组建的评标专家库中抽取专家的。

17）应当回避担任评标委员会成员的人参与评标的。

18）使用招标文件没有确定的评标标准和方法的。

19）在评标委员会依法推荐的中标候选人以外确定中标人的。

20）依法必须进行招标的项目在所有投标被评标委员会否决后自行确定中标人的。

21）依法必须进行招标的项目与投标人就投标价格、投标方案等实质性内容进行谈判的。

22）不按规定期限确定中标人的。

23）未向建设行政主管部门提交施工招标投标情况书面报告的。

24）中标通知书发出后改变中标结果的。

25）与中标人不按照招标文件和中标人的投标文件订立合同的；订立背离合同实质性内容的其他协议的。

26）擅自提高履约保证金或强制要求中标人垫资的。

27）无正当理由不与中标人签订合同的。

28）在签订合同时向中标人提出附加条件或者更改合同实质性内容的。

29）在工程发包中索贿、受贿的。

30）将工程发包给不具有相应资质等级的勘察、设计、施工单位或者委托给不具有相应资质等级的工程监理单位。

31）将拆除工程发包给不具有相应资质等级的施工单位的。

32）委托未取得相应资质的检测机构进行检测的。

33）将建设工程肢解发包的。

（3）涉及质量安全的不良行为记录

1）明示或暗示设计单位或施工单位违反工程强制性标准，降低建设工程质量的。

2）明示或暗示施工单位使用不合格的建筑材料、建筑构配件和设备的。

3）未按照建筑节能强制性标准委托设计，擅自修改节能设计文件，明示或暗示设计单位、施工单位违反建筑节能设计强制性标准，降低工程建设质量的。

4）对勘察设计、施工、监理等单位提出不符合安全生产法律、法规和强制性标准规定的要求的；要求施工单位压缩合同约定的工期的。

5）涉及建筑主体或者承重结构变动的装修工程，没有设计方案，擅自同意施工的。

6）明示或暗示检测机构出具虚假检测报告，篡改或伪造检测报告的；弄虚作假送检试样的。

7）建设单位未组织竣工验收，擅自交付使用的；验收不合格，擅自交付使用的；对不合格的建设工程按照合格工程验收的。

8）建设单位未提供或挪用建设工程安全作业环境及安全施工措施费用的。

（4）拖欠工程款　不按合同约定支付施工工程款及工程勘察、设计、监理、造价咨询、招标代理、检测试验等费用，或违规收取费用的。

2. 施工单位不良行为记录的认定标准

施工单位不良行为认定标准分为以下五大类：

（1）涉及资质的不良行为记录

1）未取得资质证书承揽工程或超越本单位资质等级承揽工程的。

2）以欺骗手段取得资质证书承揽工程的。

3）允许其他单位或个人以本单位名义承揽工程的。

4）未在规定期限内办理资质变更手续的。

5）涂改、伪造、出借、转让建筑企业资质证书的。

6）按照国家规定需要持证上岗的技术工种的作业人员未经培训、考核，未取得证书上岗，情节严重的。

（2）承揽业务中的不良行为记录

1）利用向发包单位及其工作人员行贿、提供回扣或者给予其他好处等不正当手段承揽工程的。

2）相互串通投标或者与招标人串通投标的；以向招标人或者评标委员会成员行贿的手段谋取中标的。

3）以他人名义投标或者以其他方式弄虚作假，骗取中标的。

4）不按照与招标人订立的合同履行义务，情节严重的。

5）将承包的工程转包或者违法分包的。

（3）涉及工程质量的不良行为记录

1）在施工中偷工减料的，使用不合格的建筑材料、建筑构配件和设备的，或者不按照工程设计图或者施工技术标准施工的。

2）未按照节能设计进行施工的。

3）未对建筑材料、建筑构配件、设备和商品混凝土进行检验，或者未对涉及结构安全的试块、试件以及有关材料取样检测的。

4）工程竣工验收后，未向建设单位出具质量保修书的，或质量保修的内容、期限违反规定的。

5）不履行保修义务或者拖延履行保修义务的。

（4）涉及工程安全的不良行为记录

1）主要负责人在本单位发生重大生产安全事故时，不立即组织抢救或者在事故调查处理期间擅离职守或者逃匿的；主要负责人对生产安全事故隐瞒不报、谎报或者拖延不报的。

2）对建筑安全事故隐患不采取措施予以消除的。

3）未设立安全生产管理机构、配备专职安全生产管理人员或者分部分项工程施工时无专职安全生产管理人员现场监督的。

4)主要负责人、项目负责人、专职安全生产管理人员、作业人员或者特种作业人员,未经安全教育培训或者经考核不合格即从事相关工作的。

5)未在施工现场的危险部位设置明显的安全警示标志,或者未按照国家有关规定在施工现场设置消防通道、消防水源、配备消防设施和灭火器材的。

6)未向作业人员提供安全防护用具和安全防护服装的。

7)未按照规定在施工起重机械和整体提升脚手架、模板等自升式架设设施验收合格后登记的。

8)使用国家明令淘汰、禁止使用的危及施工安全的工艺、设备、材料的。

9)违法挪用列入建设工程概算的安全生产作业环境及安全施工措施所需费用的。

10)施工前未对有关安全施工的技术要求做出详细说明的。

11)未根据不同施工阶段和周围环境及季节、气候的变化,在施工现场采取相应的安全施工措施,或者在城市市区内的建设工程的施工现场未实行封闭围挡的。

12)在尚未竣工的建筑物内设置员工集体宿舍的。

13)施工现场临时搭建的建筑物不符合安全使用要求的。

14)未对因建设工程施工可能造成损害的毗邻建筑物、构筑物和地下管线等采取专项防护措施的。

15)安全防护用具、机械设备、施工机具及配件在进入施工现场前未经查验或者查验不合格即投入使用的。

16)使用未经验收或者验收不合格的施工起重机械和整体提升脚手架、模板等自升式架设设施的。

17)委托不具有相应资质的单位承担施工现场安装、拆卸施工起重机械和整体提升脚手架、模板等自升式架设设施的。

18)在施工组织设计中未编制安全技术措施、施工现场临时用电方案或者专项施工方案的。

19)主要负责人、项目负责人未履行安全生产管理职责的,或不服管理、违反规章制度和操作规程冒险作业的。

20)施工单位取得资质证书后,降低安全生产条件的;或经整改仍未达到与其资质等级相适应的安全生产条件的。

21)取得安全生产许可证发生重大安全事故的。

22)未取得安全生产许可证擅自进行生产的。

23)安全生产许可证有效期满未办理延期手续,继续进行生产的,或逾期不办理延期手续,继续进行生产的。

24)转让安全生产许可证的;接受转让的;冒用或者使用伪造的安全生产许可证的。

(5)拖欠工程款或工人工资 恶意拖欠或克扣劳动者工资的。

6.5 本章小结

在我国建设工程领域,所有的建设工程项目基本是采用发包与承包的模式开展的。建设工程的发包与承包是建设工程领域不可分割的两个方面，两者从不同主体的视角对同一法律行为进行了描述。发包与承包也是建设工程合同订立不可或缺的过程。

1. 何谓建设工程的发包与承包？发包与承包的方式有哪些？
2. 现行的建设工程法律法规对建设工程的发包与承包有哪些重要的规定？
3. 承包单位承揽工程时应遵循哪些规定？
4. 《招标投标法》中规定哪些建设工程项目必须进行招标？
5. 《招标投标法》规定了哪些招标方式？
6. 投标人应满足哪些要求？投标文件应包括哪些内容？
7. 《招标投标法》对开标的时间、地点和参加人做了哪些规定？
8. 开标应当遵守哪些法律程序？
9. 评标委员会的组成有何规定？评标委员会的责任有哪些？
10. 中标人应满足哪些条件？中标通知书何时发出？其法律效力如何？
11. 工程项目施工的招标文件有哪些主要内容？
12. 建设建筑市场信用体系有何意义？
13. 如何认定建设单位或施工单位的不良行为？

第 7 章

建设工程监理

工程监理单位是指依法成立并取得建设主管部门颁发的工程监理企业资质证书,从事建设工程监理与相关服务活动的服务机构。

通过本章的学习,了解建设工程监理的性质和监理制度,掌握必须实施监理的建设工程,熟悉监理的工作,了解监理的法律责任。

■ 7.1 建设工程监理的法律制度

7.1.1 建设工程监理的法律规定

1. 建设工程监理的实质

1)建设工程监理是指具有相应资质的监理单位受工程项目建设单位的委托,依据国家有关工程建设的法律、法规,经建设主管部门批准的工程项目建设文件,签订监理委托合同,对工程建设实施专业化管理和监督。

2)实行建设工程监理制度的原因是由于社会分工和专业化,建设单位与施工单位之间客观上存在信息不对称,为了消除信息不对称和节约交易费用,监理单位作为职业化的社会中介咨询服务机构受建设单位的委托,代表建设单位对施工单位履行工程施工承发包合同进行专业化监督管理。建设单位与监理单位之间是一种委托代理关系,监理单位接受委托之后,建设单位把一部分工程项目建设的管理权力授予监理单位,这也是一种授权与被授权关系。权力一经授予,非经法定程序,不得解除和剥夺。

3)我国推行建设工程监理制度的目的是为了确保工程建设质量,提高工程建设水平,充分发挥投资效益。建设工程监理是一种特殊的工程建设活动,它与其他工程建设活动有着明显的区别。因此,建设工程监理具有服务性、独立性、公正性、科学性的特点。

4)工程建设施工的不确定性永存,风险不可回避,合同契约不可能十分完备,建设单位和施工单位出于各自的利益和立场,双方经常会或至少可能会对施工承发包合同条文的含义的理解和解释顺序、工程建设的实际建设状态的定性和定量以及质量、进度和价款的支付等事务产生争议,如果协商不成,事事都诉诸仲裁或司法手段,则双方都将耗费大量的人力、物力、财力和时间,而且官司胜负难以预料,风险太大,此时,双方事先赋予监理以准仲裁员的职能和权力,在甲、乙方之间产生争议的时候,监理代表公正、独立、自主的第三方进行调解和协调，不失为一种降低双方风险和节约交易费用的有效途径。

2. 必须实施监理的建设工程项目

《建设工程质量管理条例》中规定，下列建设工程必须实行监理：

1）国家重点建设项目。
2）大中型公用事业工程。
3）成片开发建设的住宅小区工程。
4）利用外国政府或者国际组织贷款、援助资金的工程。
5）国家规定必须实行监理的其他工程。

3. 监理告知

《建筑法》规定，实施建设工程监理前，建设单位应当将委托的建设工程监理企业、监理的内容及监理权限，书面通知被监理的建筑施工企业。

7.1.2 建设工程监理的法律责任

根据《建筑法》《工程建设监理规定》等相关规定，建设工程监理企业必须承担以下主要责任：

1）工程监理单位应当在其资质等级许可的监理范围内承担工程监理业务。

2）实行监理的工程监理单位必须由建设单位委托且具有相应的资质条件，建设单位与其委托的工程监理单位应订立书面监理合同。

3）建设工程监理应当依照法律、行政法规及有关的技术标准、设计文件和建设工程承包合同，对承包单位在施工质量、建设工期和建设资金使用等方面，代表建设单位实施监督管理。

4）工程监理单位不得转让工程监理业务。

5）工程监理单位不按照监理合同的约定履行监理义务，对应当监督检查的项目不检查或者不按照规定检查，给建设单位造成损失的，应当承担相应的赔偿责任。

6）工程监理单位与承包单位串通，为承包单位谋取非法利益，给建设单位造成损失的，应当与承包单位承担连带赔偿责任。

7）工程监理单位违反有关规定，有下列行为之一的，由建设行政主管部门给予警告、通告批评、责令停业整顿、降低资质等级、吊销资质证书的处罚，并可处以罚款：

①未经批准而擅自开展业务。
②超出批准的业务范围从事工程建设监理活动。
③转让监理业务。
④故意损害项目法人和承建商的利益。
⑤因工作失误造成重大事故。

7.2 建设工程监理的主要工作

建设工程监理的中心任务就是控制科学的规划所确定的工程项目的投资、进展、质量和安全目标。这四个目标是相互关联、相互制约的目标系统。

1. 监理工作原则

监理单位应按照"公正、独立、自主"的原则，开展建设工程监理工作，公平地维护项目法人和被监理单位的合法权益。

从事建设工程监理活动，应当遵循守法、诚信、公正、科学的准则。

2. 监理工作方法

建设工程监理一般应按下列程序进行：①编制工程建设监理规划；②按工程建设进度，分专业编制建设工程监理细则；③按照建设监理细则进行建设监理；④参与工程竣工预验收，签署建设监理意见；⑤建设监理业务完成后，向项目法人提交建设工程监理档案资料。

3. 监理工作关系

监理单位与建设单位之间是委托与被委托的合同关系；与施工单位是监理与被监理的关系。

工程监理人员认为工程施工不符合工程设计要求、施工技术标准和合同约定的，有权要求建筑施工企业改正。工程监理人员发现工程设计不符合建筑工程质量标准或者合同约定的质量要求的，应当报告建设单位要求设计单位改正。

工程监理单位与被监理工程的承包单位以及建筑材料、建筑构配件和设备供应单位不得有隶属关系或者其他利害关系。

7.3 本章小结

建设工程监理是指具有相应资质的工程监理企业，接受建设单位的委托，承担其项目管理工作，并代表建设单位对承建单位的建设行为进行监控的专业化服务活动。其特性主要表现为监理的服务性、科学性、独立性和公正性。推行建设工程监理制度的目的是确保工程建设质量和安全，提高工程建设水平，充分发挥投资效益。

廉政建设和诚信学术

 思考题

1. 必须实施建设工程监理的建设工程项目范围有哪些？
2. 工程监理单位应承担哪些责任？

第8章 工程运营相关合同

建设工程项目，标的大、履行时间长、协调关系多，签订合同尤为重要。因此，建筑市场中的各方主体，包括建设单位、勘察设计单位、施工单位、咨询单位、监理单位、材料设备供应单位等都要依靠合同确立相互之间的关系。

通过本章的学习，了解建设工程合同的形式、内容，熟悉建设工程施工合同示范文本的基本组成和作用；掌握劳动合同的基本要求，了解解除聘用的规定，熟悉劳动保护和劳动者享有保险的法律规定；熟悉建设工程保险的法律制度。

■ 8.1 建设工程合同

建设工程合同
案例学习

8.1.1 建设工程合同的内涵

《合同法》规定，建设工程合同是承包人进行工程建设，发包人支付价款的合同。建设工程合同包括工程勘察、设计、施工合同。

8.1.2 建设工程合同的形式和内容

1. 建设工程合同的形式

《合同法》规定，当事人订立合同，有书面形式、口头形式和其他形式。法律、行政法规规定采用书面形式的，应当采用书面形式。当事人约定采用书面形式的，应当采用书面形式。《合同法》明确规定，建设工程合同应当采用书面形式。

书面形式合同的内容明确，有据可查，对于防止和解决争议有积极意义。口头形式合同具有直接、简便、快速的特点，但缺乏凭证，一旦发生争议，难以取证，且不易分清责任。其他形式合同，可以根据当事人的行为或者特定情形推定合同的成立，也可以称之为默示合同。

2. 建设工程合同的内容

合同的内容，即合同当事人的权利、义务，除法律规定的以外，主要由合同的条款确定。

建设工程合同可分为建设工程勘察合同、建设工程设计合同和建设工程施工合同；其中，建设工程施工合同是建设工程合同中的重要部分。

（1）施工合同的内容　《合同法》规定，施工合同的内容包括工程范围、建设工期、中间交工工程的开工和竣工时间、工程质量、工程造价、技术资料交付时间、材料和设备供应责任、拨款和结算、竣工验收、质量保修范围和质量保证期、双方相互协作条款等。

1）工程范围。工程范围是指施工的界区，是施工人进行施工的工作范围。

2）建设工期。建设工期是指施工人员完成施工任务的期限。在实践中，有的发包人常常要求缩短工期，施工人员为了赶进度，往往导致严重的工程质量问题。因此，为了保证工程质量，双方当事人应当在施工合同中确定合理的建设工期。

3）中间交工工程的开工和竣工时间。中间交工工程是指施工过程中的阶段性工程。为了保证工程各阶段的交接，顺利完成工程建设，当事人应当明确中间交工工程的开工和竣工时间。

4）工程质量。工程质量条款是明确施工要求，确定施工人员责任的依据。施工人员必须按照工程设计图和施工技术标准施工，不得擅自修改工程设计，不得偷工减料。发包人也不得明示或者暗示施工人员违反工程建设强制性标准，降低建设工程质量。

5）工程造价。工程造价是指进行工程建设所需的全部费用，包括人工费、材料费、施工机械使用费、措施费等。在实践中，有的发包人为了获得更多的利益，往往压低工程造价，而施工人员为了盈利或不亏本，不得不偷工减料、以次充好，结果导致工程质量不合格，甚至造成严重的工程质量事故。因此，为了保证工程质量，双方当事人应当合理确定工程造价。

6）技术资料交付时间。技术资料主要是指勘察、设计文件以及其他施工人员据以施工所必需的基础资料。当事人应当在施工合同中明确技术资料的交付时间。

7）材料和设备供应责任。材料和设备供应责任是指由哪一方当事人提供工程所需材料设备及其应承担的责任。材料和设备可以由发包人负责提供，也可以由施工人员负责采购。如果按照合同约定由发包人负责采购建筑材料、构配件和设备的，发包人应当保证建筑材料、构配件和设备符合设计文件和合同要求。施工人员则须按照工程设计要求、施工技术标准和合同约定，对建筑材料、构配件和设备进行检验。

8）拨款和结算。拨款是指工程款的拨付。结算是指施工人员按照合同约定和已完工程量向发包人办理工程款的清算。拨款和结算条款是施工人员请求发包人支付工程款和报酬的依据。

9）竣工验收。竣工验收条款一般应当包括验收范围与内容、验收标准与依据、验收人员组成、验收方式和日期等内容。

10）质量保修范围和质量保证期。建设工程质量保修范围和质量保证期应当按照《建设工程质量管理条例》的规定执行。

《建设工程质量管理条例》规定，在正常使用条件下，建设工程的最低保修期限如下：

①基础设施工程、房屋建筑的地基基础工程和主体结构工程，为设计文件规定的该工程的合理使用年限。

②屋面防水工程、有防水要求的卫生间、房间和外墙面的防渗漏，为5年。

③供热与供冷系统，为2个采暖期、供冷期。

④电气管线、给排水管道、设备安装和装修工程，为2年。

其他项目的保修期限由发包人与承包人约定。

11）双方相互协作条款。双方相互协作条款一般包括双方当事人在施工前的准备工作，施工人及时向发包人提出开工通知书、施工进度报告书,对发包人的监督检查提供必要协助等。

(2) 勘察合同的内容　勘察合同指的是委托人与承包人完成土木工程地理、地质状况的调查研究工作而达成的协议。勘察工作是一项专业性很强的工作,所以,建设单位一般都要把勘察工作委托给专门的地质工程单位,我国法律对委托从事地质勘察工作的地质工作单位有明确、严格的要求。勘察合同就是反映并调整建设单位与受委托地质工程单位之间关系的文件。

勘察合同的内容与施工合同相比相对简单,主要内容包括以下方面:
1) 当事人条款。
2) 工程名称和范围。
3) 勘察要求,包括勘察人的勘察范围、进度以及质量等。
4) 发包人提供必要的勘察资料、技术要求及期限。
5) 勘察费用的取费标准和支付办法。
6) 违约责任及索赔条款等。

(3) 设计合同的内容　我国法律规定,能够委托从事设计工作的,必须是获得国家或省级建设行政主管部门颁发的设计资质证书的法人组织。在订立设计合同时,建设单位应向设计承包人提供上级部门批准的立项或初步设计文件。双方当事人达成协议,合同即告成立。

设计合同的主要内容有:
1) 当事人条款。
2) 工程名称和范围。
3) 设计要求,包括设计人的设计范围、进度以及质量等。
4) 发包人提供必要的设计资料、技术要求及期限。
5) 设计费用的取费标准和支付办法。
6) 违约责任及索赔条款等。

8.1.3　建设工程合同的工期和价款

1. 建设工程工期

住建部、国家工商行政管理总局(以下简称国家工商总局)发布的《建设工程施工合同(示范文本)》规定,工期是指发包人和承包人在协议书中约定,按总日历天数(包括法定节假日)计算的承包天数。

开工及开工日期、暂停施工、工期顺延、竣工日期等,直接决定了工期天数。

(1) 开工及开工日期　开工日期是指发包人、承包人在协议书中约定,承包人开始施工的绝对或相对日期。承包人应当按照协议书约定的开工日期开工。承包人不能按时开工的,应当在不迟于协议书约定的开工日期前7天,以书面形式向工程师提出延期开工的理由和要求。工程师应当在接到延期开工申请后的48小时内以书面形式答复承包人。工程师在接到延期开工申请后48小时内不答复的,视为同意承包人要求,工期相应顺延。工程师不同意延期要求或承包人未在规定时间内提出延期开工要求的,工期不予顺延。

因发包人原因不能按照协议书约定的开工日期开工的,工程师应以书面形式通知承包人推迟开工日期。发包人赔偿承包人因延期开工造成的损失,并相应顺延工期。

(2) 暂停施工　工程师认为确有必要暂停施工时,应当以书面形式要求承包人暂停施工,并在提出要求后 48 小时内提出书面处理意见。承包人应当按工程师要求停止施工,并妥善保护已完工程。承包人实施工程师做出的处理意见后,可以书面形式提出复工要求,工程师应当在 48 小时内给予答复。工程师未能在规定时间内提出处理意见,或收到承包人复工要求后 48 小时内未予答复的,承包人可自行复工。

因发包人原因造成停工的,由发包人承担所发生的追加合同价款,赔偿承包人由此造成的损失,相应顺延工期。因承包人原因造成停工的,由承包人承担发生的费用,工期不予顺延。

(3) 工期顺延　以下原因造成工程延误,经工程师确认,工期相应顺延:
1) 发包人未能按专用条款的约定提供图纸及施工条件。
2) 发包人未能按约定日期支付工程预付款、进度款,致使施工不能正常进行。
3) 工程师未按合同约定提供所需指令、批准等,致使施工不能正常地进行。
4) 设计变更和工程量增加。
5) 一周内非承包人原因停水、停电、停气造成停工累计超过 8 小时。
6) 不可抗力。
7) 专用条款中约定或工程师同意工期顺延的其他情况。

承包人在工期可以顺延的情况发生后 14 天内,就延误的工期以书面形式向工程师提出报告。工程师在收到报告后 14 天内予以确认,逾期不予确认也不提出修改意见的,视为同意顺延工期。

(4) 竣工日期　竣工日期是指发包人、承包人在协议书中约定,承包人完成承包范围内工程的绝对或相对日期。

承包人必须按照协议书约定的竣工日期或工程师同意顺延的工期竣工。因承包人原因不能按照协议书约定的竣工日期或工程师同意顺延的工期竣工的,承包人承担违约责任。施工中发包人如需提前竣工,双方协商一致后应签订提前竣工协议,作为合同文件组成部分。提前竣工协议应包括承包人为保证工程质量和安全采取的措施、发包人为提前竣工提供的条件以及提前竣工所需的追加合同价款等内容。

《最高人民法院关于审理建设工程施工合同纠纷案件适用法律问题的解释》规定,当事人对建设工程实际竣工日期有争议的,按照以下情形分别处理:
1) 建设工程经竣工验收合格的,以竣工验收合格之日为竣工日期。
2) 承包人已经提交竣工验收报告,发包人拖延验收的,以承包人提交验收报告之日为竣工日期。
3) 建设工程未经竣工验收,发包人擅自使用的,以转移占有建设工程之日为竣工日期。

2. 建设工程合同价款

招标工程的合同价款由发包人、承包人依据中标通知书中的中标价格在协议书内约定。非招标工程的合同价款由发包人、承包人依据工程预算书在协议书内约定。合同价款在协议书内约定后,任何一方不得擅自改变。

合同价款的确定方式有固定价格合同、可调价格合同、成本加酬金合同,双方可在专用条款内约定采用其中一种。

（1）合同价款约定的方式

1）固定价格合同。双方在专用条款内约定合同价款包含的风险范围和风险费用的计算方法，在约定的风险范围内合同价款不再调整。风险范围以外的合同价款调整方法，应当在专用条款内约定。

2）可调价格合同。合同价款可根据双方的约定而调整，双方在专用条款内约定合同价款调整方法。

3）成本加酬金合同。合同价款包括成本和酬金两部分，双方在专用条款内约定成本构成和酬金的计算方法。

实行工程量清单计价的工程，宜采用固定单价（单价合同），即合同约定的工程价款中所包含的工程量清单项目综合单价在约定的条件内是固定的，不予调整，工程量允许调整，工程量清单项目约定单价在约定的条件外，允许调整，但调整的方式、方法应在合同中约定。工程量清单计价的工程也可以采用固定总价（总价合同），但是在该种情况下工程量清单中的工程量不允许调整，工程量以合同图纸的标示内容为准，工程量以外的其他内容一般均赋予合同约束力（可调整），以方便合同变更的计量和计价。

（2）合同价款约定的内容　建设工程合同价款约定的内容主要包括以下几项：

1）预付款。预付工程款的数额、支付时间及抵扣方式。

2）进度款。工程计量与支付工程进度款的方式、数额及时间。

3）调整。工程发生变更时，工程价款的调整方法、索赔方式、时限要求及金额支付方式。

4）解决方法。发生工程价款纠纷的解决方法。

5）风险。承担风险的内容、范围以及超出约定内容、范围的调整办法。

6）结算。工程竣工价款的结算编制与核对，支付方式、数额及时间。

7）质量保证金。工程质量保证（保修）金的数额、预扣方式及时间。

8）保险。安全措施和意外伤害保险费用。

9）工期。工期及工期提前或延后的奖惩办法。

10）担保。与履行合同、支付价款相关的担保事项。

（3）建设工程价款的支付　在工程款的支付方面，通常可分为四个阶段，即预付款、进度款、结算款和退还质量保证金。工程预付款、进度款的支付及退还质量保证金可以按照合同约定进行。工程竣工结算价款的支付程序一般为：

1）承包人向发包人递交竣工结算报告及完整的结算资料。

2）发包人对承包人的竣工结算报告及结算资料进行审核。

3）发包人确认竣工结算报告后通知经办银行向承包人支付工程结算价款。

4）发包人、承包人对工程竣工结算价款发生争议时，按照合同约定的争议解决条款处理。

8.1.4　建设工程合同的示范文本

为了规范和指导合同当事人双方的行为，国际工程界许多著名组织［如 FIDIC（国际咨询工程师联合会）、AIA（美国建筑师学会）、AGC（美国总承包商会）、ICA（英国土木工程师学会)、世界银行等]都编制了指导性的合同示范文本,规定了合同双方的一般权利和义务,对引导和规范建设行为起到了非常重要的作用。

我国建设行政主管部门和工商行政管理部门也相继制定了《建设工程勘察合同(示范文本)》《建设工程设计合同示范文本(专业建设工程)》《建设工程设计合同示范文本(房屋建筑工程)》《建设工程监理合同(示范文本)》《建设工程施工合同(示范文本)》《建设工程施工专业分包合同(示范文本)》《建设工程施工劳务分包合同(示范文本)》《建设项目工程总承包合同示范文本(试行)》。

1. 合同示范文本的法律地位

合同示范文本对当事人订立合同起着参考作用,但不要求当事人必须采用合同示范文本,即合同的成立与生效同当事人是否采用合同示范文本无直接关系。合同示范文本具有引导性、参考性,并无法律强制性。

2. 合同示范文本的积极作用

合同示范文本是针对当事人缺乏订立合同的经验和必要的法律常识,由有关部门和行业协会制定的指导性文件。示范文本的作用是提示当事人在订立合同时更好地明确各自的权利义务,对防止合同纠纷起到了积极的作用。

8.1.5 建设工程施工合同文本

2017年9月22日,住建部和国家工商总局联合颁布了《建设工程施工合同(示范文本)》(GF—2017—0201),并自2017年10月1日起执行。这次修订的《建设工程施工合同(示范文本)》更好地体现了对建设工程合同当事人签约行为的指导作用,更好地维护了合同当事人的合法权益。

该示范文本为非强制性使用文本,适用于房屋建筑工程、土木工程、线路管道和设备安装工程、装修工程等建设工程的施工承发包活动,合同当事人可结合建设工程具体情况,根据《建设工程施工合同(示范文本)》订立合同,并按照法律法规规定和合同约定承担相应的法律责任及合同权利义务。

1. 施工合同文本的组成

施工合同文本一般都由以下三部分组成:协议书、通用条款和专用条款。

通用条款和专用条款是根据《建筑法》《合同法》等法律、行政法规规定及建设工程施工的需要订立的,具有较强的普遍性和通用性,是通用于各类建设工程施工的基础性合同条款。发包人与承包人结合具体工程,经协商一致,可对通用条款进行补充或修改,在专用条款内约定。合同履行中是否执行通用条款要看专用条款的约定。如果专用条款没有对通用条款的某一条款做出修改,则执行通用条款,否则按修改后的专用条款执行。在工程招标中,通用条款作为招标文件的一部分提供给投标人。无论是否执行通用条款,通用条款都应作为合同的一个组成部分予以保留,不应只把协议书和专用条款作为全部合同内容。

2. 构成施工合同文件的其他部分

构成施工合同文件的组成部分,除了协议书、通用条款和专用条款以外,一般还应包括中标通知书、投标书及其附件、有关的标准、规范及技术文件、施工图、工程量清单、工程报价单或预算书等。

3. 施工合同文件的优先顺序

作为施工合同文件组成部分的上述各个文件，其优先顺序是不同的，解释合同文件优先顺序的规定一般在合同通用条款内，可以根据项目的具体情况在专用条款内进行调整。原则上应把文件签署日期在后的和内容重要的排列在前面，即更加优先。以下是合同通用条款规定的优先顺序：

1）协议书。

2）中标通知书。

3）投标书及其附件。

4）专用合同条款。

5）通用合同条款。

6）有关的标准、规范及技术文件。

7）施工图。

8）工程量清单。

9）工程报价单或预算书等。

发包人在编制招标文件时，可以根据具体情况规定优先顺序。

4. 各种施工合同文本的内容

1）词语定义与解释。

2）合同双方的一般权利和义务，包括代表业主利益进行监督管理的监理人员的权力和职责。

3）工程施工的进度控制。

4）工程施工的质量控制。

5）工程施工的费用控制。

6）施工合同的监督与管理。

7）工程施工的信息管理。

8）工程施工的组织与协调。

9）施工安全管理与风险管理等。

5. 施工承包合同中发包人的责任与义务

1）提供具备施工条件的施工现场和施工用地。

2）提供其他施工条件，包括施工所需水、电、通信线路从施工场地外部接至专用条款约定地点，保证施工期间的需要；开工施工场地与城乡公共道路的通道，以及专用条款约定的施工场地内的主要道路，满足施工运输的需要，保证施工期间的畅通。

3）提供有关水文地质勘探资料和地下管线资料，提供现场测量基准点、基准线和水准点及有关资料，以书面形式交给承包人，并进行现场交验，提供施工图等其他与合同工程有关的资料。

4）办理施工许可证及其他施工所需证件、批件和临时用地、停水、停电、中断道路交通等申请批准手续。

5）组织承包人和设计单位进行图纸会审和设计交底。

6）按合同规定支付合同价款、及时向承包人提供所需指令、主持和组织工程的验收。

6. 施工承包合同中承包人的责任与义务

1）根据发包人委托，在其资质等级和业务允许的范围内完成施工，经工程师确认后使用，发包人承担由此发生的费用。

2）按合同要求的质量完成施工任务。

3）按合同要求的工期完成并交付工程。

4）按专用条款约定的数量和要求，向发包人提供施工场地办公和生活的房屋及设施，发包人承担由此发生的费用。

5）遵守政府有关主管部门对施工场地交通、施工噪声以及环境保护和安全生产等管理规定，按规定办理有关手续，并以书面形式通知发包人，发包人承担由此发生的费用，因承包人责任造成的罚款除外。

6）负责保修期内的工程维修。

7）接受发包人、工程师或其代表的指令。

8）负责工地安全，看管进场材料、设备和未交工工程。

9）负责对分包的管理，并对分包人的行为负责。

10）按专用条款约定做好施工场地地下管线和邻近建筑物、构筑物（包括文物保护建筑）、古树名木的保护工作。

11）安全施工，保证施工人员的安全和健康。

12）保持现场整洁。

13）按时参加各种检查和验收。

7. 进度控制的主要条款内容

1）合同工期的约定。

2）进度计划。承包人应按合同专用条款约定的日期，将施工组织设计和工程进度计划提交工程师，工程师按专用条款约定的时间予以确认或提出修改意见（但并不免除承包人对施工组织设计和进度计划本身的缺陷应承担的责任）。

3）工程师对进度计划的检查和监督。开工后，承包人必须按照工程确认的进度计划组织施工，接受工程师对进度计划的检查和监督。检查和监督的依据一般是双方已经确认的月度计划。

工程实际进度与经过确认的进度计划不符时，承包人应按照工程师的要求提出改进措施，经过工程师确认后执行。但是，对于因承包人自身的原因导致实际进度与计划进度不符时，所有的后果应由承包人自行承担，承包人无权就改进措施追加合同价款，工程师也不对改进措施的效果负责。

4）暂停施工。

5）竣工验收。

8. 质量控制的主要条款内容

在施工过程中，承包人要随时接受工程师对材料、设备、中间部位、隐蔽工程和竣工工程等质量的检查、验收与监督。

9. 费用控制的主要条款内容

费用控制的主要条款内容包括施工合同价款、工程预付款、工程进度款、变更价款的确定、竣工结算和质量保证金。

8.2 劳动合同

劳动合同是在经济体制下，用人单位与劳动者进行双向选择、确定劳动关系、明确双方权利与义务，是保护劳动者合法权益、构建和发展和谐稳定的劳动关系的基本依据。

劳动关系，即劳动者与用人单位在实现劳动过程中建立的社会经济关系。由于存在着劳动关系，劳动者和用人单位都要受劳动法律的约束与规范。

8.2.1 劳动合同的类型和订立

1. 劳动合同的类型

根据《劳动合同法》第十二条的规定，劳动合同分为固定期限劳动合同、无固定期限劳动合同和以完成一定工作任务为期限的劳动合同。

（1）劳动合同期限　劳动合同期限是指劳动合同起始至终止之间的时间，是劳动关系当事人双方享有权利和履行义务的时间，也是劳动合同具有法律约束力的时段。它一般始于合同的生效之日，终于合同的终止之时。

在现代化社会中，劳动时间被认为是衡量劳动效率和成果的一种标准。劳动合同期限由用人单位和劳动者协商确定，是劳动合同的一项重要内容，有着十分重要的作用。无论劳动者与用人单位建立何种期限的劳动关系，都需要双方将该期限合同的方式确认下来，否则就不能保证劳动合同内容的实现，劳动关系将处于一个不确定状态。劳动合同期限是劳动合同存在的前提条件。

（2）固定期限劳动合同　固定期限劳动合同是指用人单位与劳动者约定合同终止时间的劳动合同。具体是指劳动合同双方当事人在劳动合同中明确规定了合同效力的起始和终止时间。劳动合同期限届满，劳动关系即告终止。劳动合同的固定期限可以是较短的时间，如1年、2年，也可以是较长的时间，如5年、10年，甚至更长的时间。不管时间长短，劳动合同的起始和终止日期都是固定的。具体期限由当事人双方根据工作需要和实际情况确定。但是，超过两次签订固定期限劳动合同，在劳动者没有《劳动合同法》第三十九条和第四十条第（一）、（二）项规定的情形，且劳动者本人又没有提出订立固定期限劳动合同的，用人单位应当与劳动者签订无固定期限劳动合同。

（3）无固定期限劳动合同　无固定期限劳动合同是指用人单位与劳动者约定无确定终止时间的劳动合同。无确定终止时间是指劳动合同没有一个确切的终止时间，但并不是没有终止时间。只要没有出现法律规定的条件或者双方约定的条件，双方当事人就要继续履行劳动合同规定的义务。而一旦出现法律规定的情形，无固定期限劳动合同也同样能够解除。

用人单位与劳动者协商一致，可以订立无固定期限劳动合同。有下列情形之一，劳动者提出或者同意续订、订立劳动合同的，除劳动者提出订立固定期限劳动合同外，应当订立无固定期限劳动合同：

1）劳动者在该用人单位连续工作满10年的。

2）用人单位初次实行劳动合同制度或者国有企业改制重新订立劳动合同时，劳动者在该用人单位连续工作满10年且距法定退休年龄不足10年的。

3）连续订立两次固定期限劳动合同，且劳动者没有《劳动合同法》第三十九条和第四十条第（一）、（二）项规定的情形，续订劳动合同的。

需要注意的是，用人单位自用工之日起满1年不与劳动者订立书面劳动合同的，视为用人单位与劳动者已订立无固定期限劳动合同。

（4）以完成一定工作任务为期限的劳动合同　以完成一定工作任务为期限的劳动合同是指用人单位与劳动者约定以某项工作的完成为合同期限的劳动合同。

2. 劳动合同的订立

（1）劳动合同订立的基本原则　订立劳动合同，应当遵循合法、公平、平等自愿、协商一致、诚实信用的原则。用人单位招用劳动者，不得要求劳动者提供担保或者以其他名义向劳动者收取财物，不得扣押劳动者的居民身份证或其他证件。

（2）劳动合同订立的注意事项

1）建立劳动关系即应订立劳动合同。用人单位自用工之日起即与劳动者建立劳动关系。《劳动合同法》第十条规定："建立劳动关系，应当订立书面劳动合同。已建立劳动关系，未同时订立书面劳动合同的，应当自用工之日起1个月内订立书面劳动合同。用人单位与劳动者在用工前订立劳动合同的，劳动关系自用工之日起建立。"

按照《劳动合同法》的规定，除了非全日制用工（即以小时计酬为主，劳动者在同一用人单位一般平均每日工作不超过4小时，每周工作时间累计不超过24小时的用工形式）可以订立口头协议，建立劳动关系应当订立书面劳动合同。如果没有订立书面合同，则不订立书面合同的一方将要承担相应的法律后果。劳动合同文本由用人单位和劳动者各执1份。

2）劳动报酬和使用期。劳动合同对劳动报酬和劳动条件等标准约定不明确，引发争议的，用人单位与劳动者可以重新协商；协商不成的，适用集体合同规定；没有集体合同或者集体合同未规定劳动报酬的，实行同工同酬；没有集体合同或者集体合同未规定劳动条件等标准的，适用国家有关规定。

劳动合同期限3个月以上不满1年的，试用期不得超过1个月；劳动合同期限1年以上不满3年的，试用期不得超过2个月；3年以上固定期限和无固定期限的劳动合同，试用期不得超过6个月。同一用人单位与同一劳动者只能约定1次试用期。以完成一定工作任务为期限的劳动合同或者劳动合同期限不满3个月的，不得约定试用期。试用期包含在劳动合同期限内。劳动合同仅约定试用期的，试用期不成立，该期限为劳动合同期限。

劳动者在试用期的工资不得低于本单位相同岗位最低档工资或者劳动合同约定工资的80%，并不得低于用人单位所在地的最低工资标准。在试用期中，除劳动者有《劳动合同法》第三十九条和第四十条第（一）、（二）项规定的情形外，用人单位不得解除劳动合同。用人单位在试用期解除劳动合同的，应当向劳动者说明理由。

3）劳动合同的生效与无效。劳动合同由用人单位与劳动者协商一致，并经用人单位与劳动者在劳动合同文本上签字或者盖章生效。

下列劳动合同无效或者部分无效：①以欺诈、胁迫的手段或者乘人之危，使对方在违背真实意思的情况下订立或者变更劳动合同的；②用人单位免除自己的法定责任、排除劳动者权利的；③违反法律、行政法规强制性规定的。对劳动合同的无效或者部分无效有争议的，由劳动争议仲裁机构或者人民法院确认。

8.2.2 劳动合同的履行、变更和终止

1. 劳动合同的履行和变更

（1）劳动合同的履行　劳动合同一经依法订立便具有法律效力。用人单位与劳动者应当按照劳动合同的约定，全面履行各自的义务。当事人双方不能擅自变更合同，不能只履行部分义务，更不能任意不履行合同或解除合同。

用人单位应当按照劳动合同约定和国家规定，向劳动者及时足额支付劳动报酬。劳动报酬是指劳动者为用人单位提供劳动而获得的各种报酬，通常包括以下三个部分：

1）货币工资，包括各种工资、奖金、津贴、补贴等。

2）实物报酬，即用人单位以免费或低于成本价提供给劳动者的各种物品和服务等。

3）社会保险，即用人单位为劳动者支付的医疗、失业、养老、工伤等保险。

用人单位拖欠或者未足额支付劳动报酬的，劳动者可以依法向当地人民法院申请支付令，人民法院应当依法发出支付令。

用人单位应当严格执行劳动定额标准，不得强迫或者变相强迫劳动者加班。用人单位安排加班的，应当按照国家有关规定向劳动者支付加班费。

劳动者拒绝用人单位管理人员违章指挥、强令冒险作业的，不视为违反劳动合同。劳动者对危害生命安全和身体健康的劳动条件，有权对用人单位提出批评、检举和控告。

用人单位变更名称、法定代表人、主要负责人或者投资人等事项，不影响劳动合同的履行。

用人单位发生合并或者分立等情况，原劳动合同继续有效，劳动合同由承继其权利和义务的用人单位继续履行。

（2）劳动合同的变更　用人单位与劳动者协商一致，可以变更劳动合同约定的内容。变更劳动合同，应当采用书面形式。变更后的劳动合同文本由用人单位和劳动者各执1份。

2. 劳动合同的解除和终止

（1）劳动合同的解除　劳动合同的解除是指当事人双方提前终止劳动合同、解除双方权利义务关系的法律行为。劳动合同的终止是指劳动合同期满或者出现法定情形以及当事人约定的情形而导致劳动合同的效力消灭，劳动合同即行终止。

1）用人单位可以单方面解除劳动合同的规定。《劳动合同法》第三十九规定，劳动者有下列情形之一的，用人单位可以解除劳动合同：

①在试用期间被证明不符合录用条件的。

②严重违反用人单位的规章制度的。

③严重失职，营私舞弊，给用人单位造成重大损害的。

④劳动者同时与其他用人单位建立劳动关系，对完成本单位的工作任务造成严重影响，或者经用人单位提出，拒不改正的。

⑤因《劳动合同法》第二十六条第一款第一项规定的情形致使劳动合同无效的。

⑥被依法追究刑事责任的。

2）劳动者可以单方面解除劳动合同的规定。《劳动合同法》第三十八条规定，用人单位有下列情形之一的，劳动者可以解除劳动合同：

①未按照劳动合同约定提供劳动保护或者劳动条件的。

②未及时足额支付劳动报酬的。

③未依法为劳动者缴纳社会保险费的。

④用人单位的规章制度违反法律、法规的规定，损害劳动者权益的。

⑤因《劳动合同法》第二十六条第一款规定的情形致使劳动合同无效的。

⑥法律、行政法规规定劳动者可以解除劳动合同的其他情形。

用人单位以暴力、威胁或者非法限制人身自由的手段强迫劳动者劳动的，或者用人单位违章指挥、强令冒险作业危及劳动者人身安全的，劳动者可以立即解除劳动合同，不需要事先告知用人单位。

3）《劳动合同法》第四十条规定：有下列情形之一的，用人单位提前30日以书面形式通知劳动者本人或者额外支付劳动者1个月工资后，可以解除劳动合同：

①劳动者患病或者非因工负伤，在规定的医疗期满后不能从事原工作，也不能从事由用人单位另行安排的工作的。

②劳动者不能胜任工作，经过培训或者调整工作岗位，仍不能胜任工作的。

③劳动合同订立时所依据的客观情况发生重大变化，致使劳动合同无法履行，经用人单位与劳动者协商，未能就变更劳动合同内容达成协议的。

4）用人单位不得解除劳动合同的规定。为了保护特殊群体劳动者的权利，《劳动合同法》第四十二条规定，劳动者有下列情形之一的，用人单位不得依照《劳动合同法》第四十条、第四十一条的规定解除劳动合同：

①从事接触职业病危害作业的劳动者未进行离岗前职业健康检查，或者疑似职业病病人在诊断或者医学观察期间的。

②在本单位患职业病或者因工负伤并被确认丧失或者部分丧失劳动能力的。

③患病或者非因工负伤，在规定的医疗期内的。

④女职工在孕期、产期、哺乳期的。

⑤在本单位连续工作满15年，且距法定退休年龄不足5年的。

⑥法律、行政法规规定的其他情形。

(2) 劳动合同的终止　《劳动合同法》第四十四条规定，有下列情形之一的，劳动合同终止：

1）劳动合同期满的。

2）劳动者开始依法享受基本养老保险待遇的。

3）劳动者死亡，或者被人民法院宣告死亡或者宣告失踪的。

4）用人单位被依法宣告破产的。

5）用人单位被吊销营业执照、责令关闭、撤销或者用人单位决定提前解散的。

6）法律、行政法规规定的其他情形。

劳动合同期满，有《劳动合同法》第四十二条规定情形之一的，劳动合同应当续延至相应的情形消失时终止。但是，《劳动合同法》第四十二条第二项规定丧失或者部分丧失劳动能力劳动者的劳动合同的终止，按照国家有关工伤保险的规定执行。

《工伤保险条例》第三十五、三十六、三十七条的规定如下：

1）职工因工致残被鉴定为一级至四级伤残的，保留劳动关系，退出工作岗位。

2）职工因工致残被鉴定为五级、六级伤残的，经工伤职工本人提出，该职工可以与用人单位解除或者终止劳动关系，由工伤保险基金支付一次性工伤医疗补助金，由用人单位支付一次性伤残就业补助金。一次性工伤医疗补助金和一次性伤残就业补助金的具体标准由省、自治区、直辖市人民政府规定。

3）职工因工致残被鉴定为七级至十级伤残的，劳动、聘用合同期满终止，或者职工本人提出解除劳动、聘用合同的，由工伤保险基金支付一次性工伤医疗补助金，由用人单位支付一次性伤残就业补助金。一次性工伤医疗补助金和一次性伤残就业补助金的具体标准由省、自治区、直辖市人民政府规定。

8.2.3 劳动保护和保险

《劳动法》对劳动者的工作时间、休息休假、工资、劳动安全卫生、女职工和未成年工特殊保护、社会保险和福利等做出了规定。

1. 劳动者的工作时间和休息休假

《劳动法》规定，国家实行劳动者每日工作时间不超过 8 小时、平均每周工作时间不超过 44 小时的工时制度。对实行计件工作的劳动者，用人单位应当根据《劳动法》第三十六条规定的工时制度合理确定其劳动定额和计件报酬标准。用人单位应当保证劳动者每周至少休息一日。企业因生产特点不能实行《劳动法》第三十六、三十八条规定的，经劳动行政部门批准，可以实行其他工作和休息办法。

《劳动法》第四十条规定，用人单位在下列节日期间应当依法安排劳动者休假：①元旦；②春节；③国际劳动节；④国庆节；⑤法律、法规规定的其他休假节日。

《劳动法》第四十一条规定，用人单位由于生产经营需要，经与工会和劳动者协商后可以延长工作时间，一般每日不得超过 1 小时；因特殊原因需要延长工作时间的，在保障劳动者身体健康的条件下延长工作时间每日不得超过 3 小时，但是每月不得超过 36 小时。

有下列情形之一的，延长工作时间不受《劳动法》第四十一条规定的限制：

①发生自然灾害、事故或者因其他原因，威胁劳动者生命健康和财产安全，需要紧急处理的。

②生产设备、交通运输线路、公共设施发生故障，影响生产和公众利益，必须及时抢修的。

③法律、行政法规规定的其他情形。

用人单位不得违反《劳动法》规定延长劳动者的工作时间。《劳动法》第四十四条规定：有下列情形之一的，用人单位应当按照下列标准支付高于劳动者正常工作时间工资的工资报酬：

①安排劳动者延长工作时间的，支付不低于工资的 150% 的工资报酬。

②休息日安排劳动者工作又不能安排补休的，支付不低于工资的 200% 的工资报酬。

③法定休假日安排劳动者工作的，支付不低于工资的 300% 的工资报酬。

劳动者连续工作 1 年以上的，享受带薪年休假。具体办法由国务院规定。

2. 劳动者工资

工资是指用人单位依据国家有关规定和劳动关系双方的约定，以货币形式支付给劳动者的劳动报酬，如计时工资、计件工资、奖金和津贴等。

《劳动法》规定，工资分配应当遵循按劳分配原则，实行同工同酬。工资水平在经济发展的基础上逐步提高。国家对工资总量实行宏观调控。用人单位根据本单位的生产经营特点和经济效益，依法自主确定本单位的工资分配方式和工资水平。

工资应当以货币形式按月支付给劳动者本人。不得克扣或者无故拖欠劳动者的工资。劳动者在法定休假日和婚丧假期间以及依法参加社会活动期间，用人单位应当依法支付工资。

国家实行最低工资保障制度。最低工资的具体标准由省、自治区、直辖市人民政府规定，报国务院备案。用人单位支付劳动者的工资不得低于当地最低工资标准。

3. 劳动安全卫生制度

《劳动法》规定，用人单位必须建立、健全劳动安全卫生制度，严格执行国家劳动安全卫生规程和标准，对劳动者进行劳动安全卫生教育，防止劳动过程中的事故，减少职业危害。

劳动安全卫生制度

劳动安全卫生设施必须符合国家规定的标准。新建、改建、扩建工程的劳动安全卫生设施必须与主体工程同时设计、同时施工、同时投入生产和使用。用人单位必须为劳动者提供符合国家规定的劳动安全卫生条件和必要的劳动防护用品，对从事有职业危害作业的劳动者应当定期进行健康检查。

从事特种作业的劳动者必须经过专门培训并取得特种作业资格。劳动者在劳动过程中必须严格遵守安全操作规程。劳动者对用人单位管理人员违章指挥、强令冒险作业，有权拒绝执行；对危害生命安全和身体健康的行为，有权提出批评、检举和控告。

4. 女职工和未成年工的特殊保护

《劳动法》规定，禁止安排女职工从事矿山井下、国家规定的第四级体力劳动强度的劳动和其他禁忌从事的劳动。不得安排女职工在经期从事高处、低温、冷水作业和国家规定的第三级体力劳动强度的劳动。不得安排女职工在怀孕期间从事国家规定的第三级体力劳动强度的劳动和孕期禁忌从事的活动。对怀孕 7 个月以上的女职工，不得安排其延长工作时间和夜班劳动。女职工生育享受不少于 90 天的产假。不得安排女职工在哺乳未满 1 周岁的婴儿期间从事国家规定的第三级体力劳动强度的劳动和哺乳期禁忌从事的其他劳动，不得安排其延长工作时间和夜班劳动。

当代大学生的合同保护意识

未成年工的特殊保护是针对未成年工处于生长发育期的特点，以及接受义务教育的需要，采取的特殊劳动保护措施。未成年工是指年满 16 周岁未满 18 周岁的劳动者。

《劳动法》规定，不得安排未成年工从事矿山井下、有毒有害、国家规定的第四级体力劳动强度的劳动和其他禁忌从事的劳动。用人单位应当对未成年工定期进行健康检查。

5. 劳动者的社会保险

《社会保险法》第二条规定，国家建立基本养老保险、基本医疗保险、工伤保险、失业保险、生育保险等社会保险制度，保障公民在年老、疾病、工伤、失业、生育等情况下依法从国家和社会获得物质帮助的权利。

（1）基本养老保险　职工应当参加基本养老保险，由用人单位和职工共同缴纳基本养老保险费。无雇工的个体工商户、未在用人单位参加基本养老保险的非全日制从业人员以及其他灵活就业人员可以参加基本养老保险，由个人缴纳基本养老保险费。公务员和参照《中华人民共和国公务员法》管理的工作人员养老保险的办法由国务院规定。

用人单位应当按照国家规定的本单位职工工资总额的比例缴纳基本养老保险费，记入基本养老保险统筹基金。职工应当按照国家规定的本人工资的比例缴纳基本养老保险费，记入个人账户。

1）基本养老金的组成。基本养老金由统筹养老金和个人账户养老金组成。基本养老金根据个人累计缴费年限、缴费工资、当地职工平均工资、个人账户金额、城镇人口平均预期寿命等因素确定。

2）基本养老金的领取。参加基本养老保险的个人，达到法定退休年龄时累计缴费满15年的，按月领取基本养老金。参加基本养老保险的个人，达到法定退休年龄时累计缴费不足15年的，可以缴费至满15年，按月领取基本养老金；也可以转入新型农村社会养老保险或者城镇居民社会养老保险，按照国务院规定享受相应的养老保险待遇。

参加基本养老保险的个人，因病或者非因工死亡的，其遗属可以领取丧葬补助金和抚恤金；在未达到法定退休年龄时因病或者非因工致残完全丧失劳动能力的，可以领取病残津贴。所需资金从基本养老保险基金中支付。

个人跨统筹地区就业的，其基本养老保险关系随本人转移，缴费年限累计计算。个人达到法定退休年龄时，基本养老金分段计算、统一支付。具体办法由国务院规定。

（2）基本医疗保险 职工应当参加职工基本医疗保险，由用人单位和职工按照国家规定共同缴纳基本医疗保险费。无雇工的个体工商户、未在用人单位参加职工基本医疗保险的非全日制从业人员以及其他灵活就业人员可以参加职工基本医疗保险。

参加职工基本医疗保险的个人，达到法定退休年龄时累计缴费达到国家规定年限的，退休后不再缴纳基本医疗保险费，按照国家规定享受基本医疗保险待遇；未达到国家规定年限的，可以缴费至国家规定年限。

符合基本医疗保险药品目录、诊疗项目、医疗服务设施标准以及急诊、抢救的医疗费用，按照国家规定从基本医疗保险基金中支付。

参保人员医疗费用中应当由基本医疗保险基金支付的部分，由社会保险经办机构与医疗机构、药品经营单位直接结算。

下列医疗费用不纳入基本医疗保险基金支付范围：

1）应当从工伤保险基金中支付的。
2）应当由第三人负担的。
3）应当由公共卫生负担的。
4）在境外就医的。

个人跨统筹地区就业的，其基本医疗保险关系随本人转移，缴费年限累计计算。

（3）工伤保险 职工应当参加工伤保险，由用人单位缴纳工伤保险费，职工不缴纳工伤保险费。

1）工伤保险费率。国家根据不同行业的工伤风险程度确定行业的差别费率，并根据使用工伤保险基金、工伤发生率等情况在每个行业内确定费率档次。行业差别费率和行业内费率档次由国务院社会保险行政部门制定，报国务院批准后公布施行。社会保险经办机构根据用人单位使用工伤保险基金、工伤发生率和所属行业费率档次等情况，确定用人单位缴费费率。用人单位应当按照本单位职工工资总额，根据社会保险经办机构确定的费率缴纳工伤保险费。

2）工伤认定。职工因工作原因受到事故伤害或者患职业病，且经工伤认定的，享受工伤保险待遇；其中，经劳动能力鉴定丧失劳动能力的，享受伤残待遇。工伤认定和劳动能力鉴定应当简捷、方便。

职工因下列情形之一导致本人在工作中伤亡的，不认定为工伤：①故意犯罪；②醉酒或者吸毒；③自残或者自杀；④法律、行政法规规定的其他情形。

3）工伤保险的支付。因工伤发生的下列费用，按照国家规定从工伤保险基金中支付：

①治疗工伤的医疗费用和康复费用。

②住院伙食补助费。

③到统筹地区以外就医的交通食宿费。

④安装配置伤残辅助器具所需费用。

⑤生活不能自理的，经劳动能力鉴定委员会确认的生活护理费。

⑥一次性伤残补助金和一至四级伤残职工按月领取的伤残津贴。

⑦终止或者解除劳动合同时，应当享受的一次性医疗补助金。

⑧因工死亡的，其遗属领取的丧葬补助金、供养亲属抚恤金和因工死亡补助金。

⑨劳动能力鉴定费。

因工伤发生的下列费用，按照国家规定由用人单位支付：

①治疗工伤期间的工资福利。

②五级、六级伤残职工按月领取的伤残津贴。

③终止或者解除劳动合同时，应当享受的一次性伤残就业补助金。

4）停止享受工伤保险待遇的规定。工伤职工有下列情形之一的，停止享受工伤保险待遇：

①丧失享受待遇条件的。

②拒不接受劳动能力鉴定的。

③拒绝治疗的。

（4）失业保险　《社会保险法》规定，职工应当参加失业保险，由用人单位和职工按照国家规定共同缴纳失业保险费。

1）失业保险金的领取。失业人员符合下列条件的，从失业保险基金中领取失业保险金：

①失业前用人单位和本人已经缴纳失业保险费满1年的。

②非因本人意愿中断就业的。

③已经进行失业登记，并有求职要求的。

失业人员失业前用人单位和本人累计缴费满1年不足5年的，领取失业保险金的期限最长为12个月；累计缴费满5年不足10年的，领取失业保险金的期限最长为18个月；累计缴费10年以上的，领取失业保险金的期限最长为24个月。重新就业后，再次失业的，缴费时间重新计算，领取失业保险金的期限与前次失业应当领取而尚未领取失业保险金的期限合并计算，最长不超过24个月。

失业保险金的标准，由省、自治区、直辖市人民政府确定，不得低于城市居民最低生活保障标准。

失业人员在领取失业保险金期间，参加职工基本医疗保险，享受基本医疗保险待遇。失业人员应当缴纳的基本医疗保险费从失业保险基金中支付，个人不缴纳基本医疗保险费。失业人员在领取失业保险金期间死亡的，参照当地对在职职工死亡的规定，向其遗属发给一次性丧葬补助金和抚恤金。所需资金从失业保险基金中支付。个人死亡同时符合领取基本养老保险丧葬补助金、工伤保险丧葬补助金和失业保险丧葬补助金条件的，其遗属只能选择领取其中的一项。

2）办理领取失业保险金的程序。用人单位应当及时为失业人员出具终止或者解除劳动关系的证明，并将失业人员的名单自终止或者解除劳动关系之日起15日内告知社会保险经办机构。

失业人员应当持本单位为其出具的终止或者解除劳动关系的证明，及时到指定的公共就业服务机构办理失业登记。失业人员凭失业登记证明和个人身份证明，到社会保险经办机构办理领取失业保险金的手续。失业保险金领取期限自办理失业登记之日起计算。

3）停止享受失业保险待遇的规定。失业人员在领取失业保险金期间有下列情形之一的，停止领取失业保险金，并同时停止享受其他失业保险待遇：①重新就业的；②应征服兵役的；③移居境外的；④享受基本养老保险待遇的；⑤无正当理由，拒不接受当地人民政府指定部门或者机构介绍的适当工作或者提供的培训的。

（5）生育保险　《社会保险法》规定，职工应当参加生育保险，由用人单位按照国家规定缴纳生育保险费，职工不缴纳生育保险费。用人单位已经缴纳生育保险费的，其职工享受生育保险待遇；职工未就业配偶按照国家规定享受生育医疗费用待遇。所需资金从生育保险基金中支付。

1）生育保险待遇包括生育医疗费用和生育津贴。生育医疗费用包括下列各项：
①生育的医疗费用。
②计划生育的医疗费用。
③法律、法规规定的其他项目费用。

2）职工有下列情形之一的，可以按照国家规定享受生育津贴：
①女职工生育享受产假。
②享受计划生育手术休假。
③法律、法规规定的其他情形。

生育津贴按照职工所在用人单位上年度职工月平均工资计发。

8.3　保险合同

8.3.1　保险合同的法律规定

1. 保险的法律概念

《保险法》规定，保险是指投保人根据合同约定，向保险人支付保险费，保险人对于合同约定的可能发生的事故因其发生所造成的财产损失承担赔偿保险金责任，或者当被保险人死亡、伤残、疾病或者达到合同约定的年龄、期限等条件时承担给付保险金责任的商业保险行为。

2. 保险合同

保险合同是投保人与保险人约定保险权利义务关系的协议。投保人是指与保险人订立保险合同，并按照合同约定负有支付保险费义务的人。保险人是指与投保人订立保险合同，并按照合同约定承担赔偿或者给付保险金责任的保险公司。保险合同一般是以保险单的形式订立。保险合同分为人身保险合同和财产保险合同。

1）人身保险合同。人身保险合同是以人的寿命和身体为保险标的的保险合同。投保人对下列人员具有保险利益：①本人、配偶、子女、父母；②前项以外与投保人有抚养、赡养或者扶养关系的家庭其他成员、近亲属；③与投保人有劳动关系的劳动者。投保人应向保险人如实申报被保险人的年龄、身体状况。投保人于合同成立后，可以向保险人一次支付全部保险费，也可以按照合同规定分期支付保险费。人身保险的受益人由被保险人或者投保人指定。保险人对人身保险的保险费，不得用诉讼方式要求投保人支付。

2）财产保险合同。财产保险合同是以财产及其有关利益为保险标的的保险合同。保险事故发生时，被保险人对保险标的不具有保险利益的，不得向保险人请求赔偿保险金。

保险标的转让的，保险标的的受让人承继被保险人的权利和义务。保险标的转让的，被保险人或者受让人应当及时通知保险人，但货物运输保险合同和另有约定的合同除外。

因保险标的的转让导致危险程度显著增加的，保险人自收到通知之日起30日内，可以按照合同约定增加保险费或者解除合同。保险人解除合同的，应当将已收取的保险费，按照合同约定扣除自保险责任开始之日起至合同解除之日止应收的部分后，退还投保人。

在合同有效期内，保险标的的危险程度显著增加的，被保险人应当按照合同约定及时通知保险人，保险人可以按照合同约定增加保险费或者解除合同。保险人解除合同的，应当将已收取的保险费，按照合同约定扣除自保险责任开始之日起至合同解除之日止应收的部分后，退还投保人。

8.3.2 保险合同的成立要素和成立条件

1. 保险合同的成立要素

（1）保险合同的主体　保险合同的主体是指在合同中享有权利、承担义务的人，包括保险人、投保人、被保险人和受益人。

1）保险人。保险人又称承保人，是指保险业务的经营人，是保险合同的一方当事人。保险人享有收取保险费的权利，同时约定当发生保险事故时，承担损失赔偿或给付保险金的责任。我国保险人是指与投保人订立保险合同，并承担赔偿或者给付保险金责任的保险公司。

2）投保人。投保人又称要保人，是指与保险人订立保险合同，并按照保险合同负有支付保险费义务的人。投保人应当具有相应的民事权利能力和行为能力。投保人必须对保险标的具有保险利益。投保人必须承担支付保险费的义务。

3）被保险人。被保险人是指其财产或人身受保险合同保障，享有保险金请求权的人。

4）受益人。受益人是指人身保险合同中由被保险人或投保人指定的享有保险金请求权的人，即为指定领受保险金的人，故又称保险金受领人。受益人应具备两个条件：①享有保险金请求权；②由投保人或被保险人所指定或约定并在合同中注明。

（2）保险合同的客体　保险合同的客体为保险利益。保险利益是指投保人对保险标的所具有的法律上承认的利益。保险合同的客体就是投保人对保险标的所具有的保险利益，是合同当事人权利和义务所共同指向的对象。保险合同的客体是与保险标的联系在一起的，但并不是保险标的本身。保险合同双方当事人订约的目的是为了实现保险经济保障，即在约定条件下因保险事故发生酿成保险标的的损害或损失，保险人予以补偿或给付。这种保险保障并非再创造一个相同的标的，而是恢复投保人遭受保险事故前的经济价值水平。

（3）保险合同的内容　保险合同的内容，即保险条款，是指规定保险双方当事人的权利和义务及其他有关事项的文字条文，是当事人双方履行合同义务、承担法律责任的依据，分为基本条款、附加条款和保证条款。

2. 保险合同的成立要件

保险合同是一项民事行为，而且是一项合同行为，因而，保险合同不仅受《保险法》的调整，还应当受《民法通则》和《合同法》的调整，所以，保险合同的成立一定要符合民事法律行为的要件和合同的成立要件。

保险合同的注意事项

我国《合同法》第十三条规定："当事人订立合同，采取要约、承诺的方式。"我国《保险法》第十三条规定："投保人提出保险要求，经保险人同意承保，保险合同成立。"依照这一规定，保险合同的一般成立要件有：①投保人提出保险要求；②保险人同意承保；③保险人与投保人就合同的条款达成协议。这三个要件，实质上仍是《合同法》所规定的要约和承诺过程。因此，保险合同原则上应当在当事人通过要约和承诺的方式达成意思一致时即告成立。

8.4　本章小结

合同是平等主体的自然人、法人、其他组织之间设立、变更、终止民事权利义务关系的协议。建筑市场中的各方主体，包括建设单位、勘察设计单位、施工单位、咨询单位、监理单位、材料设备供应单位等都要依靠合同确立相互之间的关系。本章介绍的工程运营相关合同主要包括建设工程合同、劳动合同和保险合同。

 思考题

1. 建设工程合同有哪些种类？
2. 劳动合同的订立一般应具备哪些条款？
3. 有关用人单位和劳动者在解除劳动合同关系时的法律规定有哪些？
4. 保险合同的成立要件有哪些？

第3篇 工程管理

第 9 章

安全生产管理

　　安全生产管理就是针对人们在安全生产过程中的安全问题，运用有效的资源，发挥人们的智慧，通过人们的努力，进行有关决策、计划、组织和控制等活动，实现生产过程中人与机器设备、物料、环境的和谐，达到安全生产的目标。

　　通过本章的学习，掌握安全生产的方针和法律制度，熟悉生产经营单位的安全生产保障措施和从业人员的安全生产权利与义务；掌握建设工程安全生产管理的基本制度要求，熟悉建设工程相关企业的安全生产责任，了解生产安全事故的应急救援和调查处理的方法；掌握安全生产许可证的取证条件，了解违反安全生产法律规定的责任。

■ 9.1 安全生产许可制度

9.1.1 安全生产许可证的申请条件与程序

安全生产管理
案例学习

　　安全生产许可证是企业进行生产、施工等必须具备的证件，是资格的象征。安全生产许可证和企业资质紧密联系在一起，当企业办理资质许可证时，需要有安全生产许可证方可领取。安全生产许可证与企业资质是有机统一的整体。

1. 建筑施工企业申请安全生产许可证的办法

1）建筑施工企业应当向省市级以上建设主管部门申请领取。

2）中央管理的建筑施工企业（集团公司、总公司），应当向国务院建设主管部门申请领取。

2. 申请条件

企业取得安全生产许可证应当具备下列安全生产条件：

1）建立、健全安全生产责任制，制定完备的安全生产规章制度和操作规程。

2）安全投入符合安全生产要求。

3）设置安全生产管理机构，配备专职安全生产管理人员。

4）主要负责人和安全生产管理人员经考核合格。

5）特种作业人员经有关业务主管部门考核合格，取得特种作业操作资格证书。

6）从业人员经安全生产教育和培训合格。

7）依法参加工伤保险，为从业人员缴纳保险费。

8）厂房、作业场所和安全设施、设备、工艺符合有关安全生产法律、法规、标准和规程的要求。

9）有职业危害防治措施，并为从业人员配备符合国家标准或者行业标准的劳动防护用品。

10）依法进行安全评价。

11）有重大危险源检测、评估、监控措施和应急预案。

12）有生产安全事故应急救援预案、应急救援组织或者应急救援人员，配备必要的应急救援器材、设备。

13）法律、法规规定的其他条件。

3. 申请程序

1）在企业进行生产前，应当向安全生产许可证颁发管理机关申请领取安全生产许可证，并提供上述13项相关文件、资料。

2）安全生产许可证颁发管理机关应当自收到申请之日起45日内审查完毕，经审查符合《安全生产许可证条例》规定的安全生产条件的，颁发安全生产许可证。

3）不符合《安全生产许可证条例》规定的安全生产条件的，不予颁发安全生产许可证，书面通知企业并说明理由。

9.1.2 安全生产许可证的有效期与变更规定

安全生产许可证由国务院安全生产监督管理部门规定统一的式样。

1. 安全生产许可证的有效期

安全生产许可证的有效期为3年。安全生产许可证有效期满需要延期的，企业应当于期满前3个月向原安全生产许可证颁发管理机关办理延期手续。

企业在安全生产许可证有效期内，严格遵守有关安全生产的法律法规，未发生死亡事故的，安全生产许可证有效期届满时，经原安全生产许可证颁发管理机关同意不再审查，安全生产许可证有效期延期3年。

安全生产许可证有效期满未办理延期手续，继续进行生产的，责令停止生产，限期补办延期手续，没收违法所得，并处5万元以上10万元以下的罚款。

2. 安全生产许可证的变更、注销与补办

1）变更。施工企业变更名称、地址、法定代表人等需变更安全生产许可证，应当在变更发生日起10日内，到原安全生产许可证颁发管理机关办理安全生产许可证变更手续。

2）注销。施工企业破产、倒闭、撤销的，应当将安全生产许可证交回原安全生产许可证颁发管理机关予以注销。

3）补办。施工企业遗失安全生产许可证的，应当向原安全生产许可证颁发管理机关报告，并在公共媒体上声明作废，方可申请补办。

9.1.3 安全生产许可证的管理与监察

1. 管理主体

国务院建设主管部门负责中央管理的建筑施工企业安全生产许可证的颁发和管理。省、自治区、直辖市人民政府建设主管部门负责本行政区域内上述规定以外的建筑施工企业安全生产许可证的颁发和管理，并接受国务院建设主管部门的指导和监督。

2. 安全生产许可证颁发管理机关的管理工作

1）安全生产许可证颁发管理机关应当建立、健全安全生产许可证档案管理制度。

2）每年向同级安全生产监督管理部门通报其安全生产许可证颁发和管理情况。

3）定期向社会公布企业取得安全生产许可证的情况。

4）加强对取得安全生产许可证的企业的监督检查，发现其不再具备《安全生产许可证条例》规定的安全生产条件的，应当暂扣或者吊销安全生产许可证。

5）国务院安全生产监督管理部门和省、自治区、直辖市人民政府安全生产监督管理部门对企业取得安全生产许可证的情况进行监督。

3. 施工企业的管理工作

1）企业不得转让、冒用安全生产许可证或者使用伪造的安全生产许可证。

2）企业取得安全生产许可证后，不得降低安全生产条件，并应加强日常安全生产管理，接受安全生产许可证颁发管理机关的监督检查。

3）及时办理安全生产许可证有效期的延期、变更或注销的相关手续。

4. 国家监察机关的监督管理

监察机关依照《行政监察法》的规定，对安全生产许可证颁发管理机关及其工作人员履行《安全生产许可证条例》规定的职责实施监察。

5. 其他单位与个人的监督管理

任何单位或者个人对违反《安全生产许可证条例》规定的行为，有权向安全生产许可证颁发管理机关或者监察机关等有关部门举报。

9.1.4 违反《安全生产许可证条例》的法律责任

1. 安全生产许可证颁发管理机关工作人员的法律责任

安全生产许可证颁发管理机关工作人员有下列行为之一的，给予降级或者撤职的行政处分；构成犯罪的，依法追究刑事责任。

1）向不符合《安全生产许可证条例》规定的安全生产条件的企业颁发安全生产许可证的。

2）发现企业未依法取得安全生产许可证擅自从事生产活动，不依法处理的。

3）发现取得安全生产许可证的企业不再具备《安全生产许可证条例》规定的安全生产条件，不依法处理的。

4）接到对违反《安全生产许可证条例》规定行为的举报后，不及时处理的。

5）在安全生产许可证颁发、管理和监督检查工作中，索取或者接受企业的财物，或者谋取其他利益的。

2. 施工企业违规使用安全生产许可证的法律责任

企业不得转让、冒用安全生产许可证或者使用伪造的安全生产许可证。

1）转让安全生产许可证的，没收违法所得，处10万元以上50万元以下的罚款，并吊销其安全生产许可证，构成犯罪的，依法追究刑事责任。

2）接受转让的，处10万元以上50万元以下的罚款，造成重大事故或者其他严重后果，构成犯罪的，依法追究刑事责任。

3）冒用安全生产许可证的，处10万元以上50万元以下的罚款，造成重大事故或者其他严重后果，构成犯罪的，依法追究刑事责任。

4）使用伪造的安全生产许可证的，处 10 万元以上 50 万元以下的罚款，造成重大事故或者其他严重后果，构成犯罪的，依法追究刑事责任。

5）安全生产许可证有效期满未办理延期手续，继续进行生产的，责令停止生产，限期补办延期手续，没收违法所得，并处 5 万元以上 10 万元以下的罚款。

6）企业未取得安全生产许可证擅自进行生产的，责令停止生产，没收违法所得，并处 10 万元以上 50 万元以下的罚款；造成重大事故或者其他严重后果，构成犯罪的，依法追究刑事责任。

7）企业隐瞒有关情况或者提供虚假材料申请安全生产许可证的，不予受理或不予颁发安全生产许可证，并予以警告，1 年内不得申请安全生产许可证。

8）企业以欺骗、贿赂等不正当手段取得安全生产许可证的，撤销安全生产许可证，3 年内不得申请安全生产许可证。

9.2 安全生产管理制度

9.2.1 安全生产管理制度的主要内容

1. 安全生产的内容

施工现场安全管理的内容大体可归纳为安全组织管理、场地与设施管理、行为控制管理和安全技术管理四个方面，分别对生产中的人、物、环境的行为与状态，进行具体的管理与控制。为了有效地将生产因素的状态控制好，实施安全管理的过程中，必须正确处理五种关系，满足六项基本管理要求。企业全体管理人员和职工要正确处理如下五种关系：

（1）安全与危险并存 安全与危险在同一事物的运动中是相互对立的，相互依赖而存在。因为有危险，才要进行安全管理，以防止危险。安全与危险并非是等量并存、和平相处的。随着事物的运动变化，安全与危险每时每刻都在变化着，进行着此消彼长的斗争。事物的状态将向斗争的胜方倾斜。可见，在事物的运动中不会存在绝对的安全或危险。

保持生产的安全状态必须采取多种措施，以预防为主，危险因素是完全可以控制的。危险因素是客观存在于事物运动之中的，自然是可知的，也是可控的。

（2）安全与生产的统一 生产是人类社会存在和发展的基础。如果在生产过程中人、物、环境都处于危险状态，则生产将无法顺利进行。因此，安全是生产的客观要求，当生产完全停止时，安全也就失去了意义。就生产的目的性来说，组织好安全生产就是对国家、人民和社会最大的负责。

生产有了安全保障才能持续、稳定发展。生产活动中事故层出不穷，生产势必陷于混乱，甚至瘫痪状态。当生产与安全发生矛盾，危及职工生命或国家财产时，生产活动停下来整治、消除危险因素以后，生产形势会变得更好。

（3）安全与质量的交融 从广义上看，质量包含安全工作质量，安全概念也包含着质量，它们相互作用，互为因果。安全第一，质量第一，两个第一并不矛盾。安全第一是从保护生产因素的角度提出的，而质量第一则是从关心产品成果的角度强调的。安全为质量服务，质量需要安全保证。在生产过程中，丢掉哪一头都要陷于失控状态。

（4）安全与速度的相互保障　生产上的蛮干、不按规程操作，在侥幸中求快，一旦酿成事故，非但无速度可言，反而会延误工期。速度应以安全作为保障，安全就是速度。我们应追求安全加速度，竭力避免安全减速度。安全与速度成正比例关系。一味强调速度，置安全于不顾的做法是极其有害的。当速度与安全发生矛盾时，暂时减缓速度，保证安全才是正确的做法。

（5）安全与效益的兼顾　安全技术措施的实施，一定会改善劳动条件，调动职工的积极性，焕发劳动热情，带来经济效益，足以使原来的投入得以补偿。从这个意义上说，安全与效益完全是一致的，安全促进了效益的增长。

在安全管理中，投入要适度、适当，精打细算，统筹安排。既要保证安全生产，又要经济合理，还要考虑力所能及。单纯为了省钱而忽视安全生产或单纯追求不惜资金的盲目高标准，都不可取。

2. 安全生产管理要求

（1）必须贯彻"预防为主"的方针　安全生产的方针是"安全第一、预防为主"，"安全第一"是从保护生产力的角度和高度出发，在生产范围内肯定安全在生产活动中的位置和重要性。进行安全管理不是处理事故，而是在生产活动中，针对生产的特点，对生产因素采取管理措施，有效地控制不安全因素的发展与扩大，把可能发生的事故，消灭在萌芽状态，以保证生产活动中人的安全与健康。

六项基本管理要求

贯彻"预防为主"的方针，首先要提高安全生产中的认识，端正态度。在安排与布置生产任务时，针对生产中可能出现的危险因素，采取措施消除隐患是最佳选择。在生产活动过程中，经常检查、及时发现不安全因素，采取措施，明确责任，尽快并坚决予以消除，是安全管理应有的鲜明态度。

（2）坚持"管生产同时管安全"的原则　安全寓于生产之中，并对生产发挥促进与保证作用。因此，安全与生产虽有时会出现矛盾，但安全、生产管理的目标、目的表现出高度的一致和完全的统一。

安全管理是生产管理的重要组成部分，安全与生产在实施过程中，存在着密切的联系，存在着进行共同管理的基础。

《国务院关于进一步加强企业安全生产工作的通知》中明确指出："强化生产过程管理的领导责任"。管生产的同时必须管安全，不仅是对各级领导干部明确安全管理责任，也向一切与生产有关的机构、人员，明确了业务范围内的安全管理责任。由此可见，一切与生产有关的机构、人员，都必须参与安全管理并在管理中承担责任。认为安全管理只是安全部门的事务，是一种片面的、错误的认识。

建立安全生产责任制度，落实各级人员管理责任，是"管生产同时必须管安全"的具体体现。

（3）坚持安全生产管理的目的性　安全生产管理是对生产中的人、物、环境因素状态的管理，有效控制人的不安全行为和物的不安全状态，消除或避免事故，达到保护劳动者的人身安全与职业健康的根本目的。

如果没有明确安全生产的目的，安全生产管理就是一种盲目行为。盲目的安全生产管理，充其量只能算作花架子，劳民伤财，危险因素依然存在。在一定条件下甚至使劳动者的人身安全与职业健康的状况向更为严重的方向发展转化。

（4）坚持"四全"动态管理　"四全"体现为以下四方面：

1）全员：安全生产管理不是少数人和安全机构的事，而是一切与生产有关的全体人员共同的事。缺乏全员的参与，安全生产管理就无法取得良好的管理效果。当然，这并非否定安全管理第一责任人和安全机构的作用。生产组织者在安全管理中的作用固然重要，全员性参与管理也十分重要。

2）全方位：安全生产管理涉及生产活动的方方面面，涉及室内的管理工作与室外的施工作业，就项目而言，安全还涉及前期的选址、设计以及运行维护等过程；涉及外部如政府部门、建设单位、材料与设备供应单位等。

3）全过程：安全生产管理涉及项目从开工到竣工交付的全部生产过程，涉及施工准备工作与作业收尾工作等各个环节。

4）全时段：在项目施工工期内的所有时间都应重视安全生产管理，这里所说的时间不仅指生产作业时间，也包括非生产作业时间（晚间、法定假日、停工日等），这就要求人们在工作结束后进行安全检查，特别要检查电、物料及机械设备是否处于安全状态。

安全生产管理涉及一切变化着的生产因素。因此，生产活动应在全方位的动态安全管理中进行，要做到安全管理横向到边，纵向到底，不留安全生产管理盲区。

（5）安全生产管理重在控制　进行安全管理的目的是预防、消灭事故，防止或消除事故伤害，保护劳动者的安全与健康。在安全生产管理的四项主要内容中，虽然都是为了达到安全生产管理的目的，但是对生产因素状态的控制，与安全生产管理目的的关系更直接，显得更为突出。因此，对生产中人的不安全行为和物的不安全状态的控制，必须看作是动态的安全管理的重点。事故的发生，是由于人的不安全行为与物的不安全状态的交叉。从事故发生的原理来看，也说明了应把对生产因素状态的控制，作为安全生产管理的重点，而不是把约束作为安全生产管理的重点，因为约束缺乏带有强制性的手段。

（6）在管理中发展、提高安全管理的水平　既然安全生产管理是在变化着的生产活动中的管理，是一种动态管理。其管理就意味着是不断发展、不断变化的，以适应变化的生产活动，消除新的危险因素。从而更需要不间断地摸索新的规律，总结管理、控制的办法与经验，提高变化后的管理水平，使安全生产管理不断上升到新的高度。

3. 生产经营单位的安全生产保障

（1）资质保障　生产经营单位应当具备《安全生产法》和有关法律、行政法规与国家标准或者行业标准规定的安全生产条件。生产经营单位不得将生产经营项目、场所、设备发包或者出租给不具备安全生产条件或者相应资质的单位或者个人。

（2）资金保障　生产经营单位应当具备的安全生产条件所必需的资金投入由生产经营单位的决策机构、主要负责人或者个人经营的投资人予以保证，如安排用于配备劳动防护用品、进行安全生产培训的经费等，对由于安全生产所必需的资金投入不足导致的后果承担责任。新建、改建、扩建工程项目的安全设施，必须与主体工程同时设计、同时施工、同时投入生产和使用。安全设施投资应当纳入建设项目概算。

（3）企业主要负责人的保障　生产经营单位的主要负责人和安全生产管理人员必须具备与本单位所从事的生产经营活动相应的安全生产知识和管理能力。同时要求企业主要负责人对本单位的安全生产工作全面负责，建立健全安全生产责任制；当发生重大生产安全事故时，单位的主要负责人应当立即组织抢救，并不得在事故调查处理期间擅离职守。

(4) 从业人员业务素质保障

1) 企业应当为从业人员进行安全教育和培训，保证从业人员掌握基本必要的安全生产知识，熟悉安全生产规章制度和安全操作规程，掌握本岗位的安全操作技能。未经考核通过者，不得上岗作业。

2) 特种作业人员必须按照国家有关规定接受专门的安全作业培训，取得特种作业操作资格证书，方可上岗作业。

3) 从业人员依法履行安全生产方面的义务且拥有依法获得安全生产保障的权利。

(5) 工会组织保障　工会依法组织职工参加安全生产工作的管理工作和民主监督，维护职工的合法权益。

(6) 物资与保险保障　生产经营单位必须为从业人员提供符合国家标准和行业标准的劳动防护用品，并监督、教育从业人员按照使用规则佩戴、使用。生产经营单位必须依法参加工伤社会保险，为从业人员缴纳保险费。

(7) 规章制度保障　规章制度方面的保障如下：

1) 生产经营单位应当在有较大危险因素的生产经营场所和有关设施、设备上设置明显的安全警示标志。

2) 生产经营单位使用的涉及生命安全、危险性较大的特种设备，以及危险物品的容器、运输工具，必须按照国家有关规定，由专业生产单位生产，并经具有专业资质的检测、检验机构检测、检验合格，取得安全使用证或者安全标志方可投入使用。专业检测、检验机构对检测、检验结果负责。

3) 生产、经营、储存、使用危险物品的车间、商店、仓库不得与员工宿舍在同一建筑物内，且应当与员工宿舍保持安全距离。生产经营场所和员工宿舍应当设有符合紧急疏散要求、标志明显、保持畅通的出口。禁止封闭、堵塞生产经营场所或者员工宿舍的出口。

4) 生产经营单位进行爆破、吊装等危险作业，应当安排专门人员进行现场安全管理，确保遵守安全操作规程，落实安全生产措施。

5) 生产经营单位应当教育和督促从业人员严格执行本单位的安全生产规章制度和安全操作规程，并向从业人员如实告知作业场所和工作岗位存在的危险因素、防范措施以及事故应急措施。

6) 两个以上生产经营单位在同一作业区域内进行生产经营活动，可能危及对方生产安全的，应当签订安全生产管理协议，明确各自的安全生产管理职责，采取必要的安全措施，并指定专职安全生产管理人员进行安全检查与协调。

7) 生产经营项目、场所有多个承包单位、承租单位的，生产经营单位应当与承包单位、承租单位签订专门的安全生产管理协议，或者在承包合同、租赁合同中约定各自的安全生产管理职责。生产经营单位对承包单位、承租单位的安全生产工作统一协调、管理。

(8) 第三方的安全保障　依法设立为安全生产提供技术服务的中介机构，依照法律、行政法规和执业准则，接受生产经营单位的委托为其安全生产工作提供技术服务。建设项目安全设施的设计人、设计单位应当对安全设施设计负责。

9.2.2 建设工程企业应确立的安全生产管理制度

1. 安全生产制度

安全生产制度由安全生产目标责任制度、建筑施工企业安全生产许可制度和建筑施工企业"三类人员"安全生产考核制度组成。

1)安全生产目标责任制度,是把安全生产责任制逐级分解、层层落实,确保全国建筑安全生产的控制指标不被突破。

2)建筑施工企业安全生产许可制度,是对建筑施工企业的安全生产条件进行审查,合格者颁发安全生产许可证,获证企业方能从事建筑施工活动。

3)建筑施工企业"三类人员"安全生产考核制度,要求对建筑施工企业主要负责人、项目负责人和专职安全生产管理人员的安全生产知识和管理能力进行考核,合格后方可上岗任职。

2. 安全管理制度

建设项目的实施要真正做到"安全第一、预防为主",就必须做好安全技术和安全管理两个方面的安全管理。而安全管理必须从制度着手,建立一系列的规章制度,并在具体工作中严格执行。

(1)安全生产责任制　安全生产责任制是生产单位岗位责任制的组成部分,是企业最基本的安全制度,是安全规章制度的核心。安全生产责任制的实质是"安全生产,人人有责",安全生产责任制的核心是切实加强领导,建立起以政府、部门、企业主要领导为第一责任人的责任制。不同职能机构有特定的安全职责。就施工企业而言,需要对各级领导、职能部门、技术管理岗位和各类操作岗位制定出具体的安全责任,并通过检查、监督、考评、奖惩等制度落实安全生产责任制,真正做到安全生产"对上级负责,对职工负责,对自己负责"。

实践证明,凡是建立健全的安全生产责任制度的企业,各级领导重视安全生产、劳动保护工作,切实贯彻执行党的安全生产、劳动保护方针、政策和国家的安全生产、劳动保护法规,在认真负责地组织生产的同时积极采取措施,改善劳动条件,工伤事故和职业性疾病就会减少。反之,则会职责不清,相互推诿,而使安全生产、劳动保护工作无人负责,无法进行,工伤事故与职业病就会不断发生。

(2)群防群治制度

1)建立安全生产责任制体系,即建立起经营者(决策、管理和监督责任)、管理者、技术人员及全体员工的安全责任制体系。

2)建立安全生产责任制的步骤。首先要树立"安全第一"的思想,然后对落实安全生产责任制要有专门的机构与人员来保障,最后制定安全生产责任制的管理制度。

3)安全生产责任制的落实。在以法定代表人为核心的责任体系下,通过检查、监督、奖惩等制度和方法来保证安全生产责任制得到落实。

(3)安全生产教育和培训制度　用人单位必须对劳动者进行安全生产教育。安全生产教育是对职工进行安全生产法律、法规及安全生产专业技术知识等方面的教育。安全生产教育是提高职工安全生产素质的重要手段,是企业安全生产工作的一项重要内容。通过安全教育,使职工熟悉安全生产法规,掌握安全生产方面的技术知识,树立安全生产的思想。企业安全生产教育工作应纳入本单位培训教育年度计划和中长期计划，所需人员、资金和物资应予保证。

1) 职工的三级教育。三级教育是我国企业长期以来一直采用的企业安全教育形式。其主要方法和内容如下：

①厂级教育。对新进厂的工人、大中专毕业生分配到车间或工作岗位之前，由厂安全部门进行初步的安全教育。教育的内容包括国情教育、厂情教育、国家安全保密、劳动法和劳动合同的教育、国家有关劳动保护的文件、本企业安全生产状况、企业内不安全点的介绍、一般的安全技术知识等。厂级教育的方法根据一次进厂人数的多少、文化程度的不同而采取不同的方法，一般可采取讲课、参观厂区等方法。

②车间教育。新工人、大中专毕业生从厂部分配到车间后，由车间进行安全教育。教育内容包括本车间的生产概况、工艺流程、机械设备的分布及性能、材料的特性、本车间安全生产情况、安全生产的典型事例、本车间的劳动规则和应该重视的安全问题、车间内危险地区、有毒有害作业的情况和安全事项等；有针对性地提出新进厂人员当前应特别注意的问题。车间教育的方法主要采取参观讲解、现场观摩形式。

③班组教育。教育内容包括本工段、本班组、本岗位的安全生产状况、作业性质、职责范围和安全规章制度。

2) 对采用新工艺、新技术、新材料或者使用新设备的从业人员进行专门的安全生产教育和培训。使他们了解、掌握其安全技术特性，熟悉并掌握有效的安全防护措施。

（4）应急救援预案制度　施工企业在项目施工前应针对项目特点和环境情况，分析研究并制定可能发生事故后应采取的应急补救方案、紧急救灾措施和安全撤退路线等，以备不测。

生产经营单位对重大危险源应当登记建档，进行定期检测、评估、监控，并制定应急预案，告知从业人员和相关人员在紧急情况下应当采取的应急措施。

建筑施工单位应当配备必要的应急救援器材、设备，并进行经常性维护、保养，保证正常运转。

生产经营单位应当按照国家有关规定将本单位重大危险源及有关安全措施、应急措施报有关地方人民政府负责安全生产监督管理的部门和有关部门备案。

（5）安全生产检查制度　安全生产检查是为了消除不安全、不卫生的隐患，防止事故发生，改善劳动条件，也是企业安全卫生管理工作的一项重要内容。安全检查是执行安全生产方针的一种基本形式，是发现生产活动中安全隐患的重要手段，通过安全检查可以发现企业及生产过程的危险因素，以便有效地采取措施，保证安全生产；对检查中发现的安全问题，应当立即处理；不能处理的，应当及时报告本单位有关负责人；检查及处理情况应当记录在案。

1) 安全检查的内容。对于任何生产企业，为了保证安全生产，都要进行有效的安全生产检查。安全生产检查一般包括如下内容：

①查思想。检查企业领导对安全生产工作是否有正确的认识，是否真正关心职工的安全、健康，是否认真贯彻执行安全生产方针及各项劳动保护政策、法令；检查职工是否建立了"安全第一"的思想。

②查管理、查制度。检查企业中各级组织和个人的安全生产责任是否落实；企业中各车

间和危险工种岗位的规章制度是否健全和落实;安全组织机构和职工安全员是否建立并发挥了应有的作用;"三同时""五同时"以及"管理生产必须管理安全"的原则是否严格执行等。

③查现场、查隐患。深入生产现场,检查生产环境、生产设备、操作情况等是否符合有关安全要求及操作规程;检查生产装置和生产工艺是否存在事故隐患等。

④查纪律。检查领导、技术人员、企业职工是否违反了安全生产纪律。

⑤查措施。检查各项安全生产措施是否落实。

⑥查教育。检查对企业领导的安全法规教育和安全生产管理的资格教育(持证)是否达到要求;检查职工的安全生产思想教育、安全生产知识教育以及特殊作业的安全技术知识教育是否达标。

2)安全检查的方法。企业安全生产检查的形式有经常性检查、专业性检查、季节性检查和群众性检查等。安全检查只是手段,发现问题及时整改并消除隐患才是目的。安全检查整改要求为定整改项目、定完成时间、定整改负责人的"三定"做法,同时要对整改情况进行复查,确保彻底解决问题。一般安全检查的方法有以下四种:

①经常性检查是指安全技术人员、车间和班组干部及职工对安全工作所进行的日查、周查和月查,其目的是辨别生产过程中物的不安全状态和人的不安全行为,并通过检查加以控制和整改,以防事故发生。

②定期检查是企业或主管部门根据生产活动情况组织的全面安全检查,如季节性检查、季度检查、年中或全年检查等。

③专业性检查是根据设备和工艺特点进行专业检查,如电气、锅炉、防火、防爆检查等。

④群众性检查是指发动群众进行普遍的安全检查,是安全管理全员参与的具体表现。

(6)伤亡事故处理报告制度 发生伤亡事故后,事故现场有关人员应当立即报告本企业负责人。企业负责人应当迅速采取有效措施,组织抢救,任何单位和个人都应当支持、配合事故抢救,并提供一切便利条件,防止事故扩大,减少人员伤亡和财产损失,并按照国家有关规定立即如实报告当地负有安全生产监督管理职责的部门,不得隐瞒不报、谎报或者拖延不报,不得故意破坏事故现场、毁灭有关证据。

1)事故调查处理应当按照实事求是、尊重科学的原则,及时、准确地查清事故原因,查明性质和责任,总结事故教训,提出整改措施,并对事故责任者提出处理意见。任何单位和个人不得阻挠和干涉对事故的依法调查处理。

2)经调查确定为责任事故的,除了应当查明事故单位的责任并依法予以追究外还应当查明对安全生产的有关事项负有审查批准和监督职责的行政部门的责任。对有失职、渎职行为的,给予降级或者撤职的行政处分;构成犯罪的,依照《刑法》有关规定追究刑事责任。

3)安全事故的处理做到"四不放过",即事故原因没查清不放过,事故责任者和职工没受到教育不放过,事故责任人没有受到处理不放过,没有制定严密的防范措施不放过。其目的就是要通过事故教训提高职工的安全意识和企业安全管理水平,改善企业生产状况,防止同类事故发生。"四不放过"的关键是查清事故原因,只有把事故调查清楚,才能提供可行的防止事故的防范措施。

4)做好伤亡事故的管理工作,建立伤亡事故的统计报告和处理制度,及时准确地对事故报告资料进行综合整理、统计分析，研究事故情况，找出发生事故的规律，从而采取有效措施防止事故再次发生，促进安全生产。

5）职工在劳动过程中发生的人身伤害、急性中毒事故，都属于因工伤亡事故。职工虽不在本岗位劳动，但由于企业的设备、设施不安全，劳动条件和作业环境不良，管理不善而发生的人身伤害、急性中毒事故以及企业领导指派到企业外从事本企业活动所发生的人身伤害、急性中毒事故也属于因工伤亡事故。

（7）生产安全事故责任追究制度　事故原因及事故职责明确后，应按《安全生产法》的有关规定处理，对当事人不管是否在岗位上，都应追究其法律责任。

（8）对严重危及生产安全的工艺、设备实行淘汰制度　生产经营单位必须对安全设备进行经常性维护、保养，并定期检测，保证正常运转，不得使用国家明令淘汰、禁止使用的危及生产安全的工艺、设备。

（9）民主监督制度　工会依法组织职工参加本单位安全生产工作，维护职工在安全生产方面的合法权益，并对本企业的安全生产工作实行民主监督。工会对生产经营单位违反安全生产法律、法规，侵犯从业人员合法权益的行为，有权要求纠正；当发现生产经营单位违章指挥、强令冒险作业或者发现事故隐患时，有权提出解决的建议，生产经营单位应当及时研究答复；当发现危及从业人员生命安全的情况时，有权向生产经营单位建议组织从业人员撤离危险场所，生产经营单位必须马上做出处理。

9.2.3　建设工程企业的安全生产措施

1. 安全生产

1）施工现场（工地）安全生产实行项目经理负责制。建立健全安全组织保障体系，制定和完善安全生产管理制度，人员到位责任到人。

2）施工现场（工地）必须具备良好的施工环境和作业条件，进入施工现场的所有人员必须遵守施工现场安全管理规定（制度）。

3）施工人员必须经过上岗前的安全生产教育，应备有各个工种的安全生产手册或须知，并做到每个职工人手一册，特殊工种须经专业培训，持证上岗。

4）施工现场入口及危险作业部位应设置必要的提示、警示等各种安全防范标志，避免可能发生的意外伤害。

5）施工现场必须做好防火、防电、防爆和防坠等防护工作。

①必须遵守国家有关消防规定，各种消防设施配置齐全，并由专人负责，经常检查和定期更换。油库易燃品存储等重点防火区域必须禁止火源进入。

②供电路布设及施工用电必须遵守有关安全用电的规程和规定，并应避免妨碍正常作业和交通。

③爆破作业前必须报当地公安部门批准。火工产品的使用和管理必须遵守国家有关规定，火工产品的运输、存放必须接受当地公安部门的监督、指导和管理。

④高空作业必须遵守有关作业规程，设置必要的安全防护网或防护栏杆，视具体情况使用安全带等防护设备。

6）施工现场必须杜绝违章指挥、违章作业、违反劳动纪律的"三违"行为。

7）施工现场应建立完善的机具设备例保、检修制度，保证机械设备正常安全运转。

8）施工单位要加强汛期施工安全管理，成立防汛组织机构，制定完善、可行的应急预案，组织防汛抢险队伍，并准备必要的抢险物资。坚持汛期 24 小时值班和领导带班制度。

9）施工单位的取土场、弃土场必须严格按照水土保持设计要求及时进行处理和必要的维护，防止水土流失、滑坡和堵塞河道等现象的发生。

10）对各施工合同段的安全生产进行定期、不定期检查，对存在事故隐患的将进行停工整改。

11）由于责任过失造成在建的工程倒塌、报废和造成人员伤亡或重大经济损失的，施工单位必须按照规定及时向有关部门报告。

12）工程事故等级划分、申报时限和申报内容按照《生产安全事故报告和调查处理条例》执行。对重大质量和人员伤亡事故，施工单位必须在事故发生 1 小时内向有关主管部门报告。并在 8 小时内，报出工程重大事故快报。

13）在项目招标过程中，施工企业的安全生产素质是对其选择的一项重要内容，施工企业要符合招标文件中有关安全生产的要求。各施工单位开工前在总体施工组织设计中要详细说明安全生产保障措施。

14）监理单位应具备施工现场安全生产的监理知识和能力，了解安全生产规章制度，认真履行相应职责和义务，对发现的安全隐患，要及时进行纠正。

2．文明施工

1）施工企业在开工前应做好施工组织设计，绘制好总体平面布置图，应布局合理，文明责任区划分明确，并有明显标记。同时设置明显的标牌，标明工程项目名称，工程概况，建设单位、设计单位、监理单位、项目经理和技术负责人的姓名、开工日期及计划交工日期。

2）项目经理部必须实行目标管理，应将施工组织网络图、年度目标计划、工序交接流程、质量目标及管理制度上墙，并按季、月进行目标细化。工程项目实行计算机动态跟踪管理，各单位应配备必要的设备、软件及人员。

3）施工现场所有管理人员、监理人员都必须佩戴胸卡（上岗证），同时按照有关要求统一着装。

4）施工现场（工地）作业道路应保持平整，设有标志。机具和材料应做到"二整"：①机械设备保持状态良好、整洁、停置整齐；②施工材料堆放有序、存储规整合理，并插置标示牌。

5）工地现场外观应做到"三洁"，即施工场地整洁、生活环境清洁、施工产品美观洁净。场区及施工范围内的沟道、地面无废料、垃圾和油污，应做到工完、料尽、地清。办公区、作业区、仓库等场所内部应整洁有序，生活区中食堂、给水排水、浴室、宿舍应符合防火、卫生、通风、照明等要求。

6）施工合同段内主要构造物前应设置标牌，标明名称、施工负责人、技术负责人，旁站监理等内容标牌。

7）各类拌和场（站）内区域必须进行场地硬化处理，材料分隔堆放，设隔离墙，并有标牌标明名称、规格，对水泥、钢材等，需设置防雨、隔潮设施。现场使用的主要拌和设备，设配合比控制牌。

8）施工现场每个施工点，均应有负责人现场指挥施工，主要部位应有技术人员在岗，现场指挥和技术人员要熟悉操作工艺要求和质量标准。

9）合理安排施工工序。

10）施工车辆行驶的便道应进行日常性养护，保证晴天行车无扬尘，雨后能行车无积水，不影响当地群众正常生活、生产和通行。

11）施工企业应具有环保意识，对施工中产生的废料不可乱弃乱放，应按要求运往指定地点进行处理存放；对易于造成环境污染的施工材料，在运输、存放及使用过程中，应采取有效措施，使之无污染或将污染降到最小限度。

12）现场进行的各项施工操作，必须按施工前的施工操作安排，或按相应的有关规定进行，做到层次清楚，紧张有序，杜绝违章操作和野蛮施工。

13）监理人员对施工企业的文明施工情况应随时进行监督检查，对不能满足文明施工要求的要及时予以下令整改。

14）施工结束后做好临时占地的恢复工作，对施工中占用的地方做好恢复工作。

3. 罚则

1）对违反规定，施工现场存有事故隐患，或存有野蛮施工现象的项目经理部，将责令其限期整改，如整改仍未达到要求的，限期清退出场，并上报主管部门。对因此造成的建设单位的损失，由施工企业赔偿。

2）旁站监理及其驻地办对事故隐患视而不见的，将对其进行警告或辞退，责令驻地办限期整改，并通报批评；对因此造成的建设单位的损失，将视情节由其赔偿或清退出场。

9.2.4 监督管理

建设工程安全生产除了项目参与各方对自己所承担的建设工作担当其安全生产法律责任和安全管理，国家也对建设工程安全生产进行监督管理。

1. 监督管理机构的安全职责

国务院负责安全生产监督管理的部门依照《安全生产法》的规定，对全国建设工程安全生产工作实施综合监督管理。国务院建设行政主管部门对全国的建设工程安全生产实施监督管理。国务院交通运输、水利等有关部门按照国务院规定的职责分工负责有关专业建设工程安全生产的监督管理。县级以上地方人民政府负责安全生产监督管理的部门依照《安全生产法》的规定，对本行政区域内建设工程安全生产工作实施综合监督管理。

2. 监督管理依据和内容

1）各级安全生产监督管理的部门依照《安全生产法》的规定，对其管辖范围内的建设工程安全生产实行监督管理。

2）建设行政主管部门和其他有关部门应当将《建设工程安全生产管理条例》第十、十一条规定的有关资料的主要内容抄送至同级负责安全生产监督管理的部门。

3）建设行政主管部门在审核发放施工许可证时，应当对建设工程是否有安全施工措施进行审查，对没有安全施工措施的，不得颁发施工许可证。

4）县级以上人民政府负有建设工程安全生产监督管理职责的部门在各自的职责范围内履行安全监督检查职责时，有权要求被检查单位提供有关建设工程安全生产的文件和资料，纠正施工中违反安全生产要求的行为，对检查中发现的安全事故隐患，责令立即排除；重大安全事故隐患排除前或者排除过程中无法保证安全的，责令从危险区域内撤出作业人员或者暂时停止施工。

5）国家对严重危及施工安全的工艺、设备、材料实行淘汰制度。具体目录由国务院建设行政主管部门会同国务院其他有关部门制定并公布。

6）县级以上人民政府建设行政主管部门和其他有关部门应当及时受理对建设工程生产安全事故及安全事故隐患的检举、控告和投诉。

建设行政主管部门或者其他有关部门对建设工程是否有安全施工措施进行审查时，不得收取费用。根据需要，建设行政主管部门或者其他有关部门可以将施工现场的监督检查委托给建设工程安全监督机构具体实施。

3. 行政主管部门及其工作人员的法律责任

县级以上人民政府建设行政主管部门或者其他有关行政管理部门的工作人员有下列行为之一的，给予降级或者撤职的行政处分；构成犯罪的，依照《刑法》有关规定追究刑事责任：

1）对不具备安全生产条件的施工单位颁发资质证书的。
2）对没有安全施工措施的建设工程颁发施工许可证的。
3）发现违法行为不予查处的。
4）不依法履行监督管理职责的其他行为。

4. 建设工程施工的安全生产监督管理工作

我国各级政府部门对建设工程负有监督管理的责任，建设工程施工企业在加强自身的安全生产管理外，也必须按照法律规定，接受政府部门与工作人员对安全生产的监督管理。各级政府部门对施工企业安全生产的监督管理工作的主要内容有：

1）依法取得有关安全生产行政许可的情况。
2）作业场所职业危害防治情况。
3）建立和落实安全生产责任制、安全生产规章制度和操作规程、作业规程的情况。
4）按照国家规定提取和使用安全生产费用、安全生产风险抵押金，以及其他安全生产投入的情况。
5）依法设置安全生产管理机构和配备安全生产管理人员情况。
6）从业人员受到安全教育培训，取得有关安全资格证书的情况。
7）新建、改建、扩建工程项目的安全设施与主体工程同时设计、同时施工、同时投入生产和使用，以及按规定办理设计审查和竣工验收的情况。
8）在有较大危险因素的生产经营场所和有关设施、设备上，设置安全警示标志的情况。
9）对安全设备设施的维护、保养、定期检测的情况。
10）重大危险源登记建档、定期检测、评估、监控和制定应急预案的情况。
11）教育和监督从业人员严格执行本单位的安全生产规章制度和安全生产操作规程，并向从业人员如实告知作业场所和工作岗位存在的危险因素、防范措施以及事故应急措施的情况。
12）为从业人员提供符合国家标准或者行业标准的劳动防护用品，并监督、教育从业人员按照使用规则正确佩戴和使用的情况。
13）在同一作业区域内进行审查经营活动可能危及对方生产安全的，与对方签订安全生产管理协定，明确各自的安全生产管理职责和应当采取的安全措施，并指定专职安全生产管理人员进行安全检查与协调的情况。

14）对承包单位、承租单位的安全生产工作实行统一协调、管理的情况。

15）组织安全生产检查，及时排查治理生产安全事故隐患的情况。

16）制定、实施生产安全事故应急预案，以及有关应急预案备案的情况。

17）按照规定报告生产安全事故的情况。

18）依法应当监督检查的其他情况。

5. 生产安全事故的应急救援和调查处理

1）施工单位应当制定本单位生产安全事故应急救援预案，建立应急救援组织或者配备应急救援人员，配备必要的应急救援器材、设备，并定期组织演练；施工单位应当根据建设工程施工的特点、范围对施工现场易发生重大事故的部位、环节进行监控，制定施工现场生产安全事故应急救援预案；实行施工总承包的，由总承包单位统一组织编制建设工程生产安全事故应急救援预案，工程总承包单位和分包单位按照应急救援预案，各自建立应急救援组织或者配备应急救援人员，配备救援器材、设备，并定期组织演练。

2）施工单位发生生产安全事故，应当按照国家有关伤亡事故报告和调查处理的规定，及时、如实地向负责安全生产监督管理的部门、建设行政主管部门或者其他有关部门报告；特种设备发生事故的，还应当同时向特种设备安全监督管理部门报告。接到报告的部门应当按照国家有关规定，如实上报。实行施工总承包的建设工程，由总承包单位负责上报事故。

3）发生生产安全事故后，施工单位应当采取措施防止事故扩大，保护事故现场。需要移动现场物品时，应当做出标记和书面记录，妥善保管有关证物。

4）建设工程生产安全事故的调查、对事故责任单位和责任人的处罚与处理，按照有关法律、法规的规定执行。

9.3 建设工程企业的安全责任

9.3.1 安全生产法律责任

1. 有关安全生产所必需的资金投入

企业的决策机构、主要负责人、个人经营的投资人不按规定保证安全生产所必需的资金投入，致使生产经营单位不具备安全生产条件的，责令限期改正，提供必需的资金；逾期未改正的，责令生产经营单位停产停业整顿。导致发生生产安全事故的，对主要负责人给予撤职处分。对个人经营的投资人处 2 万元以上 20 万元以下的罚款；构成犯罪的，依照《刑法》有关规定追究刑事责任。

2. 出现安全事故的处理

企业主要负责人对生产安全事故隐瞒不报、谎报，或者拖延不报，或在本单位发生重大生产安全事故时，没有立即组织抢救，或者在事故调查处理期间擅离职守或者逃匿的，给予降职、撤职的处分。对逃匿的，处 15 日以下拘留；构成犯罪的，依照《刑法》有关规定追究刑事责任。

生产经营单位的主要负责人未履行《安全生产法》规定的安全生产管理职责的，责令限期改正；逾期未改正的，处 2 万元以上 5 万元以下的罚款，责令生产经营单位停产停业整顿。生产经营单位的主要负责人有前述违法行为，导致发生生产安全事故的，给予撤职处分；构成犯罪的，依照《刑法》有关规定追究刑事责任。

主要负责人受刑事处罚或者撤职处分的，自刑罚执行完毕或者受处分之日起，5 年内不得担任任何生产经营单位的主要负责人。

3. 有关设备、设施使用与管理的安全生产责任

企业有下列行为之一的，责令限期改正；逾期未改正的，责令停止建设或者停产停业整顿，可以并处 5 万元以下的罚款；造成严重后果、构成犯罪的，依照《刑法》有关规定追究刑事责任：

1) 在较大危险因素的生产经营场所和有关设施、设备上未设置明显的安全警示标志的。
2) 安全设备的安装、使用、检测、改造不符合国家标准或者行业标准的。
3) 未对安全设备进行经常性维护、保养和定期检测的。
4) 未为从业人员提供符合国家标准或者行业标准的劳动防护用品的。
5) 特种设备以及危险物品的容器、运输工具未经取得专业资质的机构检测、检验合格，未取得安全使用证或者安全标志即投入使用的。
6) 使用国家明令淘汰、禁止使用的危及生产安全的工艺、设备的。

4. 生产经营单位的安全生产法律责任

生产经营单位有下列行为之一的，责令限期改正；逾期未改正的，责令停产停业整顿可以并处 2 万元以上 10 万元以下的罚款；造成严重后果，构成犯罪的，依照《刑法》有关规定追究刑事责任：

1) 生产、经营、储存、使用危险物品，未建立专门安全管理制度、未采取可靠的安全措施或者不接受有关主管部门依法实施的监督管理的。
2) 对重大危险源未登记建档，或者未进行评估、监控，或者未制定应急预案的。
3) 进行爆破、吊装等危险作业，未安排专门管理人员进行现场安全管理的。

企业有下列行为之一的，责令限期改正；逾期未改正的，责令停产停业整顿，可以并处 2 万元以下的罚款：

1) 未按照规定设立安全生产管理机构或者配备安全生产管理人员的。
2) 主要负责人和安全生产管理人员未按照规定经考核合格的。
3) 未对从业人员进行安全生产教育和培训，或者未如实告知从业人员有关安全生产事项的。
4) 特种作业人员未按照规定经专门的安全作业培训并取得特种作业操作资格证书，上岗作业的。

企业有下列行为之一的，责令限期改正；逾期未改正的，责令停产停业整顿；造成严重后果，构成犯罪的，依照《刑法》有关规定追究刑事责任：

1) 生产、经营、储存、使用危险物品的车间、商店、仓库与员工宿舍在同一建筑内，或者与员工宿舍的距离不符合安全要求的。
2) 生产经营场所和员工宿舍未设符合紧急疏散要求、标志明显、保持畅通的出口，或者封闭、堵塞生产经营场所或者员工宿舍出口的。

3）两个以上生产经营单位在同一作业区域内进行可能危及对方安全生产的生产经营活动，未签订安全生产管理协议或者未指定专职安全生产管理人员进行安全检查与协调的。

从业人员不服从管理，违反安全生产规章制度或者操作规程的，给予批评教育，依照有关规章制度给予处分；造成重大事故，构成犯罪的，依照《刑法》有关规定追究刑事责任。

承担安全评价、认证、检测、检验工作的机构，出具虚假证明的，没收违法所得，并处违法所得2倍以上5倍以下的罚款（违法所得在5000元以上），单处或者并处5000元以上2万元以下的罚款（没有违法所得或者违法所得不足5000元）。对其直接负责的主管人员和其他直接责任人员处5000元以上5万元以下的罚款；给他人造成损害的，与生产经营单位承担连带赔偿责任；构成犯罪的，依照《刑法》有关规定追究刑事责任。

9.3.2 建设单位的安全责任

建设单位在建设工程安全生产管理中起着举足轻重的作用，因此，建设单位应当认真负责地承担起安全生产的责任。

1. 办理有关手续

由于施工可能会影响工地周边区域人们的安全或正常的生活、工作、学习，为减少因施工给周边的单位和有关人员带来的影响，建设单位必须在项目开工前办理相关的报批手续。符合下列情形之一的，建设单位应当按照国家有关规定办理申请批准手续：

1）需要临时占用规划批准范围以外场地的。
2）可能损坏道路、管线、电力、邮电、通信等公共设施的。
3）需要临时停水、停电、中断道路交通的。
4）需要进行爆破作业的。
5）法律、法规规定需要办理报批手续的其他情形。

2. 提供相关资料

建设单位应当向施工单位提供施工现场及毗邻区域内供水、排水、供电、供气、供热、通信、广播电视等地下管线资料，气象和水文观测的有关资料，相邻建筑物和构筑物、地下工程的有关资料，并保证资料的真实性、准确性和完整性。如果建设单位缺少这些资料，则应向有关单位或部门查询。

3. 不提违规要求

建设单位不得对勘察、设计、施工、工程监理等单位提出违反建设工程安全生产法律、法规和强制性标准规定的要求，不得压缩合同约定的工期。

当前我国的建筑市场处于供方市场，一个项目往往有多家勘察、设计、施工、监理单位参与竞争，建设单位在项目参与各方中处于主导地位，因而可能会提出一些不合理的要求，如压低工程费用、缩短施工工期等。

我国很多地区采用最低价中标法的招标投标方法，项目勘察、设计、施工、监理单位为了获取项目而压低报价，从而给项目的实施带来了安全隐患。如有些施工投标单位不惜牺牲利润甚至亏本报价来获取项目中标。在项目施工中，施工单位采用偷工减料的方法或让工人在无安全保障措施的条件下违规施工以减少成本，这样，不仅损害施工单位的利益，最终结果也损害了建设单位的利益。

施工工期的长短与工程质量和安全生产具有相关性。如果建设单位为了项目早日建成投产，随意要求施工单位违背客观规律和施工工艺的要求，压缩合理的施工工期，则最终可能会导致安全事故的发生。

《建设工程安全生产管理条例》规定，对勘察、设计、施工、工程监理等单位提出不符合建设工程安全生产法律、法规和强制性标准规定的要求，要求施工单位压缩合同约定的工期的，责令限期改正，处20万元以上50万元以下的罚款；造成损失的，依法承担赔偿责任；造成重大安全事故，构成犯罪的，对直接责任人员，依照《刑法》有关规定追究刑事责任。

4. 确定与落实安全费用

建设单位在编制工程概算时应当确定建设工程安全作业环境及安全施工措施所需费用。建设单位通常有一种错误的认识，即认为安全生产是施工单位的事情，施工过程中为环境保护和安全生产所发生的费用由施工单位自行在工程费中列支。而在现行的低价中标情况下，施工单位为了获得必要的利润，往往压缩的是安全生产的费用。建设单位应改变思想，建立安全经济观，在编制工程概算时计取工程的安全费用并在资金筹措时落实安全费用。工程安全费用单独立项，专款专用，使得施工单位不得将安全费用挪作他用。

《建设工程安全生产管理条例》规定，建设单位未提供建设工程安全生产专业环境及安全施工生产所需费用的，责令限期改正；逾期未改正的，责令该建设工程停止施工。

5. 安全防护用具、机具等要求

建设单位不得明示或者暗示施工单位购买、租赁、使用不符合安全施工要求的安全防护用具、机械设备、施工机具及配件、消防设施和器材。

6. 申请领取施工许可证时应提供的有关安全施工措施的资料

依法批准开工报告的建设工程，建设单位应当自开工报告批准之日起15日内将保证安全施工的措施报送建设工程所在地的县级以上地方人民政府建设行政主管部门或者其他有关部门备案。建设单位在领取施工许可证时，应当提供建设工程有关安全施工措施的资料，一般包括：

1）工程中标通知书。
2）工程承发包合同。
3）施工现场总平面布置图。
4）施工现场安全防护设施搭设计划。
5）施工进度计划。
6）安全措施费用计划。
7）专项安全施工组织设计（方案或措施）。
8）施工机械的类型、型号、数量及布置位置。
9）项目负责人、专职安全员及特种作业人员信息。
10）建设单位安全监督人员和监理单位人员名册。
11）其他应提交的资料。

7. 建设单位应当依法发包装饰装修工程和拆除工程

将装饰装修工程作为单项工程设计与施工的，建设单位应当委托原设计单位或者具有相应资质的设计单位设计，以确保建筑物的结构安全和主要使用功能。当涉及主体和承重结构改动或增加荷载时，必须由原设计单位或者具有相应资质的设计单位核查有关原始资料，对既有建筑物的安全性进行核验、确认。

建设单位应当将拆除工程发包给具有相应资质等级的施工单位，建设单位在拆除工程施工 15 日前，应当将下列资料报送建设工程所在地的县级以上地方人民政府建设行政主管部门或者其他有关部门备案：

1）施工单位资质等级证明。
2）拟拆除建（构）筑物及可能危及毗邻建筑的说明。
3）拆除施工组织方案。
4）堆放、清除废弃物的措施等。

《建设工程安全生产管理条例》规定，将拆除工程发包给不具有相应资质等级的施工单位的，责令限期改正，处 20 万元以上 50 万元以下的罚款；造成损失的，依法承担赔偿责任；造成重大安全事故，构成犯罪的，对直接责任人员依照《刑法》有关规定追究刑事责任。

9.3.3 勘察、设计、工程监理及其他有关单位的安全责任

1. 勘察单位的安全责任

1）勘察单位应当按照法律、法规和工程建设强制性标准进行勘察，提供的勘察文件应当真实、准确，满足建设工程安全生产的要求。

2）勘察单位在勘察作业时，应当严格执行操作规程，采取措施保证各类管线、设施和周边建筑物、构筑物的安全。

地质勘探资料是设计单位进行地基基础设计和结构设计的基础资料，整个建筑物在建造与使用中的安全与否与地质勘探资料的正确性有着非常密切的关联，地质勘探成果是建设项目规划与选址的重要依据，也是施工单位编制基础施工方案的主要依据。因此，勘察单位的执业人员应依法严格认真地进行勘察，确保勘察文件的真实，正确。

3）《建设工程安全生产管理条例》规定，勘察单位未按照法律、法规和工程建设强制性标准进行勘察的，责令改正，处 10 万元以上 30 万元以下的罚款；情节严重的，责令停业整顿，降低资质等级甚至吊销资质证书；造成损失的，依法承担赔偿责任。

2. 设计单位的安全责任

1）设计单位按照法律、法规和工程建设强制性标准进行设计，防止因设计不合理导致生产安全事故的发生。设计单位的建筑、结构与设备机电设计必须符合相关的设计规范、法律法规及强制性标准，材料与设备选择、结构选型与计算、构造措施等均应满足安全性要求。

设计单位的
安全责任

2）设计单位提出安全生产的指导意见和措施建议。设计单位应当考虑施工安全操作和防护的需要，对涉及施工安全的重点部位和环节在设计文件中注明，并对防范生产安全事故提出指导意见。

采用新结构、新材料、新工艺的建设工程和特殊结构的建设工程，设计单位应当在设计中提出保障施工作业人员安全和预防生产安全事故的措施建议。

在项目开工前，设计单位应当向施工单位就项目设计的意图、设计文件进行设计技术交底，对重要部位和特殊结构的施工提出安全生产的指导意见。

1）对设计文件负责。"谁设计、谁负责"，设计单位和注册建筑师等注册执业人员应当

对其设计负责,设计师不仅对项目建造过程中的设计安全负责,还应对建筑物在使用过程中的设计安全负责。

2) 设计单位的法律责任。《建设工程安全生产管理条例》规定,设计单位未按照法律、法规和工程建设强制性标准进行设计的,责令改正,处10万元以上30万元以下的罚款;情节严重的,责令停业整顿,降低资质等级,直至吊销资质证书;造成损失的,依法承担赔偿责任。

《建设工程安全生产管理条例》规定,采用新结构、新材料、新工艺的建设工程和特殊结构的建设工程,设计单位未在设计中提出保障施工作业人员安全和预防生产安全事故的措施建议的,责令改正,处10万元以上30万元以下的罚款;情节严重的,责令停业整顿,降低资质等级,直至吊销资质证书;造成损失的,依法承担赔偿责任。

《建设工程安全生产管理条例》还规定,注册人员未执行法律、法规和工程建设强制性标准的,责令停止执业3个月以上1年以下;情节严重的,吊销执业资格证书,5年内不予注册;造成重大安全事故的,终生不予注册;构成犯罪的,依法追究刑事责任。

3. 工程监理单位的安全责任

工程监理单位受建设单位的委托,按照法律、法规和工程建设强制性标准实施监理,并对建设工程安全生产承担监理责任,其主要职责是代表建设单位对建设项目进行项目管理。建设工程实施建设监理的范围和监理的业务内容以建设单位和监理单位签订的合同为准。监理工作内容一般包括项目的投资控制、进度控制、质量控制、安全管理、信息管理及组织协调工作等。对项目的安全管理,以往监理单位一般都不够重视,也没有专职的安全监理工程师,通常由控制质量的工程师兼职,这使得施工现场违反安全操作规程的违章指挥和违章作业现象时有发生,安全管理缺失第三方管理,安全事故未能从源头上得到有效控制。因此,根据我国安全生产"安全第一"的方针政策,监理单位必须加强施工现场的安全监理工作,提高安全监理的业务水平。监理单位对建设项目的安全监理主要包括以下内容:

(1) 审查施工组织设计中的安全技术措施或专项施工方案 施工组织设计是建设项目施工的指导性文件。施工过程中各个分部分项工程能否安全、顺利地进行,与施工组织各项安全技术措施的编制有很大关系;建设项目中有些重要部位或危险性较大的分部分项工程,如基础工程(土壁围护、降水与土方开挖)、模板工程、吊装工程、脚手架工程、拆除与爆破工程、施工现场临时用电等,施工单位还需编制专项施工方案。对于施工组织设计中的安全技术措施或者专项施工方案,监理单位应进行认真、严格的审查,审查的重点在于是否符合工程建设强制性标准;如达不到强制性标准,则应要求施工单位补充完善。

(2) 监督施工现场安全事故隐患的处理 工程监理单位在实施监理过程中,发现存在安全事故隐患的,应要求施工单位整改;情节严重的,应要求施工单位暂时停止施工,并及时报告建设单位。施工单位拒不整改或者不停止施工的,工程监理单位应及时向有关主管部门报告。

(3) 对建设工程安全生产承担监理责任 工程监理单位和监理工程师应当按照法律、法规和工程建设强制性标准实施监理,并对建设工程安全生产承担监理责任。监理单位有以下行为之一的,责令限期改正;逾期未改正的,责令停业整顿,并处10万元以上30万元以下的罚款;情节严重的,减低资质等级,直至吊销资质证书;造成重大安全事故,构成犯罪的,对直接责任人依照《刑法》有关规定追究刑事责任;造成损失的,依法承担赔偿责任。

1）未对施工组织设计中的安全技术措施或者专项施工方案进行审查的。
2）发现安全事故隐患未及时要求施工单位整改或者暂停施工的。
3）施工单位拒不整改或者不停止施工，未及时向有关主管部门报告的。
4）未依照法律、法规和工程建设强制性标准实施监理的。

4. 机械设备、材料供应与安全配置单位的安全责任

1）为建设工程提供机械设备和配件的单位，应当按照安全施工的要求配备齐全有效的保险、限位等安全设施和装置。

2）出租的机械设备和施工机具及配件，应当具有生产（制造）许可证、产品合格证。出租单位应当对出租的机械设备和施工机具及配件的安全性能进行检测，在签订租赁协议时，应当出具检测合格证明。禁止出租检测不合格的机械设备和施工机具及配件。

3）在施工现场安装、拆卸施工起重机械和整体提升脚手架、模板等自升式架设设施，必须由具有相应资质的单位承担。安装、拆卸施工起重机械和整体提升脚手架、模板等自升式架设设施，应当编制拆装方案、制定安全施工措施，并由专业技术人员现场监督。

4）施工起重机械和整体提升脚手架、模板等自升式架设设施安装完毕后，安装单位应当自检，出具自检合格证明，并向施工单位进行安全使用说明，办理验收手续并签字。

5）机械设备、安全配件的供应单位的法律责任。《建设工程安全生产管理条例》对机械设备、安全配件的供应单位的法律责任规定如下：

①为建设工程提供机械设备和配件的单位，未按照安全施工的要求配备齐全有效的保险、限位等安全设施和装置的，责令限期改正，处合同价款1倍以上3倍以下的罚款；造成损失的，依法承担赔偿责任。

②出租单位出租未经安全性能检测或者经检测不合格的机械设备和施工机具及配件的，责令停业整顿，并处5万元以上10万元以下的罚款；造成损失的，依法承担赔偿责任。

③施工起重机械和整体提升脚手架、模板等自升式架设设施安装、拆卸单位有下列行为之一的，责令限期改正，处5万元以上10万元以下的罚款；情节严重的，责令停业整顿，降低资质等级，直至吊销资质证书；造成损失的，依法承担赔偿责任。未编制拆装方案、制定安全施工措施的；未由专业技术人员现场监督的；未出具自检合格证明或者出具虚假证明的；未向施工单位进行安全使用说明，办理移交手续的。

施工起重机械和整体提升脚手架、模板等自升式架设设施安装、拆卸单位有前述规定的第①③项行为，经有关部门或者单位职工提出后，对事故隐患仍不采取措施，因而发生重大伤亡事故或者造成其他严重后果，构成犯罪的，对直接责任人员依照《刑法》有关规定追究刑事责任。

5. 设备检验检测单位的安全责任

1）设备检验检测单位的职责。检验检测机构对检验合格的施工起重机械以及整体提升脚手架、模板等自升式架设设施，应出具安全合格证明文件，并对检测结果负责。特种设备的监督检验、定期检验、型式试验和无损检测应由经核准的特种设备检验检测机构进行。检验检测机构应当依照规定进行检验检测，发现特种设备存在严重事故隐患或能耗严重超标的，应及时告知特种设备使用单位，并立即向特种设备安全监督管理部门报告。

2）设备检验检测单位的法律责任。特种设备检验检测机构和检验检测人员，出具虚假的检验检测结果、鉴定结论或者检验检测结果、鉴定结论严重失实的，由特种设备安全监督管理部门对检验检测机构没收违法所得,处 5 万元以上 20 万元以下罚款,情节严重的,撤销其检验检测资格;对检验检测人员处 5000 元以上 5 万元以下罚款,情节严重的,撤销其检验检测资格,触犯刑律的,依照《刑法》关于提供虚假证明文件罪、出具证明文件重大失实罪或者其他罪的规定,依法追究刑事责任。

9.3.4 施工单位的安全责任

施工单位从事建设工程的新建、扩建、改建和拆除等活动,应当具备国家规定的注册资本、专业技术人员、技术装备和安全生产等条件,依法取得相应等级的资质证书,并在其资质等级许可的范围内承揽工程。

1. 施工单位主要负责人的安全责任

施工单位主要负责人依法对本单位的安全生产工作全面负责。施工单位应当建立健全安全生产责任制和安全生产教育培训制度,制定安全生产规章制度和操作规程,保证本单位安全生产条件所需资金的投入,对所承担的建设工程进行定期和专项安全检查,并做好安全检查记录。

(1) 施工单位项目负责人(项目经理)的安全责任 施工单位的项目负责人(项目经理)应当由取得相应执业资格的人员担任。其主要安全责任有以下几点:

1) 对建设工程项目的安全施工负责。

2) 落实安全生产责任制、安全生产规章制度和操作规程。

3) 确保有效使用安全生产费用,即用于施工安全防护用具及设施的采购和更新、安全施工措施的落实、安全生产条件的改善,确保安全生产费用不得挪作他用。

4) 应当根据工程的特点组织制定安全施工措施,消除安全事故隐患,及时、如实报告生产安全事故。

(2) 项目工程师、技术员的安全责任

1) 项目工程师、技术员应根据建设项目特点及项目环境编制施工组织设计。施工组织设计应包含安全技术措施和施工现场临时用电方案,对危险性较大的分部分项工程应编制专项施工方案并附具安全验算结果,经施工单位技术负责人、总监理工程师签字确认后实施。

2) 通常对下列分部分项工程需编制专项施工方案:基坑支护与降水工程、土方开挖工程、模板工程、起重吊装工程、脚手架工程、拆除工程、爆破工程、国务院建设行政主管部门或者其他有关部门规定的其他危险性较大的工程。

3) 对涉及深基坑、地下暗挖工程、高大模板工程的专项施工方案,施工单位还应组织专家进行论证、审查。

4) 建设工程施工前,技术人员应当对有关安全施工的技术要求向施工作业班组、作业人员做出详细说明,并由双方签字确认。

(3) 专职安全员的安全责任 专职安全生产管理人员应依照施工组织设计的安全技术措施、专项施工方案及有关安全的强制性标准对安全生产进行现场监督检查。发现安全事故隐患,应当及时向项目负责人和安全生产管理机构报告,对违章指挥、违章操作的,应当立即制止。

2. 作业人员的安全责任

1) 垂直运输机械作业人员、安装拆卸工、爆破作业人员、起重信号工、登高架设作业人员等特种作业人员,必须按照国家有关规定经过专门的安全作业培训并取得特种作业操作资格证书后,方可上岗作业。

2)作业人员进入新的岗位或者新的施工现场前,应当接受安全生产教育培训。未经教育培训或者教育培训考核不合格的人员,不得上岗作业。

3)作业人员应当遵守安全施工的强制性标准、规章制度和操作规程,正确使用安全防护用具、机械设备等。

4)作业人员有权对施工现场的作业条件、作业程序和作业方式中存在的安全问题提出批评、检举和控告,有权拒绝违章指挥和强令冒险作业。在施工中发生危及人身安全的紧急情况时,作业人员有权立即停止作业或者在采取必要的应急措施后撤离危险区域。

3. 施工单位的安全管理责任

在施工现场入口处、施工起重机械、临时用电设施、脚手架、出入通道口、楼梯口、电梯井口、孔洞口、桥梁口、隧道口、基坑边沿、爆破物及有害危险气体和液体存放处等危险部位设置明显的安全警示标志。安全警示标志必须符合国家标准。

1)根据不同施工阶段和周围环境及季节、气候的变化,在施工现场采取相应的安全施工措施。施工现场暂时停止施工的应做好现场防护,所需费用由责任方承担或者按照合同约定执行。

2)施工现场办公区、生活区与作业区分开设置并保持安全距离。办公、生活区的选址应当符合安全性要求。职工的膳食、饮水、休息场所等应符合卫生标准。施工现场临时搭建的建筑物应当符合安全使用要求。施工现场使用的装配式活动板房应当具有产品合格证。

3)对因施工可能造成损害的相邻建筑物、构筑物和地下管线等应当采取专项防护措施,并遵守有关环境保护法律、法规的规定,在施工现场采取措施,防止或者减少粉尘、废气、废水、固体废物、噪声、振动、施工照明对人与环境的危害和污染。

4)在施工现场建立消防安全责任制度,确定消防安全责任人,制定用火、用电、使用易燃易爆材料等各项消防安全管理制度和操作规程,设置消防通道、消防水源,配备消防设施和灭火器材,并在施工现场入口处设置明显的标志。

5)向作业人员提供安全防护用具和安全防护服装,并书面告知危险岗位的安全操作规程以及违章操作的危害。

6)施工现场的安全防护用具、机械设备、施工机具及配件必须由专人管理,定期进行检查、维修和保养,建立相应的资料档案,按照国家有关规定及时进行报废处理。

7)不得使用未经验收或检验检测合格的施工起重机械和整体提升脚手架、模板等自升式架设设施。自施工起重机械和整体提升脚手架、模板等自升式架设设施验收合格之日起30日内,应向建设行政主管部门或者其他有关部门登记。登记标志应当置于或者附着于该设备的显著位置。

8)对管理人员和作业人员每年至少进行1次安全生产教育培训,内容包括安全生产法律、法规及安全专业知识等方面。教育培训情况记入个人工作档案。安全生产教育培训考核不合格的人员,不得上岗。在采用新技术、新工艺、新设备、新材料时,应当对作业人员进行相应的安全生产教育培训。

9)为施工现场从事危险作业的人员办理意外伤害保险,保险期限自建设工程开工之日起至竣工验收合格止。

10）依法将建设工程分包给其他单位的，在分包合同中应当明确各自的安全生产方面的权利、义务。总承包单位对施工现场的安全生产负总责。总承包单位和分包单位对分包工程的安全生产承担连带责任。分包单位应当服从总承包单位的安全生产管理，分包单位不服从管理导致生产安全事故的，由分包单位承担主要责任。

4. 施工单位及其个人违反安全生产的法律责任

1）施工单位有下列行为之一的，责令限期改正；逾期未改正的，责令停业整顿，依照《安全生产法》的有关规定处以罚款：

①未设立安全生产管理机构、未配备专职安全生产管理人员，或者分部分项工程施工时无专职安全生产管理人员现场监督的。

②施工单位的主要负责人、项目负责人、专职安全生产管理人员、作业人员或者特种作业人员未经安全教育培训或者经考核不合格即从事相关工作的。

③未在施工现场的危险部位设置明显的安全警示标志或者未按照国家有关规定在施工现场设置消防通道、消防水源，配备消防设施和灭火器材的。

④未向作业人员提供安全防护用具和安全防护服装的。

⑤未按照规定在施工起重机械和整体提升脚手架、模板等自升式架设设施验收合格后登记的。

⑥使用国家明令淘汰、禁止使用的危及施工安全的工艺、设备、材料的。

2）施工单位有下列行为之一的，责令限期改正；逾期未改正的，责令停业整顿，并处5万元以上10万元以下的罚款；对有下列第④⑤项行为且造成损失的，依法承担赔偿责任：

①施工前未对有关安全施工的技术要求做出详细说明的。

②未根据不同施工阶段和周围环境及季节、气候的变化，在施工现场采取相应的安全施工措施，或者在城市市区内的建设工程施工现场未实行封闭围挡的。

③在尚未竣工的建筑物内设置员工集体宿舍的。

④施工现场临时搭建的建筑物不符合安全使用要求的。

⑤未对因建设工程施工可能造成损害的毗邻建筑物、构筑物和地下管线等采取专项防护措施的。

3）施工单位挪用列入建设工程概算的安全生产作业环境及安全施工措施所需费用的，责令限期改正，处挪用费用的20%~50%的罚款；造成损失的，依法承担赔偿责任。

4）施工单位有下列行为之一的，责令限期改正；逾期未改正的，责令停业整顿，并处10万元以上30万元以下的罚款；情节严重的，降低资质等级，直至吊销资质证书；造成重大安全事故，构成犯罪的，对直接责任人员，依照《刑法》有关规定追究刑事责任；造成损失的，依法承担赔偿责任：

①安全防护用具、机械设备、施工机具及配件在进入施工现场前未经查验或者查验不合格即投入使用的。

②使用未经验收或者验收不合格的施工起重机械和整体提升脚手架、模板等自升式架设设施的。

③委托不具有相应资质的单位承担施工现场安装、拆卸施工起重机械和整体提升脚手架、模板等自升式架设设施的。

④在施工组织设计中未编制安全技术措施、施工现场临时用电方案或者专项施工方案的。

在上述四项中有符合第①、②和④项所列行为之一，造成重大安全事故，构成犯罪的，对直接责任人员，依照《刑法》有关规定追究刑事责任。

5）施工单位取得资质证书后，降低安全生产条件的责令限期改正；经整改仍未达到与其资质等级相适应的安全生产条件的，责令停业整顿，降低其资质等级直至吊销资质证书。

6）施工单位的主要负责人、项目负责人未履行安全生产管理职责的，责令限期改正；逾期未改正的，责令施工单位停业整顿；造成重大安全事故、重大伤亡事故或者其他严重后果，构成犯罪的，依照《刑法》有关规定追究刑事责任。尚未达到刑事处罚的，处 2 万元以上 20 万元以下的罚款或者按照管理权限给予撤职处分；自刑罚执行完毕或者受处分之日起，5 年内不得担任任何施工单位的主要负责人、项目负责人。

7）作业人员不服管理、违反规章制度和操作规程冒险作业造成重大伤亡事故或者其他严重后果，构成犯罪的，依照《刑法》有关规定追究刑事责任。

9.4 本章小结

安全生产管理就是针对人们在安全生产过程中的安全问题，运用有效的资源，发挥人们的智慧，通过人们的努力，进行有关决策、计划、组织和控制等活动，实现生产过程中人与机器设备、物料环境的和谐，达到安全生产的目标。因此，需要牢牢掌握安全生产管理的基本知识，实现高效的安全生产管理控制目标。

新时代安全生产工作的历史使命

思考题

1. 我国安全生产的基本方针是什么？
2. 如何处理安全与生产的关系？
3. 生产经营单位的主要负责人对本单位的安全生产工作负有哪些责任？
4. 安全事故的调查处理应遵循哪些原则？
5. 《建设工程安全生产管理条例》规定的安全生产管理的基本制度有哪些？
6. 建设单位应承担哪些安全责任？
7. 建设工程监理企业在进行安全生产管理时负有哪些主要责任和义务？
8. 施工单位从事建设活动时应具备哪些安全生产管理条件？
9. 施工单位应建立哪些安全制度？应落实哪些措施以保证安全生产？
10. 施工现场场地布置及周边环境保护有哪些工程安全生产管理的规定？
11. 总承包单位和分包单位的安全生产责任是怎样界定的？
12. 建设工程作业人员享有哪些权利？应履行哪些义务？
13. 哪些单位必须申领安全生产许可证？如何申请？
14. 安全生产许可证的有效期限是多久？到期如何处理？

第10章

工程质量管理

质量是反映实体满足明确和隐含需要的能力的特殊总和。工程质量分为狭义和广义两种含义。

狭义的工程质量是指工程符合业主需要而具备的使用功能。这一概念强调的是工程的实体质量,如基础是否坚固、主体结构是否安全以及通风、采光是否合理等。

广义的工程质量不仅包括工程的实体质量,还包括形成实体质量的工作质量。工作质量是指参与工程的建设者为了保证工程实体质量所从事的工作水平和完善程度,包括社会工作质量,如社会调查、市场预测、质量回访和保修服务等;生产过程的工作质量,如管理工作质量、技术工作质量和后勤工作质量等工作质量直接决定了实体质量。工程实体质量的好坏是建设、工程勘察、设计、施工等单位各方面、各环节工作质量的综合反映。

建设工程质量管理与一般的产品质量管理相比较,具有影响因素多、质量变动大的特点。决策、设计、材料、机械、环境、施工工艺、管理制度以及参建人员素质等均直接或间接地影响工程质量。工程项目建设具有周期长、受影响因素多、质量波动较大的特点。

建设工程质量管理的主要目的是为了加强对建设工程质量的管理,保证建设工程质量,保护人民生命和财产安全。

通过本章学习,熟悉建设工程标准化的相关规定,熟悉施工单位、勘察设计单位、监理单位等建设工程企业的质量责任与义务。

10.1 建设工程标准化规定

土木工程中的
"质量强国"理念

10.1.1 建设工程标准的意义与分类

1. 建设工程标准的意义

建设工程标准是指在建设工程领域内获得最佳秩序,对建设工程的勘察、设计、施工、安装、验收、运营维护及管理等活动和结果需要协调统一的事项所制定的共同的、重复使用的技术依据和准则。

标准、规范、规程都是标准的表现方式,习惯上统称为标准。当针对产品、方法、符号、概念等基础标准时,一般采用"标准",如《公路工程技术标准》《建筑抗震鉴定标准》等;当针对工程勘察、规划、设计、施工等通用的技术事项做出规定时一般采用"规范"，如《混凝土结构设计规范》《住宅建筑设计规范》《建筑设计防火规范》等；当针对操作、工艺、管理等专用技术要求时，一般采用"规程"，如《建设工程施工安全技术操作规程》《建筑机械使用安全技术规程》等。

建设工程标准通过行之有效的标准规范，特别是建设工程强制性标准，为建设工程实施安全防范措施、消除安全隐患提供统一的技术要求，以确保在现有的技术、管理条件下尽可能地保障建设工程质量安全，从而最大限度地保障建设工程的建造者、使用者和所有者的生命财产安全以及人身健康安全。

建设工程标准是经济建设和项目投资的重要制度和依据。近年来，随着我国经济建设和城镇化的快速发展，标准在建设工程管理中所发挥的作用越来越重要，在建设工程中的重要技术基础地位和约束引导作用也越来越突出，主要体现在以下几个方面：

（1）确保建设工程质量安全　　在建设工程领域内，从事建设工程的单位水平差别很大，而同一企业内部技术人员的水平也不一样。一个工程、一项设计或施工的水平，往往取决于承担任务的人员水平。但是，建设工程是不允许在质量和安全上出现过大差别的，否则将影响工程的使用功能，造成投资浪费，甚至导致工程安全事故。标准、规范作为统一的技术要求，为工程质量安全提供了基本的尺度，只要从事建设工程活动的人员认真执行这些标准，建设工程的质量和安全是能够得到保障的。

（2）标准规范是衡量工程质量的尺度　　标准规范是根据人们在生产建设过程中长期积累的实践经验和科技成果，包括工程运营和管理方面的经验教训，经过总结、归纳、分析、提高，按照统一、简化、协调、择优的原则编制而成的。工程整个建设过程所需要的判断和控制工程质量的原则要求以及技术指标正是由这些标准规范提供的。因此，执行这些标准规范的严格程度，在一定程度上反映了工程质量的实际状况。

（3）保证工程质量和技术经济合理　　建筑工程标准规范是在总结国内外多年建筑经验的基础上制定出来的，并通过标准规范的贯彻实施结果和科学试验总结，进行了必要的修改，使之更加完善和提高。实践证明，严格按照标准规范进行设计和施工，基本上都做到了安全适度和经济合理。

（4）推动能源、资源的节约和合理利用，引导建设工程可持续发展　　建筑工程量大面广，需要消耗大量的原料、材料和资源。因此，建设工程标准规范在合理利用资源、节约材料、开发新材料、搞好工业废料的利用方面具有相当大的推动作用。

（5）促进建设工程技术进步、科研成果转化　　任何一项科学技术和科研成果刚开始总是在小范围内试用和推广。一旦成熟后纳入标准规范就具有了权威性，即能比较迅速地在全国范围内大面积推广，从而使科技成果很快地转化为社会生产力。

（6）标准化是企业的生命　　标准化是建设工程企业实行科学管理的重要手段，也是建设工程企业开展全面质量管理和建立质量保证体系的重要支柱。它不仅推动了企业高效率进行生产经营活动，而且是现代化企业发展的基础。

2. 建设工程标准的分类

按照《标准化法》的规定，我国的标准分为国家标准、行业标准、地方标准和企业标准。根据标准的约束性，又可分为强制性标准和推荐性标准。

保障人体健康、人身、财产安全的标准和法律、行政法规规定强制执行的标准是强制性标准，其他标准是推荐性标准。强制性标准一经颁布，必须贯彻执行，否则对造成恶劣后果和重大损失的单位和个人,要受到经济制裁或承担法律责任。强制性标准可分为全文强制和条文强制两种形式。标准的全部技术内容需要强制时,为全文强制形式;标准中部分技术内容需要强制时,为条文强制形式。

(1) 国家标准 《标准化法》规定,对需要在全国范围内统一的技术要求,应当制定国家标准。

1) 建设工程国家标准的范围和类型。建设部《工程建设国家标准管理办法》规定,对需要在全国范围内统一的下列技术要求,应当制定国家标准:

①建设工程勘察、规划、设计、施工(包括安装)及验收等通用的质量要求。

②建设工程通用的有关安全、卫生和环境保护的技术要求。

③建设工程通用的术语、符号、代号、量与单位、建筑模数和制图方法。

④建设工程通用的试验、检验和评定等的方法。

⑤建设工程通用的信息技术要求。

⑥国家需要控制的其他建设工程通用的技术要求。

2) 建设工程国家标准分为强制性标准和推荐性标准。下列标准属于强制性标准:

①建设工程勘察、规划、设计、施工(包括安装)及验收等通用的综合标准和重要的通用的质量标准。

②建设工程通用的有关安全、卫生和环境保护的标准。

③建设工程重要的通用的术语、符号、代号、量与单位、建筑模数和制图方法标准。

④建设工程重要的通用的试验、检验和评定方法等标准。

⑤建设工程重要的通用的信息技术标准。

⑥国家需要控制的其他建设工程通用的标准。

3) 建设工程国家标准的制定原则和程序。制定国家标准应当遵循下列原则:

①必须贯彻执行国家的有关法律、法规和方针、政策,密切结合自然条件,合理利用资源,充分考虑使用和维修的要求,做到安全适用、技术先进、经济合理。

②对需要进行科学试验或测试验证的项目,应当纳入各级主管部门的科研计划,认真组织实施,写出成果报告。

③纳入国家标准的新技术、新工艺、新设备、新材料,应当经有关主管部门或受委托单位鉴定,且经实践检验行之有效。

④积极采用国际标准和国外先进标准,并经认真分析论证或测试验证,符合我国国情。

⑤国家标准条文规定应当严谨明确,文句简练,不得模棱两可,其内容深度、术语、符号、计量单位等应当前后一致。

⑥必须做好与现行相关标准之间的协调工作。

4) 建设工程国家标准的制定程序分为准备、征求意见、送审和报批四个阶段。

5) 建设工程国家标准的审批发布和编号。建设工程国家标准由国务院建设行政主管部门审查批准,由国务院标准化行政主管部门统一编号,由国务院标准化行政主管部门和国务院建设行政主管部门联合发布。

建设工程国家标准的编号由国家标准代号、发布标准的顺序号和发布标准的年号组成。强制性国家标准的代号为"GB",推荐性国家标准的代号为"GB/T"。例如,《建筑工程施工质量验收统一标准》(GB 50300—2013),其中,GB 表示为强制性国家标准,50300 表示标准发布顺序号，2013 表示是 2013 年批准发布的；《工程建设施工企业质量管理规范 KGB/T 50430—2007》（将于 2018 年 1 月 1 日施行 GB/T 50430—2017），其中 GB/T 表示为推荐性国家标准，50430 表示标准发布顺序号，2007 表示是 2007 年批准发布的。

6）国家标准的复审与修订。国家标准实施后，应当根据科学技术的发展和建设工程的需要，由国家标准管理部门适时组织有关单位进行复审。复审一般在国家标准实施 5 年后进行 1 次。复审可以采取函审或会议审查，一般由参加过该标准编制或审查的单位或个人参加。

国家标准复审后，标准管理单位应当提出其继续有效或者予以修订、废止的意见，经该国家标准的主管部门确认后报国务院建设行政主管部门批准。凡属下列情况之一的国家标准，应当进行局部修订：

①国家标准的部分规定已制约了科学技术新成果的推广应用。
②国家标准的部分规定经修订后可取得明显的经济效益、社会效益、环境效益。
③国家标准的部分规定有明显缺陷或与相关的国家标准相抵触。
④需要对现行的国家标准做局部补充规定。

（2）行业标准　《标准化法》规定，对没有国家标准而又需要在全国某个行业范围内统一的技术要求，可以制定行业标准。在公布国家标准之后，该项行业标准即行废止。

1）建设工程行业标准的范围和类型。建设部《工程建设行业标准管理办法》规定，对没有国家标准而需要在全国某个行业范围内统一的下列技术要求，可以制定行业标准：

①建设工程勘察、规划、设计、施工（包括安装）及验收等行业专用的质量要求。
②建设工程行业专用的有关安全、卫生和环境保护的技术要求。
③建设工程行业专用的术语、符号、代号、量与单位和制图方法。
④建设工程行业专用的试验、检验和评定等方法。
⑤建设工程行业专用的信息技术要求。
⑥其他建设工程行业专用的技术要求。

2）建设工程行业标准也分为强制性标准和推荐性标准。下列标准属于强制性标准：

①建设工程勘察、规划、设计、施工（包括安装）及验收等行业专用的综合性标准和重要的行业专用的质量标准。
②建设工程行业专用的有关安全、卫生和环境保护的标准。
③建设工程重要的行业专用的术语、符号、代号、量与单位和制图方法标准。
④建设工程重要的行业专用的试验、检验和评定方法等标准。
⑤建设工程重要的行业专用的信息技术标准。
⑥行业需要控制的其他建设工程标准。

行业标准不得与国家标准相抵触。行业标准的某些规定与国家标准不一致时，必须有充分的科学依据和理由，并经国家标准的审批部门批准。行业标准在相应的国家标准实施后，应当及时修订或废止。

3）建设工程行业标准的制定、修订程序与复审。建设工程行业标准的制定、修订程序，也可以按准备、征求意见、送审和报批四个阶段进行。

建设工程行业标准实施后，根据科学技术的发展和建设工程的实际需要，该标准的批准部门应当适时进行复审，确认其继续有效或予以修订、废止。一般也是 5 年复审 1 次。

(3) 地方标准 《标准化法》规定,对没有国家标准和行业标准而又需要在省、自治区、直辖市范围内统一的工业产品的安全、卫生要求,可以制定地方标准。在公布国家标准或者行业标准之后,该项地方标准即行废止。

1) 建设工程地方标准制定的范围和权限。我国幅员辽阔,各地的自然环境差异较大,而建设工程要受到自然环境的影响。例如,我国的黄土地区、冻土地区以及膨胀土地区,对建筑技术的要求有很大区别。因此,建设工程标准除国家标准、行业标准外,还需要有相应的地方标准。

根据建设部《工程建设地方标准化工作管理规定》的规定,建设工程地方标准项目的确定,应当从本行政区域建设工程的需要出发,并应体现本行政区域的气候、地理环境、技术等特点。对没有国家标准、行业标准或国家标准、行业标准规定不具体,且需要在本行政区域内做出统一规定的建设工程技术要求,可制定相应的建设工程地方标准。

建设工程地方标准在省、自治区、直辖市范围内由省、自治区、直辖市建设行政主管部门统一计划、统一审批、统一发布、统一管理。

2) 建设工程地方标准的实施和复审。建设工程地方标准不得与国家标准和行业标准相抵触。对与国家标准或行业标准相抵触的建设工程地方标准的规定,应当自行废止。工程建设地方标准应报国务院建设行政主管部门备案。未经备案的建设工程地方标准,不得在建设活动中使用。

建设工程地方标准中,对直接涉及人民生命财产安全、人体健康、环境保护和公共利益的条文,国务院建设行政主管部门确定后,可作为强制性条文。在不违反国家标准和行业标准的前提下,建设工程地方标准可以独立实施。

(4) 企业标准 《标准化法》规定,企业生产的产品没有国家标准和行业标准的,应当制定企业标准,作为组织生产的依据。已有国家标准或者行业标准的,国家鼓励企业制定严于国家标准或者行业标准的企业标准,在企业内部适用。

建设部《关于加强工程建设企业标准化工作的若干意见》指出,建设工程企业标准一般包括企业的技术标准、管理标准和工作标准。

1) 企业技术标准是指对本企业范围内需要协调和统一的技术要求所制定的标准,如对施工过程中的质量、方法或工艺的要求,安全、卫生和环境保护的技术要求以及试验、检验和评定方法等做出规定。对已有国家标准、行业标准或地方标准的,企业可以按照国家标准、行业标准或地方标准的规定执行,也可以根据本企业的技术特点和实际需要制定优于国家标准、行业标准或地方标准的企业标准;对没有国家标准、行业标准或地方标准的,企业应当制定企业标准。国家鼓励企业积极采用国际标准或国外先进标准。

2) 企业管理标准是指对本企业范围内需要协调和统一的管理要求所制定的标准,如企业的组织管理、计划管理、技术管理、质量管理和财务管理等。

3) 企业工作标准是指对本企业范围内需要协调和统一的工作事项要求所制定的标准。重点应围绕工作岗位的要求,对企业各个工作岗位的任务、职责、权限、技能、方法、程序、评定等做出规定,如施工企业的泥工工作标准、木工翻样工工作标准、钢筋翻样工工作标准、钢筋工工作标准、混凝土工工作标准、架子工工作标准、防水工工作标准、油漆玻璃工工作标准、中心实验室试验工工作标准、安装电工工作标准、吊装起重工工作标准等。

此外,在实践中还有推荐性的建设工程协会标准。

10.1.2 建设工程强制性标准实施规定

建设工程标准制定的目的在于实施。否则，再好的标准也是一纸空文。我国建设工程领域所出现的各类工程质量事故，大都是没有贯彻或没有严格贯彻强制性标准的结果。因此，《标准化法》规定，强制性标准，必须执行。《建筑法》规定，建筑活动应当确保建筑工程质量和安全，符合国家的建设工程安全标准。

1. 建设工程各方主体实施强制性标准的法律规定

《建筑法》和《建设工程质量管理条例》规定，建设单位不得以任何理由，要求建筑设计单位或者建筑施工企业在工程设计或者施工作业中，违反法律、行政法规和建筑工程质量、安全标准，降低工程质量。建设单位不得明示或暗示设计单位或施工单位违反建设工程强制性标准，降低建设工程质量。建筑设计单位和建筑施工企业对建设单位违反规定提出的降低工程质量的要求，应当予以拒绝。

勘察、设计单位必须按照建设工程强制性标准进行勘察、设计，并对其勘察、设计的质量负责。建设工程设计应当符合按照国家规定制定的建筑安全规程和技术规范，保证工程的安全性能。勘察、设计文件应当符合有关法律、行政法规的规定和建筑工程质量、安全标准，建筑工程勘察、设计技术规范以及合同的约定。设计文件选用的建筑材料、建筑构配件和设备，应当注明其规格、型号、性能等技术指标，其质量要求必须符合国家规定的标准。

施工单位必须按照工程设计图和施工技术标准施工，不得擅自修改工程设计，不得偷工减料。施工单位必须按照工程设计要求、施工技术标准和合同约定，对建筑材料、建筑构配件、设备和商品混凝土等进行检验，检验应当有检测实验报告和专人签字确认；未经检验或者检验不合格的，不得使用。

建筑工程监理应当依照法律、行政法规及有关的技术标准、设计文件和建筑工程承包合同，对承包单位在施工质量、建设工期和建设资金使用等方面，代表建设单位实施监督。工程监理人员认为工程施工不符合工程设计要求、施工技术标准和合同约定的，有权要求建筑施工企业改正。工程监理人员发现工程设计不符合建筑工程质量标准或者合同约定的质量要求的，应当报告建设单位要求设计单位改正。

2. 建设工程标准强制性条文的实施

在建设工程标准的条文中，使用"必须""严禁""应""不应""不得"等属于强制性标准的用词，而使用"宜""不宜""可"等一般不是强制性标准的规定。但在工作实践中，强制性标准与推荐性标准的划分仍然存在一定的困难。

自2000年起，国务院建设行政主管部门对建设工程强制性标准进行了改革，严格按照《标准化法》的规定，把现行建设工程强制性国家标准、行业标准中必须严格执行的直接涉及工程安全、人体健康、环境保护和公众利益的技术规定摘编出来，以工程项目类别为对象，编制完成了《工程建设标准强制性条文》（现行条文于2010年发布），包括城乡规划、城市建设、房屋建筑、工业建筑、水利工程、电力工程、信息工程、水运工程、公路工程、铁道工程、石油和化工技术工程、矿业工程、人防工程、广播电影电视工程和民航机场工程等15个部分。同时，对于今后新批准发布的建设工程标准，除明确其必须执行的强制性条文外，已经不再确定标准本身的强制性或推荐性。也就是说，在一项建设工程标准中可以同时存在强制性条文和推荐性条文。

《实施工程建设强制性标准监督规定》规定，在中华人民共和国境内从事新建、扩建、改建等建设工程活动，必须执行建设工程强制性标准。建设工程强制性标准是指直接涉及工程质量、安全、卫生及环境保护等方面的建设工程标准强制性条文。国家建设工程标准强制性条文由国务院建设行政主管部门会同国务院有关行政主管部门确定。

在建设工程中，如果拟采用的新技术、新工艺、新材料不符合现行强制性标准规定的，应当由拟采用单位提请建设单位组织专题技术论证，报批准标准的建设行政主管部门或者国务院有关主管部门审定。建设工程中采用国际标准或者国外标准，而我国现行强制性标准未做规定的，建设单位应当向国务院建设行政主管部门或者国务院有关行政主管部门备案。在对建设工程强制性标准实施改革后，我国目前实行的强制性标准包含以下三部分：

1）批准发布时已明确为强制性标准的。

2）批准发布时虽未明确为强制性标准，但其编号中不带"/T"的，仍为强制性标准。

3）自2000年后批准发布的标准，批准时虽未明确为强制性标准，但其中有必须严格执行的强制性条文（黑体字），编号也不带"/T"的，也应视为强制性标准。

3. 对建设工程强制性标准的监督检查

（1）监督管理机构

1）《实施工程建设强制性标准监督规定》规定，国务院住房城乡建设主管部门负责全国实施建设工程强制性标准的监督管理工作。国务院有关主管部门按照国务院的职能分工负责实施建设工程强制性标准的监督管理工作。县级以上地方人民政府住房城乡建设主管部门负责本行政区域内实施建设工程强制性标准的监督管理工作。

2）建设项目规划审查机关应当对建设工程规划阶段执行强制性标准的情况实施监督；施工图设计文件审查单位应当对建设工程勘察、设计阶段执行强制性标准的情况实施监督；建筑安全监督管理机构应当对建设工程施工阶段执行施工安全强制性标准的情况实施监督；工程质量监督机构应当对建设工程施工、监理、验收等阶段执行强制性标准的情况实施监督。

3）建设项目规划审查机关、施工设计图设计文件审查单位、建筑安全监督管理机构、工程质量监督机构的技术人员必须熟悉、掌握建设工程强制性标准。

（2）监督检查的方式和内容 建设工程标准批准部门应当定期对建设项目规划审查机关、施工图设计文件审查单位、建筑安全监督管理机构、工程质量监督机构实施强制性标准的监督进行检查，对监督不力的单位和个人，给予通报批评，建议有关部门处理。

1）建设工程标准批准部门应当对工程项目执行强制性标准情况进行监督检查。监督检查可以采取重点检查、抽查和专项检查的方式。

2）强制性标准监督检查的内容包括：①工程技术人员是否熟悉、掌握强制性标准；②工程项目的规划、勘察、设计、施工、验收等是否符合强制性标准的规定；③工程项目采用的材料、设备是否符合强制性标准的规定；④工程项目的安全、质量是否符合强制性标准的规定；⑤工程项目采用的导则、指南、手册、计算机软件的内容是否符合强制性标准的规定。

3）建设行政主管部门或者有关行政主管部门在处理重大事故时，应当有建设工程标准方面的专家参与；工程事故报告应当包含是否符合建设工程强制性标准的意见。

10.2 建设工程企业的质量责任与义务

10.2.1 施工单位的质量责任和义务

施工单位是建设工程的重要责任主体之一。施工阶段是建设工程实物质量形成的阶段，勘察、设计工作质量均要在这一阶段得以实现。由于施工阶段影响质量稳定的因素和涉及的责任主体均较多，协调管理的难度较大，施工阶段的质量责任制度尤为重要。

1. 对施工质量负责和总分包单位的质量责任

（1）施工单位对施工质量负责 《建设工程质量管理条例》规定，施工单位对建设工程的施工质量负责。施工单位应当建立质量责任制，确定工程项目的项目经理、技术负责人和施工管理负责人。

1）对施工质量负责是施工单位法定的质量责任。施工单位是建设工程质量的重要责任主体，但不是唯一的责任主体。建设工程质量要受到多方因素的制约，在勘察、设计质量没有问题的前提下，整个建设工程的质量状况，最终将取决于施工质量。因此，从法律上确立施工质量责任制，要求施工单位对建设工程的施工质量负责，也就是要对自己的施工行为负责，既可避免让施工单位承担过多的工程质量责任而开脱建设单位及其他主体的责任，又可避免让建设单位及其他主体承担过多的工程质量责任而忽略施工单位应承担的施工质量责任，建设工程各方主体依法各司其职，各负其责，使建设工程质量责任真正落到实处。

2）施工单位的质量责任制，是其质量保证体系的一个重要组成部分，也是施工质量目标得以实现的重要保证。建立质量责任制，主要包括制订质量目标计划，建立考核标准并层层分解落实到具体的责任单位和责任人，特别是工程项目的项目经理、技术负责人和施工管理负责人。落实质量责任制，不仅是为了在出现质量问题时可以追究责任，更重要的是通过层层落实质量责任制，做到事事有人管、人人有职责，加强对施工过程的全面质量控制，保证建设工程的施工质量。

（2）总分包单位的质量责任

1）《建设工程质量管理条例》规定，建设工程实行总承包的，总承包单位应当对全部建设工程质量负责；建设工程勘察、设计、施工、设备采购的一项或者多项实行总承包的承包单位应当对其承包的建设工程或者采购的设备的质量负责。总承包单位依法将建设工程分包给其他单位的，分包单位应当按照分包合同的约定对其分包工程的质量向总承包单位负责，总承包单位与分包单位对分包工程的质量承担连带责任。

2）无论是实行建设工程总承包还是对建设工程勘察、设计、施工、设备采购的一项或者多项实行总承包，总承包单位都应当对其所承包的工程或工作承担总体的质量责任。这是因为，在总分包的情况下存在着总包、分包两个合同，所以就有以下两种合同法律关系：

①总承包单位要按照总承包合同向建设单位负总体质量责任，这种责任的承担不论是总承包单位造成的还是分包单位造成的。

②在总承包单位承担责任后，可以依据分包合同的约定，追究分包单位的质量责任，包括追偿经济损失。

3）分包单位应当接受总承包单位的质量管理。总承包单位与分包单位对分包工程的质量要依法承担连带责任。当分包工程发生质量问题时，建设单位或其他受害人既可以向分包单位请求赔偿，也可以向总承包单位请求赔偿；进行赔偿的一方，有权依据分包合同的约定，对不属于自己责任部分的赔偿向对方追偿。

2. 按照工程设计图和施工技术标准施工的规定

《建设工程质量管理条例》规定，施工单位必须按照工程设计图和施工技术标准施工，不得擅自修改工程设计，不得偷工减料。施工单位在施工过程中发现设计文件和图纸有差错的，应当及时提出意见和建议。

（1）按图施工，遵守标准

1）按工程设计图施工，是保证工程实现设计意图的前提，也是明确划分设计、施工单位质量责任的前提。如果施工单位不按图施工或不经原设计单位同意擅自修改工程设计，则其直接的后果往往是违反了原设计的意图，严重的将给工程结构安全留下隐患；间接的后果是在原设计有缺陷或出现工程质量事故的情况下，由于施工单位擅自修改了设计，将会混淆设计、施工单位各自的质量责任。所以，按图施工、不擅自修改设计，是施工单位保证工程质量的最基本要求。

2）施工技术标准是工程建设过程中规范施工行为的技术依据。施工单位只有按照施工技术标准，特别是强制性标准的要求施工，才能保证工程的施工质量。如果在工程的一般部位，施工工序不严格按照标准要求，偷工减料，简化操作程序，将会产生一般性的质量通病，影响工程外观质量或一般使用功能；但在关键部位，如结构中使用劣质钢筋、水泥，或是让不具备资格的人上特殊岗位如充当电焊工等，将给工程留下严重的结构隐患。

3）从法律的角度来看，工程设计图和施工技术标准都属于合同文件的组成部分，如果施工单位不按照工程设计图和施工技术标准施工，则属于违约行为，应该对建设单位承担违约责任。

（2）防止设计文件和图纸出现差错 由于工程项目的设计涉及多个专业，还需要同有关方面进行协调，设计文件和图纸也有可能会出现差错，这些差错通常会在图纸会审或施工过程中被逐渐发现。施工人员特别是施工管理负责人、技术负责人以及项目经理等，均为有丰富实践经验的专业人员，对设计文件和图纸中存在的差错是有能力发现的。因此，如果施工单位在施工过程中发现设计文件和图纸中确实存在差错，则有义务及时向设计单位提出，避免造成不必要的损失和质量问题。这是施工单位应具备的职业道德，也是履行合同应尽的基本义务。

（3）对建筑材料、设备等进行检验检测的规定 《建设工程质量管理条例》规定，施工单位必须按照工程设计要求、施工技术标准和合同约定，对建筑材料、建筑构配件、设备和商品混凝土进行检验。检验应当有书面记录和专人签字；未经检验或者检验不合格的，不得使用。

由于建设工程属于特殊产品，其质量隐蔽性强，终检局限性大，在施工全过程质量控制中必须严格执行法定的检验、检测制度。否则，将会给建设工程造成难以逆转的先天性质量隐患，甚至导致质量安全事故。依法对建筑材料、设备等进行检验检测，是施工单位的一项重要法定义务。

1）建筑材料、建筑构配件、设备和商品混凝土的检验制度

①施工单位对进入施工现场的建筑材料、建筑构配件、设备和商品混凝土实行检验制

度，是施工单位质量保证体系的重要组成部分，也是保证施工质量的重要前提。施工单位应当严把两道关：一是谨慎选择生产供应厂商；二是实行进场二次检验。

②施工单位的检验要依据工程设计要求、施工技术标准和合同约定。检验对象是将在工程施工中使用的建筑材料、建筑构配件、设备和商品混凝土。合同若有其他约定的，检验工作还应满足合同相应条款的要求。检验结果要按规定的格式形成书面记录，并由相关的专业人员签字。这是为了促使检验工作严谨认真，以及未来必要时有据可查，方便管理，明确责任。

③对于未经检验或检验不合格的，不得用于工程中，否则将是一种违法行为，要追究擅自使用或批准使用人的责任。此外，对于混凝土构件和商品混凝土的生产厂家，还应当符合《混凝土构件和商品混凝土生产企业资质管理规定（试行）》的要求，如果没有资质或相应资质等级的，其提供的产品应视为不合格产品。

2）施工检测的见证取样和送检制度。《建设工程质量管理条例》规定，施工人员对涉及结构安全的试块、试件以及有关材料，应当在建设单位或者工程监理单位监督下现场取样，并送具有相应资质等级的质量检测单位进行检测。

在施工过程中，为了控制工程总体或相应部位的施工质量，通常要依据有关技术标准，用特定方法对用于工程的材料或构件抽取一定数量的样品进行检测检验，并根据其结果来判断所代表部位的质量。这是控制和判断施工质量水平所采取的重要技术措施，试件、试块及有关材料的真实性和代表性是保证这一措施有效的前提条件。因此，施工检测应当实行见证取样和送检制度，并由具有相应资质等级的质量检测单位进行检测。

所谓见证取样和送检，是指在建设单位或工程监理单位人员的见证下，由施工单位的现场试验人员对工程中涉及结构安全的试块、试件和材料在现场取样，并送至具有法定资格的质量检测单位进行检测的活动。

《房屋建筑工程和市政基础设施工程实行见证取样和送检的规定》中规定，涉及结构安全的试块、试件和材料见证取样和送检的比例不得低于有关技术标准中规定应取样数量的30%。下列试块、试件和材料必须执行见证取样和送检：

①用于承重结构的混凝土试块。
②用于承重墙体的砌筑砂浆试块。
③用于承重结构的钢筋及连接接头试件。
④用于承重墙的砖和混凝土小型砌块。
⑤用于拌制混凝土和砌筑砂浆的水泥。
⑥用于承重结构的混凝土中使用的掺加剂。
⑦地下、屋面、厕浴间使用的防水材料。
⑧国家规定必须实行见证取样和送检的其他试块、试件和材料。

见证人员应由建设单位或该工程的监理单位中具备施工试验知识的专业技术人员担任，并由建设单位或该工程的监理单位书面通知施工单位、检测单位和负责该项工程的质量监督机构。

在施工过程中，见证人员应按照见证取样和送检计划，对施工现场的取样和送检进行见证。取样人员应在试样或其包装上做出标识、封志。标识和封志应标明工程名称、取样部位、取样日期、样品名称和样品数量，并由见证人员和取样人员签字。见证人员和取样人员应对试样的代表性和真实性负责。

（4）施工质量检验和返修的规定

1）施工质量检验制度。《建设工程质量管理条例》规定，施工单位必须建立、健全施工质量检验制度，严格工序管理，做好隐蔽工程的质量检查和记录。隐蔽工程在隐蔽前，施工单位应当通知建设单位和建设工程质量监督机构。

施工质量检验，通常是指工程施工过程中的工序质量检验（或称过程检验），包括预检、自检、交接检、专职检、分部工程中间检验以及隐蔽工程检验等。

①严格工序质量检验和管理。施工工序也可以称为过程。各个工序或过程之间横向和纵向的联系形成了工序网络或过程网络。任何一项工程的施工，都是通过一个由许多工序或过程组成的工序（或过程）网络来实现的。网络上的关键工序或过程都有可能对工程最终的施工质量产生决定性的影响。例如，焊接节点的破坏，就可能引起桁架破坏，从而导致屋面坍塌。所以，施工单位要加强对施工工序或过程的质量控制，特别是要加强影响结构安全的地基和结构等关键施工过程的质量控制。

完善的检验制度和严格的工序管理是保证工序或过程质量的前提。只有工序或过程网络上的所有工序或过程的质量都受到严格控制，整个工程的质量才能得到保证。

②强化隐蔽工程质量检查。隐蔽工程是指在施工过程中某一道工序所完成的工程实物，被后一工序形成的工程实物所隐蔽，而且不可以逆向作业的那部分工程。例如，钢筋混凝土工程施工中，钢筋为混凝土所覆盖，前者即为隐蔽工程。

由于隐蔽工程被后续工序隐蔽后，其施工质量就很难检验及认定。如果不去认真做好隐蔽工程的质量检查工作，便容易给工程留下隐患。所以，隐蔽工程在隐蔽前，施工单位除了要做好检查、检验并做好记录外，还应当及时通知建设单位（实施监理的工程为监理单位）和建设工程质量监督机构，以接受政府监督和向建设单位提供质量保证。

工程具备隐蔽条件或达到专用条款约定的中间验收阶段时，施工单位进行自检，并在隐蔽或中间验收前48小时以书面形式通知监理工程师验收。验收不合格的，施工单位在监理工程师限定的时间内修改并重新验收。如果工程质量符合标准规范和设计图等要求，验收24小时后，监理工程师不在验收记录上签字的，视为批准，施工单位可继续进行隐蔽或施工。

建设工程质量监督机构接到施工单位隐蔽验收的通知后，可以根据工程的特点和隐蔽部位的重要程度以及工程质量监督管理规定，确定是否监督该部位的隐蔽验收。对于整个工程中所有隐蔽工程的验收活动，建设工程质量监督机构要保持一定的抽检频率。对于工程关键部位的隐蔽工程验收通常要到场，并对参加隐蔽工程验收的各方人员资格、验收程序以及工程实物进行监督检查，发现问题及时责成责任方予以纠正。

2）建设工程的返修。《建设工程质量管理条例》规定，施工单位对施工中出现质量问题的建设工程或者竣工验收不合格的建设工程应当负责返修。

返修作为施工单位的法定义务，包括施工过程中出现质量问题的建设工程和竣工验收不合格的建设工程两种情形。

所谓返工，是指工程质量不符合规定的质量标准，而又无法修理的情况下重新进行施工；修理则是指工程质量不符合标准，而又有可能修复的情况下，对工程进行修补，使其达到质量标准的要求。不论是施工过程中出现质量问题的建设工程，还是竣工验收时发现质量问题的工程，施工单位都要负责返修。

对于非施工单位原因造成的质量问题，施工单位也应当负责返修，但是因此而造成的损失及返修费用由责任方负责。

(5) 建立健全职工教育培训制度规定　《建设工程质量管理条例》规定，施工单位应当建立、健全教育培训制度，加强对职工的教育培训；未经教育培训或者考核不合格的人员，不得上岗作业。

施工单位建立健全教育培训制度，加强对职工的教育培训，是企业重要的基础工作之一。由于施工单位从事一线施工活动的人员大多来自农村，教育培训的任务十分艰巨。施工单位的教育培训通常有各类质量教育和岗位技能培训等。

先培训、后上岗。特别是与质量工作有关的人员，如总工程师、项目经理、质量体系内审员、质量检查员，施工人员、材料试验及检测人员，关键技术工种如焊工、钢筋工、混凝土工等，未经培训或者培训考核不合格的人员，不得上岗工作或作业。

(6) 违法行为应承担的法律责任　施工单位质量违法行为应承担的主要法律责任如下：

1) 违反资质管理规定和转包、违法分包造成质量问题应承担的法律责任。建筑施工企业转让、出借资质证书或者以其他方式允许他人以本企业的名义承揽工程的，对因该项承揽工程不符合规定的质量标准造成的损失，建筑施工企业与使用本企业名义的单位或者个人承担连带赔偿责任。

承包单位将承包的工程转包的，或者违反规定进行分包的，对因转包工程或者违法分包的工程不符合规定的质量标准造成的损失，与接受转包或者分包的单位承担连带赔偿责任。

2) 偷工减料等违法行为应承担的法律责任。《建设工程质量管理条例》规定，施工单位在施工中偷工减料的，使用不合格的建筑材料、建筑构配件和设备的，或者有不按照工程设计图或者施工技术标准施工的其他行为的，责令改正，处工程合同价款2%以上4%以下的罚款；造成建设工程质量不符合规定的质量标准的，负责返工、修理，并赔偿因此造成的损失；情节严重的，责令停业整顿，降低资质等级或者吊销资质证书。

3) 检验检测违法行为应承担的法律责任。《建设工程质量管理条例》规定，施工单位未对建筑材料、建筑构配件、设备和商品混凝土进行检验，或者未对涉及结构安全的试块、试件以及有关材料取样检测的，责令改正，处10万元以上20万元以下的罚款；情节严重的，责令停业整顿，降低资质等级或者吊销资质证书；造成损失的，依法承担赔偿责任。

4) 构成犯罪的，追究刑事责任。《建设工程质量管理条例》规定，建设单位、设计单位、施工单位、工程监理单位违反国家规定降低工程质量标准，造成重大安全事故，构成犯罪的，对直接责任人员依法追究刑事责任。

建设、勘察、设计、施工、工程监理单位的工作人员因调动工作、退休等原因离开该单位后，被发现在该单位工作期间违反国家有关建设工程质量管理规定，造成重大工程质量事故的，仍应当依法追究法律责任。

10.2.2　建设单位和相关单位的质量责任和义务

建设工程质量责任制涵盖了多方主体的质量责任制，除施工单位外，还有建设单位，勘察、设计单位，工程监理单位的质量责任制。

工程质量管理案例学习

1. 建设单位相关的质量责任和义务

建设单位作为建设工程的投资人,是建设工程的重要责任主体。建设单位有权选择承包单位,有权对建设过程进行检查、控制,对建设工程进行验收,并要按时支付工程款和费用等,在整个建设活动中居于主导地位。因此,要确保建设工程的质量,首先要对建设单位的行为进行规范,对其质量责任予以明确。

(1) 依法发包工程 《建设工程质量管理条例》规定,建设单位应当将工程发包给具有相应资质等级的单位。建设单位不得将建设工程肢解发包。建设单位应当依法对建设工程项目的勘察、设计、施工、监理以及与建设工程有关的重要设备、材料等的采购进行招标。

建设工程活动不同于一般的经济活动,从业单位的素质高低直接影响着建设工程质量。企业资质等级反映了企业从事某项建设工程活动的资格和能力,是国家对建设市场准入管理的重要手段。将工程发包给具有相应资质等级的单位来承担,是保证建设工程质量的基本前提。因此,从事建设工程活动必须符合严格的资质条件。《建设工程勘察设计资质管理规定》《建筑业企业资质管理规定》《工程监理企业资质标准》等,对工程勘察单位、工程设计单位、施工企业和工程监理单位的资质等级、资质标准、业务范围等做出了明确规定。如果建设单位将工程发包给没有资质等级或资质等级不符合条件的单位,则不仅扰乱了建设市场秩序,更重要的是将会因为承包单位不具备完成建设工程的技术能力、专业人员和资金,造成工程质量低劣,甚至使工程项目半途而废。

当建设单位发包工程时,应该根据工程特点,以有利于工程的质量、进度、成本控制为原则,合理划分标段,但不得肢解发包工程。如果将应当由一个承包单位完成的工程肢解成若干部分,分别发包给不同的承包单位,将使整个建设工程在管理和技术上缺乏应有的统筹协调,从而造成施工现场秩序的混乱,责任不清,严重影响建设工程质量,一旦出现问题也很难找到责任方。

建设单位还要依照《招标投标法》等有关规定,对必须实行招标的工程项目进行招标,择优选定工程勘察、设计、施工、监理单位以及采购重要设备、材料等。

(2) 依法向有关单位提供原始资料 《建设工程质量管理条例》规定,建设单位必须向有关勘察、设计、施工、工程监理等单位提供与建设工程有关的原始资料。保证原始资料真实、准确、齐全,是建设单位基本的责任和义务。

在工程实践中,建设单位根据委托任务,必须向勘察单位提供如勘察任务书、项目规划总平面图、地下管线、地形地貌等在内的基础资料;向设计单位提供政府有关部门批准的项目建议书、可行性研究报告等立项文件,设计任务书,有关城市规划、专业规划设计条件,勘察成果及其他基础资料;向施工单位提供概算批准文件,建设项目正式列入国家、部门或地方的年度固定资产投资计划,建设用地的征用资料,施工图及技术资料,建设资金和主要建筑材料、设备的来源落实资料,建设项目所在地规划部门批准文件,施工现场完成"三通一平"的平面图等资料;向工程监理单位提供的原始资料,除包括给施工单位的资料外,还要有建设单位与施工单位签订的承包合同文本。

(3) 限制不合理的干预行为 《建设工程质量管理条例》规定,建设工程发包单位,不得迫使承包人以低于成本的价格竞标,不得任意压缩合理工期。建设单位不得明示或者暗示设计单位或施工单位违反建设工程强制性标准,降低建设工程质量。

合理工期

成本是构成价格的主要部分,是承包人估算投标价格的依据和经济底线。如果建设单位一味强调降低成本、节约开支而压级压价,迫使承包人互相压价,以低于成本的价格中标,势必会导致中标单位在承包工程后,为了减少开支、降低成本而采取偷工减料、以次充好、粗制滥造等手段,最终导致建设工程出现质量问题,影响投资效益的发挥。

建设单位也不得任意压缩合理工期。因为,合理工期是指在正常建设条件下,采取科学合理的施工工艺和管理方法,以现行的工期定额为基础,结合工程项目建设的实际,经合理测算和平等协商而确定的使参与各方均获满意的经济效益的工期。如果盲目要求赶工期,势必会简化工序,不按规程操作,从而导致建设工程出现质量等诸多问题。

建设单位更不得以任何理由,如建设资金不足、工期紧等,违反强制性标准的规定,要求设计单位降低设计标准,或者要求施工单位采用建设单位采购的不合格材料设备等。这种行为是法律绝不允许的。因为,强制性标准是保证建设工程结构安全可靠的基础性要求,违反了这类标准,必然会给建设工程带来重大质量隐患。

(4) 依法报审施工图设计文件 《建设工程质量管理条例》规定,建设单位应当将施工图设计文件报县级以上人民政府建设行政主管部门或者其他有关部门审查。施工图设计文件未经审查批准的,不得使用。

施工图设计文件是设计文件的重要内容,是编制施工图预算、安排材料、设备订货和非标准设备制作,进行施工、安装和工程验收等工作的依据。施工图设计文件一经完成,建设工程最终所要达到的质量,尤其是地基基础和结构的安全性就有了约束。因此,施工图设计文件的质量直接影响建设工程的质量。

建立和实施施工图设计文件审查制度,是许多发达国家确保建设工程质量的成功做法。我国于1998年开始进行建筑工程项目施工图设计文件审查试点工作,在节约投资、发现设计质量隐患和避免违法违规行为等方面都有明显的成效。通过开展对施工图设计文件的审查,既可以对设计单位的成果进行质量控制,也能纠正参与建设活动各方特别是建设单位的不规范行为。

(5) 依法实行工程监理 《建设工程质量管理条例》规定,实行监理的建设工程,建设单位应当委托具有相应资质等级的工程监理单位进行监理,也可以委托具有工程监理相应资质等级并与被监理工程的施工承包单位没有隶属关系或者其他利害关系的该工程的设计单位进行监理。

监理工作要求监理人员具有较高的技术水平和较丰富的工程经验,因此国家对开展工程监理工作的单位实行资质许可。工程监理单位的资质反映了该单位从事某项监理工作的资格和能力。为了保证监理工作的质量,建设单位必须将需要监理的工程委托给具有相应资质等级的工程监理单位进行监理。

目前,我国的工程监理主要是对工程的施工过程进行监督,而该工程的设计人员对设计意图比较理解,对设计中各专业如结构、设备等在施工中可能发生的问题也比较清楚,因此由具有监理资质的设计单位对自己设计的工程进行监理,对保证工程质量是十分有利的。但是,设计单位与承包该工程的施工单位不得有行政隶属关系,也不得存在可能直接影响设计单位实施监理公正性的非常明显的经济或其他利益关系。

(6) 依法办理工程质量监督手续 《建设工程质量管理条例条例》规定,建设单位在领取施工许可证或者开工报告前,应当按照国家有关规定办理工程质量监督手续。

办理工程质量监督手续是法定程序,不办理质量监督手续的,不发施工许可证,工程不得开工。因此，建设单位在领取施工许可证或者开工报告之前，应当依法到建设行政主管部门或交通运输、水利等有关管理部门，或其委托的工程质量监督机构办理工程质量监督手续，接受政府主管部门的工程质量监督。

建设单位办理工程质量监督手续，应提供以下文件和资料：工程规划许可证、设计单位资质等级证书、监理单位资质等级证书、监理合同及工程项目监理登记表、施工单位资质等级证书及营业执照副本、工程勘察设计文件、中标通知书及施工承包合同等。

(7) 依法保证建筑材料等符合要求　《建设工程质量管理条例》规定，按照合同约定，由建设单位采购建筑材料、建筑构配件和设备的，建设单位应当保证建筑材料、建筑构配件和设备符合设计文件和合同要求。建设单位不得明示或者暗示施工单位使用不合格的建筑材料、建筑构配件和设备。

在工程实践中，根据工程项目设计文件和合同要求的质量标准，哪些材料和设备由建设单位采购，哪些材料和设备由施工单位采购，应该在合同中明确约定，并且是谁采购、谁负责。所以，由建设单位采购建筑材料、建筑构配件和设备的，建设单位必须保证建筑材料、建筑构配件和设备符合设计文件和合同要求。对于建设单位负责供应的材料设备，在使用前施工单位应当按照规定对其进行检验和试验，如果不合格，不得在工程上使用，并应通知建设单位予以退换。

有些建设单位为了赶进度或降低采购成本，常常以各种明示或暗示的方式，要求施工单位降低标准而在工程上使用不合格的建筑材料、建筑构配件和设备。此类行为不仅严重违法，而且危害极大。

(8) 依法进行装修工程　随意拆改建筑主体结构和承重结构等，会危及建设工程安全和人民生命财产安全。因此，《建设工程质量管理条例》规定，涉及建筑主体和承重结构变动的装修工程，建设单位应当在施工前委托原设计单位或者具有相应资质等级的设计单位提出设计方案；没有设计方案的，不得施工。房屋建筑使用者在装修过程中，不得擅自变动房屋建筑主体和承重结构。

建筑设计方案是根据建筑物的功能要求，具体确定建筑标准、结构形式、建筑物的空间和平面布置以及建筑群体的安排。对于涉及建筑主体和承重结构变动的装修工程，设计单位会根据结构形式和特点，对结构受力进行分析，对构件的尺寸、位置、配筋等重新进行计算和设计。因此，建设单位应当委托该建筑工程的原设计单位或者具有相应资质条件的设计单位提出装修工程的设计方案。如果没有设计方案就擅自施工，则将留下质量隐患甚至造成质量事故，后果严重。

房屋使用者在装修过程中，也不得擅自变动房屋建筑主体和承重结构。如拆除隔墙、窗洞改门洞等，都是不允许的。

(9) 建设单位质量违法行为应承担的法律责任　《建设工程质量管理条例》规定，建设单位有下列行为之一的，责令改正，处20万元以上50万元以下的罚款：①迫使承包人以低于成本的价格竞标的；②任意压缩合理工期的；③明示或者暗示设计单位或施工单位违反工程建设强制性标准，降低工程质量的；④施工图设计文件未经审查或者审查不合格，擅自施工的；⑤建设项目必须实行工程监理而未实行工程监理的；⑥未按照国家规定办理工程质量监督手续的；⑦明示或者暗示施工单位使用不合格的建筑材料、建筑构配件和设备的；⑧未按照国家规定将竣工验收报告、有关认可文件或者准许使用文件报送备案的。

建设工程法规

2. 勘察、设计单位相关的质量责任和义务

《建设工程质量管理条例》规定，勘察、设计单位必须按照工程建设强制性标准进行勘察、设计，并对其勘察、设计的质量负责。注册建筑师、注册结构工程师等注册执业人员应当在设计文件上签字，对设计文件负责。

谁勘察、设计谁负责，谁施工谁负责，这是国际上通行的做法。勘察、设计单位和执业注册人员是勘察、设计质量的责任主体，也是整个工程质量的责任主体之一。勘察、设计质量实行单位与执业注册人员双重责任，即勘察、设计单位对其勘察、设计的质量负责，注册建筑师、注册结构工程师等专业人士对其签字的设计文件负责。

（1）依法承揽工程的勘察、设计业务　《建设工程质量管理条例》规定，从事建设工程勘察、设计的单位应当依法取得相应等级的资质证书，并在其资质等级许可的范围内承揽工程。禁止勘察、设计单位超越其资质等级许可的范围或者以其他勘察、设计单位的名义承揽工程。禁止勘察、设计单位允许其他单位或者个人以本单位的名义承揽工程。勘察、设计单位不得转包或者违法分包所承揽的工程。

勘察、设计作为一个特殊行业，有着严格的市场准入条件。勘察、设计单位只有具备了相应的资质条件，才有能力保证勘察、设计质量。如果超越资质等级许可的范围承揽工程，就超越了其勘察、设计能力，也就不能保证勘察、设计的质量。在实践中，超越资质等级许可范围承接工程的行为，大多是通过借用、有偿使用其他有资质单位的资质证书进行的，因而被借用者、出卖者也负有不可推卸的责任。此外，与施工一样，勘察、设计也不允许转包和违法分包。

（2）勘察、设计必须执行强制性标准　《建设工程质量管理条例》规定，勘察、设计单位必须按照工程建设强制性标准进行勘察、设计，并对其勘察、设计的质量负责。

强制性标准是工程建设技术和经验的积累，是勘察、设计工作的技术依据。只有满足工程建设强制性标准才能保证质量，才能满足工程对安全、卫生、环保等多方面的质量要求，因而勘察、设计单位必须严格执行强制性标准。

（3）勘察单位提供的勘察成果必须真实、准确　《建设工程质量管理条例》规定，勘察单位提供的地质、测量、水文等勘察成果必须真实、准确。

工程勘察工作是建设工程的基础工作，工程勘察成果文件是设计和施工的基础资料和重要依据。其真实准确与否直接影响到设计、施工质量，因而工程勘察成果必须真实准确、安全可靠。

（4）设计依据和设计深度　《建设工程质量管理条例》规定，设计单位应当根据勘察成果文件进行建设工程设计。设计文件应当符合国家规定的设计深度要求，注明工程合理使用年限。

勘察成果文件是设计的基础资料，是设计的依据。因此，先勘察、后设计是工程建设的基本做法，也是基本建设程序的要求。我国对各类设计文件的编制深度都有规定，在实践中应当贯彻执行。工程合理使用年限是指从工程竣工验收合格之日起，工程的地基基础、主体结构能保证在正常情况下安全使用的年限。它与《建筑法》中的"建筑物合理寿命年限"、《合同法》中的"工程合理使用期限"等在概念上是一致的。

（5）依法规范设计对建筑材料等的选用　《建设工程质量管理条例》规定，设计单位在设计文件中选用的建筑材料、建筑构配件和设备，应当注明规格、型号、性能等技术指

标，其质量要求必须符合国家规定的标准。除有特殊要求的建筑材料、专用设备、工艺生产线外，设计单位不得指定生产厂、供应商。

为了使建设工程的施工能准确满足设计意图，设计文件中必须注明所选用的建筑材料、建筑构配件和设备的规格、型号、性能等技术指标。这也是设计文件编制深度的要求。但是，在通用产品能保证工程质量的前提下，设计单位不可故意选用特殊要求的产品，也不能滥用权力限制建设单位或施工单位在材料等采购上的自主权。

（6）依法对设计文件进行技术交底　《建设工程质量管理条例》规定，设计单位应当就审查合格的施工图设计文件向施工单位做出详细说明。

设计文件的技术交底，通常的做法是设计文件完成后，通过建设单位发给施工单位，再由设计单位将设计的意图、特殊的工艺要求，以及建筑、结构、设备等各专业在施工中的难点、疑点和容易发生的问题等向施工单位做出详细说明，并负责解释施工单位对设计图的疑问。对设计文件进行技术交底是设计单位的重要义务，对确保工程质量有重要的意义。

（7）依法参与建设工程质量事故分析　《建设工程质量管理条例》规定，设计单位应当参与建设工程质量事故分析，并对因设计造成的质量事故，提出相应的技术处理方案。

工程质量的好坏，在一定程度上就是工程建设是否准确贯彻了设计意图。因此，一旦发生质量事故，该工程的设计单位最有可能在短时间内发现存在的问题，对事故的分析具有权威性。这对及时进行事故处理十分有利。对因设计造成的质量事故，原设计单位必须提出相应的技术处理方案，这是设计单位的法定义务。

（8）勘察、设计单位质量违法行为应承担的法律责任　《建设工程质量管理条例》规定，下列行为造成工程质量事故的，责令停业整顿，降低资质等级；情节严重的，吊销资质证书；造成损失的，依法承担赔偿责任；责令改正，处10万元以上30万元以下的罚款：

1）勘察单位未按照工程建设强制性标准进行勘察的。
2）设计单位未根据勘察成果文件进行工程设计的。
3）设计单位指定建筑材料、建筑构配件的生产厂、供应商的。
4）设计单位未按照工程建设强制性标准进行设计的。

3. 工程监理单位相关的质量责任和义务

工程监理单位接受建设单位的委托，代表建设单位对建设工程进行管理。因此，工程监理单位也是建设工程质量的责任主体之一。

监理单位的职责和权限

（1）依法承担工程监理业务　《建设工程质量管理条例》规定，工程监理单位应当依法取得相应等级的资质证书，并在其资质等级许可的范围内承担工程监理业务。禁止工程监理单位超越本单位资质等级许可的范围或者以其他工程监理单位的名义承担工程监理业务。禁止工程监理单位允许其他单位或者个人以本单位的名义承担工程监理业务。工程监理单位不得转让工程监理业务。

监理单位按照资质等级承担工程监理业务，是保证监理工作质量的前提。越级监理、允许其他单位或者个人以本单位的名义承担监理业务等，将使工程监理变得有名无实，最终会对工程质量造成危害。监理单位转让工程监理业务，与施工单位转包工程有着同样的危害性。

（2）对有隶属关系或其他利害关系的回避　《建设工程质量管理条例》规定，工程监理单位与被监理工程的施工承包单位以及建筑材料、建筑构配件和设备供应单位有隶属关系或者其他利害关系的，不得承担该项建设工程的监理业务。

由于工程监理单位与被监理工程的承包单位以及建筑材料、建筑构配件和设备供应单位之间是一种监督与被监督的关系，为了保证客观、公正执行监理任务，工程监理单位与上述单位不能有隶属关系或者其他利害关系。如果有这种关系，则工程监理单位在接受监理委托前，应当自行回避；对于没有回避而被发现的，建设单位可以依法解除委托关系。

（3）监理工作的依据和监理责任 《建设工程质量管理条例》规定，工程监理单位应当依照法律、法规以及有关技术标准、设计文件和建设工程承包合同，代表建设单位对施工质量实施监理，并对施工质量承担监理责任。

工程监理的依据如下：

1）法律、法规，如《建筑法》《合同法》《建设工程质量管理条例》等。

2）有关技术标准，如《工程建设标准强制性条文》以及建设工程承包合同中确认采用的推荐性标准等。

3）设计文件，施工图等设计文件既是施工的依据，也是监理单位对施工活动进行监督管理的依据。

4）建设工程承包合同，监理单位据此监督施工单位是否全面履行合同约定的义务。监理单位对施工质量承担监理责任，包括违约责任和违法责任两个方面。

①违约责任。如果监理单位不按照监理合同约定履行监理义务，给建设单位或其他单位造成损失的，应当承担相应的赔偿责任。

②违法责任。如果监理单位违法监理，或者降低工程质量标准，造成质量事故的，要承担相应的法律责任。

（4）工程监理的职责和权限 《建设工程质量管理条例》规定，工程监理单位应当选派具备相应资格的总监理工程师和监理工程师进驻施工现场。未经监理工程师签字，建筑材料、建筑构配件和设备不得在工程上使用或者安装，施工单位不得进行下一道工序的施工。未经总监理工程师签字，建设单位不得拨付工程款，不得进行竣工验收。

监理单位应根据所承担的监理任务，组建驻工地监理机构。监理机构一般由总监理工程师、监理工程师和其他监理人员组成。监理工程师拥有对建筑材料、建筑构配件和设备以及每道施工工序的检查权，对检查不合格的，有权决定是否允许在工程上使用或进行下一道工序的施工。工程监理实行总监理工程师负责制。总监理工程师依法和在授权范围内可以发布有关指令，全面负责受委托的监理工程。

（5）工程监理的形式 《建设工程质量管理条例》规定，监理工程师应当按照工程监理规范的要求，采取旁站、巡视和平行检验等形式，对建设工程实施监理。

所谓旁站，是指对工程中有关地基和结构安全的关键工序和关键施工过程，进行连续不断地监督检查或检验的监理活动，有时甚至要连续跟班监理。所谓巡视，主要是强调除了关键点的质量控制外，监理工程师还应对施工现场进行面上的巡查监理。所谓平行检验，主要是强调监理单位对施工单位已经检验的工程应及时进行检验。对于关键性、较大体量的工程实物，采取分段后平行检验的方式，有利于及时发现质量问题，及时采取措施予以纠正。

（6）工程监理单位质量违法行为应承担的法律责任 《建设工程质量管理条例》规定，工程监理单位有下列行为之一的，责令改正，处50万元以上100万元以下的罚款，降低资质等级或者吊销资质证书；有违法所得的，予以没收；造成损失的，承担连带赔偿责任：

1）与建设单位或者施工单位串通、弄虚作假、降低工程质量的。
2）将不合格的建设工程、建筑材料、建筑构配件和设备按照合格签字的。

4．政府部门工程质量监督管理的相关规定

（1）我国的建设工程质量监督管理体制　《建设工程质量管理条例》规定，国务院建设行政主管部门对全国的建设工程质量实施统一监督管理。国务院交通运输、水利等有关部门按照国务院规定的职责分工，负责对全国有关专业建设工程质量的监督管理。

国务院发展计划部门按照国务院规定的职责，组织稽查特派员，对国家出资的重大建设项目实施监督检查。国务院经济贸易主管部门按照国务院规定的职责，对国家重大技术改造项目实施监督检查。

县级以上地方人民政府建设行政主管部门对本行政区域内的建设工程质量实施监督管理。县级以上地方人民政府交通运输、水利等有关部门在各自的职责范围内，负责对本行政区域内专业建设工程质量的监督管理。

建设工程质量监督管理，可以由建设行政主管部门或者其他有关部门委托的建设工程质量监督机构具体实施。从事房屋建筑工程和市政基础设施工程质量监督的机构，必须按照国家有关规定经国务院建设行政主管部门或者省、自治区、直辖市人民政府建设行政主管部门考核；从事专业建设工程质量监督的机构，必须按照国家有关规定经国务院有关部门或者省、自治区、直辖市人民政府有关部门考核。经考核合格后，方可实施质量监督。

在政府加强监督的同时，还要发挥社会监督的巨大作用，即任何单位和个人对建设工程的质量事故、质量缺陷都有权检举、控告、投诉。

（2）政府监督检查的内容和有权采取的措施　《建设工程质量管理条例》规定，国务院建设行政主管部门和国务院交通运输、水利等有关部门以及县级以上地方人民政府建设行政主管部门和其他有关部门，应当加强对有关建设工程质量的法律、法规和强制性标准执行情况的监督检查。

县级以上人民政府建设行政主管部门和其他有关部门履行监督检查职责时，有权采取下列措施：①要求被检查的单位提供有关工程质量的文件和资料，进入被检查单位的施工现场进行检查；②发现有影响工程质量的问题时，责令改正。

有关单位和个人对县级以上人民政府建设行政主管部门和其他有关部门进行的监督检查应当支持与配合，不得拒绝或者阻碍建设工程质量监督检查人员依法执行职务。

（3）禁止滥用职权的行为　《建设工程质量管理条例》规定，供水、供电、供气、公安消防等部门或者单位不得明示或暗示建设单位、施工单位购买其指定的生产供应单位的建筑材料、建筑构配件和设备。

目前，有关部门或单位利用其管理职能或垄断地位指定生产厂家或产品的现象较多，如果建设单位或施工单位不采用，就在竣工验收时故意刁难或不予验收，不准投入使用。政府有关部门滥用职权的行为是法律所不允许的。

（4）建设工程质量事故报告制度　《建设工程质量管理条例》规定，建设工程发生质量事故的，有关单位应当在24小时内向当地建设行政主管部门和其他有关部门报告。对重大质量事故，事故发生地的建设行政主管部门和其他有关部门应当按照事故类别和等级向当地人民政府和上级建设行政主管部门及其他有关部门报告。特别重大质量事故的调查程序按照国务院有关规定办理。

根据《生产安全事故报告和调查处理条例》的规定，特别重大事故是指造成30人以上死亡，或者100人以上重伤，或者1亿元以上直接经济损失的事故。发生特别重大事故、重大事故应逐级上报至国务院安全生产监督管理部门和负有安全生产监督管理职责的有关部门。每级上报的时间不得超过2小时。必要时，安全生产监督管理部门和负有安全生产监督管理职责的有关部门可以越级上报事故情况。

（5）有关质量违法行为应承担的法律责任　《建设工程质量管理条例》规定，发生重大工程质量事故，隐瞒不报、谎报或者拖延报告期限的，对直接负责的主管人员和其他责任人员依法给予行政处分。

供水、供电、供气、公安消防等部门或者单位明示或暗示建设单位或者施工单位购买其指定的生产供应单位的建筑材料、建筑构配件和设备的，责令改正。

国家机关工作人员在建设工程质量监督管理工作中玩忽职守、滥用职权、徇私舞弊，构成犯罪的，依法追究刑事责任；尚不构成犯罪的，依法给予行政处分。

10.3　本章小结

工程质量管理是指建设全过程的质量管理。其管理的范围贯穿工程建设的决策、勘察、设计、施工的全过程，要求把质量问题消灭在它的形成过程中，工程质量好与坏，以预防为主，手续完整，并以全过程多环节致力于质量的提高。也就是要把工程质量管理的重点，以事后检查把关为主变为预防、改正为主，组织施工要制定科学的施工组织设计，从管结果变为管因素，把影响质量的诸因素查找出来，发动全员、全过程、多部门参加，依靠科学理论、程序、方法，预防重大质量事故，使工程建设全过程都处于受控制状态。

1. 我国的工程建设标准是如何分类的？强制性标准的范围有哪些？
2. 建设单位应承担哪些工程质量管理的责任和义务？
3. 勘察、设计单位应承担哪些工程质量管理的责任和义务？
4. 施工单位应承担哪些工程质量管理的责任和义务？

第11章

建设工程保险与担保

建设工程保险是以承保土木建筑为主体的工程，在整个建设期间，由于保险责任范围内的风险造成保险工程项目的物质损失和列明费用损失的保险。

建设工程担保是指当事人根据法律规定或者双方约定，促使债务人履行债务实现债权人的权利的法律制度。

通过本章的学习，了解建设工程保险与担保制度的相关概念，掌握保险和担保的基本形式。

■ 11.1 建设工程保险制度

11.1.1 建筑工程一切险

建筑工程一切险是承保各类民用、工业和公用事业建筑工程项目，在建造过程中因自然灾害或意外事故而引起的一切损失的险种。因在建工程抗灾能力差，危险程度高，一旦发生损失，不仅会对工程本身造成巨大的物质财产损失，甚至可能殃及邻近人员与财物。因此许多保险公司已经开设这一险种。

1）建筑工程一切险的投保人是指与保险人订立保险合同，并按照保险合同负有支付保险费义务的人。

2）建筑工程一切险的被保险人是指其财产或者人身受保险合同保障，享有保险金请求权的人。被保险人可以包括业主、总承包商、分包商、业主聘用的监理工程师、与工程有密切关系的单位或个人（如贷款银行或投资人）等。

3）建筑工程一切险（包括安装工程一切险）的承保范围：

①适用于所有房屋工程和公共工程，尤其是住宅、商业用房、医院、学校、剧院、工业厂房、电站、公路、铁路、飞机场、桥梁、船闸、大坝、隧道、排灌工程。

②承保的内容，包括工程本身、施工用设施和设备、施工机具、场地清理费、第三者责任、工地内现有的建筑物。

③承保危险与损害造成的损失。火灾、爆炸、雷击、飞机坠毁及灭火或其他救助所造成的损失，海啸、洪水、潮水、水灾、地震、暴雨、风暴、雪崩、地崩、山崩、冻灾、冰雪及其他自然灾害，一般性盗窃和抢劫，由于工人、技术人员缺乏经验、疏忽、过失、恶意行为或无能力等导致的施工拙劣而造成的损失，其他意外事件。

4）建筑工程一切险的除外责任。按照国际惯例，建筑工程一切险在下列情况发生时，保险人是不赔付的，即保险人将不再承担保险责任：①由于军事行动、战争或其他类似事件，以及罢工、骚动、民众运动或当局命令停工等情况造成的损失（有些国家规定投保罢工骚乱险）；②因被保险人的严重失职或蓄意破坏而造成的损失；③因原子核裂变而造成的损失；④合同罚款及其他非实质性损失；⑤因施工机具本身原因，即无外界原因情况下造成的损失（但因这些损失而导致的建筑事故则不属于除外情况）；⑥因设计错误（结构缺陷）而造成的损失；⑦因纠正或修复工程差错（如因使用有缺陷或非标准材料而导致的差错）而增加的支出。

5）建筑工程一切险的保险期。自工程开工之日或在开工之前工程用料卸放于工地之日起生效。两者以先发生者为准。施工机具保险自其卸放于工地之日起生效；保险终止日应为工程竣工验收之日或者保险单上列出的终止日。

6）建筑工程一切险的保险金额是指保险人承担赔偿或者给付保险金责任的最高限额。保险金额不得超过保险标的的保险价值，超过保险价值的，超过的部分无效。

7）保险费的交纳。建筑工程一切险因保险期较长，保险费数额大，可分期交纳保险费，但出单后必须立即交纳第一期保险费；而最后一笔保险费必须在工程完工前半年交清。如果在保险期内工程不能完工，则保险可以延期，不过投保人须交纳补充保险费。

建筑工程一切险往往还加保第三者责任险。第三者责任险是指在保险有效期内因在施工工地上发生意外事故造成在施工工地及邻近地的第三者人身伤亡或财产损失，依法应由被保险人承担的经济赔偿责任。

11.1.2 安装工程一切险

安装工程一切险是承保安装机器、设备、储油罐、钢结构工程、起重机以及包含机械工程因素的各种安装工程的险种。由于科学技术日益进步，现代工业的机器设备工艺精密、构造复杂，技术高度密集，价格十分昂贵。在安装、调试机器设备的过程中遇到意外事故或自然灾害的发生都会造成巨大的经济损失。安装工程一切险可以保障机器设备在安装、调试过程中，被保险人可能遭受的损失能够得到经济补偿。

安装工程一切险往往还加保第三者责任险。安装工程一切险的第三者责任险，负责被保险人在保险期限内，因发生意外事故，造成在工地及邻近地区的第三者人身伤亡、疾病或财产损失，依法应由被保险人赔偿的经济损失，以及因此而支付的诉讼费用和经保险人书面同意支付的其他费用。

安装工程一切险的投保人、被保险人、承保范围、除外责任、保险费和保险金额等均和建筑工程一切险相同。只是安装工程一切险，从设备进入现场后，在承保范围内的保险对象就马上开始有较高的保险价值，而建筑工程一切险的保险价值则是缓慢地增长的。

11.1.3 建设工程意外伤害险

《建设工程安全生产管理条例》规定，施工单位应当为施工现场从事危险作业的人员办理意外伤害保险。意外伤害保险费由施工单位支付。《建筑法》也鼓励企业为从事危险作业的职工办理意外伤害保险，支付保险费。实行施工总承包的，由总承包单位支付意外伤害保险费。

1）保险责任。保险责任的情形主要有：

①意外身故保险金。被保险人自意外伤害发生之日起在约定的时间内（一般为180日）因同一原因死亡的，保险人按保险金额给付保险金，保险合同对该被保险人的保险责任终止。

②意外残疾保险金。被保险人自意外伤害发生之日起在约定的时间内（一般为180日）因同一原因身体残疾的。保险人根据约定的"人身保险残疾程度与保险金给付比例表"，按保险金额及该项身体残疾所对应的给付比例给付残疾保险金；保险人对每一被保险人给付保险金的责任以保险单所载保险金额为限，单次或累计给付的保险金达到保险金额时，保险合同对该被保险人的保险责任终止。

2）责任免除。常见的责任免除情形主要有：①投保人、受益人对被保险人的故意杀害、伤害；②被保险人故意犯罪或拒捕；③被保险人斗殴、酗酒、自杀、故意自伤；④被保险人受酒精、毒品、管制药物的影响而导致的意外；⑤被保险人酒后驾驶、无有效驾驶执照或驾驶无有效行驶证的机动交通工具；⑥被保险人在从事与建筑施工不相关的工作或在施工现场或施工期限指定的生活区域外发生的意外伤害事故等。

3）保险期限。建筑意外伤害险的期限应自建设工程开工之日起至竣工验收合格之日止。

4）保险金的申请给付文件如下：

①意外身故保险金的申请，由受益人作为申请人填写保险金给付申请书，并凭列示的证明文件向保险人申请给付保险金。证明文件包括：保险单及投保单位证明；受益人户籍证明及身份证明；公安部门或保险人认可的医疗机构出具的被保险人死亡证明书；受益人所能提供的与确认保险事故的性质、原因等有关的其他证明和资料。

②意外残疾保险金的申请，须出具的证明文件包括：保险单及投保单位证明；被保险人户籍证明及身份证明；由保险人指定或认可的医疗机构或医师出具的被保险人残疾程度鉴定书；被保险人所能提供的与确认保险事故的性质、原因、伤害程度等有关的其他证明文件和资料。

11.2 建设工程担保制度

11.2.1 担保与担保合同的规定

《担保法》规定，在借贷、买卖、货物运输、加工承揽等经济活动中，债权人需要以担保方式保障其债权实现的，可以依照《担保法》规定设定担保。

担保活动应当遵循平等、自愿、公平、诚实信用原则。第三人为债务人向债权人提供担保时，可以要求债务人提供反担保。反担保适用《担保法》担保的规定。

担保合同是主合同的从合同，主合同无效，担保合同无效。担保合同另有约定的，按照约定。担保合同被确认无效后，债务人、担保人、债权人有过错的，应当根据其过错各自承担相应的民事责任。

11.2.2 建设工程担保的方式

《担保法》规定的担保方式为保证、抵押、质押、留置和定金。

（1）保证的基本法律规定　保证是指保证人和债权人约定，当债务人不履行债务时，保证人按照约定履行债务或者承担责任的行为。

1）保证合同。保证人与债权人应当以书面形式订立保证合同。保证人与债权人可以就单个主合同分别订立保证合同，也可以协议在最高债权额度内就一定期间连续发生的借款合同或者某项商品交易合同订立一个保证合同。保证合同应当包括以下内容：①被保证的主债权种类、数额；②债务人履行债务的期限；③保证的方式；④保证担保的范围；⑤保证的期间；⑥双方认为需要约定的其他事项。保证合同不完全具备前述规定内容的，可以补正。

2）保证方式。保证的方式有一般保证和连带责任保证。

当事人在保证合同中约定，债务人不能履行债务时，由保证人承担保证责任的，为一般保证。一般保证的保证人在主合同纠纷未经审判或者仲裁，并就债务人财产依法强制执行仍不能履行债务前，对债权人可以拒绝承担保证责任。

当事人在保证合同中约定保证人与债务人对债务承担连带责任的，为连带责任保证。连带责任保证的债务人在主合同规定的债务履行期届满没有履行债务的，债权人可以要求债务人履行债务，也可以要求保证人在其保证范围内承担保证责任。

3）保证责任。保证担保的范围包括主债权及利息、违约金、损害赔偿金和实现债权的费用。保证合同另有约定的，按照约定。当事人对保证担保的范围没有约定或者约定不明确的，保证人应当对全部债务承担责任。

保证期间，债权人依法将主债权转让给第三人的，保证人在原保证担保的范围内继续承担保证责任。保证合同另有约定的，按照约定。保证期间，债权人许可债务人转让债务的，应当取得保证人书面同意，保证人对未经其同意转让的债务，不再承担保证责任。债权人与债务人协议变更主合同的，应当取得保证人书面同意，未经保证人书面同意的，保证人不再承担保证责任。保证合同另有约定的，按照约定。

一般保证的保证人与债权人未约定保证期间的，保证期间为主债务履行期届满之日起6个月。在合同约定的保证期间和前述规定的保证期间，债权人未对债务人提起诉讼或者申请仲裁的，保证人免除保证责任；债权人已提起诉讼或者申请仲裁的，保证期间适用诉讼时效中断的规定。连带责任保证的保证人与债权人未约定保证期间的，债权人有权自主债务履行期届满之日起6个月内要求保证人承担保证责任。在合同约定的保证期间和前述规定的保证期间，债权人未要求保证人承担保证责任的，保证人免除保证责任。

（2）抵押的基本法律规定　抵押是指债务人或者第三人不转移对财产的占有，将该财产作为债权的担保。债务人不履行债务时，债权人有权依照法律规定以该财产折价或者以拍卖、变卖该财产的价款优先受偿。

债务人或者第三人为抵押人，债权人为抵押权人，提供担保的财产为抵押物。

1）抵押物。债务人或者第三人提供担保的财产为抵押物。《担保法》规定下列财产可以抵押：

①抵押人所有的房屋和其他地上定着物。

②抵押人所有的机器、交通运输工具和其他财产。

③抵押人依法有权处分的国有的土地使用权、房屋和其他地上定着物。

④抵押人依法有权处分的国有的机器、交通运输工具和其他财产。

⑤抵押人依法承包并经发包人同意抵押的荒山、荒沟、荒丘、荒滩等荒地的土地使用权。

⑥依法可以抵押的其他财产。

下列财产不得作为抵押物：①土地所有权；②耕地、宅基地、自留地、自留山等集体所有的土地使用权；③学校、幼儿园、医院等以公益为目的的事业单位、社会团体的教育设施、医疗卫生设施和其他社会公益设施；④所有权、使用权不明或者有争议的财产；⑤依法被查封、扣押、监管的财产；⑥依法不得抵押的其他财产。

2）抵押合同。抵押人和抵押权人应当以书面形式订立抵押合同。

抵押合同应当包括以下内容：①被担保的主债权种类、数额；②债务人履行债务的期限；③抵押物的名称、数量、质量、状况、所在地、所有权权属或者使用权权属；④抵押担保的范围；⑤当事人认为需要约定的其他事项。

3）抵押的效力。抵押担保的范围包括主债权及利息、违约金、损害赔偿金和实现抵押权的费用。抵押合同另有约定的，按照约定。

抵押期间，抵押人转让已办理登记的抵押物的，应当通知抵押权人并告知受让人转让物已经抵押的情况；抵押人未通知抵押权人或者未告知受让人的，转让行为无效。

抵押人转让抵押物所得的价款，应当向抵押权人提前清偿所担保的债权或者向与抵押权人约定的第三人提存。超过债权数额的部分，归抵押人所有，不足部分由债务人清偿。

抵押权与其担保的债权同时存在，债权消灭的，抵押权也消灭。

4）抵押权的实现。债务履行期届满抵押权人未受清偿的，可以与抵押人协议以抵押物折价或者以拍卖、变卖该抵押物所得的价款受偿；协议不成的，抵押权人可以向人民法院起诉。抵押物折价或者拍卖、变卖后，其价款超过债权数额的部分归抵押人所有，不足部分由债务人清偿。

同一财产向两个以上债权人抵押的，拍卖、变卖抵押物所得的价款按照以下规定清偿：

①抵押合同以登记生效的，按照抵押物登记的先后顺序清偿；顺序相同的，按照债权比例清偿。

②抵押合同自签订之日起生效，该抵押物已登记的，按照规定①清偿，顺序相同的，按照债权比例清偿。抵押物已登记的先于未登记的受偿。

（3）质押的基本法律规定　质押是指债务人或者第三人将其动产移交债权人占有，将该动产作为债权的担保。债务人不履行债务时，债权人有权依照法律规定以该动产折价或者以拍卖、变卖该动产的价款优先受偿。

质权是一种约定的担保物权，以转移占有为特征。债务人或者第三人为出质人，债权人为质权人，移交的动产或权利为质物。

质押分为动产质押和权利质押两种。

动产质押是指债务人或者第三人将其动产移交债权人占有，将该动产作为债权的担保。能够用作质押的动产没有限制。

权利质押一般是将权利凭证交付质押人的担保。可以质押的权利包括：①汇票、支票、本票、债券、存款单、仓单、提单；②依法可以转让的股份、股票；③依法可以转让的商标专用权、专利权、著作权中的财产权；④依法可以质押的其他权利。

（4）留置的基本法律规定　留置是指债权人按照合同约定占有债务人的动产，债务人不按照合同约定的期限履行债务的，债权人有权依照《担保法》规定留置该财产，以该财产折价或者以拍卖、变卖该财产的价款优先受偿。

留置的概念

《担保法》规定，因保管合同、运输合同、加工承揽合同发生的债权，债务人不履行债务的，债权人有留置权。法律规定可以留置的其他合同，适用前述规定。当事人可以在合同中约定不得留置的物。

留置权人负有妥善保管留置物的义务。因保管不善致使留置物灭失或者毁损的，留置权人应当承担民事责任。

（5）定金的基本法律规定　当事人可以约定一方向对方给付定金作为债权的担保。债务人履行债务后，定金应当抵作价款或者收回。给付定金的一方不履行约定的债务的，无权要求返还定金；收受定金的一方不履行约定的债务的，应当双倍返还定金。

定金应当以书面形式约定。当事人在定金合同中应当约定交付定金的期限。定金合同从实际交付定金之日起生效。

定金的数额由当事人约定，但不得超过主合同标的额的20%。

11.3　本章小结

构筑工程建设
领域信用体系

建设工程保险与担保是工程建设中不可缺少的一部分。建设工程保险主要包括建筑工程一切险、安装工程一切险、建筑意外伤害险等险种，设立保险的目的是为了使建设工程全过程中的风险都处于可控状态。建设工程担保的形式有保证、抵押、质押、留置和定金，担保制度可促使债务人履行债务实现债权人的权利。

思考题

1. 建设工程保险的投保人、保险对象有哪些？
2. 建筑工程一切险可以承保哪些危害与损伤？哪些情况是建筑工程一切险的除外责任？
3. 担保有哪些种类？最常见的担保是什么？

第12章

建设工程合同管理

建设工程施工合同是建设工程的主要合同，是工程建设质量控制、进度控制、投资控制的主要依据。在市场经济条件下，建设市场主体之间的权利义务关系主要是通过合同确立的，而且合同管理贯穿工程实施的全过程和工程实施的各个方面，作为其他工作的指南，对整个项目的实施起到总控制和总保证的作用。建设工程合同管理对规范工程管理、提高管理效率、提升工程质量、严格成本控制，会起到有效的促进作用。

通过本章的学习，熟悉建设工程合同管理的概念和合同体系构成；了解建设工程勘察、设计合同管理的主要内容；掌握建设工程施工合同管理的相关程序，并能够对施工索赔控制管理的内容进行实际应用；熟悉建设工程监理合同管理的主要内容；了解建设工程物资采购合同管理的内容。

12.1 建设工程合同管理概述

12.1.1 建设工程合同的内涵

1. 建设工程合同的概念

我国《合同法》规定："建设工程合同是承包人进行工程建设，发包人支付价款的合同。"在我国建设工程领域，一直习惯上将发包人称为业主、建设单位或发包方，将承包人称为承包商、施工单位或承包方。

工程建设的行为包括勘察、设计、施工、物资采购和建设监理等。根据《合同法》的规定，建设工程合同包括勘察、设计、施工合同。因此，该三种合同的订立应主要依据《合同法》及其他相应法律、法规的规定。当建设工程实行监理时，发包人应当与监理人采用书面形式订立监理合同，监理合同的订立，应依照委托合同及其他有关法律、行政法规的规定；而物资采购合同，则应主要依照买卖合同或承揽合同等法律、法规的规定。

从合同理论上说，建设工程合同是广义的承揽合同的一种，也是承揽人（承包人）按照定做人（发包人）的要求完成工作（工程建设），交付工作成果（竣工工程），定做人给付报酬的合同。但由于建设工程合同在经济活动、社会生活中的重要作用，以及在国家管理、合同标的等方面均有别于一般的承揽合同，我国一直将建设工程合同列为单独的一类合同。而考虑到建设工程合同毕竟是从承揽合同中分离出来的，《合同法》第二百八十七条规定："本章没有规定的，适用承揽合同的有关规定。"

建设工程合同是一种诺成合同，合同订立生效后，双方应当严格履行；建设工程合同也是一种双务、有偿合同，当事人双方在合同中都有各自的权利和义务，在享有权利的同时必须同时履行义务。

我国《合同法》对合同形式确立了以不要式为主的原则，即在一般情况下对合同形式采用书面形式还是口头形式没有限制。但是，考虑到建设工程的重要性和复杂性，在建设过程中经常会发生影响合同履行的纠纷，因此，建设工程合同应当采用书面形式。

2. 建设工程合同的特点

（1）合同标的的特殊性　建设工程合同的标的是建筑产品，而建筑产品和一般工业产品相比具有固定性、形体庞大、生产的流动性、单件性、生产周期长等特点。这些特点决定了建设工程合同标的的特殊性。

（2）合同的内容繁杂　由于建设工程合同标的的特殊性，合同涉及方面多，涉及多种主体以及他们之间的法律、经济关系，这些方面和关系都要求工程合同内容尽量详细，这就导致了建设工程合同内容的繁杂。例如，建设工程合同除了应当具备一般合同的内容外，还应对安全施工、专利技术使用、发现地下障碍物和文物、工程分包、不可抗力、工程变更、材料设备的供应、运输、验收等内容做出规定。

（3）合同履行期限长　由于工程建设的工期一般较长，再加上必要的施工准备时间和办理竣工结算及工程保修的时间，从而使建设工程合同的履行期限具有长期性。

（4）合同监督的严格性　由于建设工程合同的履行对国家的经济发展、人民的工作和生活都有重大的影响，国家对建设工程合同实施非常严格的监督。在合同的订立、履行、变更、终止全过程中，除了要求合同当事人对合同进行严格的管理外，合同的主管机关（工商行政管理机构）、建设行政主管机关、金融机构等都要对合同进行严格的监督。

3. 建设工程合同体系

对一个建设工程，按照其不同的融资模式、承发包模式和管理模式，就有不同数量、不同层次、不同种类的合同，它们共同构成工程项目的合同体系。常见的建设工程合同体系如图 12-1 所示。

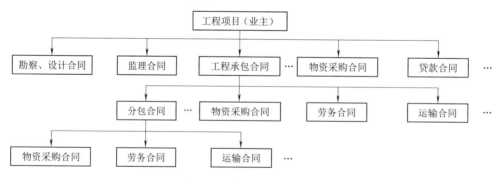

图 12-1　建设工程合同体系

在工程建设中，这些合同都是为了完成业主的工程项目总目标，都必须围绕项目的目标而签订和实施，这些合同之间存在着复杂的内部联系。在现代工程项目管理中，由于合同策略是多样化的，所以合同关系和合同体系也是十分复杂和不确定的。工程项目的合同体系对整个项目管理的运作有很大的影响，它不仅反映了项目任务的范围和划分方式，也反映了项目所采用的承发包模式和管理模式以及项目的运作方式。图12-2就反映了施工平行承发包模式，而施工总承包模式下的合同结构则如图12-3所示。同时，它在很大程度上决定了项目的组织形式。因为不同层次的合同，常常又决定了合同实施者在项目组织结构中的地位。

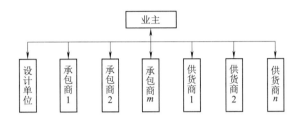

图12-2 施工平行承发包模式的合同结构

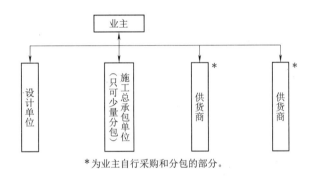

*为业主自行采购和分包的部分。

图12-3 施工总承包模式的合同结构

4. 建设工程合同的内容

合同的内容由合同双方当事人约定，各种合同所包含的基本内容是相同的。合同通常包括以下内容：

（1）合同当事人　合同当事人是指签订合同的各方，是合同权利和义务的主体。当事人是平等主体的自然人、法人或其他经济组织。但对于具体种类的合同，当事人"还应具有相应的民事权利能力和民事行为能力"。

（2）合同标的　合同标的是当事人双方的权利、义务所共同指向的对象。它可能是实物、行为、服务性工作、智力成果等。例如，工程承包合同的标的是完成工程项目。标的是合同必须具备的条款，无标的或标的不明确的，合同不能成立，也无法履行。

（3）标的的数量和质量　标的的数量和质量共同定义标的的具体特征。标的的数量一般以度量衡作为计算单位，以数字作为衡量标的的尺度。标的的质量是指质量标准、功能、技术要求、服务条件等。无标的数量和质量的定义，合同则无法生效和履行。

（4）合同价款或酬金　酬金是指取得标的的一方向对方支付的代价，作为对方完成合同义务的补偿。合同中应标明价款数量、付款方式和结算程序。

（5）合同期限、履行地点　合同期限是指履行合同的期限，即从合同生效至合同结束的时间。履行地点是指合同标的物所在地。例如，以承包工程为标的的合同，其履行地点是工程文件所规定的工程所在地。

12.1.2　建设工程合同管理

建设工程合同管理是以建设项目的计划工期、规定的技术标准和质量要求以及批准概算等为项目的控制目标，以法律和行政法规、规章制度、合同等为管理依据，各级工商行政管理机关、建设行政主管机关和金融机构，以及工程发包单位、监理单位、承包单位，通过合同订立和履行过程中所进行的计划、组织、指挥、监督和协调等工作保护工程合同当事人的合法权益，处理工程合同纠纷，防止和制裁违法行为，保证工程合同的贯彻实施并尽可能达到最优结果的一系列活动。建设工程合同管理是一个动态的过程，是项目管理者在面对各种不确定和变化因素的情况下，一直试图完成项目预定目标的过程。建设工程合同管理是一项复杂的管理活动，它要求项目合同管理机构和管理人员在处理各类变化因素和复杂情况下，充分运用管理方法和发挥管理功能，实现预期的管理目标。

1. 建设工程合同管理的任务

建设工程合同管理的主要任务，可以归纳为以下几点：

1）按照建设项目的管理要求和特点，确立合同体系，包括确定合同方式、选定合同类型、选择合同条件和准备合同文本。

2）编制招标文件，组织招标，组织合同谈判和订立合同。

3）制定合同管理制度，确定合同管理程序。

4）全过程跟踪合同执行情况，按照动态管理原理，对项目实施全面的监督、控制和调整，尽力实现合同规定的各项目标。

5）控制和处理合同变更，尽量减少对建设项目的质量、计划工期和投资的影响。

6）分析和处理索赔，及时解决合同争议，减少对项目建设的影响。

7）建立协调和沟通制度，促进各方的相互支持和积极合作，积极应对项目进展中所遇到的问题。

8）建立合同档案，加强合同信息管理，做好各类合同信息的记录、收集、整理和分析工作。

9）对合同重大问题进行研究和解决，并根据需要开展法律及技术咨询。

2. 建设工程合同管理的主要措施

合同管理工作贯穿建设项目的全过程，这是一项智力密集型工作，合同管理的主要措施体现在以下几个方面：

（1）组织高素质、分层次的合同管理团队　在建设项目管理机构中，应建立合同管理保证体系，从机构设置、人员安排、设备配置等方面保证合同管理工作的顺序开展。

1）要确立建设项目业主在项目管理中的主导地位，在建设项目业主管理机构中建立面向工程的最高决策机构，直接对工程负责，并负责及时就工程的重大问题做出决策。

2）应给予工程监理机构应有的授权，使工程监理能全面和充分地行使工程监理合同所赋予的各项权利，强化工程监理的合同管理机构，全面履行其合同管理的各项职能。

3）聘请在合同管理、合同问题处理和法律方面有经验的专家，组成合同管理咨询机构，为建设项目业主和工程监理随时提供咨询意见。

4）根据项目的具体情况和需要，建立争议调解机构，及时就合同争议进行调解。

5）合同管理人员应具备组织管理和协调沟通能力，观察分析和总结提高能力，判断决策和应急反应能力,以及技术业务能力,要有诚信热情、严谨执着、勤思机敏、好学上进的基本素质和严于自律的精神。

(2) 制定严密和明晰的合同管理程序　程序是规范管理最重要的基础之一。要根据建设项目合同,制定完善和严密的管理程序,并使合同实施过程中的日常事务工作按程序进行,使项目建设的合同事件处于受控制状态,保证合同目标的实现。例如,施工合同管理主要包括以下程序:

1) 单项工程开工申请和批复程序。
2) 进场设备、材料检验程序。
3) 工程计量、签认程序。
4) 工程款支付的审查程序(包括业主和工程监理方面)。
5) 图纸审查和批准程序。
6) 工程变更申请和批准程序,包括设计发布通知、业主的批准、工程监理的指令、承包商提出改变单价申请、变更单价的确定等。
7) 合同调价的程序,包括劳务、材料和运输等方面费用的调整等。
8) 索赔处理和争议调解程序。

(3) 实行全员合同管理

1) 要组织合同培训,对各级项目管理人员进行"合同交底",学习和了解合同,对合同的主要内容、工作程序做出解释和说明,提高合同意识,自觉按合同办事。合同管理人员则要对合同的重要条款、与合同有关的重要问题进行深入分析,做到全面理解和重点掌握,发挥能动性,正确地运用合同解决实际问题。

2) 确定合同管理任务、目标和责任,并将其细化和分解,将具体的合同管理任务和责任落实到相关部门和人员身上。

(4) 建立信息管理系统　信息管理是合同管理的基础和手段,也是建设项目管理最基本的依据。完整、准确和及时的信息对确保合同管理工作的正确、快速决策,保证工程建设的顺利进行和实现项目的计划目标,具有重要意义。

首先,建设项目合同管理时间跨度很大,许多资料都是相互关联的,初期的资料和证据对后期的管理往往具有重要的影响;其次,建设项目涉及面广,资料丰富,信息量巨大,特别在施工期间,资料不断更新,每天都有可能出现新的情况,对大量信息的搜索、整理和及时的处理和分析,就显得十分重要;最后,信息是合同管理决策的依据,也是提出索赔或反索赔、保护自身合同权利所必需的支持材料,更是处理合同争议的基础和提交仲裁或法庭时的证据。所以,信息管理作为合同管理最重要的基础工作,项目管理单位和合同管理人员应给予特别重视,借助计算机和网络等现代信息手段,建立完善和高效的信息管理系统。

(5) 建立合同各方之间的交流和沟通制度　工程建设期间,各方充分和及时的交流和沟通,以及信息的及时和准确传递,对有关问题的迅速处理都发挥着重要作用。因此,应该以制度的形式保证信息的正常流转和反馈。定期举行专题会议是一种很好的方式,如现场监理工程师和承包商现场人员每天的碰头会、周进度会议、月进度会议,关于变更和索赔处理的专题例会,建设项目业主、工程设计和工程监理之间的会议,以及建设项目业主、工程监理和各承包商之间的会议等。通过这些会议,可以及时检查合同实施和进展情况;可以就出现的问题明确各方责任，并提出解决问题的方案；可以对将来可能出现的问题给予提醒和警告；合同各方可以评议变更和索赔等问题的处理进展情况，就有关问题做出决策；还可以协调各方面的工作等。

3. 建设工程合同管理涉及的有关各方

（1）发包人与承包人　施工合同签订后，发包人与承包人任何一方均不允许转让合同。因为承包人是发包人通过复杂的招标程序选中的实施者；发包人则是承包人在投标前出于对其信誉和支付能力的信任才参与竞争取得合同的对象。因此，按照诚实信用原则，订立合同后，任何一方都不能将合同转让给第三者。

（2）工程师　《建设工程施工合同（示范文本）》定义的工程师包括监理单位委派的总监理工程师或者发包人指定的履行合同的负责人三种情况。

1）发包人委托的监理。发包人可以委托监理单位，全部或者部分负责合同的履行管理。监理单位委派的总监理工程师在施工合同中称为工程师。总监理工程师是经监理单位法定代表人授权，派驻施工现场监理组织的总负责人，行使监理合同赋予监理单位的权利和义务，全面负责受委托工程的监理工作。

发包人应当将委托的监理单位名称、工程师姓名、监理内容以及监理权限以书面形式通知承包人。除合同内有明确约定或经发包人同意外，负责监理的工程师无权解除承包人的任何义务。

2）发包人派驻代表。对于国家未规定实施强制监理的工程项目，发包人也可以派驻代表自行管理。

发包人派驻施工场地履行合同的代表在施工合同中也称工程师。发包人代表是经发包人单位法定代表人授权，派驻施工现场的负责人，其姓名、职务、职责在专用条款内约定，其职责不得与监理单位委派的总监理工程师职责相互交叉。双方职责发生交叉或不明确时，由发包人明确双方职责，并以书面形式通知承包人。

3）工程师易人。施工过程中，如果发包人需要撤换工程师，应至少于易人前7天以书面形式通知承包人。后任继续履行合同文件的约定及前任的权利和义务，不得更改前任做出的书面承诺。

4. 建设行政主管部门对合同的监督管理

虽然发包人和承包人订立和履行合同属于当事人自主的市场行为，但建设工程涉及国家和地区国民经济发展计划的实现，与人民生命财产的安全密切相关，因此必须符合法律和法规的有关规定。

（1）建设行政主管部门对施工合同的监督管理　建设行政主管部门通过对建设活动的监督，从质量和安全的角度对工程项目进行管理，主要担负以下各项职责：

1）颁布规章。依据国家的法律颁布相应的规章，规范建筑市场有关各方的行为，包括推行合同示范文本制度。

2）批准工程项目的建设。工程项目的建设发包人必须履行工程项目的报建手续，获取施工许可证，以及取得规划许可和土地使用权许可。建设项目申请施工许可证应具备以下条件：

①已经办理该建筑工程用地批准手续。

②在城市规划区的建筑工程，已经取得建设工程规划许可证。

③施工场地已经基本具备施工条件，需要征收房屋的，其进度符合施工要求。

④已经确定施工企业。按照规定应该招标的工程没有招标，应该公开招标的工程没有公开招标，或者肢解发包工程，以及将工程发包给不具备相应资质条件的单位，所确定的施工企业无效。

⑤已有满足施工需要的施工图及技术资料，施工图设计文件已按规定进行了审查。

⑥有保证工程质量和安全的具体措施。施工企业编制的施工组织设计中有根据建筑工程特点制定的质量、安全技术措施，专业性较强的工程项目编制完成专项质量、安全施工组织设计，并按照规定办理了工程质量、安全监督手续。

⑦按照规定应该委托监理的工程已委托监理。

⑧建设资金已经落实。建设工期不足1年的，到位资金原则上不得少于工程合同价的50%；建设工期超过1年的，到位资金原则上不得少于工程合同价的30%。建设单位应当提供银行出具的资金到位证明，有条件的可以实行银行付款保函或者其他第三方担保。

⑨法律、行政法规规定的其他条件。

3）对建设活动实施监督

①对招标申请报送材料进行审查。

②对中标结果和合同的备案审查。

③对工程开工前报送的发包人指定的施工现场总代表人和承包人指定的项目经理的备案材料审查。

4）竣工验收程序和鉴定报告的备案审查。

5）竣工的工程资料备案等。

所谓备案，是指这些活动由合同当事人在行政法规要求的条件下自主进行，并将报告或资料提交建设行政主管部门，行政主管部门审查未发现存在违法、违规情况的，则当事人的行为有效，将其资料存档。如果发现有问题，则要求当事人予以改正。因此备案不同于批准，当事人享有更多自主权。

（2）工程质量监督机构对合同履行的监督　工程质量监督机构是接受建设行政主管部门的委托，负责监督工程质量的中介组织。工程招标工作完成后，领取施工许可证之前，发包人应到工程所在地的质量监督机构办理质量监督登记手续。质量监督机构对合同履行工作的监督，分为对工程参建各方主体质量行为的监督和对建设工程的实体质量的监督两个方面。

1）对工程参建各方主体质量行为的监督

①对建设单位质量行为的监督，主要包括：工程项目报建审批手续是否齐全；基本建设程序是否符合有关要求并按规定进行了施工图审查；监理单位或建设单位自行管理的建设工程项目管理机构，是否配备了相应的专业技术人员；有无明示或者暗示勘察单位、设计单位、监理单位、施工单位违反强制性标准、降低工程质量和迫使承包商任意压缩合理工期等行为；按合同规定，由建设单位采购的建材、构配件和设备是否符合质量要求。

②对监理单位质量行为的监督，主要包括：监理的工程项目有无监理委托手续及合同，监理人员资格证书与承担的任务是否相符；工程项目的监理机构专业人员配备及责任制落实情况；现场监理是否采取旁站、巡视和平行检验等形式；是否制定监理规划，并按照监理规划进行监理；是否按照国家强制性标准或操作工艺对分项工程或工序及时进行验收签认；对

现场发现使用不合格的材料、构配件、设备的现象和发生的质量事故,是否及时督促、配合责任单位调查处理。

③对施工单位质量行为的监督,主要包括:所承担的任务与其资质是否相符,项目经理与中标书中是否一致,有无施工承包手续及合同;项目经理、技术负责人、质检员等专业技术管理人员是否配备,并具有相应资格及上岗证书;有无经过批准的施工组织设计或施工方案并能贯彻执行;是否按有关规定进行各种检测,对工程施工中出现的质量事故按有关文件要求及时如实上报和认真处理;有无违法分包、转包工程项目的行为。

2)对建设工程的实体质量的监督。实体质量监督以抽查方式为主并辅以科学的检测手段。地基基础实体必须经监督检查后方可进行主体结构施工;主体结构实体必须经监督检查后方可进行后续工程施工。

①地基及基础工程抽查的主要内容,包括:质量保证及见证取样送检资料;分项、分部工程质量评定资料及隐蔽工程验收记录;地基检测报告和地基验槽记录;抽查基础砌体、混凝土和防水等施工质量。

②主体结构工程抽查的主要内容,包括:质量保证及见证取样送检资料;分项、分部工程质量评定资料及隐蔽工程验收记录,结构安全重点部位的砌块、混凝土、钢筋施工质量抽查情况和检测资料;混凝土构件、钢结构构件制作和安装质量。

③竣工工程抽查的主要内容,包括:工程质量保证资料及见证取样检测报告;分项、分部和单位工程质量评定资料与隐蔽工程验收记录;地基基础、主体结构及工程安全检测报告和抽查检测资料;水、电、暖、通等工程重要部位、使用功能试验资料及使用功能抽查检测记录;工程观感质量。

3)工程竣工验收的监督。建设工程质量监督机构在工程竣工验收监督时,重点对工程竣工验收的组织形式、验收程序、执行验收规范等情况实行监督。

(3)金融机构对施工合同的管理 金融机构对施工合同的管理,是通过信贷管理、结算管理以及对当事人的账户管理进行的。金融机构还有义务协助执行已生效的法律文书,保护当事人的合法权益。

5. 建设工程合同管理各阶段的工作

合同管理涵盖合同的订立、实施、控制和综合评价等工作,一般遵循的程序如下:①合同审查;②合同订立;③合同的实施和履行;④合同控制,即对合同实施过程进行全面监督、检查、对比和纠正;⑤合同的变更、转让、解除和终止;⑥合同纠纷的处理。各阶段有其相应的工作内容和要求。

(1)建设工程合同的审查 合同审查应在合同签订之前进行,主要是对招标文件和合同条件进行的审查、认定和评价。合同评价应包括下列内容:

1)合同的合法性审查。

2)合同条款的合法性和完备性审查。

3)合同双方责任、权益和项目范围认定。

4)与产品或过程有关要求的评审。

5)合同风险评估。

此外,合同双方还应研究合同文件和对方所提供的信息,确保有能力完成合同要求;发现问题应及时澄清,并以书面方式确定。

(2) 建设工程合同的订立　合同的签订过程也是合同的形成、协商过程。合同订立的原则有：①不能损害国家、集体或他人的利益；②不能违反法律；③由合格的法人在协商的基础上达成；④公平合理、等价交换；⑤诚信等。合同的订立必须经过两个步骤，即要约和承诺。

1) 要约。要约是当事人一方向另一方提出订立合同的愿望。提出订立合同建议的当事人被称为要约人，接受要约的一方被称为受要约人。

在工程项目招标投标活动中，承包商的投标书就是要约。

2) 承诺。承诺即接受要约，是受要约人同意要约的意思表示。

(3) 建设工程合同的实施和履行

1) 建设工程合同履行的原则。建设工程合同一经签订，即具有法律约束力，合同当事人必须坚决履行合同约定的内容，不得违反。建设工程合同履行应当遵循以下两大原则：

①实际履行原则。合同当事人按照合同规定的标的履行。除非由于不可抗力，签订合同当事人应交付和接受标的，不得任意降低标的物的标准、变更标的物或以货币代替实物。建设工程合同的实际履行就是合同当事人必须依据合同规定的标的不折不扣地实现其内容的行为。

②全面履行原则。合同当事人必须按照合同规定的标的、质量和数量、履行地点、履行价格、履行时间和履行方式等全面地完成各自应当履行的义务。建设工程合同的全面履行就是合同当事人必须按照合同规定的所有条款完成工程建设任务，包括履行标的（工程项目的建设行为）、履行期限（工程工期）、履行地点（工程所在地）、履行价格（工程造价）等。

2) 建设工程合同实施阶段的工作

①建立和健全合同实施保证体系。制定合同管理工作制度和工作程序，形成有序的合同管理体系，保证合同目标的实现。

②做好监督工作。监督承包商、供应商按合同施工和供货，达到合同约定的各项目标和要求。

③做好协调工作。协调工程勘察单位、设计单位、承包商、设备和材料供应商等有关各方之间的关系；协调各标段之间的关系，保证合同顺利实施。

④跟踪合同实施情况。及时收集合同实施的信息，进行分析找出偏差，做出判断，并采取有效措施。

⑤建立合同变更管理程序。分析和处理合同变更，有效控制合同变更的数量；对照预算进行控制，对各种合同条件和技术要求引起的争议进行商务处理。

⑥审核支付申请。按照合同约定做好合同价款支付工作。

(4) 建设工程合同实施控制　合同实施控制是指管理者或合同管理者为保证合同中约定的各项义务得到全面履行、各项权利得到实现，对合同实施过程进行全面监督、跟踪、对比、诊断和纠正的活动，主要包括以下几个方面：

1) 合同实施前的预警计划。实施前寻找合同和计划中的漏洞，以及各个合同协调中的漏洞，以防止造成对工程的干扰，对工程实施起到预警作用。

2) 合同实施监督。工程实施时对合同实施过程进行监督是工程项目管理的重要职能之一，也是日常事务性工作之一。合同实施监督，主要是通过收集工程实施过程的实际数据与资料进行的，这些信息反映工程的实施状态，即合同的状态。跟踪合同实施状态，及时向相关人员提供合同实施情况报告，并对合同实施提出建议、意见。

3）合同跟踪。合同跟踪是工程实施过程中持续进行的日常管理活动。通过收集和整理原始工程资料和实际数据，得到用以反映工程合同的状态，即描述工程实施状态的各种信息。经过对比分析合同文件、计划、设计等目标文件与工程实施状态，发现实际与计划的差异，判断工程实施偏离目标的程度，以决定是否按原计划继续实施等。

4）合同诊断。工程实际状态与合同目标出现差异时，必须进行诊断，即分析差异出现的原因、偏离目标的程度以及影响大小，通过采取措施调整工程合同状态，使工程进入预先计划的轨道或恢复到合理状态的范围内，否则差异的逐渐积累会导致工程远离目标，达到无法调整的地步，甚至可能导致工程失败。

5）调解合同争执，处理索赔事务。由于合同定义的工程质量、成本、工期等目标，是基于对环境状况和工程状况预测基础上的，同时还假设合同各方都能正确地履行合同规定的义务，而工程实施中会因为各种原因发生索赔事件，所以合同控制工作包括调解合同的争执，处理索赔事务，协调质量控制、进度控制、费用控制目标。

（5）建设工程合同的变更、转让、解除和终止

1）合同的变更和转让。合同的变更通常是指由于一定的法律事实而改变合同的内容和标的的法律行为。当事人双方协商一致，就可以变更合同。合同的变更应符合合同签订的原则和程序。

合同的转让是指债权人将合同的权利全部或部分转让给第三人。

2）合同的解除。合同的解除是指消灭既存的合同效力的法律行为。其主要特征有：①合同当事人必须协商一致；②合同当事人应负恢复原状的义务；③其法律后果是消灭原合同的效力。

只有在不履行主要债务、不能实现合同目的，也就是根本违约的情况下，才能依法解除合同。如果只是合同的部分目的不能实现，或者部分违约，则一方是不能解除合同的，而应按违约责任处理。

3）合同的终止。当事人双方按照合同的规定，履行其全部义务后，合同即行终止。合同签订后是不允许随意终止的。根据我国的现行法律和有关司法实践，合同法律关系终止的原因有：

①合同因履行而终止。合同规定的义务已经完成，权利已经实现，因而合同的法律关系自行消灭。所以，履行是实现合同、终止合同法律关系的最基本的方法，也是合同终止最常见的原因。

②当事人双方混同为一人而终止。法律上对权利人和义务人合为一人的现象，称之为混同。

③合同因不可抗力的原因而终止。

④合同因当事人协商同意而终止。

⑤仲裁机构裁决或法院判决终止合同。

（6）建设工程合同纠纷的处理 当事人双方对合同规定的义务和权利理解不一致，最终导致对合同履行或不履行的后果和责任的分担产生争议，便产生了合同纠纷。合同纠纷的解决通常有以下几条途径：

1）协商。这是最常见的，也是首先采用的解决方法。当事人双方在自愿、互谅的基础上，通过双方谈判达成解决争执的协议。这是解决合同纠纷最好的方法。

合同纠纷处理

2）调解。在第三方的参与下，以事实、合同条款和法律为依据，通过对当事人的说服，使合同双方自愿、公平、合理地达成解决协议。

3）仲裁。仲裁是指由仲裁委员会对合同纠纷所进行的裁决。我国实行一裁终局制，裁决做出后，合同当事人就同一争执，如果再申请仲裁或向法院起诉，则不再予以受理。

4）诉讼。诉讼是指司法机关和案件当事人在其他诉讼参与人的配合下，为解决案件，依法定诉讼程序所进行的全部活动。基于所要解决案件的不同性质，可以分为民事诉讼、刑事诉讼和行政诉讼。建设工程合同纠纷一般涉及广义上的民事诉讼。

12.2　建设工程勘察、设计合同管理

12.2.1　建设工程勘察、设计合同的主要条款

勘察、设计合同应具备下列主要条款：

1. 委托人提交有关基础资料的期限

这是对委托人提交有关基础资料在时间上的要求。勘察或者设计的基础资料是指勘察、设计单位进行勘察、设计工作所依据的基础文件和情况。勘察基础资料包括项目的可行性研究报告，工程需要勘察的地点、内容，勘察技术要求及附图等；设计基础资料包括工程的选址报告、项目立项批文、标有征用土地红线和建筑红线的地形图、地质勘察资料，以及设计任务书及原料（或者经过批准的资源报告）、燃料、水、电、运输等方面的协议文件等。

2. 勘察、设计单位提交勘察、设计文件（包括概预算）的期限

这是指勘察、设计单位完成勘察、设计工作，交付勘察或者设计文件的期限。勘察、设计文件主要包括勘察、建设设计图及说明，材料设备清单和工程概预算等。勘察、设计文件是工程建设的依据，工程必须按照勘察、设计文件进行施工，因此勘察、设计文件的交付期限直接影响工程建设的期限，所以当事人在勘察或者设计合同中，应当明确勘察、设计文件的交付期限。

3. 勘察、设计的质量要求

这主要是委托人对勘察、设计工作提出的标准和要求。勘察、设计单位应当按照确定的质量要求进行勘察、设计，按时提交符合质量要求的勘察、设计文件。勘察、设计的质量要求条款明确了勘察、设计成果的质量，也是确定勘察、设计单位工作责任的重要依据。

4. 勘察、设计费用

勘察、设计费用是委托人对勘察、设计单位完成勘察、设计工作的报酬。支付勘察、设计费是委托人在勘察、设计合同中的主要义务。双方应当明确勘察、设计费用的数额和计算方法，勘察、设计费用的支付方式、地点、期限等内容。

5. 双方的其他协作条件

其他协作条件是指双方当事人为了保证勘察、设计工作顺利完成所应当履行的相互协作的义务。委托人的主要协作义务是在勘察、设计人员进入现场工作时，为勘察、设计人员提供必要的工作条件和生活条件，以保证其正常开展工作。勘察、设计单位的主要协作义务是配合工程建设的施工，进行设计交底，解决施工中的有关设计技术问题，负责设计变更和修改预算，参加试车考核和工程验收等。

6. 违约责任

合同当事人双方应当根据国家的有关规定约定双方的违约责任。

12.2.2 建设工程勘察、设计合同的订立与履行

勘察合同由建设单位、设计单位或有关单位提出委托，经双方同意即可签订。设计合同须具有上级机关批准的设计任务书方能签订；小型单项工程的设计合同须具有上级机关批准的文件方能签订；如单独委托施工图设计任务，则应同时具有经有关部门批准的初步设计文件方能签订。

勘察、设计合同订立之前，合同当事人应对另一方进行必要的资格和资信审查，以了解对方的履约能力和履行态度，慎重订立合同。当双方当事人经过协商取得一致意见后，由各自法定代表人或其委托代表签字并加盖公章后，合同生效。勘察、设计合同履行方面的相关要点说明如下：

1. 勘察、设计合同的定金

按规定收取费用的勘察、设计合同生效后，委托人应向承包人给付定金。勘察、设计合同履行后，定金抵作勘察、设计费。一般来说，勘察任务的定金为勘察费的30%，设计任务的定金为估算设计费的20%。委托人不履行合同的，无权请求返回定金；承包人不履行合同的，应当双倍返还定金。

2. 勘察、设计合同委托人的责任

勘察、设计合同的委托人有以下责任：

1）向承包人提供开展勘察、设计工作所需的有关基础资料，并对提供的时间、进度与资料可靠性负责。

委托勘察工作的，在勘察工作开展前，应提出勘察技术要求及附图。

委托初步设计的，在初步设计前应提供经过批准的设计任务书、选址报告，以及原料（或经过批准的资源报告）、燃料、水、电、运输等方面的协议文件和能满足初步设计要求的勘察资料、需要经过科研取得的技术资料。委托施工图设计的，在施工图设计前，应提供经过批准的初步设计文件和能满足施工图设计要求的勘察资料、施工条件，以及有关设备的技术资料。

2）在勘察、设计人员进入现场作业或配合施工时，应负责提供必要的工作和生活条件。

3）委托配合引进项目的设计任务，从询价、对外谈判、国内外技术考察直至建成投产的各阶段，应吸收承担设计任务的相关单位人员参加。

4）按照国家有关规定付给勘察、设计费。

5）维护承包人的勘察、设计技术成果，不得擅自修改，不得转让给第三方重复使用。

3. 勘察、设计合同承包人的责任

勘察、设计合同的承包人有以下责任：

1）勘察单位应按照现行的标准、规范、规程和技术条例，进行工程测量、工程地质、水文地质等勘察工作，并按合同规定的进度、质量提交勘察成果。

2）设计单位要根据批准的设计任务书或上一阶段设计的批准文件，以及有关设计技术经济协议文件、设计标准、技术规范、规程、定额等提出勘察技术要求和进行设计，并按合同规定的进度和质量提交设计文件（包括概预算文件、材料设备清单等）。

3）初步设计文件经上级主管部门审查后，在原定任务书范围内的必要修改由设计单位负责。因原定任务书有重大变更而重做或修改设计时，须具有设计审批机关或设计任务书批准机关的意见书。

4）设计单位对所承担设计任务的建设项目应配合施工，进行设计技术交底，解决施工过程中有关设计的问题，负责设计变更和修改预算，参加试车考核及工程竣工验收。对于大中型工业项目和复杂的民用工程应派现场设计代表，并参加隐蔽工程验收。

12.2.3　建设工程勘察、设计合同的变更和解除

1）设计文件批准后，就具有一定的严肃性，不得任意修改和变更。如果必须修改，也需经过有关部门批准，其批准权限根据修改的内容所涉及的范围而定。

2）委托人因故要求修改工程设计，经承包人同意后，除设计文件的提交时间另行协商外，委托人还应按承包人实际返工修改的工作量增付设计费。

3）原定可行性研究报告或初步设计如有重大变更而需修改设计时，须经原批准机关同意，并经双方当事人协商后另订合同。委托人负责支付已经进行了的设计的费用。

4）委托人因故要求中途停止设计时，应及时书面通知承包人，已付的设计费不退并按已完设计实际所耗工时增付和结清设计费，同时终止合同关系。

12.2.4　建设工程勘察、设计合同的违约责任

委托人或承包人违反合同规定，给对方造成损失的，应承担违约责任。

1）委托人若不履行合同则无权要求返还定金；而承包人若不履行合同则应双倍偿还定金。

2）对于由于委托人变更计划，提供不准确的资料，未按合同规定提供勘察、设计工作必需的资料或工作条件，或修改设计，造成勘察、设计工作的返工、停工、窝工的，委托人应按承包人实际消耗的工作量增付费用。因委托人责任造成重大返工或重新进行勘察、设计的，应另增加勘察、设计费。

3）勘察、设计的成果按期、按质、按量交付后，委托人要按期、按量支付勘察、设计费。若委托人超过合同规定的日期付费，则应支付逾期违约金。

4）因勘察、设计质量低劣引起返工，或未按期提交勘察、设计文件，拖延工程工期，造成委托人损失的，应由承包人继续完善勘察、完成设计，并视造成的损失、浪费的大小，减收或免收勘察、设计费。

5）对因勘察、设计错误造成工程重大质量事故的，承包人应无偿补充勘察、设计，修改完善勘察、设计文件。给委托人造成经济损失的，应当减收或免收勘察、设计费，并承担相应赔偿责任。

12.3　建设工程施工合同管理

12.3.1　合同进度目标的控制

施工合同中关于合同工期的规定，是基于业主整个项目的总体进度目标而确定的，为保证整个项目总体进度目标的实现。业主必须严格按合同工期目标进行控制，及时掌握每个合

同的实际进度状态，做好施工合同进度控制与协调任务，按合同中有关进度的条款对实际进度情况进行监督检查和跟踪控制。

业主方施工合同进度目标的控制，主要包括施工进度计划的审批、开工审查、实际施工进度的跟踪检查、控制和协调、工程延期审查等监督检查工作。合同进度目标控制工作程序如图12-4所示。

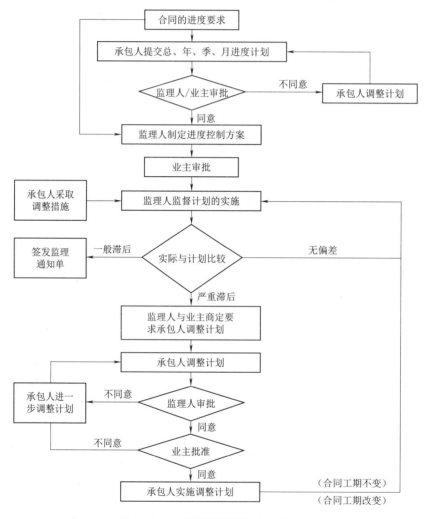

图 12-4　合同进度目标控制工作程序

1. 进度计划的审批

承包单位根据合同及竣工日期的要求，结合工程进展情况分别编制总体进度计划、年度进度计划、关键工程进度计划以及阶段性进度计划。对进度计划的审批应注意：①进度计划的内容及提交时间应符合合同要求；②工期和时间安排的合理性；③施工准备的可靠性；④计划目标与施工能力的适应性等。同时要在合同规定期限内完成对进度计划的审批工作。

2. 开工审核

开工审核的重点包括：①施工许可证已获政府主管部门批准；②施工场地能满足工程进度的需要；③施工组织设计已获得批准；④承包单位现场管理人员已到位；⑤施工人员机具

已进场；⑥主要工程材料已落实；⑦进场道路及水、电、通信等已满足开工要求等。

3. 实际进度的监督和检查

为保证合同进度目标的实现，工程师应对实际进度的执行情况进行监督和检查，当实际进度与计划进度基本相符（尤其是关键线路上的工作）时，不应干预承包单位对进度计划的执行。当实际进度与计划进度出现偏差时，视情况分为一般滞后和严重滞后，此时应根据整个项目的进展情况，确定是否需要调整或赶工。至于工期和费用的责任问题，视原因依合同的规定执行。

4. 工程暂停及复工处理

工程师对工程暂停及复工处理的原则如下：

1）工程暂停令签发前，工程师应就工程暂停后引起的工期和费用问题提出处理建议。工程暂停令必须明确停工原因和范围，避免承包单位提出不必要的工程索赔。

2）工程暂停期间，工程师应记录现场发生的各类情况，便于日后处理合同争议。

3）按合同规定的程序和时间，审核承包单位申报的复工审批表。

5. 工程延期处理

工程师对工程延期处理的原则如下：

1）工程延期申请的期限及资料提供应符合合同规定。

2）影响延期事件具有连续性时，工程师应先批准临时延期，便于承包单位调整进度计划，收到承包单位正式延期申请报告后，再批准最终延期。

3）延期评估主要从以下方面进行：①承包商提交的申请资料必须真实、齐全，满足评审需要；②申请延期的合同依据必须准确；③申请延期的理由必须正确、充分；④申请延期天数的计算原则与方法应恰当。

12.3.2 工程质量、安全、文明施工的控制

为保证工程质量，工程师应依据合同和国家有关法律法规的规定，对合同实施过程中的工程质量、安全和文明施工进行监督和检查，主要包括设计交底、施工组织设计（施工方案）的审查，承包人现场质量、安全和文明施工管理体系的审查，测量放线控制，工程材料、构配件、设备质量的监督，分包单位资格的审查，对质量行为、工程质量和安全文明施工进行监督检查，进行各种检查验收等，以保证工程质量、安全、文明施工符合合同、图纸、规范和有关法律法规的要求。

1. 施工组织设计（或施工方案）的审核

为保证工程质量，施工组织设计（或施工方案）在实施前须得到工程师的确认。施工组织设计（或施工方案）审核的工作程序如图12-5所示。工程师对施工组织设计（或施工方案）的审核应侧重：①是否经承包人上级技术管理部门审批；②技术负责人有无签字；③施工方案是否切实可行、安全可靠；④主要的技术措施是否符合规范的要求、是否齐全等。

2. 承包人现场质量管理体系的审核

工程师对承包人现场质量管理体系进行审核时，应注意：①承包人现场质量管理体系必须经过上级技术管理部门审核同意后方可报审；②现场质量管理体系要贯彻"横向到边、纵向到底"原则；③管理人员、特种作业人员数量应符合工程进度计划安排要求等。承包人现场质量管理体系的审核程序如图12-6所示。

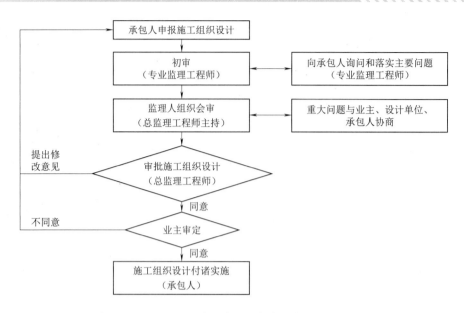

图 12-5 施工组织设计（或施工方案）审核的工作程序

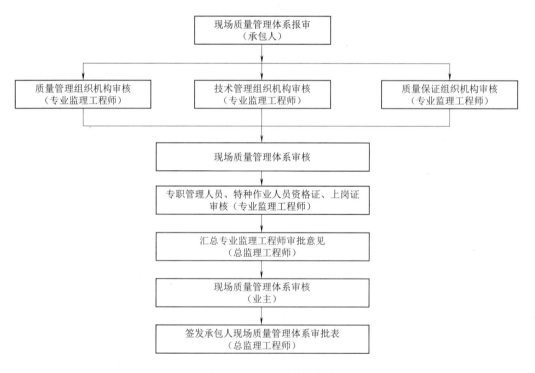

图 12-6 承包人现场质量管理体系的审核程序

3. 工程材料、构配件、设备的审查

采购单位进行建筑材料（设备）报审时应提供生产许可证、质量保证书、主要性能测试报告，由工程师复核。工程师要参与送检材料的见证取样，确保样品有代表性。其具体程序如图 12-7 所示。

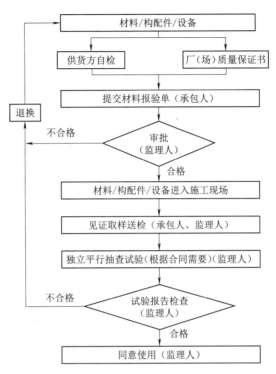

图 12-7　工程材料、构配件、设备审查的工作程序

4．分包单位资格的审核

工程分包应征得业主同意，其资格由监理工程师进行审核。审核内容包括：①分包单位的营业执照、资质等级证书；②分包单位的特殊行业施工许可证，国外（境外）企业在国内承包工程许可证；③分包单位的业绩；④拟分包工程的内容和范围；⑤专职管理人员和特种作业人员的资格证、上岗证。施工合同中已明确的分包单位，其资质在招标时已经过审核，承包单位可不报审，但其管理人员和特种作业人员的资格证、上岗证应报审。具体程序如图 12-8 所示。

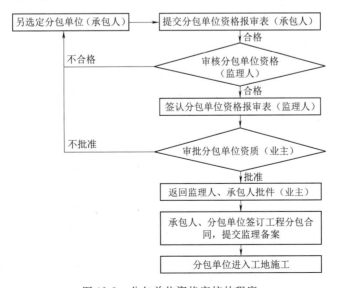

图 12-8　分包单位资格审核的程序

5. 分项工程的验收

分项工程的验收应严格按国家有关验收标准执行。分项工程的验收程序如图 12-9 所示。

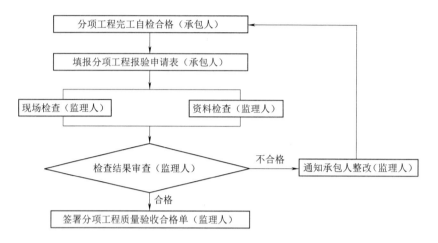

图 12-9 分项工程的验收程序

6. 隐蔽工程的验收

施工中经后道工序遮盖，不宜或不能再检查的工程内容均属隐蔽工程验收范围。重要的隐蔽工程验收项目有：①桩基施工、基坑验槽；②钢筋工程、预埋件；③基础分部工程；④防水工程（防水工程基层处理、防水层等）；⑤各种变形缝的处理；⑥管道的接头、防腐、保温、基底、支架的施工；⑦电气的跨接、避雷引下线，接地极埋设与接地带连接焊接等。隐蔽工程的验收程序如图 12-10 所示。

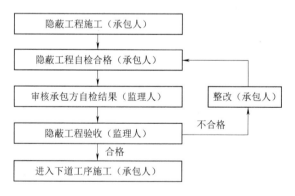

图 12-10 隐蔽工程的验收程序

7. 中间验收

工程中间验收主要包括桩基础工程、地基与基础工程、主体结构工程、安装工程、燃气工程、电梯安装工程以及业主或质量监督机构根据工程特点及有关规定确认的分部（分项）工程。工程中间验收程序如图 12-11 所示。

中间验收的内容包括以下几方面：

1）分部工程验收。分部工程验收结果在分项评定的基础上经统计而得；分部验收的工程质量评估报告应表明监理人对工程质量评定的意见；地基基础与主体分部工程的质量评定应在施工企业技术部门和质量部门核定后再向监理人报审。监理人确认评定意见前应进行现场检查。

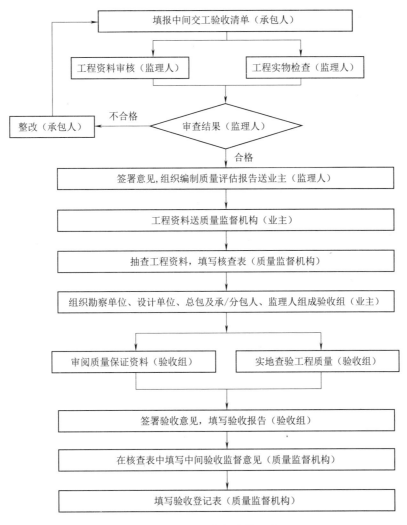

图 12-11 工程中间验收程序

2）单位工程验收。总监理工程师要组织专业监理工程师对质量情况、使用功能进行全面检查，对需要进行功能试验的项目应监督承包单位及时完成；单位工程验收要在承包单位自查自评的基础上结合质量保证资料核查，观感质量评定和关键部位应全面进行检查；检查中发现的质量问题和缺陷要按部位、按层次逐项列出清单，要求承包单位限期整改，验收中存在的质量问题不得隐瞒；业主组织各方和政府有关部门共同验收，再由政府有关部门备案。

3）交工验收。交工验收小组由业主、监理单位、设计单位、承包单位指定负责人参加，邀请质量监督部门或竣工备案部门参加。对交工工程重点审查工程范围、交工工程质量、质量缺陷处理、交工资料完成情况、剩余工程计划。现场主要检查外观质量、外形尺寸、所有现场清理工作和工程缺陷的修复情况。

8. 文明、安全施工的监督检查

业主和监理单位均应安排有资质的管理人员负责安全、文明施工的监督检查工作并做好安全、文明施工的日常检查，检查结果应留有记录；重大安全事故应按有关规定向政府部门及时报告；定期组织安全生产工作检查。文明、安全施工监督检查的程序如图 12-12 所示。

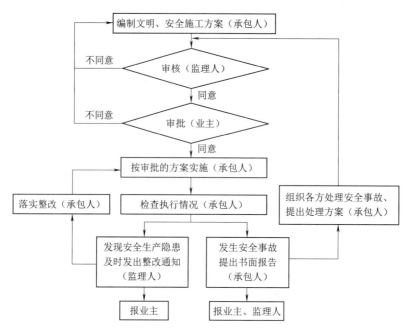

图 12-12　文明、安全施工监督检查的程序

12.3.3　工程合同价款的结算控制

工程合同中一般都规定了工程计量和价款结算方法与程序。合同价款结算的工作内容一般包括工程计量、工程款支付审核等。

1. 工程计量

工程师进行工程计量的原则有：①不符合合同文件要求及质量要求的工程不得计量；②按合同文件所规定的方法、范围、内容、单位计量；③按工程师同意的计量方法计量；④承包单位填报计量报告、工程师进行现场计量以及填报中间计量表的期限均应符合合同规定。工程计量程序如图 12-13 所示。

2. 工程款支付审核

工程款支付审核应注意以下内容：①申请的格式和内容应满足合同规定；②结算清单必须完整、清晰；③证明资料有工程师签字确认；④工程支付申报和审批工作期限应符合合同有关条款要求。工程款支付审核程序如图 12-14 所示。

12.3.4　合同变更控制

控制合同变更是工程师进行合同管理的一项重要内容，因为合同一旦出现变更，就可能会对合同目标及双方权利义务关系产生影响。图 12-15 表明了业主对承包单位提出的工程变更进行控制的程序。

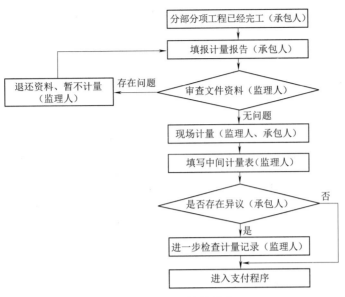

图 12-13　工程计量程序

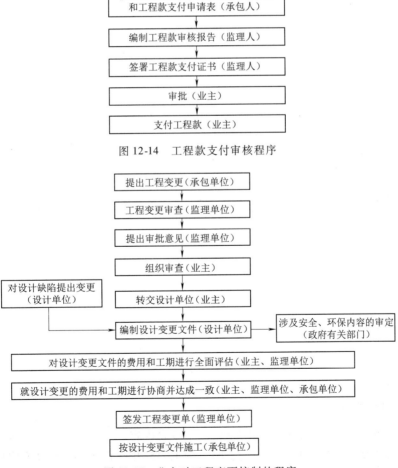

图 12-14　工程款支付审核程序

图 12-15　业主对工程变更控制的程序

在工程实践中，工程师对工程变更的控制应按如下方法和原则进行：

1）在合同履行过程中，工程师应尽可能预测并减少合同履行中可能的风险和变动因素，严格控制不必要和不合理的变更。

2）如果出现了必须变更的情况，应当尽快做出变更决策。工程变更越早，造成的损失就越少。

3）对工程变更要认真分析和慎重决策。在做出变更决策前应充分考虑此项变更将对合同目标和整个工程目标产生的影响。

4）工程变更往往涉及工期和（或费用）的变化，因此在工程变更过程中应记录、收集、整理所涉及的各种文件，保存好同期记录，以作为进一步分析的依据和双方就变更事宜进行工期和（或）费用调整的证据。

12.3.5 索赔控制

1. 工程索赔的概念和特征

（1）工程索赔的概念　工程索赔是在工程合同履行中，当事人一方由于另一方未履行合同所规定的义务或者出现了应当由对方承担的风险而遭受损失时，向另一方提出赔偿要求的行为。

工程索赔主要指承包商向业主的索赔，即施工索赔。施工索赔是指施工过程中，承包商根据合同和法律的规定，对并非由于自己的过错所造成的损失，或承担了合同规定之外的工作所发生的额外支出，向业主提出工期和（或）费用补偿的权利。

从广义上讲，索赔还包括业主对承包商的索赔。合同履行过程中，业主处于发包人的地位，业主的目的是合同的顺利履行，实现项目的目标，业主不以向承包商索赔为目的，但应以对承包商索赔的反驳为重点，以避免或减少承包商的索赔为目的，因此发包人向承包人的索赔也称为反索赔、逆向索赔或防范索赔。

（2）工程索赔的特征　工程索赔具有以下几个特征：

1）索赔是一种正当权利要求。它是依据合同的规定，向承担责任方索回不应该由自己承担的损失。索赔的目的是补偿索赔方在工期和（或）费用上的损失。

2）索赔是双向的。合同的双方都可向对方提出索赔要求，被索赔方可以对索赔方提出异议，阻止对方不合理的索赔要求。但是，在工程实践中，业主索赔数量较小，而且处理方便，可以通过冲账、扣付工程款、扣保证金等手段实现对承包商的索赔；而承包商对业主索赔的实现则比较困难。

3）索赔必须以合同和法律为依据。没有合同和法律依据、没有依据合同和法律提出的各种索赔都不能成立。

4）索赔必须建立在违约事实和损害后果已经客观存在的基础上，违约事实可以表现为违约方的作为或不作为，引起的后果是给守约方造成了明确的工期和（或）费用的损失。

2. 工程索赔的程序

工程索赔是工程合同履行过程中经常发生的问题，是工程合同管理的一项重要内容，从某种程度上讲，工程索赔管理的水平反映了合同管理的水平。施工索赔处理的程序如图12-16所示。

在工程实践中，工程师对承包商提出的索赔要求，应严格进行审核，以维护业主方的权益。

工程师对承包商提出的索赔进行审核时，应重点审核：①索赔申请格式是否满足合同要求；②索赔申请是否符合时效要求；③索赔内容是否符合合同规定；④索赔资料是否真实、齐全；⑤索赔依据、理由是否正确、充分；⑥索赔值的计算原则和方法是否恰当、数量是否正确等。

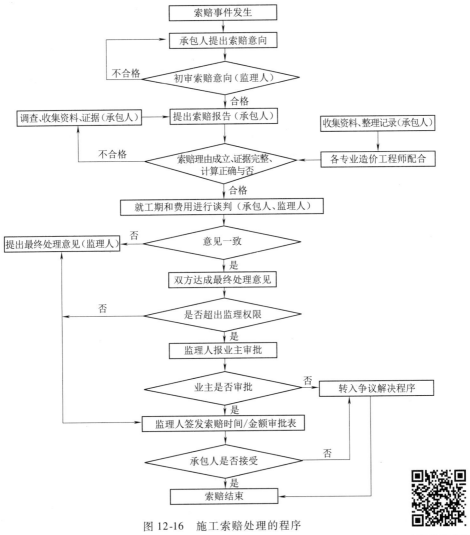

图 12-16　施工索赔处理的程序

工程索赔控制

3. 可以合理补偿承包商索赔的内容和有关条款

不同的合同文本中对可以合理补偿承包商索赔的内容是不同的，不同的索赔事件导致的索赔内容也是不同的，表 12-1 中列出了在《FIDIC 施工合同条件》（1999 年版）下，可以合理补偿承包商索赔的内容及对应的条款。

表 12-1　可以合理补偿承包商索赔的内容及对应的条款

序号	条款号	主要内容	可补偿内容		
			工期	费用	利润
1	1.9	提供图纸延误	√	√	√
2	2.1	延误移交施工现场	√	√	√

(续)

序号	条款号	主要内容	可补偿内容		
			工期	费用	利润
3	4.7	承包商依据工程师提供的错误数据导致放线错误	√	√	√
4	4.12	不可预见的外界条件	√	√	—
5	4.24	施工中遇到文物和古迹	√	√	—
6	7.4	非承包商原因检验导致施工的延误	√	√	√
7	8.4（a）	变更导致竣工时间的延长	√	—	—
8	（c）	异常不利的气候条件	√	—	—
9	（d）	由于传染病或其他政府行为导致工期的延误	√	—	—
10	（e）	业主或其他承包商的干扰	√	—	—
11	8.5	公共当局引起的延误	√	—	—
12	10.2	业主提前占用工程	√	√	—
13	10.3	对竣工检验的干扰	√	√	√
14	13.7	后续法规引起的调整	√	√	√
15	18.1	业主办理的保险未能从保险公司获得补偿部分	—	√	—
16	19.4	不可抗力事件造成的损害	√	√	—

4. 业主向承包商索赔的内容和有关条款

由于承包商不履行或不完全履行约定义务，或者由于承包商的行为使业主受到损失时，业主可向承包商提出索赔。业主向承包商的索赔主要是由于施工质量缺陷和拖延工期等违约行为导致的业主损失。

（1）工期延误索赔　在工程项目的施工过程中，由于多方面原因，往往使竣工日期拖后，影响到业主对该工程的利用，给业主带来经济损失，此时业主有权向承包商提出索赔，即由承包商支付误期损失赔偿费。通常业主在确定误期损失赔偿费的费率时，要考虑以下因素：

1）业主盈利损失。
2）由于工程拖期而引起的贷款利息增加。
3）工程拖期带来的附加监理费。
4）由于工程拖期不能使用，继续租用原建筑物或租用其他建筑物的租赁费。

关于误期损失赔偿费的计算方法，在每个合同文件中均有具体规定，一般按每延误一天赔偿一定的款额计算。

（2）质量不满足合同要求索赔　当承包商的施工质量不符合合同要求，或使用的设备和材料不符合合同规定，或在保修期内未完成应该负责修补的工程时，业主有权向承包商追究责任，要求补偿所遭受的经济损失。如果承包商在规定的期限内未完成修补工作，业主有权雇用他人来完成工作，发生的费用由承包商承担。

（3）承包商不履行保险的索赔　如果承包商未能按照合同规定办理保险，则业主可以投保，业主所交付的保险费可在应付给承包商的款项中扣回。

（4）对超额利润的索赔　如果工程量增加很多，使承包商预期的收入增大，则因工程量增加而承包商并不增加任何固定成本，合同价应由双方讨论调整，收回部分超额利润。

由于法规的变化导致承包商在工程实施中降低了成本，产生了超额利润，也应重新调整合同价格，收回部分超额利润。

（5）对指定分包商的付款索赔　在承包商未能提供已向指定分包商付款的合理证明时，业主可以直接按照监理工程师的证明书，将承包商未付给指定分包商的所有款项（扣除保留金）付给指定分包商，并从应付给承包商的任何款项中如数扣回。

（6）业主合理终止合同或承包商不合理放弃工程的索赔　如果业主合理地终止合同，或者承包商不合理放弃工程，则业主有权向承包商索赔由新的承包商完成工程所需的工程款与原合同未付部分的差额。

表12-2是在《FIDIC施工合同条件》（1999年版）下，业主可向承包商提出索赔的内容和有关条款。

表12-2　业主可向承包商提出索赔的内容和有关条款

序号	条款号	主要内容
1	2.5	业主为承包商提供水、电、气等应收款
2	7.5	不合格的材料和工程
3	7.6	承包商未能按照工程师的指示完成缺陷修补工作
4	8.6	承包商原因修改进度计划导致业主额外支出
5	8.7	拖期违约赔偿
6	9.4	未能通过竣工检验
7	11.3	缺陷通知期延长
8	11.4	未能补救缺陷
9	15.4	承包商违约终止合同后的支付
10	18.2	承包商办理保险未能获得补偿的部分

5. 业主方索赔管理的措施

业主方的索赔管理应从合同策划开始，包括勘察、设计、招标、合同谈判和订立等前期工作，因为合同文件的前期准备工作对索赔管理至关重要。在前期合同策划阶段就应有防范风险、减少承包商索赔机会的明确思路，做到防患于未然，防止和减少承包商的索赔。

（1）把好勘察、设计关，尽量减少设计变更　勘察、设计工作的充分性、正确性和稳定性对预防索赔十分重要。如果业主提供的原始资料出现差错，就会经常出现设计错误、设计变更、功能调整或施工图不能及时供应等情况，会给施工造成困难和延误，使承包商有机会索赔。

（2）编好招标文件，签好承包合同　招标文件是投标人投标的依据，也是签订工程合同的重要基础，招标文件体现业主方拟签订合同的重要制度和主要内容，体现业主方工程管理的主要思想。因此，业主方应尽可能详尽地编好招标文件，签好承包合同，尽量避免和减少相互之间的矛盾，以减少索赔事件的发生。

（3）认真学习和研究合同文件　研究合同文件特别是合同条件，列出承包商可能要求索赔的各种情况，在管理中注意防范，如督促设计人员及时提供图纸，尽量减少变更，保证甲供材料、设备的及时到货，保证资金供应，及时提供工程师的各种批准、指令等。

（4）做好现场记录　做好现场记录，以便在承包商提出索赔时有自己的原始记录和依据。出现索赔事件后，要及时进行调研，弄清事实，才有可能根据合同提出有理有据的回复。

12.4　建设工程监理合同管理

12.4.1　委托的监理任务

1. 委托工作的范围

委托人委托监理业务的范围可以非常广泛。从工程建设各阶段来说，可以包括项目前期立项咨询、设计阶段，实施阶段，保修阶段的全部监理工作或某一阶段的监理工作。在每一阶段内，又可以进行投资、质量、工期、安全四大控制，信息、合同两大管理以及项目参与各方的协调。但就具体项目而言，要根据工程的特点、监理人的能力、建设不同阶段的监理任务等诸方面因素，将委托的监理任务详细地写入合同的专用条款之中。施工阶段监理工作的范围可包括：

1）协助委托人选择承包人，组织设计、施工、设备采购等招标。

2）技术监督和检查，包括检查工程设计、材料和设备质量，对施工操作或施工质量的监理和检查等。

3）施工管理，包括质量控制、成本控制、计划和进度控制等。施工监理合同中的"监理工作范围"条款，一般应与工程总承包合同、单项工程承包所涵盖的范围保持一致。

2. 对监理工作的要求

在监理合同中明确约定监理人执行监理工作的要求，应当符合《建设工程监理规范》的规定。例如，针对工程项目的实际情况派出监理工作需要的监理机构及人员，编制监理规划和监理实施细则，采取实现监理工作目标相应的监理措施，从而保证监理合同得到真正的履行。

12.4.2　双方的权利与义务

1. 双方的权利

（1）监理人的权利

1）监理人在委托人委托的工程范围内，享有以下权利：

①选择工程总承包人的建议权。

②选择工程分包人的认可权。

③对工程建设有关事项，包括工程规模、设计标准、规划设计、生产工艺设计和使用功能要求等，向委托人的建议权。

④对工程设计中的技术问题，按照安全和优化的原则，向设计人提出建议；如果拟提出的建议可能会提高工程造价或延长工期，则应当事先征得委托人的同意。当发现工程设计不

符合国家颁布的建设工程质量标准或设计合同约定的质量标准时，监理人应当书面报告委托人并要求设计人更正。

⑤审批工程施工组织设计和技术方案，按照保障质量、工期和降低成本的原则，向承包人提出建议，并向委托人提出书面报告。

⑥主持工程建设有关协作单位的组织协调，重要协调事项应当事先向委托人报告。

⑦征得委托人同意，监理人有权发布开工令、停工令、复工令，但应当事先向委托人报告。如在紧急情况下未能事先报告，则应在 24 小时内向委托人做出书面报告。

⑧工程上使用的材料和施工质量的检验权。对于不符合设计要求和合同约定及国家质量标准的材料、构配件、设备，有权通知承包人停止使用；对于不符合规范和质量标准的工序、分部分项工程和不安全施工作业，有权通知承包人停工整改、返工。承包人得到监理机构复工指令后才能复工。

⑨工程施工进度的检查、监督权，以及工程实际竣工日期提前或超过工程施工合同规定的竣工期限的签认权。

⑩在工程施工合同约定的工程价款范围内，工程款支付的审核和签认权以及工程结算的复核确认权与否决权。未经总监理工程师签字确认，委托人不支付工程款。

2）监理人在委托人授权下，可对任何承包人合同规定的义务提出变更。如果由此严重影响了质量、进度或工程费用，则这种变更须经委托人事先批准。在紧急情况下未能事先报委托人批准时，监理人所做的变更也应尽快通知委托人。在监理过程中如发现工程承包人员工作不力，则监理机构可要求承包人调换有关人员。

3）在委托的工程范围内，委托人或承包人对对方的任何意见和要求（包括索赔要求），均须首先向监理机构提出，由监理机构研究处理意见，再与双方协商确定。当委托人和承包人发生争议时，监理机构应根据自己的职能，以独立的身份判断，公正地进行调解。当双方的争议由政府建设行政主管部门调解或仲裁机关仲裁时，监理机构应当提供作为证据的事实材料。

（2）委托人的权利

1）委托人有选定工程总承包人以及与其订立合同的权利。

2）委托人有对工程规模、设计标准、规划设计、生产工艺设计和设计使用功能要求等的认定权以及对工程设计变更的审批权。

3）监理人调换总监理工程师须事先得到委托人同意。

4）委托人有权要求监理人提交监理工作月报及监理业务范围内的专项报告。

5）当委托人发现监理人员不按监理合同履行监理职责，或与承包人串通给委托人造成工程损失的，委托人有权要求监理人更换监理人员，直到终止合同，并要求监理人承担相应的赔偿责任或连带赔偿责任。

2. 双方的义务

（1）监理人的义务

1）监理人按合同约定派出监理工作需要的监理机构及监理人员，向委托人报送委派的总监理工程师及监理机构主要成员名单、监理规划，完成监理合同专用条款中约定的监理工作范围内的监理业务。在履行合同义务期间，应按合同约定定期向委托人报告监理工作。

2）监理人在履行合同义务期间，应认真、勤奋地工作，为委托人提供与其水平相适应的咨询意见，公正维护各方面的合法权益。

3）监理人使用委托人提供的设施和物品，该设施和物品属委托人的财产。在监理工作完成或中止时，应将其设施和剩余的物品按合同约定的时间和方式移交给委托人。

4）在合同期内或合同终止后，未征得有关方同意，不得泄露与本工程、本合同业务有关的保密资料。

（2）委托人的义务

1）委托人在监理人开展监理业务之前应向监理人支付预付款。

2）委托人应当负责工程建设的所有外部关系的协调，为监理工作提供外部条件。根据需要，如将部分或全部协调工作委托监理人承担，则应在专用条款中明确委托的工作和相应的报酬。

3）委托人应当在双方约定的时间内免费向监理人提供与工程有关的为监理工作所需要的工程资料。

4）委托人应当在专用条款约定的时间内就监理人书面提交并要求做出决定的一切事宜做出书面决定。

5）委托人应当授权一名熟悉工程情况、能在规定时间内做出决定的常驻代表负责与监理人联系。如更换常驻代表，应提前通知监理人。

6）委托人应当将授予监理人的监理权利以及监理人主要成员的职能分工、监理权限，及时书面通知已选定的承包人。

7）委托人应向监理人提供如下资料：①与本工程合作的原材料、构配件、机械设备等生产厂家名录；②与本工程有关的协作单位、配合单位的名录。

8）委托人应免费向监理人提供办公用房、通信设施、监理人员工地住房及合同专用条款约定的设施，对监理人自备的设施给予合理的经济补偿，补偿金额＝设施在本工程使用时间占折旧年限的比例×设施原值＋管理费。

9）根据需要，如果双方约定，由委托人免费向监理人提供其他人员，则应在监理合同专用条款中予以明确。

12.4.3 合同的履行期限、地点和方式

在签订建设工程监理合同时双方必须商定监理期限，标明监理何时开始、何时完成。合同中注明的监理工作开始实施和完成日期是根据工程情况估算的时间。合同约定的监理酬金是根据这个时间估算的。如果委托人根据实际需要增加委托工作的范围或内容，导致需要延长合同期限，则双方可以通过协商，另行签订补充协议。

12.4.4 违约责任

合同履行过程中，由于当事人一方的过错，造成合同不能履行或者不能完全履行，由有过错的一方承担违约责任；如属双方的过错，则根据实际情况，由双方分别承担各自的违约责任。

1. 监理人的责任

1）监理人的责任期即监理合同的有效期。在监理过程中，如果因工程建设进度的推迟或延误而超过书面约定的日期，则双方应进一步约定相应延长的合同期。

2）监理人在责任期内，应当履行约定的义务，如果因监理人的过失而造成委托人的经济损失，则应当向委托人赔偿，但累计赔偿总额不应超过监理报酬总额（除去税金）。

3）监理人对承包人违反合同规定的质量要求和完工时限，不承担责任。因不可抗力导致监理合同不能全部或部分履行的，监理人不承担责任。但对自身过错产生的违约责任及由此引起的有关事宜，应向委托人承担赔偿责任。

4）监理人向委托人提出赔偿要求不能成立时，监理人应当补偿由该索赔所导致的委托人的各种费用支出。

2. 委托人的责任

1）委托人应当履行监理合同约定的义务，如有违反则应当承担相应的违约责任，赔偿监理人的经济损失。监理人处理委托业务时，因非监理人原因的事由受到损失的，可以向委托人要求补偿损失。

2）委托人向监理人提出赔偿的要求不能成立时，应当补偿由该索赔所引起的监理人的各种费用支出。

12.4.5 监理酬金

1）正常的监理工作、附加工作和额外工作的报酬，按照监理合同专用条款中约定的方法计算，并按约定的时间和数额支付。

2）如果委托人在规定的支付期限内未支付监理报酬，则自规定之日起，还应向监理人支付滞纳金。滞纳金应从规定支付期限最后一日起计算。

3）支付监理报酬所采取的货币币种、汇率由合同专用条款约定。

4）如果委托人对监理人提交的支付通知中报酬或部分报酬项目有异议，则应当在收到支付通知书24小时内向监理人发出通知表示异议，但委托人不得拖延其他无异议报酬项目的支付。

12.4.6 协调双方关系条款

监理合同中对合同履行期间甲乙双方的有关联系、工作程序都做了严格周密的规定，便于双方协调有序地履行合同。

1. 合同的生效、变更和终止

1）由于委托人或承包人的原因使监理工作受到阻碍或延误，以致发生了附加工作或延长了持续时间的，监理人应当将此情况与可能产生的影响及时通知委托人。完成监理业务的时间相应延长，并得到附加工作的报酬。

2）在监理合同签订后，实际情况发生变化，使得监理人不能全部或部分履行监理义务时，监理人应当立即通知委托人。该监理业务的完成时间应予延长。当恢复执行监理业务时，应当增加不超过42日的时间用于恢复执行监理业务，并按双方约定的数量支付监理报酬。

3）监理人向委托人办理完竣工验收或工程移交手续，承包人和委托人已签订工程保修责任书，监理人收到监理报酬尾款，监理合同即终止。保修期间的责任，双方在专用条款中约定。

4）当事人一方要求变更或解除合同时，应当在42日前通知对方，因解除合同使一方遭受损失的，除依法可以免除责任的以外，应由责任方负责赔偿。变更或解除合同的通知或协议必须采取书面形式，协议未达成之前，原合同仍然有效。

5）监理人在应当获得监理报酬之日起 30 日内仍未收到支付单据，而委托人又未对监理人提出任何书面解释，或已暂停执行监理业务时限超过 6 个月的，监理人可向委托人发出终止合同的通知，发出通知后 14 日内仍未得到委托人答复的，可进一步发出终止合同的通知，如果第二份通知发出后 42 日内仍未得到委托人答复，则可终止合同或自行暂停、继续暂停执行全部或部分监理业务。委托人承担违约责任。

6）监理人由于非自身原因而暂停或终止执行监理业务的，其善后工作以及恢复执行监理业务的工作，应当视为额外工作，有权得到额外的报酬。

7）当委托人认为监理人无正当理由未履行监理义务时，可向监理人发出指明其未履行义务的通知。若委托人发出通知后 21 日内没有收到答复，可在第一个通知发出后 35 日内发出终止监理合同的通知，合同即行终止。监理人承担违约责任。

8）合同协议的终止并不影响各方应有的权利和应当承担的责任。

2. 争议的解决

因违反或终止合同而引起的对对方损失和损害的赔偿，双方应当协商解决，如未能达成一致，则可提交主管部门协调；如仍未能达成一致，则根据双方约定提交仲裁机关仲裁或向人民法院起诉。

12.5 建设工程物资采购合同管理

12.5.1 建筑材料采购合同的主要内容

1. 标的

标的主要包括购销物资的名称（注明牌号、商标）、品种、型号、规格、等级、花色、技术标准或质量要求等。合同中的标的物应按照行业主管部门颁布的产品规定正确填写，不能用习惯名称或自行命名，以免产生差错。订购特定产品，最好注明其用途，以免产生不必要的纠纷。标的物的质量要求应该符合国家或者行业现行有关质量标准和设计要求，应该符合以产品采用标准、说明、实物样品等方式表明的质量状况。

约定质量标准的一般原则有：

1）按颁布的国家标准执行。

2）没有国家标准而有部颁标准的，则按照部颁标准执行。

3）没有国家标准和部颁标准时，可按照企业标准执行。

没有上述标准或虽有上述标准但采购方有特殊要求的，按照双方在合同中约定的技术条件、样品或补充的技术要求执行。

合同内必须写明执行的质量标准代号、编号和标准名称，明确各类材料的技术要求、试验项目、试验方法、试验频率等。采购成套产品时，合同内还需要规定附件的质量要求。

2. 数量

合同中应该明确采用的计量方法，并明确计量单位。凡国家、行业或地方规定有计量标准的产品，合同中应按照统一标准注明计量单位。没有规定的可由当事人协商执行，不可以用含混不清的计量单位。应当注意的是,若建筑材料或产品有计量换算问题,则应该按照标准计量单位确定订购数量。

供货方发货时所采用的计量单位、计量方法与合同约定应该一致,并在发货明细表或质量证明书中注明,以便采购方检验。运输中转单位也应该按照供货方发货时所采用的计量方法进行验收和发货。

订购数量必须在合同中注明,尤其是一次订购分期供货的合同,还应明确每次进货的时间、地点和数量。

建筑材料在运输过程中容易造成自然损耗,如挥发、飞散、干燥、风化、潮解、破损、漏损等,在装卸操作或检验环节中换装、拆包检查等也会造成物资数量的减少,这些都属于途中自然减量。但是,有些情况不能作为自然减量,如非人力所能抗拒的自然灾害所造成的非常损失,由于工作失职和管理不善造成的失误。因此,对于某些建筑材料,还应在合同中写明交货数量的正负尾数差、合理磅差和运输途中自然损耗的规定及计算方法。

3. 包装

包装包括包装标准、包装物的供应及回收。

包装标准是指产品包装的类型、规格、容量以及标记等。产品或者其包装标识应该符合要求,应包括产品名称、生产厂家、厂址、质量检验合格证明等。

包装物一般应由建筑材料的供货方负责供应,并且一般不得向采购方收取包装费。如果采购方对包装提出特殊要求,则双方应在合同中约定,超过原标准费用部分由采购方负责;反之,若议定的标准低于有关规定标准,也应相应降低产品价格。

包装物的回收方式有以下两种:

1) 押金收回,适用于专用的包装物,如电缆卷筒、集装箱、大中型木箱等。
2) 折价收回,适用于可以再次利用的包装器材,如油漆桶、麻袋、玻璃瓶等。

4. 交付及运输方式

交付方式可以是采购方到约定地点提货或供货方负责将货物送达指定地点两大类。如果是由供货方负责将货物送达指定地点,则要确定运输方式,可以选择铁路、公路、水路、航空、管道运输及海上运输等,一般由采购方在签订合同时提出要求,供货方代办发运,运费由采购方承担。

5. 验收

合同中应该明确货物的验收依据和验收方式。

验收依据包括:

1) 采购合同。
2) 供货方提供的发货单、计量单、装箱单以及其他有关凭证。
3) 合同约定的质量标准和要求。
4) 产品合格证、检验单。
5) 图纸、样品和其他技术证明文件。
6) 双方当事人封存的样品。

验收方式有驻厂验收、提运验收、接运验收和入库验收等方式。

1) 驻厂验收:在制造期间,由采购方派人在供应的生产厂家进行材质检验。
2) 提运验收:对加工订制、市场采购和自提自运的物资,由提货人在提取产品时检验。

3）接运验收：由接运人员对到达的物资进行检查，发现问题当场做出记录。

4）入库验收：入库验收是广泛采用的正式的验收方法，由仓库管理人员负责材料物资的数量和外观检验。

6. 交货期限

采购合同应明确具体的交货时间。如果分批交货，则要注明各个批次的交货时间。

交货时间的确定可以按照下列方式：

1）供货方负责供货的，以采购方收货戳记的日期为准。

2）采购方提货的，以供货方按合同规定通知的提货日期为准。

3）凡委托运输部门或单位运输、送货或代运的产品以承运单位签收的日期为准，不以向承运单位提出申请的日期为准。

7. 价格

1）有国家定价的材料，应按国家定价执行。

2）按规定应由国家定价的但国家尚无定价的材料，其价格应报请物价主管部门批准。

3）不属于国家定价的产品，可由供需双方协商确定价格。

8. 结算

合同中应明确结算的时间、方式和手续。首先应明确是验单付款还是验货付款。结算方式可以是现金支付或转账结算。现金支付适用于成交货物数量少且金额小的合同；转账结算适用于同城结算，也适用于异地结算。

9. 违约责任

当事人任何一方不能正确履行合同义务时，都可以以违约金的形式承担违约赔偿责任。双方应通过协商确定违约金的比例，并在合同条款内明确。

1）供货方的违约行为可能包括不能按期供货、不能供货、供应的货物有质量缺陷或数量不足等。如有违约，应按照法律和合同规定承担相应的责任。

供货方不能按期交货分为逾期交货和提前交货。发生逾期交货的情况，要按照合同约定，依据逾期交货部分货款总价计算违约金。对约定由采购方自提货物的，若发生采购方的其他损失，则其实际开支的费用也应由供货方承担。例如，采购方已按期派车到指定地点接收货物，而供货方不能交付，则派车损失应由供货方承担。对于提前交货的情况，如果属于采购方自提货物，则采购方接到提前提货通知后可以根据自己的实际情况拒绝提前提货。对于供货方提前发货或交付的货物，采购方仍可按合同规定的时间付款，而且对于提前交货部分，在代为保管期内实际支出的保管、保养费应由供货方承担。

2）采购方的违约行为可能包括不按合同要求接受货物、逾期付款或拒绝付款等，应依照法律和合同规定承担相应的责任。

合同签订以后，采购方要求中途退货的，应向供货方支付按退货部分货款总额计算的违约金，并要承担由此给供货方造成的损失。采购方不能按期提货的，除支付违约金外，还应承担逾期提货给供货方造成的代为保管费、保养费等。

采购方逾期付款应该按照合同约定支付逾期付款利息。

12.5.2 设备采购合同的主要内容

设备采购合同的一般条款可参照建筑材料采购合同的一般条款，包括设备的名称、品种、型号、规格、等级、技术标准或技术性能指标，数量和计量单位，包装标准及包装物的供应与回收、交货单位、交货方式、运输方式、交货地点、提货单位、交（提）货期限，验收方式，产品价格，结算方式，违约责任等。此外，还需要注意以下几个要点：

1. 设备价格与支付

设备采购合同通常采用固定总价合同，在合同交货期内价格不进行调整。合同应该明确合同价格所包括的设备名称、套数以及是否包括附件、配件、工具和损耗品的费用，是否包括调试、保修服务的费用等。合同价内应该包括设备的税费、运杂费、保险费等与设备有关的其他费用。

合同价款的支付一般分为以下三次：

1）设备制造前，采购方支付设备价格的10%作为预付款。

2）供货方按照交货顺序在规定的时间内将货物送达交货地点，采购方支付该批设备价款的80%。

3）剩余的10%作为设备保证金，到保证期满，采购方签发最终验收证书后支付。

2. 设备数量

合同双方应明确设备名称、套数、随主机的辅机、附件、易损耗备用品、配件和安装修理工具等，应在合同中列出详细清单。

3. 技术标准

合同应注明设备系统的主要技术性能以及各部分设备的主要技术标准和技术性能。

4. 现场服务

合同可以约定设备安装工作由供货方负责还是采购方负责。如果由采购方负责则可以要求供货方提供必要的技术服务、现场服务等内容，可能包括供货方派必要的技术人员到现场向安装施工人员进行技术交底，指导安装和调试，处理设备的质量问题，参加试车和验收试验等。在合同中应明确服务内容，对现场技术人员在现场的工作条件、生活待遇及费用等做出明确规定。

5. 验收和保修

成套设备安装后一般应进行试车调试，双方应该共同参加启动试车的检验工作。试验合格后，双方在验收文件上签字，正式移交采购方进行生产运行。若检验不合格，属于设备质量原因，则由供货方负责修理、更换并承担全部费用；如果由于工程施工质量问题，则由安装单位负责拆除后纠正缺陷。

合同中还应明确成套设备的验收办法以及是否保修、保修期限、保修费用分担责任等。

12.6 本章小结

只有通过良好的合同管理，才能保证合同当事人、合同订立形式和程序的合法性，也才能保证合同内容的全面、合法、明确，进而维护合同双方的合法权益，维护社会正常的经济秩序，创造较好的社会和经济效益，使有限的投资发挥最大的经济效果。

1. 什么是建设工程合同管理？

2. 工程项目的合同体系在整个项目管理中有何作用？
3. 建设工程勘察、设计合同的违约责任如何界定？
4. 如何进行工程质量、安全、文明施工的控制？
5. 业主方（工程师）如何对工程变更实施控制？
6. 工程索赔有何特征？简述建设工程索赔的程序。
7. 工程师对承包商提出的索赔进行审核时，应重点注意哪些方面？
8. 业主方可以采取哪些措施避免或减少承包商的索赔？
9. 建设工程监理合同中约定的合同双方的义务分别是什么？
10. 建设工程物资采购合同当事人双方的违约责任分别有哪些？如何处理？

第4篇

竣工验收

第13章

竣工验收备案制度

工程项目的竣工验收是施工全过程的最后一道工序，也是工程项目管理的最后一项工作。它是建设投资成果转入生产或使用的标志，也是全面考核投资效益、检验设计和施工质量的重要环节。而完善的建设工程竣工验收及备案制度有利于政府通过程序对建设工程规划、质量有较好的控制，同时备案资料又可为之后的改建、扩建工程提供完整的技术资料。

通过本章的学习，了解竣工验收的内容、法定条件，掌握竣工验收的基本程序；掌握工程竣工验收备案管理要求、备案中应提交的文件及备案违反规定时的法律责任等。

■ 13.1 建设工程竣工验收组织与法定条件

在建设工程完工后，承包单位应当向建设单位提供完整的竣工资料和竣工验收报告，提请建设单位组织竣工验收。建设单位收到竣工验收报告后，应及时组织由设计、施工、工程监理等有关单位参加的竣工验收，检查整个工程项目是否已按照设计要求和合同约定全部建设完成，并符合竣工验收条件。

《建设工程质量管理条例》规定，建设单位收到建设工程竣工报告后，应当组织设计、施工、工程监理等有关单位进行竣工验收。对工程进行竣工检查和验收，是建设单位法定的权利和义务。

13.1.1 建设工程竣工验收的法定条件

《建筑法》规定，交付竣工验收的建筑工程，必须符合规定的建筑工程质量标准，有完整的工程技术经济资料和经签署的工程保修书并具备国家规定的其他竣工条件。建筑工程竣工验收合格后，方可交付使用；未经验收或验收不合格的不得交付使用。

《建设工程质量管理条例》进一步规定，建设工程竣工验收应当具备以下条件：

1）完成建设工程设计和合同约定的各项内容。
2）有完整的技术档案和施工管理资料。
3）有工程使用的主要建筑材料、建筑构配件和设备的进场试验报告。
4）有勘察、设计、施工、工程监理等单位分别签署的质量合格文件。

5）有施工单位签署的工程保修书。

13.1.2　建设工程验收主要文件

1）勘察、设计、施工、工程监理等有关单位分别签署的质量合格文件。勘察、设计、施工、工程监理等有关单位要依据工程设计文件及承包合同所要求的质量标准，对竣工工程进行检查评定；符合规定的应当签署合格文件。

2）施工单位签署的工程保修书。施工单位同建设单位签署的工程保修书，也是交付竣工验收的条件之一。

凡是没有经过竣工验收或者经过竣工验收确定为不合格的建设工程，不得交付使用。如果建设单位为了提前获得投资效益，在工程未验收时就提前投产或使用，则由此而发生的质量问题，建设单位要承担责任。

3）完整的技术档案和施工管理资料。工程技术档案和施工管理资料是工程竣工验收和质量保证的重要依据之一，主要包括以下档案和资料：工程项目竣工验收报告、分项、分部工程和单位工程技术人员名单、图纸会审和技术交底记录、设计变更通知单、技术变更核实单、工程质量事故发生后调查和处理资料，隐蔽验收记录及施工日志、竣工图、质量检验评定资料以及合同约定的其他资料。

4）工程使用的主要建筑材料、建筑构配件和设备的进场试验报告。对建设工程使用的主要建筑材料、建筑构配件和设备，除须具有质量合格证明资料外，还应具有进场试验、检验报告，其质量要求必须符合国家规定的标准。

5）公安消防、环保等部门出具的认可文件或者准许使用文件。

13.1.3　建设工程验收流程

验收的流程

1）工程完工后，施工单位向建设单位提交工程竣工报告，申请工程竣工验收。实行监理的工程，工程竣工报告须经总监理工程师签署意见。

2）建设单位收到工程竣工报告后，对符合竣工验收要求的工程，组织勘察、设计、施工、监理等单位和其他有关方面的专家组成验收组，制定验收方案。

3）建设单位应当在工程竣工验收7个工作日前，将验收的时间、地点及验收组名单书面通知负责监督该工程的工程质量监督机构。

4）建设单位组织工程竣工验收，内容包括：

①建设、勘察、设计、施工、监理单位分别汇报工程合同履约情况和在工程建设各个环节执行法律、法规和工程建设强制性标准的情况。

②审阅建设、勘察、设计、施工、监理单位的工程档案资料；实地查验工程质量；对工程勘察、设计、施工、设备安装质量和各管理环节等方面做出全面评价，形成经验收组人员签署的工程竣工验收意见。

参与工程竣工验收的建设、勘察、设计、施工、监理等各方不能形成一致意见时，应当协商提出解决的方法，待意见一致后，重新组织工程竣工验收。

13.2 建设工程验收的规定

13.2.1 规划、消防、节能、环保等验收规定

《建设工程质量管理条例》规定，建设单位应当自建设工程竣工验收合格之日起15日内，将建设工程竣工验收报告和规划、公安消防、环保等部门出具的认可文件或者准许使用文件报建设行政主管部门或者其他有关部门备案。

1. 建设工程竣工规划验收

《城乡规划法》规定，县级以上地方人民政府城乡规划主管部门按照国务院规定对建设工程是否符合规划条件予以核实。未经核实或者经核实不符合规划条件的，建设单位不得组织竣工验收。建设单位应当在竣工验收后6个月向城乡规划主管部门报送有关竣工验收资料。

建设工程竣工后，建设单位应当依法向城乡规划行政主管部门提出竣工规划验收申请，由城乡规划行政主管部门按照选址意见书、建设用地规划许可证、建设工程规划许可证、乡村建设规划许可证及其有关规划的要求，对建设工程进行规划验收，包括对建设用地范围内的各项工程建设情况、建筑物的使用性质、位置、间距、层数、标高、平面、立面、外墙装饰材料和色彩、各类配套服务设施、临时施工用房、施工场地等进行全面核查，并做出验收记录。对于验收合格的，由城乡规划行政主管部门出具规划认可文件或核发建设工程竣工规划验收合格证。

《城乡规划法》还规定，建设单位未在建设工程竣工验收后6个月内向城乡规划主管部门报送有关竣工验收资料的，由所在地城市、县人民政府城乡规划主管部门责令限期补报；逾期不补报的，处1万元以上5万元以下的罚款。

2. 建设工程竣工消防验收

《消防法》规定，按照国家工程建设消防技术标准需要进行消防设计的建设工程竣工，依照下列规定进行消防验收、备案：

1）国务院公安部门规定的大型的人员密集场所和其他特殊建设工程，建设单位应当向公安机关消防机构申请消防验收。

2）其他建设工程，建设单位在验收后应当报公安机关消防机构备案，公安机关消防机构应当进行抽查。依法应当进行消防验收的建设工程，未经消防验收或者消防验收不合格的，禁止投入使用；其他建设工程经依法抽查不合格的，应当停止使用。

公安部《建设工程消防监督管理规定》进一步规定，建设单位申请消防验收应当提供下列材料：①建设工程消防验收申请表；②工程竣工验收报告和有关消防设施的工程竣工图；③消防产品质量合格证明文件；④具有防火性能要求的建筑构件、建筑材料、装修材料符合国家标准或者行业标准的证明文件、出厂合格证；⑤消防设施检测合格证明文件；⑥施工、工程监理、检测单位的合法身份证明和资质等级证明文件；⑦建设单位的工商营业执照等合法身份证明文件；⑧法律、行政法规规定的其他材料。

公安机关消防机构应当自受理消防验收申请之日起20日内组织消防验收，并出具消防验收意见。公安机关消防机构对申请消防验收的建设工程，应当依照建设工程消防验收评定

标准对已经消防设计审核合格的内容组织消防验收。对综合评定结论为合格的建设工程，公安机关消防机构应当出具消防验收合格意见；对综合评定结论为不合格的，应当出具消防验收不合格意见。

对于依法应当进行消防验收的建设工程，未经消防验收或者消防验收不合格，擅自投入使用的，《消防法》规定，由公安机关消防机构责令停止施工、停止使用或者停产停业，并处3万元以上30万元以下罚款。

3. 建设工程竣工环保验收

《建设项目环境保护管理条例》规定，编制环境影响报告书、环境影响报告表的建设项目竣工后，建设单位应当按照国务院环境保护行政主管部门规定的标准和程序，对配套建设的环境保护设施进行验收，编制验收报告。

建设单位在环境保护设施验收过程中，应当如实查验、监测、记载建设项目环境保护设施的建设和调试情况，不得弄虚作假。

除按照国家规定需要保密的情形外，建设单位应当依法向社会公开验收报告。

环境保护行政主管部门审批环境影响报告书、环境影响报告表，应当重点审查建设项目的环境可行性、环境影响分析预测评估的可靠性、环境保护措施的有效性、环境影响评价结论的科学性等，并分别自收到环境影响报告书之日起60日内、收到环境影响报告表之日起30日内，做出审批决定并书面通知建设单位。

建设项目需要配套建设的环境保护设施未建成、未经验收或者验收不合格，建设项目即投入生产或使用，或者在环境保护设施验收中弄虚作假的，由县级以上环境保护行政主管部门责令限期改正，处20万元以上100万元以下的罚款；逾期不改正的，处100万元以上200万元以下的罚款；对直接负责的主管人员和其他责任人员，处5万元以上20万元以下的罚款；造成重大环境污染或者生态破坏的，责令停止生产或使用，或者报经有批准权的人民政府批准，责令关闭。

4. 建筑工程节能验收

《节约能源法》规定，不符合建筑节能标准的建筑工程，建设主管部门不得批准开工建设；已经开工建设的，应当责令停止施工、限期改正；已经建成的，不得销售或者使用。《民用建筑节能条例》规定，建设单位组织竣工验收，应当对民用建筑是否符合民用建筑节能强制性标准进行验收。对不符合民用建筑节能强制性标准的，不得出具竣工验收合格报告。

建筑节能工程施工质量的验收，主要应按照《建筑节能工程施工质量验收规范》（GB 50411—2014）以及《建筑工程施工质量验收统一标准》（GB 50300—2013）、各专业工程施工质量验收规范等执行。单位竣工验收应在建筑节能分部工程验收合格后进行。

建筑节能工程为单位建设工程的一个分部工程，并按规定划分为分项工程和检验批。建筑节能工程应按照分项工程进行验收，如墙体节能工程、幕墙节能工程、门窗节能工程、屋面节能工程、地面节能工程、采暖节能工程、通风与空气调节节能工程、配电与照明节能工程等。当建筑节能分项工程的工程量较大时，可以将分项工程划分为若干个检验批进行验收。当建筑节能工程验收无法按照要求划分为分项工程或检验批时，可由建设、施工、监理等各方协调进行划分，但验收项目、验收内容、验收标准和验收记录均应遵守规范的规定。

（1）建筑节能分部工程进行质量验收的条件　建筑节能分部工程的质量验收，应在检验批、分项工程全部合格的基础上，进行建筑围护结构的外墙节能构造实体检验，严寒、寒冷和夏热冬冷地区的外窗气密性现场检测，以及系统节能性能检测和系统联合试运行与调试，确认建筑节能工程质量达到验收条件后方可进行。

（2）建筑节能分部工程验收的组织　建筑节能工程验收的程序和组织应遵守《建筑工程施工质量验收统一标准》（GB 50300—2013）的要求，并符合下列规定：

1）节能工程的检验批验收和隐蔽工程验收应由监理工程师主持，施工单位相关专业的质量检查员与施工员参加。

2）节能分项工程验收应由监理工程师主持，施工单位项目技术负责人和相关专业的质量检查员、施工员参加，必要时可邀请设计单位相关专业的人员参加。

3）节能分项工程验收应由监理工程师主持，施工单位项目经理、项目技术负责人和相关专业的质量检查员、施工员参加，施工单位的质量或技术负责人应参加，设计单位节能设计人员应参加。

（3）建筑节能工程验收程序

1）施工单位自检评定。建筑节能分部工程施工完成后，施工单位对节能工程质量进行检查，确认符合节能设计文件要求后，填写建筑节能分部工程质量验收表，并由项目经理和施工单位负责人签字。

2）监理单位进行节能工程质量评估。监理单位收到建筑节能分部工程质量验收表后，应全面审查施工单位的节能工程验收资料并且整理监理资料，对节能各分项工程进行质量评估，监理工程师及项目总监理工程师在建筑节能分部工程质量验收表中签字确认验收结论。

3）建筑节能分部工程验收。由总监理工程师主持验收会议，组织施工单位的相关人员、设计单位节能设计人员对节能工程质量进行检查验收。验收各方对工程质量进行检查，提出整改意见。

建筑节能质量监督管理部门的验收监督人员到施工现场对建筑节能工程验收的组织形式、验收程序、执行验收标准等情况进行现场监督，发现有违反规定程序、执行标准或者评定结果不准确的，应要求有关单位改正或停止验收。对未达到国家验收标准合格要求的质量问题，签发监督文书。

4）施工单位按验收意见进行整改。施工单位按照验收各方提出的整改意见进行整改；整改完毕后，建设、监理、设计、施工单位对节能工程的整改结果进行确认。对建筑节能工程存在重要整改内容的项目，质量监督人员参加复查。

5）节能工程验收结论。符合建筑节能工程质量验收规范的工程为验收合格，即通过节能分部工程质量验收。对节能工程验收不合格工程，按《建筑节能工程施工质量验收规范》和其他验收规范的要求整改完后，重新验收。

6）验收资料归档。建筑节能工程施工质量验收合格后，相应的建筑节能分部工程验收资料应作为建设工程竣工验收资料中的重要组成部分归档。

（4）建筑节能工程专项验收应注意事项

1）建筑节能工程的验收重点是检查建筑节能工程效果是否满足设计及规范要求，监理和施工单位应加强和重视节能验收工作，对验收中发现的工程实物质量问题及时解决。

2）工程项目存在以下问题之一的，监理单位不得组织节能工程验收：

①未完成建筑节能工程设计内容。

②隐蔽工程验收记录等技术档案和施工管理资料不完整。

③工程使用的主要建筑材料、建筑构配件和设备未提供进场检验报告的未提供相关的节能性检测报告。

④工程存在违反强制性条文的质量问题而未整改完毕。

⑤对监督机构发出的责令整改内容未整理完毕。

⑥存在其他违反法律、法规行为而未处理完毕。

3）工程项目验收存在以下问题之一的，应重新组织建筑节能工程验收：

①验收组织机构不符合法规及规范的要求。

②参加验收人员不具备相应的执业资格。

③参加验收各方主体验收意见不一致。

④验收程序和执行标准不符合要求。

⑤各方提出的问题未整改完毕。

4）单位工程在办理竣工备案时应提交建筑节能相关资料，不符合要求的不予备案。

5）建筑工程节能验收违法行为应承担的法律责任。《民用建筑节能条例》规定，建设单位对不符合民用建筑节能强制性标准的民用建筑项目出具竣工验收合格报告的，由县级以上地方人民政府建设主管部门责令改正，处民用建筑项目合同价款2%以上4%以下的罚款；造成损失的，依法承担赔偿责任。

13.2.2 建设工程竣工验收备案及归档资料的规定

1. 竣工验收备案的规定

《建设工程质量管理条例》规定，建设单位应当自建设工程竣工验收合格之日起15日内，将建设工程竣工验收报告和规划、公安消防、环保等部门出具的认可文件或者准许使用文件报建设行政主管部门或者其他有关部门备案。建设行政主管部门或者其他有关部门发现建设单位在竣工验收过程中有违反国家有关建设工程质量管理规定行为的，责令停止使用，重新组织竣工验收。

在工程竣工验收阶段，建设单位组织设计、施工、监理等有关单位对施工阶段的质量进行最终检验，以考核质量目标是否符合设计阶段的质量要求。这一阶段是工程建设向交付使用转移的必要环节，体现了工程质量水平的最终结果。《建设工程质量管理条例》确立了竣工验收备案制度，这是政府加强工程质量管理，防止不合格工程流向社会的一个重要手段。

为了加强房屋建筑工程和市政基础设施工程质量的管理，住建部根据《建设工程质量管理条例》制定了《房屋建筑和市政基础设施工程竣工验收备案管理办法》。

竣工验收备案的实施对象是在中华人民共和国境内新建、扩建、改建各类房屋建筑工程和市政基础设施工程。

国务院建设行政主管部门负责全国房屋建筑工程和市政基础设施工程的竣工验收备案管理工作。县级以上地方人民政府建设行政主管部门负责本行政区域内工程的竣工验收备案管理工作。

（1）竣工验收备案须提交的文件　建设单位应当自工程竣工验收合格之日起15日内，依照规定，向工程所在地的县级以上地方人民政府建设行政主管部门备案。建设单位办理工程竣工验收备案应当提交下列文件：

1）工程竣工验收备案表。

2）工程竣工验收报告。工程竣工验收报告应当包括工程报建日期，施工许可证号，施工图设计文件审查意见，勘察、设计、施工、工程监理等单位分别签署的质量合格原始文件以及验收人员签署的竣工验收原始文件，市政基础设施的有关质量检测和功能性试验资料以及备案机关认为需要提供的有关资料，住宅工程还应当提交住宅质量保证书和住宅使用说明书。

3）法律、行政法规规定应当由规划、环保等部门出具的认可文件或者准许使用文件。

4）法律规定应当由公安消防部门出具的对大型的人员密集场所和其他特殊建设工程验收合格的证明文件。

5）施工单位签署的工程质量保修书。

6）法律、规章规定必须提供的其他文件。

（2）竣工验收备案文件的签收和处理　备案机关收到建设单位报送的竣工验收备案文件，验证文件齐全后，应当在工程竣工验收备案表上签署文件收讫。工程竣工验收备案表一式两份，一份由建设单位保存，另一份留备案机关存档。

工程质量监督机构应当在工程竣工验收之日起5日内，向备案机关提交工程质量监督报告。

备案机关发现建设单位在竣工验收过程中有违反国家有关建设工程质量管理规定行为的，应当在收讫竣工验收备案文件15日内，责令停止使用，重新组织竣工验收。

（3）竣工验收备案违反规定的处罚　《房屋建筑和市政基础设施工程竣工验收备案管理办法》规定，建设单位在工程竣工验收合格之日起15日内未办理工程竣工验收备案的，备案机关责令限期改正，处20万元以上50万元以下罚款。

建设单位将备案机关决定重新组织竣工验收的工程，在重新组织竣工验收前，擅自使用的，备案机关责令停止使用，处工程合同价款2%～4%以下罚款。

建设单位采用虚假证明文件办理工程竣工验收备案的，工程竣工验收无效，备案机关责令停止使用，重新组织竣工验收，处20万元以上50万元以下罚款；构成犯罪的，依法追究刑事责任。

备案机关决定重新组织竣工验收并责令停止使用的工程，建设单位在备案之前已投入使用或者建设单位擅自继续使用造成使用人损失的，由建设单位依法承担赔偿责任。

2. 建设工程竣工归档资料的规定

《建设工程质量管理条例》规定，建设单位应当严格按照国家有关档案管理的规定，及时收集、整理建设项目各环节的文件资料，建立健全建设项目档案，并在建设工程竣工验收后，及时向建设行政主管部门或者其他有关部门移交建设项目档案。

一般的建筑物设计年限在50～70年，重要的建筑物达百年以上。在建设工程投入使用之后，还要进行检查、维修、管理，还可能会遇到改建、扩建或拆除活动以及在其周围进行建设活动。这些都需要参考原始的勘察、设计、施工等资料。建设单位是建设活动的总负责方，应当在合同中明确要求勘察、设计、施工、监理等单位分别提供工程建设各环节的文件资料，及时收集整理，建立健全建设项目档案。

按照《城市建设档案管理规定》的规定，建设单位应当在工程竣工验收后3个月内，向城建档案馆报送一套符合规定的建设工程档案。凡建设工程档案不齐全的，应当限期补充。对改建、扩建和重要部位维修的工程，建设单位应当组织设计、施工单位据实修改、补充和完善原建设工程档案。

施工单位应按照归档要求制定统一目录，有专业分包工程的，分包单位要按照总承包单位的总体安排做好各项资料的整理归档工作，最后再由总承包单位进行审核、汇总。施工单位一般应当提交的档案资料是工程技术档案资料、工程质量保证资料、工程检验评定资料和竣工图等。

13.3 本章小结

建设工程竣工验收是建设项目进入正常使用前的最后一项工序，建设单位组织在有设计、施工、工程监理等有关单位人员参与下的建设工程竣工验收工作，同时在规定时间内向相关单位申报规划、消防、节能、环保验收，验收均合格才可正式交付使用，同时向工程所在地的县级以上人民政府建设行政主管部门备案，验收不合格者不得交付使用，应在按验收建议整改完成后重新组织验收，否则自行承担相应责任。

"五位一体"总体布局在建设工程验收中的体现

建设工程竣工验收总结

思考题

1. 建设工程竣工验收应具备哪些条件？
2. 竣工验收程序是什么？
3. 竣工验收备案如何办理？备案文件应包含哪些内容？

第14章 建设工程质量保修制度

建设工程质量保修制度是指建设工程竣工验收后，在规定的保修期限内，因勘察、设计、施工、材料等原因造成的质量缺陷，应当由施工承包单位负责维修、返工或更换，由责任单位负责赔偿损失的法律制度。建设工程质量保修制度对于促进建设各方加强质量管理，保护用户及消费者的合法权益可起到重要的保障作用。《建筑法》《建设工程质量管理条例》均规定，建设工程实行质量保修制度。

通过本章的学习，了解建设工程质量保修制度、质量保修责任划分、质量保修金等主要内容。

14.1 建设工程质量保修的基本规定

14.1.1 最低质量保修期限的规定

《建设工程质量管理条例》规定，在正常使用条件下，建设工程的最低保修期限为：

1）基础设施工程、房屋建筑的地基基础工程和主体结构工程，为设计文件规定的该工程的合理使用年限。

2）屋面防水工程、有防水要求的卫生间、房间和外墙面的防渗漏，为5年。

3）供热与供冷系统，为2个采暖期、供冷期。

4）电气管线、给排水管道、设备安装和装修工程，为2年。

其他项目的保修期限由发包人与承包人约定。

1. 地基基础工程和主体结构的保修期

基础设施工程、房屋建筑的地基基础工程和主体结构工程的质量，直接关系到基础设施工程和房屋建筑的整体安全可靠，必须在该工程的合理使用年限内予以保修，即实行终身责任制。可以说工程合理使用年限就是该工程勘察、设计、施工等单位的质量责任年限。

2. 屋面防水工程、供热与供冷系统等的最低保修期

在《建设工程质量管理条例》中，对屋面防水工程、供热与供冷系统、电气管线、给水排水管线、设备安装和装修工程等的最低保修年限分别做出了规定。如果建设单位与施工单位经平等协商另行签订保修合同的，其保修年限可以高于法定的最低保修期限，但不能低于最低保修年限，否则视作无效。

建设工程保修期的起始日是竣工验收合格之日。按照《建设工程质量管理条例》的规定，建设行政主管部门或者其他有关部门发现建设单位在竣工验收过程中有违反国家有关建设工程质量管理规定行为的，责令停止使用，重新组织竣工验收。对于重新组织竣工验收的工程，其保修期为各方都认可的重新组织竣工验收的日期。

3. 建设工程超过合理使用年限后需要继续使用的规定

《建设工程质量管理条例》规定，建设工程在超过合理使用年限后需要继续使用的，产权所有人应当委托具有相应资质等级的勘察、设计单位鉴定，并根据鉴定结果采取加固、维修等措施，重新界定使用期。

各类工程根据其重要程度、结构类型、质量要求和使用性能等所确定的使用年限是不同的。确定建设工程的合理使用年限，并不意味着超过合理使用年限后，建设工程就一定要报废、拆除。该建设工程经过具有相应资质等级的勘察、设计单位鉴定，提出技术加固措施，在设计文件中重新界定使用期，并经有相应资质等级的施工单位进行加固、维修和补强，达到能继续使用条件的可以继续使用。否则，违法继续使用的所产生的后果由产权所有人负责。

14.1.2 建设工程质量保修书的主要内容

《建设工程质量管理条例》规定，建设工程承包单位在向建设单位提交工程竣工验收报告时，应当向建设单位出具质量保修书。质量保修书中应当明确建设工程的保修范围、保修期限和保修责任等。

质量保修书

建设工程质量保修的承诺，应当由承包单位以建设单位质量保修书这一书面形式来体现。建设工程质量保修书是一项保修合同，是承包合同中约定的双方权利义务的延续，也是施工单位对竣工验收的建设工程承担保修责任的法律文本。人们在日常生活中购买几十元、数百元的商品，生产供应商往往都必须出具质量保修书，而建设工程造价动辄几十万元、数百万元、数亿元甚至更多，如果没有保修的书面约定，那么对投资人和用户是不公平的，也不符合权利义务对等的市场经济准则。

建设工程承包单位应当依法在向建设单位提交工程竣工验收报告资料时，向建设单位出具工程质量保修书。工程质量保修书包括如下主要内容：

1）质量保修范围。《建筑法》规定，建筑工程的保修范围应当包括地基基础工程、主体结构工程、屋面防水工程和其他土建工程，还包括电气管线、上下水管线的敷设安装工程以及供热、供冷系统工程等项目。当然，不同类型的建设工程其保修范围有所不同。

2）质量保修期限。《建筑法》规定，保修的期限应当按照保证建筑物合理寿命年限内正常使用，维护使用者合法权益的原则确定。具体的保修范围和最低保修期限在《建设工程质量管理条例》中做了明确规定。

3）承诺质量保修责任。承诺质量保修责任主要是施工单位向建设单位承诺保修范围、保修期限和有关具体实施保修的措施，如保修的方法、人员及联络办法、保修答复和处理时限、不履行保修责任的罚则等。

需要注意的是，施工单位在建设工程质量保修书中，应当对建设单位合理使用建设工程有所提示。如果是因建设单位或用户使用不当或擅自改动结构、设备位置以及不当装修等造成的质量问题,则施工单位不承担保修责任;由此造成的质量受损或其他用户损失应当由责任人承担相应的责任。

14.2 建设工程质量保修的法律责任

14.2.1 建设工程质量的责任履行

《建设工程质量管理条例》规定,建设工程在保修范围和保修期限内发生质量问题的,施工单位应当履行保修义务,并对造成的损失承担赔偿责任。因保修人未及时履行义务,导致建筑物损毁或者造成人身、财产损害的,保修人应当承担赔偿责任。保修人与建筑物所有人或者发包人对建筑物毁损均有过错的,各自承担相应的责任。

建设工程保修的质量问题是指在保修范围和保修期限内的质量问题。对于保修义务的承担和维修的经济责任承担应当按下述原则处理:

1)施工单位未按照国家有关标准规范和设计要求施工所造成的质量缺陷,由施工单位负责返修并承担经济责任。

2)由于设计问题造成的质量缺陷,先由施工单位负责维修,其经济责任按有关规定通过建设单位向设计单位索赔。

3)因建筑材料、构配件和设备质量不合格引起的质量缺陷,先由施工单位负责维修,其经济责任属于施工单位采购的或经其验收同意的,由施工单位承担经济责任;属于建设单位采购的,由建设单位承担经济责任。

4)因建设单位(含监理单位)错误管理而造成的质量缺陷,先由施工单位负责维修,其经济责任由建设单位承担;如属监理单位责任,则由建设单位向监理单位索赔。

5)因使用单位使用不当造成的损坏问题,先由施工单位负责维修,其经济责任由使用单位自行负责。

6)因地震、台风、洪水等自然灾害或其他不可抗拒原因造成的损坏问题,先由施工单位负责维修,建设参与各方再根据国家具体政策分担经济责任。

14.2.2 建设工程质量保修的损失承担

1. 建设工程质量保修金

2017年出台的《建设工程质量保证金管理办法》(建质〔2017〕138号)规定,建设工程质量保证金(以下简称保证金)是指发包人与承包人在建设工程承包合同中约定,从应付的工程款中预留,用以保证承包人在缺陷责任期内对建设工程出现的缺陷进行维修的资金。

(1)缺陷责任期的确定　缺陷是指建设工程质量不符合工程建设强制性标准、设计文件,以及承包合同的约定。

缺陷责任期一般为1年,最长不超过2年,由发、承包双方在合同中约定。

缺陷责任期从工程通过竣工验收之日起计。由于承包人原因导致工程无法按规定期限进行竣(交)工验收的,缺陷责任期从实际通过竣

缺限责任期

（交）工验收之日起计。由于发包人原因导致工程无法按规定期限进行竣（交）工验收的，在承包人提交竣（交）工验收报告90日后，工程自动进入缺陷责任期。

（2）预留保证金的比例　全部或者部分使用政府投资的建设项目，按工程价款结算总额约5%的比例预留保证金。社会投资项目采用预留保证金方式时，预留保证金的比例可参照执行。

缺陷责任期内，由承包人原因造成的缺陷，承包人应负责维修，并承担鉴定及维修费用。如承包人不维修也不承担费用，则发包人可按合同约定扣除保证金，并由承包人承担违约责任。承包人维修并承担相应费用后，不免除对工程的一般损失赔偿责任。由他人原因造成的缺陷，发包人负责组织维修，承包人不承担费用，且发包人不得从保证中扣除费用。

（3）质量保证金的返还　缺陷责任期内，承包人认真履行合同约定的责任，到期后，承包人向发包人申请返还保证金。

发包人在接到承包人返还保证金申请后，应于14日内会同承包人按照合同约定的内容进行核实。如无异议，发包人应当在核实后14日内将保证金返还给承包人，逾期支付的，从逾期之日起，按照同期银行贷款利率计付利息，并承担违约责任。发包人在接到承包人返还保证金申请后14日内不予答复，经催告后14日内仍不予答复的，视同认可承包人的返还保证金申请。

发包人和承包人对保证金预留、返还以及工程维修质量、费用有争议的，按承包合同约定的争议和纠纷解决程序处理。

2. 违法行为应承担的法律责任

建设工程质量保修违法行为应承担的主要法律责任如下：

1）《建筑法》规定，建筑施工企业违反《建筑法》规定，不履行保修义务的，责令改正，可以处以罚款，并对在保修期内因屋顶、墙面渗漏、开裂等质量缺陷造成的损失，承担赔偿责任。

2）《建设工程质量管理条例》规定，施工单位不履行保修义务或者拖延履行保修义务的，责令改正，处10万元以上20万元以下的罚款，并对在保修期内因质量缺陷造成的损失承担赔偿责任。

3）《建设工程质量保证金管理办法》规定，缺陷责任期内，因承包人原因造成的缺陷，承包人应负责维修，并承担鉴定及维修费用。如承包人不维修也不承担费用，发包人可按合同约定从保证金或银行保函中扣除，费用超出保证金额的，发包人可按合同约定向承包人进行索赔。承包人维修并承担相应费用后，不免除其对工程的损失赔偿责任。

4）《建筑业企业资质管理规定》规定，企业申请建筑业企业资质升级、资质增项，在申请之日起前1年至资质许可决定做出前，若出现未依法履行工程质量保修义务或拖延履行保修义务的情形，则资质许可机关不予批准其建筑业企业资质升级申请和增项申请。

14.3　本章小结

建设工程质量保修书是施工单位对工程质量做出的规定期限内的质量及保修承诺，明确了保修范围、保修期限、保修责任等。建设工程在使用过程中出现质量问题应该先由施工单位负责维修，具体责任划分和经济赔偿在维修后解决。质量保修金制度是一种监督施工质量和督促施工单位执行保修承诺的一种有效的制度。

1. 什么是建设工程质量保修书？
2. 建设工程质量保修金的作用是什么？
3. 保修义务的损失赔偿是怎么分担的？

第15章

消防、节能、环保和文物保护的法律制度

工程建设活动往往会对社会其他方面产生不可忽视的影响,在保证建设过程本身顺利进行的同时,还要避免影响其他社会活动并兼顾可持续发展。为此,我国在消防、节能、环保和文物保护等方面均对建设工程做出了法律规定。

通过本章的学习,掌握环境保护的法律制度和环境保护"三同时"的重要性,熟悉水污染防治、固体废物污染防治、环境噪声污染防治的法律规定;熟悉民用建筑节能规定,了解国家鼓励发展的建筑节能技术和资料,了解文物保护的法律规定,熟悉施工现场文物的保护制度等。

15.1 消防法律制度

《消防法》自 2009 年 5 月 1 日起施行。《消防法》的立法目的在于预防火灾和减少火灾危害,保护公民人身、公共财产和公民财产的安全,维护公共安全,保障社会主义现代化建设的顺利进行。

15.1.1 建筑消防法律规定

《消防法》第四条规定,国务院公安部门对全国的消防工作实施监督管理。县级以上地方人民政府公安机关对本行政区域内的消防工作实施监督管理,并由本级人民政府公安机关消防机构负责实施。军事设施的消防工作,由其主管单位监督管理,公安机关消防机构协助;矿井地下部分、核电厂、海上石油天然气设施的消防工作,由其主管单位监督管理。

《消防法》第九条规定,建设工程的消防设计、施工必须符合国家工程建设消防技术标准。建设、设计、施工、工程监理等单位依法对建设工程的消防设计、施工质量负责。

《消防法》第十二条规定,依法应当经公安机关消防机构进行消防设计审核的建设工程,未经依法审核或者审核不合格的,负责审批该工程施工许可的部门不得给予施工许可,建设单位、施工单位不得施工;其他建设工程取得施工许可后经依法抽查不合格的,应当停止施工。

15.1.2 施工现场消防法律规定

施工现场消防问题是指在建设工程现场施工过程中所有可能引发的火灾的救治问题。在

施工现场建设过程和装修过程中,场地上有可能堆放很多建筑材料,由于管理不当或者意外可能引起工程火灾,造成在建建筑和周围既有建筑巨大经济损失,为有效防治这一问题,《消防法》对施工现场消防问题做出相应规定,如下:

1) 根据《消防法》第二十一条的规定,禁止在具有火灾、爆炸危险的场所吸烟、使用明火。因施工等特殊情况需要使用明火作业的,应当按照规定事先办理审批手续,采取相应的消防安全措施;作业人员应当遵守消防安全规定。进行电焊、气焊等具有火灾危险作业的人员和自动消防系统的操作人员,必须持证上岗,并遵守消防安全操作规程。

2) 根据《消防法》第二十四条的规定,消防产品必须符合国家标准;没有国家标准的,必须符合行业标准。依法实行强制性产品认证的消防产品,由具有法定资质的认证机构按照国家标准、行业标准的强制性要求认证合格后,方可生产、销售、使用。实行强制性产品认证的消防产品目录,由国务院产品质量监督部门会同国务院公安部门制定并公布。新研制的尚未制定国家标准、行业标准的消防产品,应当按照国务院产品质量监督部门会同国务院公安部门规定的办法,经技术鉴定符合消防安全要求的,方可生产、销售、使用。

3) 根据《消防法》第二十七条的规定,电器产品、燃气用具的产品标准,应当符合消防安全的要求。电器产品、燃气用具的安装、使用及其线路、管路的设计、敷设、维护保养、检测,必须符合消防技术标准和管理规定。

15.2 环境保护法律制度

15.2.1 现行的环境保护相关法律法规

《环境保护法》和《环境影响评价法》

18 世纪末 19 世纪初的工业革命,使社会生产力大发展,但同时也使大气污染和水污染日趋严重。20 世纪后,化学和石油工业的发展对环境的污染更为严重。一些国家先后采取了立法措施,以保护人类赖以生存的生态环境。一般先是地区性立法,后来发展为广泛性立法,其内容最初只限于工业污染,后来发展为全面的环境保护立法。随着全球性的环境污染和破坏的发生,《国际环境法》应运而生。我国改革开放后,经济建设迅猛发展,环境问题也日益突出,有必要对环境进行立法保护,我国政府在《国际环境法》的基础上产生了《环境保护法》。

《环境保护法》共 7 章,包括总则、监督管理、保护和改善环境、防治污染和其他公害、信息公开和公众参与、法律责任和附则。该法所称环境,是指影响人类生存和发展的各种天然的和经过人工改造的自然因素的总体,包括大气、水、海洋、土地、矿藏、森林、草原、湿地、野生生物、自然遗迹、人文遗迹、自然保护区、风景名胜区、城市和乡村等。该法规定应防治的污染和其他公害有废气、废水、废渣、医疗废物、粉尘、恶臭气体、放射性物质以及噪声、振动、光辐射、电磁辐射等。通过规定排污标准,建立环境监测、防治设施建设"三同时"、缴纳排污费等制度,保护和改善生活环境与生态环境,防止污染和其他公害。

《环境保护法》是现行环境保护的基本法规,随着法律制度的不断健全和完善,我国出现了许多针对某一环境污染问题的专门法律。例如,《水污染防治法》《大气污染防治法》《固体废物污染环境防治法》《环境噪声污染防治法》《海洋环境保护法》《放射性污染防治法》《危险化学品安全管理条例》《农药管理条例》《电磁辐射环境保护管理办法》等。

生态保护建设，宗旨在于保护生态平衡，是环境保护的高级形态，相关法律、法规主要有《野生动物保护法》《野生植物保护条例》《自然保护区条例》《风景名胜区管理条例》《森林公园管理办法》《水土保持法》《防沙治沙法》《防震减灾法》《城乡规划法》《村庄和集镇规划建设管理条例》等。

随着《环境影响评价法》的颁布，项目的决策、项目的选址、产品方向、建设计划和规模以及建成后的环境监测和管理工作有了科学依据。

15.2.2 施工现场环境保护制度

《建筑法》和《建设工程安全生产管理条例》都规定，建筑施工企业应当遵守有关环境保护和安全生产的法律、法规的规定，在施工现场采取措施，防止或减少粉尘、废气、废水、固体废物、噪声、振动和施工照明对人和环境的危害和污染。

1. 施工现场噪声污染防治规定

为防治环境噪声污染，保护和改善生活环境，保障人体健康，促进经济和社会发展，我国制定了《环境噪声污染防治法》。

《环境噪声污染防治法》规定了该法中的环境噪声是指在工业生产、建筑施工、交通运输和社会生活中所产生的干扰周围生活环境的声音。所称环境噪声污染，是指所产生的环境噪声超过国家规定的环境噪声排放标准，并干扰他人正常生活、工作和学习的现象。

在工程建设领域，环境噪声污染的防治主要包括两个方面：①建设项目环境噪声污染的防治；②建筑施工现场环境噪声污染的防治。前者主要针对建成项目在使用过程中产生的环境问题，后者则是针对建设工程施工过程中所产生的环境问题。

（1）建设项目环境噪声污染的防治 一些建成的项目，在其使用过程中势必会对周围的环境产生噪声影响，如城市铁路、工业厂房等。因此，建设单位必须做好噪声污染的防治工作。

《环境噪声污染防治法》规定，新建、改建、扩建的建设项目，必须遵守国家有关建设项目环境保护管理规定。

建设项目可能产生环境噪声污染的，建设单位必须提出环境影响报告书，规定环境噪声污染的防治措施，并按照国家规定的程序报环境保护行政主管部门批准。环境影响报告书中，应当有该建设项目所在地单位和居民的意见。

建设项目的环境噪声污染防治设施必须与主体工程同时设计、同时施工、同时投产使用。建设单位在投入生产或者使用之前，其环境噪声污染防治设施必须经原审批环境影响报告书的环境保护行政主管部门验收；达不到国家规定要求的，该建设项目不得投入生产或者使用。

（2）建筑施工现场环境噪声污染的防治 《环境噪声污染防治法》所称建筑设施噪声，是指在建筑施工过程中产生的干扰周围生活环境的声音。随着城市化进程的不断加快及工程建设的大规模开展，施工噪声污染问题日益突出，尤其是在城市人口稠密地区的建设施工项目中产生的噪声污染，不仅影响周围居民的正常生活，而且损害城市的环境形象。因此，应当依法加强施工现场噪声管理，采取有效措施防治施工噪声污染。

《环境噪声污染防治法》与建设工程相关有如下几条要求：

1）排放建筑施工噪声应符合建筑施工环境噪声排放标准。在城市市区范围内向周围生活环境排放建筑施工噪声的,应当符合国家规定的建筑施工场界环境噪声排放标准。

2)可能产生噪声污染的机械设备的使用申报。在城市市区范围内,建筑施工过程中使用机械设备,可能产生环境噪声污染的,施工单位必须在工程开工 15 日以前向工程所在地县级以上地方人民政府环境保护行政主管部门申报该工程的项目名称、施工场所和期限、可能产生的环境噪声值以及所采取的环境噪声污染防治措施的情况。

3)禁止夜间进行产生环境噪声污染的施工作业。在城市市区噪声敏感建筑物集中区域内,禁止夜间进行产生环境噪声污染的建筑施工作业,但抢修、抢险作业和因生产工艺上要求或者特殊需要必须进行连续作业的除外。因特殊需要必须连续作业的,必须有县级以上人民政府或者其有关主管部门的证明。

4)交通运输噪声污染防治。建设工程施工有着大量的运输任务,如土方车、混凝土输送车等,这些车子在运行期间会产生交通运输噪声。所称交通运输噪声,是指机动车辆、铁路机车、机动船舶、航空器等交通运输工具在运行时所产生的干扰周围生活环境的声音。

在城市市区范围内行驶的机动车辆的消声器和喇叭必须符合国家规定的要求。机动车辆必须加强维修和保养,保持技术性能良好,防治环境噪声污染。警车、消防车、工程抢险车、救护车等机动车辆安装、使用报警器,必须符合国务院公安部门的规定;在执行非紧急任务时,禁止使用报警器。

2. 施工现场废气、废水污染防治规定

在工程建设领域,对于废气、废水污染防治,也包括建设项目和施工现场两大方面。

(1)大气污染的防治 大气污染是指自然或人为原因使大气中某些成分超过正常含量或排入有毒有害的物质,对人类、生物和物体造成危险的现象。如果不对大气污染物的排放总量加以控制和防治,将会严重破坏生态系统和人类生存条件。

《大气污染防治法》规定,企业事业单位和其他生产经营者建设对大气环境有影响的项目,应当依法进行环境影响评价、公开环境影响评价文件;向大气排放污染物的,应当符合大气污染物排放标准,遵守重点大气污染物排放总量控制要求。

建设项目的环境影响报告书,必须对建设项目可能产生的大气污染和对生态环境的影响做出评价,规定防治措施,并按照规定的程序报环境保护行政主管部门审查批准。建设项目投入生产或者使用之前,其大气污染防治设施必须经过环境保护行政主管部门验收,达不到国家有关建设项目环境保护管理规定的要求的建设项目,不得投入生产或者使用。

向大气排放污染物的单位,必须按照国务院环境保护行政主管部门的规定向所在地的环境保护行政主管部门申报拥有的污染物排放设施、处理设施和在正常作业条件下排放污染物的种类、数量、浓度,并提供防治大气污染方面的有关技术资料。向大气排放污染物的,其污染物排放浓度不得超过国家和地方规定的排放标准。

(2)水污染的防治 为了防治水污染,保护和改善环境,保障饮用水安全,促进经济社会全面协调可持续发展,我国制定了《水污染防治法》。该法规定,水污染防治坚持预防为主、防治结合、综合治理的原则,优先保护饮用水资源,严格控制工业污染、城镇生活污染,防治农业面源污染,积极推荐生态治理工程建设,预防、控制和减少水环境污染和生态破坏。

水污染是指污染物进入河流、湖泊、海洋或地下水中,使水质和底泥的物理、化学性质或生物群落组成发生变化,降低了水体的使用价值和功能的现象。

1）建设工程项目水污染的防治。《水污染防治法》规定，新建、改建、扩建直接或者间接向水体排放污染物的建设项目和其他水上设施，应当依法进行环境影响评价。

《水污染防治法》规定，禁止在饮用水水源一级保护区内新建、改建、扩建与供水设施和保护水源无关的建设项目；已建成的与供水设施和保护水源无关的建设项目，由县级以上人民政府责令拆除或者关闭。禁止在饮用水水源二级保护区内新建、改建、扩建排放污染物的建设项目；已建成的排放污染物的建设项目，由县级以上人民政府责令拆除或者关闭。禁止在饮用水水源准保护区内新建、改建、扩建对水体污染严重的建设项目；改建建设项目，不得增加排污量。

建设单位在江河、湖泊新建、改建、扩建排污口的，应当取得水行政主管部门或者流域管理机构同意；涉及通航、渔业水域的，环境保护主管部门在审批环境影响评价文件时，应当征求交通、渔业主管部门的意见。建设项目的水污染防治设施，应当与主体工程同时设计、同时施工、同时投入使用。水污染防治设施应当经过环境保护主管部门验收，验收不合格的，该建设项目不得投入生产或者使用。

2）施工现场水污染的防治。《水污染防治法》规定，直接或间接向水体排放工业废水和医疗污水以及其他按照规定应当取得排污许可证方可排放的废水、污水的企业事业单位，应当取得排污许可证；城镇污水集中设施的运营单位，也应当取得排污许可证。排污许可的具体办法和实施步骤由国务院规定。禁止企业事业单位无排污许可证或者违反排污许可证的规定向水体排放前述规定的废水、污水。

直接或间接向水体排放污染物的企业事业单位和个体工商户，应当按照国务院环境保护主管部门的规定，向县级以上地方人民政府环境保护主管部门申报登记拥有的水污染排放设施、处理设施和在正常作业条件下排放水污染物的种类、数量和浓度，并提供防治水污染方面的有关技术资料。

企业事业单位和个体工商户排放水污染物的种类、数量和浓度有重大改变的，应当及时申报登记；其水污染物处理设施应当保持正常使用；拆除或者闲置水污染物处理设施的，应当事先报县级以上地方人民政府环境保护主管部门批准。

向水体排放污染物的企业事业单位和个体工商户，应当按照法律、行政法规和国务院环境保护主管部门的规定设置排污口；在江河、湖泊设置排污口的，还应当遵守国务院水行政主管部门的规定。禁止私设暗管或者采取其他规避监管的方式排放水污染物。

重点排污单位应当安装水污染物排放自动检测设备，与环境保护主管部门的监控设备联网，并保证监测设备正常运行。排放工业废水的企业，应当对其排放的工业废水进行检测，并保存原始检测记录。具体办法由国务院环境保护主管部门规定。

3. 施工现场固体废物污染防治规定

《固体废物污染环境防治法》指出，国家对固体废物污染环境的防治，实行减少固体废物的产生量和危害性、充分合理利用固体废物和无害化处置固体废物的原则，促进清洁生产和循环经济发展。国家采取有利于固体废物综合利用活动的经济、技术政策和措施，对固体废物实行充分回收和合理利用。国家鼓励、支持采取有利于保护环境的集中处置固体废物的措施，促进固体废物污染环境防治产业发展。

（1）建设项目固体废物污染环境的防治　《固体废物污染环境防治法》规定，建设生产固体废物的项目以及建设贮存、利用、处置固体废物的项目，必须依法进行环境影响评价，并遵守国家有关建设项目环境保护管理的规定。

建设项目的环境影响评价文件确定需要配套建设的固体废物污染环境防治设施，必须与主体工程同时设计、同时施工、同时投入使用。固体废物污染环境防治设施必须经原审批环境影响评价文件的环境保护行政主管部门验收合格后，该建设项目方可投入生产或者使用。对固体废物污染环境防治设施的验收应当与对主体工程的验收同时进行。

（2）施工现场固体废物污染环境的防治　施工现场的固体废物主要是建筑垃圾和生活垃圾。固体废物一般分为一般固体废物和危险废物。

1）一般固体废物污染环境的防治。《固体废物污染环境防治法》规定，产生固体废物的单位和个人，应当采取措施，防止或者减少固体废物对环境的污染。收集、贮存、运输、利用、处置固体废物的单位和个人，必须采取防扬散、防流失、防渗漏或者其他防止污染环境的措施；不得擅自倾倒、堆放、丢弃、遗撒固体废物。禁止任何单位或者个人向江河、湖泊、运河、渠道、水库及其最高水位线以下的滩地和岸坡等法律、法规规定禁止倾倒、堆放废弃物的地点倾倒、堆放固体废弃物。

2）危险废物污染环境防治的特别规定。危险废物是指列入国家危险废物名录或者根据国家规定的危险废物鉴定标准和鉴别方法认定的具有危险特性的固体废物。

对危险废物的容器和包装物以及收集、贮存、运输、处置危险废物的设施、场所，必须设置危险废物识别标志。产生危险废物的单位，必须按照国家有关规定制订危险废物管理计划，并向所在地县级以上地方人民政府环境保护行政主管部门申报危险废物的种类、产生量、流向、贮存、处置等有关资料。

产生危险废物的单位，必须按照国家有关规定处置危险废物，不得擅自倾倒、堆放；不处置的，由所在地县级以上地方人民政府环境保护行政主管部门责令限期改正；逾期不处置或者处置不符合国家有关规定的，由所在地县级以上地方人民政府环境保护行政主管部门指定单位按照国家有关规定代为处置，处置费用由产生危险废物的单位承担。

以填埋方式处置危险废物不符合国务院环境保护行政主管部门规定的，应当缴纳危险废物排污费。危险废物排污费征收的具体办法由国务院规定。

从事收集、贮存、处置危险废物经营活动的单位，必须向县级以上人民政府环境保护行政主管部门申请领取经营许可证；从事利用危险废物经营活动的单位，必须向国务院环境保护行政主管部门或者省、自治区、直辖市人民政府环境保护行政主管部门申请领取经营许可证。具体管理办法由国务院规定。禁止无经营许可证或者不按照经营许可证规定从事危险废物收集、贮存、利用、处置的经营活动。

产生、收集、贮存、运输、利用、处置危险废物的单位，应当制定意外事故的防范措施和应急预案，并向所在地县级以上地方人民政府环境保护主管部门备案；环境保护主管部门应当进行检查。

15.3　节约能源法律制度

我国于2016年7月2日修改通过了《节约能源法》。国务院于2008年7月23日发布了《民用建筑节能条例》，并于2008年10月1日起施行。此外，建设部于2005年10月28日发布了《民用建筑节能管理规定》，自2006年1月1日起施行。住建部2010年发布行业标准《严寒和寒冷地区居住建筑节能设计标准》（JGJ 26—2010），完善了我国节约能源的法律制度。

所谓民用建筑，是指居住建筑、国家机关办公建筑和商业、服务业、教育、卫生等其他公共建筑。

民用建筑节能是指在保证民用建筑使用功能和室内热环境质量的前提下，降低其使用过程中能源消耗的活动。其具体表现是民用建筑在规划、设计、建造和使用过程中，采用新型节能墙体材料，执行建筑节能标准，加强建筑物用能设备的运行管理，合理设计建筑围护结构的热工功能，提高采暖、制冷、照明、通风、给水排水和管道系统的运行效率，以及利用再生能源，在保证建筑物使用功能和室内热环境质量的前提下，降低建筑能源消耗，合理、有效地利用能源。

民用建筑节能的规定分为新建建筑节能和既有建筑节能两种。国家鼓励和扶持在新建建筑和既有建筑节能改造中采用太阳能、地热能等可再生能源。目前国家鼓励发展的建筑节能技术和资料包括：

1）新型节能墙体和屋面的保温、隔热技术与材料。
2）节能门窗的保温隔热和密闭技术。
3）集中供热和热、电、冷联产联供技术。
4）供热采暖系统温度调控和分户热量计量技术与设备。
5）太阳能、地热等可再生能源应用技术和设备。
6）建筑照明节能技术与产品。
7）空调制冷节能技术与产品。
8）其他技术成熟、效果显著的节能管理技术。

15.3.1 新建建筑节能的规定

国家推广使用民用建筑节能的新技术、新工艺、新材料、新设备，限制使用或者禁止使用能源消耗高的技术、工艺、材料和设备。国务院节能工作主管部门、建设主管部门应当制定、公布并及时更新推广使用、限制使用、禁止使用目录。国家限制进口或者禁止进口能源消耗高的技术、材料和设备。建设单位、设计单位、施工单位不得在建筑活动中使用列入禁止使用目录的技术、工艺、材料和设备。

固定资产投资工程项目的可行性研究报告，应当包括合理用能的专题论证。固定资产投资工程项目的设计和建设，应当遵守合理用能标准和节能设计规范。达不到合理用能标准和节能设计规范的项目，依法审批的机关不得批准建设；项目建成后，达不到合理用能标准和节能设计规范要求的，不予验收。

建设单位、设计单位、施工图设计文件审查机构、监理单位以及施工单位等均应严格遵守工程建设强制性标准的节能标准，未遵守相关规定的，应当按照《节约能源法》《建设工程质量管理条例》等法律、法规和规章，承担相应的法律责任。施工图设计文件审查机构应当按照民用建筑节能强制性标准对施工图设计文件进行审查；经审查不符合民用建筑节能强制性标准的，县级以上地方人民政府建设主管部门不得颁发施工许可证。

建设单位不得明示或者暗示设计单位、施工单位违反民用建筑节能强制性标准进行设计、施工，不得明示或者暗示施工单位使用不符合施工图设计文件要求的墙体材料、保温材料、门窗、采暖制冷系统和照明系统。

按照合同约定由建设单位采购墙体材料、保温材料、门窗、采暖制冷系统和照明设备的，建设单位应当保证其符合施工图设计文件要求。

设计单位、施工单位、工程监理单位及其注册执业人员，应当按照民用建筑节能强制性标准进行设计、施工、监理。

施工单位应当对进入施工现场的墙体材料、保温材料、门窗、采暖制冷系统和照明设备进行查验；不符合施工图设计文件要求的，不得使用。

工程监理单位发现施工单位不按照民用建筑节能强制性标准施工的，应当要求施工单位改正；施工单位拒不改正的，工程监理单位应当及时报告建设单位，并向有关主管部门报告。

墙体、屋面的保温工程施工时，监理工程师应当按照工程监理规范的要求，采取旁站、巡视和平行检验等形式实施监理。未经监理工程师签字，墙体材料、保温材料、门窗、采暖制冷系统和照明设备不得在建筑上使用或者安装，施工单位不得进行下一道工序的施工。

建设单位组织竣工验收，应当对民用建筑是否符合民用建筑节能强制性标准进行查验；对不符合民用建筑节能强制性标准的，不得出具竣工验收合格报告。

15.3.2　既有建筑节能的规定

既有建筑节能的改造是指对不符合民用建筑节能强制性标准的既有建筑的围护结构、供热系统、采暖制冷系统、照明设备和热水供应设施等实施节能改造的活动。既有建筑节能改造应当根据当地经济、社会发展水平和地理气候条件等实际情况，有计划、分步骤地实施分类改造。

实施既有建筑节能改造，应当符合民用建筑节能强制性标准，优先采用遮阳、改善通风等低成本改造措施。既有建筑围护结构的改造和供热系统的改造，应当同步进行。

■ 15.4　文物保护法律制度

文物是我国悠久历史的真实写照，历史遗存至今的大量文物古迹，形象地记载着中华民族形成发展的进程。为保护这些优秀的文物古迹，我国相继颁布了《文物保护法》《水下文物保护管理条例》《文物保护法实施条例》《历史文化名城名镇名村保护条例》等法律、行政法规，并参照以《国际古迹保护与修复宪章》（《威尼斯宪章》）为代表的国际原则，制定了《中国文物古迹保护准则》。

15.4.1　文物保护的法律规定

1. 国家保护文物的范围

《文物保护法》规定，在中华人民共和国境内，下列文物受国家保护：

1）具有历史、艺术、科学价值的古文化遗址、古墓葬、古建筑、石窟寺和石刻、壁画。

2）与重大历史事件、革命运动或者著名人物有关的以及具有重要纪念意义、教育意义或者史料价值的近代现代重要史迹、实物、代表性建筑。

3）历史上各时代珍贵的艺术品、工艺美术品。

4）历史上各时代重要的文献资料以及具有历史、艺术、科学价值的手稿和图书资料等。

5）反映历史上各时代、各民族社会制度、社会生产、社会生活的代表性实物。

2. 水下文物的保护范围

《水下文物保护管理条例》规定，水下文物是指遗存于下列水域的具有历史、艺术和科学价值的人类文化遗产：

1）遗存于中国内水、领海内的一切起源于中国的、起源国不明的和起源于外国的文物。

2）遗存于中国领海以外依照中国法律由中国管辖的其他海域内的起源于中国的和起源国不明的文物。

3）遗存于外国领海以外的其他管辖海域以及公海区域内的起源于中国的文物。

以上内容不包括1911年以后的与重大历史事件、革命运动以及著名人物无关的水下遗存。

3. 文物保护单位和文物的级别

古文化遗址、古墓葬、古建筑、石窟寺、石刻、壁画、近代现代重要史迹和代表性建筑等不可移动文物，根据它们的历史、艺术、科学价值，可以分别确定为全国重点文物保护单位，省级文物保护单位，市、县级文物保护单位。

历史上各时代重要实物、艺术品、文献、手稿、图书资料、代表性实物等可移动文物，分为珍贵文物和一般文物；珍贵文物又分为一级文物、二级文物和三级文物。

4. 属于国家所有的文物范围

中华人民共和国境内地下、内水和领海中遗存的一切文物，属于国家所有。

（1）属于国家所有的文物范围　下列可移动文物，属于国家所有：

1）中国境内出土的文物，国家另有规定的除外。

2）国有文物收藏单位以及其他国家机关、部队和国有企业、事业组织等收藏、保管的文物。

3）国家征集、购买的文物。

4）公民、法人和其他组织捐赠给国家的文物。

5）法律规定属于国家所有的其他文物。

属于国家所有的可移动文物的所有权不因其保管、收藏单位的终止或者变更而改变。

（2）属于国家所有的不可移动文物范围　古文化遗址、古墓葬、石窟寺属于国家所有。国家指定保护的纪念建筑物、古建筑、石刻、壁画、近代现代代表性建筑等不可移动文物除国家另有规定的以外，属于国家所有。

国有不可移动文物的所有权不因其所依附的土地所有权或者使用权的改变而改变。

（3）属于国家所有的水下文物范围　《水下文物保护管理条例》规定，遗存于中国内海、领海内的一切起源于中国的、起源国不明的和起源于外国的文物，以及遗存于中国领海以外依照中国法律由中国管辖的其他海域内的起源于中国的和起源国不明的文物，属于国家所有，国家对其行使管辖权。

15.4.2 施工现场文物保护制度

1. 在文物保护单位保护范围和建设控制地带施工的规定

文物保护单位的建设控制地带是指在文物保护单位的保护范围外,为保护文物保护单位的安全、环境、历史风貌对建设项目加以限制的区域。《文物保护法》规定,在文物保护的保护范围和建设控制地带内,不得建设污染文物保护单位及其环境的设施,不得进行可能影响文物保护单位安全及其环境的活动。

(1) 承担文物保护单位的修缮、迁移、重建工程的单位应当具有相应的资质证书 《文物保护法实施条例》规定,承担文物保护单位的修缮、迁移、重建工程的单位,应当同时取得文物行政主管部门发给的相应等级的文物保护工程资质证书和建设行政主管部门发给的相应等级的资质证书。其中,不涉及建筑活动的文物保护单位的修缮、迁移、重建,应当由取得文物行政主管部门发给的相应等级的文物保护工程资质证书的单位承担。

申领文物保护工程资质证书,应当具备下列条件:

1) 有取得文物博物专业技术职务的人员。
2) 有从事文物保护工程所需的技术设备。
3) 法律、行政法规规定的其他条件。

申领文物保护工程资质证书,应当向省、自治区、直辖市人民政府文物行政主管部门或者国务院文物行政主管部门提出申请。省、自治区、直辖市人民政府文物行政主管部门或者国务院文物行政主管部门应当自收到申请之日起30个工作日内做出批准或者不批准的决定。决定批准的,发给相应等级的文物保护工程资质证书;决定不批准的,应当书面通知当事人并说明理由。文物保护工程资质等级的分级标准和审批办法,由国务院文物行政主管部门制定。

文物行政主管部门在审批文物保护单位的修缮计划和工程设计方案前,应当征求上一级人民政府文物行政主管部门的意见。

(2) 在历史文化名城名镇名村保护范围内从事建设活动的相关规定 《历史文化名城名镇名村保护条例》规定,在历史文化名城、名镇、名村保护范围内禁止以下活动:

1) 开山、采石、开矿等破坏传统格局和历史风貌的活动。
2) 占用保护规划确定保留的园林绿地、河湖水系、道路等。
3) 修建生产、储存爆炸性、易燃性、放射性、毒害性、腐蚀性物品的工厂、仓库等。
4) 在历史建筑上刻画、涂污。

(3) 在文物保护单位保护范围和建设控制地带内从事建设活动的相关规定 《文物保护法》规定,文物保护单位的保护范围内不得进行其他建设工程或者爆破、钻探、挖掘等作业。但是,因特殊情况需要在文物保护单位的保护范围内进行其他建设工程或者爆破、钻探、挖掘等作业的,必须保证文物保护单位的安全,并经核定公布该文物保护单位的人民政府批准,在批准前应当征得上一级人民政府文物行政主管部门同意;在全国重点文物保护单位的保护范围内进行其他建设工程或者爆破、钻探、挖掘等作业的,必须经省、自治区、直辖市人民政府批准,在批准前应当征得国务院文物行政部门同意。

在文物保护单位的建设控制地带内进行建设工程活动,不得破坏文物保护单位的历史风貌;工程设计方案应当根据文物保护单位的级别,经相应的文物行政部门同意后,报城乡建设规划部门批准。

建设工程选址，应当尽可能避开不可移动文物；因特殊情况不能避开的，对文物保护单位应当尽可能实施原址保护。

实施原址保护的，建设单位应当事先确定保护措施，根据文物保护单位的级别报相应的文物行政部门批准，并将保护措施列入可行性研究报告或者设计任务书。

无法实施原址保护，必须迁移异地保护或者拆除的，应当报省、自治区、直辖市人民政府批准；迁移或者拆除省级文物保护单位的，批准前须征得国务院文物行政部门同意。全国重点文物保护单位不得拆除；需要迁移的，须由省、自治区、直辖市人民政府报国务院批准。

2. 施工发现文物报告和保护的规定

（1）配合建设工程进行考古发掘工作的规定　进行大型基本建设工程，建设单位应当事先报请省、自治区、直辖市人民政府文物行政部门组织从事考古发掘的单位在工程范围内有可能埋藏文物的地方进行考古调查、勘探。考古调查、勘探中发现文物的，由省、自治区、直辖市人民政府文物行政部门根据文物保护的要求会同建设单位共同商定保护措施；遇有重要发现的，由省、自治区、直辖市人民政府文物行政部门及时报国务院文物行政部门处理。

需要配合建设工程进行的考古发掘工作应由省、自治区、直辖市人民政府文物行政部门在勘探工作的基础上提出发掘计划，报国务院文物行政部门批准。国务院文物行政部门在批准前，应当征求社会科学研究机构及其他科研机构和有关专家的意见。确因建设工期紧迫或者自然破坏危险，对古文化遗址、古墓葬急需进行抢救发掘的，由省、自治区、直辖市人民政府文物行政部门组织发掘，并同时补办审批手续。

（2）施工发现文物的报告和保护　《文物保护法》规定，在进行建设工程或者在农业生产中，任何单位或者个人发现文物，应当保护现场，立即报告当地文物行政部门，文物行政部门接到报告后，如无特殊情况，应当在24小时内赶赴现场，并在7日内提出处理意见。文物行政部门可以报请当地政府通知公安机关协助保护现场；发现重要文物的，应当立即上报国务院文物行政部门，国务院文物行政部门应当在接到报告后15日内提出处理意见。

建设工程或者在农业生产中发现的文物属于国家所有，任何单位或者个人不得哄抢、私分、藏匿。

《文物保护法实施条例》也规定，配合建设工程进行的考古调查、勘探、发掘，由省、自治区、直辖市人民政府文物行政主管部门组织实施。跨省、自治区、直辖市的建设工程范围内的考古调查、勘探、发掘，由建设工程所在地的有关省、自治区、直辖市人民政府文物行政主管部门联合组织实施；其中，特别重要的建设工程范围内的考古调查、勘探、发掘，由国务院文物行政主管部门组织实施。建设单位对配合建设工程进行的考古调查、勘探、发掘，应当予以协助，不得妨碍考古调查、勘探、发掘。

（3）水下文物的报告和保护　《水下文物保护管理条例》规定，任何单位或者个人以任何方式发现遗存于中国内水、领海内的一切起源于中国的、起源国不明的和起源于外国的文物，以及遗存于中国领海以外依照中国法律由中国管辖的其他海域内起源于中国的和起源国不明的文物，应当及时报告国家文物局或者地方文物行政管理部门；已打捞出水的，应当及时上缴国家文物局或者地方文物行政管理部门处理。

任何单位或者个人以任何方式发现遗存于外国领海以外的其他管辖海域以及公海区域内的起源于中国的文物，应当及时报告国家文物局或者地方文物行政管理部门；已打捞出水的，应当及时提供给国家文物局或者地方文物行政管理部门辨认、鉴定。

■ 15.5 本章小结

社会的发展使得建设工程施工过程可持续问题越来越受到关注，本章就消防、环保、节能、文物保护的相关法律法规及施工现场相应规定加以介绍，规范建设工程施工过程。

建设工程法律制度背后的"可持续发展"理念

思考题

1. 《环境噪声污染防治法》对建筑施工噪声污染防治有哪些措施规定？
2. 何谓民用建筑节能？国家鼓励发展的建筑节能技术材料有哪些？
3. 在建设工程施工现场发现文物应如何处理？

第16章

建设工程纠纷与处理

所谓法律纠纷，是指公民、法人、其他组织之间因人身、财产或其他法律关系所产生的对抗冲突（或者争议），主要包括民事纠纷、行政纠纷、刑事纠纷。民事纠纷是平等主体间的有关人身、财产权的纠纷；行政纠纷是行政机关之间或行政机关同公民、法人和其他组织之间由于行政行为而产生的纠纷；刑事纠纷是因犯罪而产生的纠纷。

通过本章的学习，掌握建设工程纠纷分类和纠纷解决途径。

■ 16.1 建设工程纠纷的主要类型

建设工程项目通常具有投资大、建造周期长、技术要求高、协作关系复杂和政府监管严格等特点，因此在建设工程领域里常见的是民事纠纷和行政纠纷。

工程纠纷案例学习

16.1.1 建设工程民事纠纷

建设工程民事纠纷，是在建设工程活动中平等主体之间发生的以民事权利义务法律关系为内容的争议。民事纠纷作为法律纠纷中的一种，一般来说，是因为违反了民事法律规范而引起的。民事纠纷可分为两大类：一类是财产关系方面的民事纠纷，如合同纠纷、侵权纠纷等；另一类是人身关系的民事纠纷，如名誉权纠纷、继承权纠纷等。在建设工程领域，较为普遍和重要的民事纠纷主要是合同纠纷、侵权纠纷。

合同纠纷是指因合同的生效、解释、履行、变更、终止等行为引起的合同当事人的所有争议。合同纠纷的内容主要表现在争议主体对于导致合同法律关系产生、变更与消灭的法律事实以及法律关系的内容有着不同的观点与看法。合同纠纷的范围涵盖了一项合同从成立到终止的整个过程。

侵权纠纷是指一方当事人对另一方侵权而产生的纠纷。在建设工程领域也易发生侵权纠纷，如施工单位未经许可使用他方的专利、工法等造成的知识产权侵权纠纷等。

16.1.2 建设工程行政纠纷

建设工程行政纠纷，是在建设工程活动中行政机关之间或行政机关同公民、法人和其他组织之间由于行政行为而引起的纠纷，包括行政争议和行政案件。

在建筑工程领域，行政机关易引发行政纠纷的具体行政行为主要有如下几种：

1）行政许可，即行政机关根据公民、法人或者其他组织的申请，经依法审查，准予其从事特定活动的行政管理行为，如施工许可、专业人员职业资格注册、企业资质等级标准核准、安全生产许可等。

2）行政处罚，即行政机关或其他行政主体依照法定职权、程序对于违法但尚未构成犯罪的相对人给予行政制裁的具体行政行为。常见的行政处罚有警告、罚款、没收违法所得、取消投标资格、责令停止施工等。

3）行政奖励，即行政机关依照条件和程序，对为国家、社会和建设事业做出重大贡献的单位和个人，给予物质或精神鼓励的具体行政行为，如表彰建设系统先进集体、劳动模范等。

4）行政裁决，即行政机关或法定授权的组织，依照法律授权，对平等主体之间发生的与行政管理活动密切相关的、特定的民事纠纷（争议）进行审查，并做出裁决的具体行政行为，如对特定的侵权纠纷、损害赔偿纠纷、权属纠纷、经济补偿纠纷等做出裁决。

16.2　建设工程纠纷的法律解决途径

16.2.1　民事纠纷的法律解决途径

民事纠纷的法律解决途径主要有四种，即和解、调解、仲裁、民事诉讼。

1. 和解

和解是指当事人在自愿互谅的基础上，就已经发生的争议进行协商并达成协议，自行解决争议的一种方式。

一般来说，和解的结果是撤回起诉或中止诉讼而无须判决。在这种情况下，和解作为当事人之间有约束力的契约，可以防止重新提出诉讼。当事人双方也可以将和解的条款写入一个协议判决，由法院记录在案。

和解达成的协议不具有强制执行力，在性质上仍属于当事人之间的约定。如果一方当事人不按照和解协议执行，则另一方当事人不可以请求法院强制执行，但可要求对方就不执行该和解协议承担违约责任。

2. 调解

调解是由第三方（调节机构或调解人）出面对产生纠纷的双方当事人进行调停说和，用一定的法律规范和道德规范劝导冲突双方，促使他们在互谅互让的基础上达成解决纠纷的协议。

在我国，调解的主要方式是人民调解、行政调解、仲裁调解、司法调解、行业调解以及专业机构调解。

3. 仲裁

仲裁是指民事纠纷的双方当事人达成协议，以致同意将争议提交第三方（通常为仲裁机构），由第三方对争议予以裁断的行为。

根据《仲裁法》的规定，该法的调整范围仅限于民商事仲裁，劳动争议仲裁等不受《仲裁法》调整，依法应当由行政机关处理的行政争议等不能仲裁。

4. 民事诉讼

民事诉讼是指法院在所有诉讼参与人的参与下，按照法律规定的程序，审理和解决民事案件的诉讼活动以及在活动中产生的各种法律关系的总和。

民事诉讼

民事诉讼的基本特征有：

（1）民事诉讼具有公权性　民事诉讼是以司法方式解决平等主体之间的纠纷，是由法院代表国家行使审判权解决民事争议。它既不同于群众自治组织性质的人民调解委员会以调解方式解决纠纷，也不同于由民间性质的商事仲裁委员会以仲裁方式解决纠纷。

（2）民事诉讼具有强制性　强制性是公权力的重要属性。民事诉讼的强制性既表现在案件的受理上，又反映在裁判的执行上。调解、商事仲裁均建立在当事人自愿的基础上：只要一方不愿意选择上述方式解决争议，调解、商事仲裁就无从进行；民事诉讼则不同，只要原告的起诉符合《民事诉讼法》规定的条件，无论被告是否愿意，诉讼均会发生。诉讼外调解协议的履行依赖于当事人的自觉，不具有强制力；法院裁决则不同，当事人不自动履行生效裁判所确定的义务的，法院可以依法强制执行。

（3）民事诉讼具有程序性　民事诉讼是依照法定程序进行的诉讼活动，无论是法院还是当事人和其他诉讼参与人，都需要按照《民事诉讼法》设定的程序实施诉讼行为；违反诉讼程序常常会引起一定的法律后果，如法院的判决书被上级法院撤销、当事人失去为某种诉讼行为的权利等。

16.2.2　行政纠纷的法律解决途径

行政纠纷的法律解决途径主要有两种，即行政复议和行政诉讼。

1. 行政复议

行政复议是指公民、法人或者其他组织不服从行政主体做出的具体行政行为，认为行政主体的具体行政行为侵犯了其合法权益，依法向法定的行政复议机关提出复议申请，行政复议机关依法对该具体行政行为进行合法性、适当性审查，并做出行政复议决定的行政行为，是公民、法人或者其他组织通过行政救济途径解决行政争议的一种方法。

行政复议是具有一定司法性因素的行政行为。行政复议是行政机关内部监督和纠错机制。行政复议是行政机关对下级或者政府对所属的行政机关做出的违法或者不当的具体行政行为实施的一种监督和纠错行为。行政复议是国家行政救济机制的重要环节。行政救济包括行政诉讼、行政赔偿、行政复议、行政监督。行政复议是其中不可或缺的一种。

行政复议有以下四个特点：

1）提出行政复议的人，必须是认为行政机关行使职权的行为侵犯其合法权益的法人和其他组织。

2）当事人提出行政复议，必须是在行政机关已经做出行政决定之后，如果行政机关尚未做出决定，则不存在复议问题。复议的任务是解决行政争议，而不是解决民事或者其他争议。

3）当事人对行政机关的行政决定不服的，只能按法律规定，向有行政复议权的行政机关申请复议。

4）行政复议，以书面审查为主，以不调解为原则。行政复议的结论做出后，即具有法律效力。只要法律未规定复议决定为终局裁决,则当事人对复议决定不服的,仍可以按照《行政诉讼法》的规定,向人民法院提请诉讼。

2. 行政诉讼

行政诉讼是公民、法人或其他组织依法请求法院对行政机关具体行政行为的合法性进行审查并依法裁判的法律制度。行政诉讼的主要特征有:

1)行政诉讼所要审理的是行政案件。

2)行政诉讼是人民法院通过审判方式进行的一种司法活动。

3)行政诉讼是通过对被诉行政行为合法性进行审查以解决行政争议的活动。

4)行政诉讼是解决特定范围内行政争议的活动。

5)行政诉讼中的当事人具有恒定性。即被告只能是行政机关,原告则是作为行政行为相对人的公民、法人或其他组织,而不可能交换诉讼身份。

除法律、法规规定必须申请行政复议的以外,行政纠纷当事人可以自由申请其中一种法律途径。

16.3 本章小结

发生建设工程争议后,当事人应及时进行处理,以减少损失,保障当事人的合法权益,维护社会经济秩序。建设工程当事人之间的争议,主要通过以下途径解决当事人自行协商解决;通过调解解决;当事人依约定向仲裁机构申请仲裁。建设工程当事人与有关行政管理机关的争议,主要通过行政复议和行政诉讼解决。

"社会主义核心价值观"在工程纠纷处理中的体现

思考题

1. 建设工程纠纷产生的主要原因有哪些?如何处理?
2. 简述民事诉讼的基本特征。
3. 简述行政复议的概念。

第5篇
建设工程实例分析

第17章

建设工程BT项目法律问题

17.1 定义详解

BT模式是建设—转让（Build-Transfer）模式的简称，具体是指业主授权BT承包商对项目通过融资建设，建设后整体移交给业主，业主用建设期间以及工程完成以后所募集的资金，以偿付企业的融资本金及利息的一种新型的项目管理模式。BT模式作为一种新兴的工程建设管理模式，在国内得到了蓬勃发展，较好地解决了因为建设单位资金紧张而不能实施工程的难题，尤其是一些政府牵头开发投资的公益性项目应用较多。

作为BOT的一种衍生模式，BT常用于政府利用非政府资金进行非经营性基础设施项目的建设。应当注意的是，BT项目包括政府、项目公司、项目发起人、融资担保人在内的多个主体，而主体之间的法律关系通常以合同的方式加以明确。事实上，一个完整的BT项目，往往涉及融资、投资、建设、转让等多重法律关系，甚至涉及多个合同，显然不同于一般的建设工程施工合同或者其他以单纯融资为目的的合同。在我国当前关于BT项目立法相对不完善的背景之下，如何厘清主体之间的法律关系，实际上成为解决纠纷、促进BT模式健康发展的重要因素之一。

17.2 主要法律依据

《关于培育发展工程总承包和工程项目管理企业的指导意见》（建市〔2003〕30号）第四条第（七）项规定："提倡具备条件的建设项目，采用工程总承包、工程项目管理方式组织建设。鼓励有投融资能力的工程总承包企业，对具备条件的工程项目，根据业主的要求，按照建设—转让（BT）、建设—经营—转让（BOT，Build-Operate-Transfer）、建设—拥有—经营（BOO，Build-Own-Operate）、建设—拥有—经营—转让（BOOT，Build-Own-Operate-Transfer）等方式组织实施。"

《关于制止地方政府违法违规融资行为的通知》（财预〔2012〕463号）规定："除法律和国务院另有规定外，地方各级政府及所属机关事业单位、社会团体等不得以委托单位建设并承担逐年回购（BT）责任等方式举借政府性债务。对符合法律或国务院规定可以举借政府性债务的公共租赁住房、公路等项目，确需采取代建制建设并由财政性资金逐年回购（BT）的，必须根据项目建设规划、偿债能力等，合理确定建设规模，落实分年资金偿还计划。"

《建筑法》第十三条规定:"从事建筑活动的建筑施工企业、勘察单位、设计单位和工程监理单位,按照其拥有的注册资本、专业技术人员、技术装备和已完成的建筑工程业绩等资质条件,划分为不同的资质等级,经资质审查合格,取得相应等级的资质证书后,方可在其资质等级许可的范围内从事建筑活动。"

《建筑法》第二十四条规定:"提倡对建筑工程实行总承包,禁止将建筑工程肢解发包。建筑工程的发包单位可以将建筑工程的勘察、设计、施工、设备采购一并发包给一个工程总承包单位,也可以将建筑工程勘察、设计、施工、设备采购的一项或者多项发包给一个工程总承包单位;但是,不得将应当由一个承包单位完成的建筑工程肢解成若干部分发包给几个承包单位。"

《招标投标法》第三条规定:"在中华人民共和国境内进行下列工程建设项目包括项目的勘察、设计、施工、监理以及与工程建设有关的重要设备、材料等的采购,必须进行招标:(一)大型基础设施、公用事业等关系社会公共利益、公众安全的项目;(二)全部或者部分使用国有资金投资或者国家融资的项目;(三)使用国际组织或者外国政府贷款、援助资金的项目。"

17.3 案例详解

2011年9月7日,甲公司(甲方)与冷某等三人(乙方)签订了项目管理目标责任书。2011年10月24日,某市某区城投集团公司(甲方,政府性公司,以下简称城投公司)与甲公司(乙方)签订了投资建设合同,约定由甲公司采用BT方式投资、建设某市某区高速公路某桥景观工程(以下简称案涉项目)。2012年8月3日,城投公司与甲公司签订了补充协议。投资建设合同和补充协议以"BT投资建设合同"为名,约定城投公司根据该区人民政府授权,将案涉项目选择永存建筑公司作为BT融资人,采用投资—建设—移交方式建设。而案涉项目实际由冷某等三人按项目管理目标责任书的约定,以垫资施工的方式完成施工。

项目的两期工程均顺利通过竣工验收。2014年6月18日,甲公司(甲方)与该区市政园林局(乙方)、城投公司(丙方)签订案涉项目养护移交协议。截止诉讼提交时,城投公司已向甲公司支付BT回购款及甲控费用107886463.62元。但冷某等三人未收到工程款及垫资利息。冷某等三人提起诉讼,请求判令城投公司向冷某等三人清偿工程款97043952元及利息10381135元共计107425087元,并负担本案诉讼费用。

第一审法院认为,本案的争议焦点是冷某等三人是否有权利向城投公司主张案涉项目回购款。冷某等三人不是投资建设合同和补充协议的合同当事人,无权基于前述合同向城投公司主张合同权利。主要理由如下:①BT合同关系中的乙方作为项目的建设方,既可以自己完成建设工程施工,也可以将施工任务对外发包。投资建设合同和补充协议属于典型的BT合同,而非建设工程施工合同,故本案应适用《合同法》的规定,而不适用《最高人民法院关于审理建设工程施工合同纠纷案件适用法律问题的解释》的规定。②甲公司将案涉工程发包给不具有建筑施工资质的自然人施工,签订的项目管理目标责任书违反法律禁止性规定,应为无效。但甲公司为履行BT合同义务,而将案涉项目建设工程施工任务对外发包的行为与在建设工程施工合同关系中,有资质的建筑施工企业将资质出借给他人承建工程的行为并不相同。③投资建设合同和补充协议系城投公司与甲公司签订，甲公司亦不认可存在接受冷某等三人的委托与城投公司签约的情形，故冷某等三人与城投公司之间并无合同关系。综上，裁定驳回冷某等三人的起诉。

冷某等三人不服裁定，向最高人民法院提起上诉。最高人民法院认为，涉案的项目管理目标责任书是冷某等三人对案涉项目进行工程建设，甲公司支付工程款的合同，其性质属于建设工程施工合同。因冷某等三人是自然人不具有建筑施工资质，故该三人以甲公司名义与城投公司相继签订投资建设合同和补充协议。依照《最高人民法院关于审理建设工程施工合同纠纷案件适用法律问题的解释》（法释〔2004〕14号）第二十六条的规定，实际施工人以转包人、违法分包人为被告起诉的，人民法院应当依法受理。实际施工人以发包人为被告主张权利的，人民法院可以追加转包人或者违法分包人为本案当事人，发包人只在欠付工程价款范围内对实际施工人承担责任。本案中，冷某等三人是实际施工人，甲公司是承包人，城投公司是发包人，冷某等三人提起本案诉讼，符合上述司法解释的规定，本案应予受理。原审裁定以冷某等三人并非投资建设合同和补充协议当事人，与本案争议标的不具有直接利害关系，驳回起诉的处理结果，适用法律错误，应予纠正。综上，冷某等三人的上诉请求成立，予以支持。

17.4 案例评析

BT模式自引入我国建设工程领域以来，已经取得了较快的发展。由于其在融资上的独特优势，事实上在推进非经营性基础设施项目的发展中具有一定的优势。但是，由于立法层面上的缺位，以及理论和实务界对于BT模式的性质、法律效力、融资监管、建设管理以及工程移交等核心问题上仍存在不同观点，因此，实际上BT项目在具体运行过程中，仍然存在较多争议甚至纠纷。

本案经历二审，就冷某等三人是否是合格的诉讼主体、涉案主体之间的法律关系，以及项目管理目标责任书、投资建设合同和补充协议的法律性质等争议问题，第一审和第二审法院的观点截然不同。事实上本案第一审法院做出了驳回起诉的裁定，第二审法院，即最高人民法院撤销了第一审法院做出的裁定，指定原审法院进行审理。对于本案的评析主要以上述案情为基础展开。

本案反映的是当事人以BT的方式投资、建设某高速公路某桥景观工程，工程竣工验收合格并且实际移交之后，实际施工人是否有权请求项目业主单位支付工程款的问题。本案中投资建设合同和补充协议约定以投资—建设—移交（即BT）的模式进行案涉工程的建设。其中甲公司作为BT项目融资人，负责项目建设资金的投入并组织工程建设，履行项目建设管理和施工单位的职责；城投公司负责项目前期工作。工程建设完毕后，甲公司将项目移交城投公司，城投公司向甲公司支付融资回购款。甲公司并未实际自行组织施工，而是以项目管理目标责任书为基础，将案涉工程发包给自然人冷某等三人进行施工。第一审法院认定投资建设合同和补充协议属于BT合同而非建设工程施工合同，因此不能适用《最高人民法院关于审理建设工程施工合同纠纷案件适用法律问题的解释》关于实际施工人诉讼主体的规定。同时，冷某等三人与城投公司之间不存在其他直接的合同权利义务关系，根据合同相对性原则，不能作为适合的诉讼主体，自然不得请求城投公司向其支付工程款。而最高人民法院第二审认定冷某等三人作为实际施工人，有权向作为发包人的城投公司提起诉讼，要求其支付拖欠的工程款。

事实上，在这里除冷某等三人与甲公司之间是否构成挂靠或涉及转包有待法院进一步审理结果加以认定之外，第一审法院在此适用法律确实存在不当之处。通说一般认为BT模式本身属于一种投融资模式而非建设工程承发包方式，但是并不能以此为基础，得出BT合同不能使用《最高人民法院关于审理建设工程施工合同纠纷案件适用法律问题的解释》的结论。在实践中，尽管具体的BT项目在操作中存在一定的差异，但是项目投资人一般来说既可以是具有相应融资、施工和管理能力的总承包单位，也可以由多家单位组成的联合体共同完成。至于该特定的项目投资人是否必须自行完成项目的施工取决于《建筑法》《合同法》及其他相关法律法规对于承发包的相关规定以及该BT合同的具体约定。BT项目在实践中往往涉及大中型基础设施建设，涉案标的较高，工程周期相对较长，可能涉及多个合同，当事人甚至可能针对同一项目就融资及建设分别签订多个合同，并后续多次签订补充协议。对此，我们并不能够将BT合同仅作为投资合同，而与建设工程施工合同相互分离，否则可能为规避《招标投标法》关于国有资金投资建设项目必须招标投标的规定、建设工程承包企业资质的规定和建设工程施工禁止肢解分包等强制性规定提供空间。在（2013）苏民终字第0339号判决中，江苏高院指出："涉案的徐州新城区道路工程与惠民花园安置房工程由上诉人建设，建成后由被上诉人收购，双方对此并无异议，故双方之间实为BT合同关系。至于双方所签的两份施工合同，未为双方实际履行。因此，上诉人关于双方之间法律关系性质的上诉意见，应予采纳。然而，由于涉案工程系徐州新城区道路工程与惠民花园安置房工程，规模巨大，既关乎社会公共利益，也关乎公众安全，属于《招标投标法》第三条第一款第（一）项所规定的大型基础设施和关系公众安全的项目，必须进行招标。通过公开的招标投标程序确定代建人，以确保建设质量和公平合理地确定收购款。该项本身虽未规定违反该规定的合同为无效合同，但不能据此即认定其为非效力性强制性规定。如若对未经过招标投标程序而签订的合同依然认定为有效，则将使该规定失去规范意义。因此，应当认定该规定为效力性强制性规定，违反该规定即未经过招标投标程序而签订的合同应认定为无效。因上诉人未能举证证明其系经由招标投标程序而获得代建资格，得与被上诉人签订BT合同，故应认为该BT合同的签订未经过公开的招标投标程序，违反了上述规定，应认定为无效。"在这一判决中，江苏高院一方面肯定了当事人之间BT合同的性质，另一方面明确说明即使这种合同在工程建设融资上存在特殊性，但是同样应当遵守《招标投标法》中对于强制招标投标的规定。

2012年年底，财政部下发的463号文《关于制止地方政府违法违规融资行为的通知》提出了加强BT项目的监管，且设立了更严格的限制，这体现了政府解决BT项目乱象的决心，但同时还应明确BT模式中各流程的法律规定，使得BT模式能合理地辅助基础设施建设的进步。

第18章

建设工程黑白合同

18.1 定义详解

2003年《全国人大常委会执法检查组关于检查〈中华人民共和国建筑法〉实施情况的报告》中,首次在正式文件中使用"黑白合同"的概念,报告内容如下:"各地反映,建设单位与投标单位或招标代理机构串通,搞虚假招标,明招暗定,签订'黑白合同'的问题相当突出。所谓'黑合同',就是建设单位在工程招投标过程中,除了公开签订的合同外,又私下与中标单位签订合同,强迫中标单位垫资带资承包、压低工程款等。'黑合同'违反了《招标投标法》《合同法》和建筑法的有关规定,极易造成建筑工程质量隐患,既损害施工方的利益,最终也损害建设方的利益。在检查中,检查组了解到这个问题不仅相当普遍,而且难以查处。"

事实上,从上述报告开始,"黑白合同"这一术语多次出现在相关政府部门文件中,但是到底何为"黑白合同"?"黑白合同"的性质与效力如何认定?以及相应的司法处理,理论界和实务界一直存在争议。

从学理上来说,"黑白合同"本身并不是一个严格意义上的法律术语,无论其效力如何,至少从我国《合同法》的角度来看,并没有对此做出专门的规定。实质上,"黑白合同",从概念上来说应当包括"黑合同"和"白合同"这两个相互对应的概念,其是针对建筑行业中就同一建设工程签订的两份或两份以上合同这种不规范的行为约定俗成的说法。原本根据《合同法》中合同自由的一般原则,法律并不禁止当事人对于合同内容进行变更,或者针对同一问题签订多份内容相异的合同。然而,为了实现建设工程发承包的公开、公平,提高和保证工程质量与安全,深化建筑业企业改革,促进建筑市场健康、有序发展,我国《招标投标法》《招标投标法实施条例》《工程建设项目招标范围和规模标准规定》等法律法规,就建设工程强制招标投标的范围做出了明确的规定,并且禁止当事人就同一建设工程另行订立与经过备案的中标合同实质性内容不一致的合同。而"黑白合同"恰恰成为当事人规避强制招标投标的法定要求及其他相关的政府监管的方式之一。

因此,可以说,所谓的"黑白合同",是指建设工程合同的当事人就同一建设工程签订的两份或者两份以上实质性内容相异的合同。"黑白合同"的特征如下:

①针对同一建设工程存在两份或者两份以上的合同。

②其中的一份合同经过合法的招标投标程序订立,并办理相关的备案手续,但不实际履

行，而另一份合同为当事人之间的私下约定，其内容与备案合同存在实质性差异，用于实际履行。

③发包人与承包人之所以签订"黑白合同"，目的大多在于规避有关行政部门的监管。

④"黑白合同"的签订过程中，往往伴随着虚假招标投标现象。

18.2 主要法律依据

《招标投标法》第三条规定："在中华人民共和国境内进行下列工程建设项目包括项目的勘察、设计、施工、监理以及与工程建设有关的重要设备、材料等的采购，必须进行招标：

（一）大型基础设施、公用事业等关系社会公共利益、公众安全的项目；

（二）全部或者部分使用国有资金投资或者国家融资的项目；

（三）使用国际组织或者外国政府贷款、援助资金的项目。

前款所列项目的具体范围和规模标准，由国务院发展计划部门会同国务院有关部门制订，报国务院批准。

法律或者国务院对必须进行招标的其他项目的范围有规定的，依照其规定。"

《招标投标法》第四十六条第一款规定："招标人和中标人应当自中标通知书发出之日起30日内，按照招标文件和中标人的投标文件订立书面合同。招标人和中标人不得再行订立背离合同实质性内容的其他协议。"

《合同法》第五十二条规定："有下列情形之一的，合同无效：

（一）一方以欺诈、胁迫的手段订立合同，损害国家利益；

（二）恶意串通，损害国家、集体或者第三人利益；

（三）以合法形式掩盖非法目的；

（四）损害社会公共利益；

（五）违反法律、行政法规的强制性规定。"

《最高人民法院关于审理建设工程施工合同纠纷案件适用法律问题的解释》第二条规定："建设工程施工合同无效，但建设工程经竣工验收合格，承包人请求参照合同约定支付工程价款的，应予支持。"

《最高人民法院关于审理建设工程施工合同纠纷案件适用法律问题的解释》第二十一条规定："当事人就同一建设工程另行订立的建设工程施工合同与经过备案的中标合同实质性内容不一致的，应当以备案的中标合同作为结算工程价款的根据。"

18.3 案例详解

2004年12月20日，甲公司与乙公司就联合开发出具证明：世纪家园二期住宅楼工程项目（以下简称案涉工程）包括土地及地上附着物，甲公司整体转让给乙公司，因某种原因，项目更名手续未完成，在更名前，乙公司所实施的一切事务视为甲公司所为，包括但不限于确定丙公司为项目承包单位并订立合同等事宜。

2004年12月27日，丙公司和乙公司签订了《钢结构住宅合同》一份，约定案涉工程由丙公司承接施工；同时对合同价款、支付方式及工期做了约定。

2005年12月12日和2006年3月20日，丙公司和甲公司就案涉工程分别签订了建设工程施工合同，并由甲公司分别在2005年12月16日和2006年4月5日向丙公司发出房屋建筑和市政基础设施工程施工招标中标通知书。

但丙公司和乙公司、甲公司分别在2005年12月13日和2006年3月21日签订协议书各一份，明确上述两份建设工程施工合同仅供办理工程相关备案之用，不作为实际履行之依据；甲公司和丙公司的权利义务仍按乙公司与丙公司于2004年12月27日签订的《钢结构住宅合同》执行。

2006年2月19日，丙公司（乙方）和乙公司（甲方）就双方2004年12月27日签订的《钢结构住宅合同》的工程款支付事宜签订了《"世纪家园二期"钢结构住宅合同补充协议》一份，对于工程价款的支付方式以及违约金的数额进行了重新约定。

之后，丙公司（乙方）和乙公司（甲方）就双方签订的《钢结构住宅合同》及补充协议的工期等事宜又签订了《"世纪家园二期"钢结构住宅合同补充协议（二）》一份，对于原合同中的工期条款进行了变更。

合同签订后，丙公司于2006年5月1日开工，并于2009年5月21日竣工，经验收合格。

工程竣工后，各方主体就工程价款的结算产生争议，丙公司于2009年8月7日将甲公司、乙公司诉至法院。其后，丙公司不服第一审、第二审判决，分别提起上诉和再审申请。

经审理查明，根据《钢结构住宅合同》的约定，工程总价为276537217元。根据建设工程施工合同的约定，工程总价为251540688.79元。此外，丙公司委托丁公司对案涉工程成本价进行了鉴定，鉴定结果为工程成本价为377307703元，且此成本价为社会平均成本。

第一审法院经过审理认为，案涉建设工程施工合同和《钢结构住宅合同》为"黑白合同"，即《钢结构住宅合同》及双方在中标通知书发出后签订的协议书为双方真实履行的合同。而案涉工程为依法必须进行招标投标的建设工程，当事人违法进行招标投标，不论中标合同是否备案登记，当事人又另行订立建设工程施工合同的，两份合同均为无效。由此，甲、乙公司主张以上述建设工程施工合同作为结算工程价款的依据依法不能成立；但丙公司以双方合同无效为由，要求本案工程价款按丁公司出具的鉴定报告中的成本造价来进行结算也缺乏法律依据。据《最高人民法院关于审理建设工程施工合同纠纷案件适用法律问题的解释》第二条"建设工程施工合同无效，但建设工程经竣工验收合格，承包人请求参照合同约定支付工程价款的，应予支持。"的规定，本案工程款的结算应综合考虑当事人的真实意思以及施工中的具体履行情况，确定结算依据。据此，丙公司和乙公司于2004年12月27日签订的《钢结构住宅合同》虽为无效合同，但系双方当事人的真实意思表示，且双方实际也是按上述合同履行的，其有关工程价款的条款应作为本案结算的依据。

第二审法院认为，本案的争议焦点为《钢结构住宅合同》的结算条款是否为本案工程计价的依据问题。由于本案案涉工程存在"黑白合同""超越资质承包"等违法招标投标情形，双方当事人对案涉工程所订立的建设工程施工合同、《钢结构住宅合同》及补充协议无效均没有异议。双方第二审争议的核心为合同无效后应根据什么标准来结算本案工程款。丙公司主张应以第一审法院委托丁公司出具的鉴定报告为依据。甲公司、乙公司则主张严格按照《钢结构住宅合同》第2.1.1条"综合包干单价"的约定进行结算。第二审法院认为，

第18章 建设工程黑白合同

在双方签订的建设工程施工合同、《钢结构住宅合同》及补充协议均为无效但工程已竣工验收合格的情况下，本案应当根据《最高人民法院关于审理建设工程施工合同纠纷案件适用法律问题的解释》第二条的规定，将符合双方当事人真实意思并在施工中具体履行的那份合同作为工程价款结算的依据。由此，第一审法院以双方实际履行的《钢结构住宅合同》作为结算依据正确。

最高人民法院再审认为，建设工程施工合同无效后，根据《最高人民法院关于审理建设工程施工合同纠纷案件适用法律问题的解释》第二条的规定，可以参照合同约定结算工程价款。该条规定体现的精神是尊重合同各方当事人的真实意思，也就是说，虽然合同被认定无效，但工程已经竣工验收合格，如不参照合同约定来结算支付工程价款，有违诚实信用的民法基本原则。而且，本案中，丙公司虽然主张案涉工程因存在合同约定不予调价范围外的风险因素，以及在实际施工过程中存在增加的工程量而不应当仅参照固定单价计价，但其并未提供充分的证据加以证明，故其应当承担相应的不利后果。

因此，第一审、第二审判决参照《钢架构住宅合同》和《"世纪家园二期"钢结构住宅合同补充协议》的约定结算案涉工程价款符合本案的实际情况以及《最高人民法院关于审理建设工程施工合同纠纷案件适用法律问题的解释》第二条规定的精神，丙公司认为第一审、第二审判决参照《钢架构住宅合同》和《"世纪家园二期"钢结构住宅合同补充协议》的约定结算案涉工程价款错误没有事实和法律依据。

18.4　案例评析

根据最高人民法院《关于当前形势下进一步做好房地产纠纷案件审判工作的指导意见》的通知（法发〔2009〕42号）第四条的规定："加大对招标投标法的贯彻力度。要依照招标投标法和最高人民法院《关于审理建设工程施工合同纠纷案件适用法律问题的解释》的规定，准确把握'黑白合同'的认定标准，依法维护中标合同的实质性内容；对案件审理中发现的带有普遍性的违反招标投标法等法律、行政法规和司法解释规定的问题，要及时与建设行政管理部门沟通、协商，共同研究提出从源头上根治的工作方案，切实维护建筑市场秩序。"然而，"黑白合同"的现象在我国建设工程领域屡禁不止，不仅危害建筑市场正常秩序、损害各方当事人合法权益，也成为建设工程司法实践长期困扰并且急需解决的问题之一。

虽然针对"黑白合同"的现象，最高人民法院在《最高人民法院关于审理建设工程施工合同纠纷案件适用法律问题的解释》第二十一条做出了专门的规定，据此"当事人就同一建设工程另行订立的建设工程施工合同与经过备案的中标合同实质性内容不一致的，应当以备案的中标合同作为结算工程价款的根据"。然而该条规定的出台，事实上，并没有对"黑白合同"的效力问题等做出直接的回答，而仅仅是针对在存在"黑白合同"的情况下，以哪一份合同作为建设工程价款结算的依据做出了判断。因此，下面以前引案例为基础，对于"黑白合同"的一些基本法律问题进行简要的评述。

首先，认定"黑白合同"的直接法律依据是《招标投标法》第四十六条第一款，即招标人和中标人不得再行订立背离合同实质性内容的其他协议。结合《最高人民法院关于审理建设工程施工合同纠纷案件适用法律问题的解释》的有关规定，是否构成"黑白合同"

的判断标准可以简化为：①合同是否针对同一工程项目、施工内容是否相同；②两份合同的内容是否存在实质性的违反或者背离。然而，无论是《招标投标法》《招标投标法实施条例》，还是《最高人民法院关于审理建设工程施工合同纠纷案件适用法律问题的解释》都没有就"实质性变更"做出明确的说明。需要注意的是，合同的变更，是缔约双方合法的权利之一，根据《合同法》第七十七条的规定，"当事人协商一致，可以变更合同。"因此我们需要对"实质性"的内涵进行准确的界定，从而区别有效的合同变更和"黑白合同"之间的界限。实践中，通常认为在建设工程合同中，对工程价款、工程质量、工程期限三部分约定内容的变更属于"实质性变更"。

对此，虽然最高人民法院没有明确加以说明，但是一些地方高院的态度，值得我们参考。例如，浙江省高级人民法院《关于审理建设工程施工合同纠纷案件若干疑难问题的解答》中明确"认定'黑白合同'时所涉的'实质性内容'，主要包括合同中的工程价款、工程质量、工程期限三部分。对施工过程中，因设计变更、建设工程规划指标调整等客观原因，承、发包双方以补充协议、会谈纪要、往来函件、签证等洽商纪录形式，变更工期、工程价款、工程项目性质的书面文件，不应认定为《中华人民共和国招标投标法》第46条规定的招标人和中标人再行订立背离合同实质性内容的其他协议。"而江苏高院也采取了类似的态度，江苏省高级人民法院《建设工程施工合同案件审理指南》中明确提出了实质性内容不一致的判断标准，即施工合同的内容包括工程范围、建设工期、中间交工工程的开工和竣工时间、工程质量、工程造价、技术资料交付时间、材料和设备供应责任、拨款和结算、竣工验收、质量保修范围和质量保证期、双方相互协作等条款。建设工程中事关当事人权利义务的核心条款是工程结算，而影响工程结算的主要有三个方面：工程质量、工程期限和计价方式。工程质量是指建设工程施工合同约定的工程具体条件，也是这一工程区别其他同类工程的具体特征。工程期限是指建设工程施工合同中约定的工程完工并交付验收的时间。计价方式包括按实结算、固定总价结算、固定单价结算等。如果备案和未备案的两份施工合同在建设工期、施工质量、计价方式等方面发生变化，则应当属于实质性内容的变化，未备案的合同应属于无效的"黑合同"。

具体到本案中，丙公司和乙公司签订的《"世纪家园二期"钢结构住宅合同补充协议》对工程价款的支付方式以及违约金的数额进行了重新约定。其后，双方签订的《"世纪家园二期"钢结构住宅合同补充协议（二）》，对于原合同中的工期条款进行了变更。这两份补充协议从内容上来看，均属于《招标投标法》所禁止的"实质性变更"，也即构成我们通常所说的"黑白合同"。

其实，对于"黑白合同"的效力，并不能简单地认为"白合同"一概有效而"黑合同"一概无效。而应当根据《合同法》第五十二条和《最高人民法院关于审理建设工程施工合同纠纷案件适用法律问题的解释》第一条的规定，结合个案的实际情况具体加以判断。"黑白合同"在司法实践中的表现形式多种多样，而本案恰恰是其中一个典型，即建设工程属于强制招标投标的范围，当事人在进行招标投标程序之前，已经就合同价款、支付方式及工期等主要内容进行了约定。其后进行了虚假的招标投标，签订了仅供备案而非实际履行的合同。因此，在本案中，2004年12月27日，丙公司和乙公司签订的《钢结构住宅合同》，因违反《招标投标法》的强制性规范而无效，即黑合同无效。至于白合同，即2005年12月12日和2006年3月20日，丙公司和甲公司就案涉工程分别签订的建设工程施工合同，由于涉案当事人并没有进行真实的招标投标，所谓的"中标"实属《最高人民法院关于审理建设工程施工合同纠纷案件适用法律问题的解释》第一条第三款规定建设工程必须进行招标而未招标或者中标无效的情形，因此，同样属于违反强制性规范而导致合同无效。

最后，在存在"黑白合同"的情况中，一旦合同无效，如何进行工程价款的结算仍旧是我们需要关注的重点之一。《最高人民法院关于审理建设工程施工合同纠纷案件适用法律问题的解释》第二十一条，直接规定了存在"黑白合同"时，应当以备案的中标合同作为结算工程价款的根据。在实践中，事实上2005年该司法解释生效之后，法院基本上都会直接援引这一规定，将所谓的"白合同"作为工程价款结算的依据。然而这并不意味着第二十一条的适用是无条件的，在这里我们需要明确什么是"备案的中标合同"。一般来说，作为"备案的中标合同"应当具有两个主要条件：①进行了合法有效的招标投标，并根据招标投标结果签订了建设工程合同；②该建设工程合同进行了备案。具体到本案，由于涉案当事人事实上并没有进行合法有效的招标投标，并且在确定中标之前乙公司和丙公司已经签订了《钢结构住宅合同》，因此并不存在适用《最高人民法院关于审理建设工程施工合同纠纷案件适用法律问题的解释》第二十一条的空间。在所有合同均无效的情况下，第一审、第二审法院，基于当事人的真实意思表示，以双方实际履行的《钢结构住宅合同》作为结算依据，符合相关法律的规定。

对于这一问题，我们同样可以参考一些地方法院的观点，例如，《北京市高级人民法院关于审理建设工程施工合同纠纷案件若干疑难问题的解答》中的："15、'黑白合同'中如何结算工程价款？法律、行政法规规定必须进行招标的建设工程，或者未规定必须进行招标的建设工程，但依法经过招标投标程序并进行了备案，当事人实际履行的施工合同与备案的中标合同实质性内容不一致的，应当以备案的中标合同作为结算工程价款的依据。法律、行政法规规定不是必须进行招标的建设工程，实际也未依法进行招投标，当事人将签订的建设工程施工合同在当地建设行政管理部门进行了备案，备案的合同与实际履行的合同实质性内容不一致的，应当以当事人实际履行的合同作为结算工程价款的依据。备案的中标合同与当事人实际履行的施工合同均因违反法律、行政法规的强制性规定被认定为无效的，可以参照当事人实际履行的合同结算工程价款。"

但需要注意的是，地方高院的态度实际上并不统一。《山东省高级人民法院关于建设工程施工合同纠纷会谈纪要》第三条就"黑白合同"情形下工程款结算的处理问题做出了说明："长期以来，在我国建筑市场中，按照法律规定实行强制招标投标的项目领域，经常会发生发包人与承包人之间存在签订两份合同的情形。其中一份是招标人与中标人根据中标文件签订的合同，即中标合同，另一份则是内容与中标合同不一致的建设工程施工合同，社会上将这种现象称为'黑白合同'或者'阴阳合同'。从实践中的情况看，有些黑白合同之间内容相差不大，'黑合同'只是与中标合同之间存在细小差别，内容上没有实质性变化；而有些黑白合同之间则存在着重大实质性的修改，如'黑合同'在工程价款、工程质量以及工期等方面均与中标合同存在较大差异。如果双方在履行建设工程施工合同中发生纠纷，往往会对依据哪一份合同作为处理纠纷的依据产生分歧，双方当事人也可能持有对自己有利的合同主张权利，这就给人民法院如何正确认定合同的真实性和合法性带来一定的困难。正确理解司法解释规定的'黑白合同'，是准确处理好此类纠纷的基础。'黑白合同'之间必须存在实质性违背，即中标合同之外的合同必须在工程价款、工程质量和工程期限等方面与中标合同具有实质性背离，而不是一般的合同内容变更。在具体量化'黑白合同'与依法变更合同的界限上，在一定程度上存在着法官的自由裁量权，需要法官正确把握裁量的标准。根据我国《招标投标法》的规定，招标的建设项目经过招标投标程序确定中标人后，需要向相关行政监督部门备案，这种备案制度并不意味着中标合同必须经过备案后才生效，而只是从证据法意义上确定以备案的合同作为结算工程款的依据。审判实践中曾经出现了当事人双方请求按照'黑合同'作为工程款结算依据的情形，对此，会议认为，'白合同'是依据招标投标这一法定形式确认的，虽然'黑合同'可能是当事人的真实意思表示，但由于合同内容规避法律规定、合同形式不合法，不能代替'白合同'即中标备案的效力，即不能依据'黑合同'作为结算工程款的依据。"

第19章

挂靠经营合同纠纷

19.1 定义详解

"挂靠",即所谓"企业挂靠经营",就建筑业而言,是指一个施工企业允许他人在一定期间内使用自己企业名义对外承接工程的行为。允许他人使用自己名义的企业为被挂靠企业,相应的使用被挂靠企业名义从事经营活动的企业或个人(个体工商户和其他有经营行为的自然人)为挂靠人。最高人民法院在制定《最高人民法院关于审理建设工程施工合同纠纷案件适用法律问题的解释》时并没有直接将该行为定义为"挂靠",而是表述为"借用",即没有资质的实际施工人借用有资质的建筑施工企业名义从事施工活动。因此,严格来讲,"挂靠"本身并不是一个严格的"法律术语",实际上对应的是"借用他人资质"的情形,但是在实务中两者之间并没有什么实质性的差别。

挂靠经营的特征如下:

1) 挂靠人存在资质上的瑕疵。我国《建筑法》对于建筑业企业的从业资格做出了严格的限制,明确规定包括勘察、设计、施工、监理在内的建筑业企业只能在取得相应的资质等级之后,方可承揽工程。然而在这种背景下,受到利润的驱使,一部分没有能力取得相应资质的企业甚至个人,以各种形式借用其他企业的资质证书,或以他人名义承揽工程的现象,也即我们所说的挂靠,屡禁不止。挂靠实质上规避了《建筑法》等有关法律法规对于企业从业资质的强制性要求,严重扰乱了建筑市场秩序。

2) 被挂靠人对挂靠人和其所承揽的工程一般不实施任何管理行为。这也是实践中区别于所谓的挂靠和"企业内部承包"的关键所在。例如,实践中常见的,建设工程施工合同的承包人将其承包的工程交由下属的分支机构、项目经理甚至职工个人进行承包,即使签订了所谓的企业内部承包协议书,只要承包人对工程施工过程及质量进行管理,对外承担合同权利义务的,在审判中一般不会因为该具体承包的分支机构、项目经理或职工个人不具有相关资质,而否定合同的效力。

3) 挂靠人和被挂靠企业之间存在"管理费"。挂靠人需向被挂靠的施工企业交纳一定数额的"管理费",实践中,这种"管理费"的名目繁多,如合作费用、咨询服务费、招标投标服务费等。但是在"挂靠"的情形中,即使被挂靠企业收取了相应的管理费,也并不会对实际施工活动进行管理,双方签订的合作协议都会约定被挂靠企业不承担工程的工期、质量及安全责任,且由挂靠人自负盈亏。

19.2 主要法律依据

《建筑法》第二十六条中规定:"禁止建筑施工企业超越本企业资质等级许可的业务范围或者以任何形式用其他建筑施工企业的名义承揽工程。禁止建筑施工企业以任何形式允许其他单位或者个人使用本企业的资质证书、营业执照,以本企业的名义承揽工程。"

《最高人民法院关于审理建设工程施工合同纠纷案件适用法律问题的解释》第一条规定:"建设工程施工合同具有下列情形之一的,应当根据合同法第五十二条第(五)项的规定,认定无效:……(二)没有资质的实际施工人借用有资质的建筑施工企业名义的。……"

《最高人民法院关于审理建设工程施工合同纠纷案件适用法律问题的解释》第四条规定:"承包人非法转包、违法分包建设工程或者没有资质的实际施工人借用有资质的建筑施工企业名义与他人签订建设工程施工合同的行为无效。人民法院可以根据民法通则第一百三十四条规定,收缴当事人已经取得的非法所得。"

《建筑工程施工转包违法分包等违法行为认定查处管理办法(试行)》(建市〔2014〕118号)第十条规定:"本办法所称挂靠,是指单位或个人以其他有资质的施工单位的名义,承揽工程的行为。

前款所称承揽工程,包括参与投标、订立合同、办理有关施工手续、从事施工等活动。"

《建筑工程施工转包违法分包等违法行为认定查处管理办法(试行)》第十一条规定:"存在下列情形之一的,属于挂靠:

(一)没有资质的单位或个人借用其他施工单位的资质承揽工程的;

(二)有资质的施工单位相互借用资质承揽工程的,包括资质等级低的借用资质等级高的,资质等级高的借用资质等级低的,相同资质等级相互借用的;

(三)专业分包的发包单位不是该工程的施工总承包或专业承包单位的,但建设单位依约作为发包单位的除外;

(四)劳务分包的发包单位不是该工程的施工总承包、专业承包单位或专业分包单位的;

(五)施工单位在施工现场派驻的项目负责人、技术负责人、质量管理负责人、安全管理负责人中一人以上与施工单位没有订立劳动合同,或没有建立劳动工资或社会养老保险关系的;

(六)实际施工总承包单位或专业承包单位与建设单位之间没有工程款收付关系,或者工程款支付凭证上载明的单位与施工合同中载明的承包单位不一致,又不能进行合理解释并提供材料证明的;

(七)合同约定由施工总承包单位或专业承包单位负责采购或租赁的主要建筑材料、构配件及工程设备或租赁的施工机械设备,由其他单位或个人采购、租赁,或者施工单位不能提供有关采购、租赁合同及发票等证明,又不能进行合理解释并提供材料证明的;

(八)法律法规规定的其他挂靠行为。"

19.3 案例详解

2006年2月,甲公司与乙公司签订《合作协议书》,约定甲公司与乙公司以联营的方式合作经营。乙公司经甲公司书面授权,以甲公司的名义对外开展经营活动;甲公司负责在合肥设立安徽分公司,并在公司所在地建设主管部门办理备案手续;乙公司负责提供甲公司安徽分公司办公场所、办公设备、交通通信工具及自筹经营资金;乙公司投入经营的动产、不动产及上缴管理费后的经营收益,其所有权归乙公司,乙公司在合作期间无论盈亏与否,都应确保管理费足额上交甲公司;乙公司在以甲公司安徽分公司名义从事经营活动中产生的经济及民事纠纷影响到甲公司时,由乙公司负责解决,并承担相应的民事责任和经济责任;甲公司向乙公司收取管理费作为合作的收益,乙公司开展的生产经营活动自负盈亏;合作期限为2006年2月20日至2011年2月20日止。

2012年5月,甲公司和乙公司又签订《补充协议》,约定《合作协议书》于2011年2月到期终止,双方不再续签该协议。乙公司不得再以甲公司或甲公司安徽分公司名义对外从事任何形式的经济活动;双方合作期间,甲公司安徽分公司所涉债权由乙公司享有,相关债务、人员安置事宜及补偿费用由乙公司承担和处理。关于管理费用,《补充协议》第四条约定,2006年2月至2011年2月期间,乙公司以甲公司名义承接的工程项目按《合作协议书》及相关文件的约定向甲公司交纳管理费;2011年3月至2011年6月10日,按工程结算价款的1.5%交纳管理费;2011年6月11日之后的管理费双方另行商定等。

在乙公司挂靠甲公司经营期间,乙公司以甲公司安徽分公司名义承揽工程形成6687.2173万元的债务。2014年11月,乙公司以甲公司为被告向法院提起诉讼,请求确认双方签订的《合作协议书》《补充协议》无效,依上述协议产生的债权债务包括已发生的6687.2173万元债务均应由甲公司承担;诉讼费用由甲公司承担。

第一审法院经过审理认为,本案系乙公司与甲公司终止合作关系后,在处理乙公司挂靠甲公司经营期间双方权利义务过程中产生的纠纷。2006年2月乙公司与甲公司签订的《合作协议书》虽然约定甲公司与乙公司以联营的方式合作经营,但究其实质,是不具备相应建筑资质的实际施工企业借用有资质的建筑施工企业的名义承揽工程,并向有资质的建筑施工企业缴纳管理费,即名为"联营"实为"挂靠",双方当事人对此也均予以认可。《建筑法》第二十六条规定:"承包建筑工程的单位应当持有依法取得的资质证书,并在其资质等级许可的业务范围内承揽工程。禁止建筑施工企业超越本企业资质等级许可的业务范围或者以任何形式用其他建筑施工企业的名义承揽工程。禁止建筑施工企业以任何形式允许其他单位或者个人使用本企业的资质证书、营业执照,以本企业的名义承揽工程。"根据《最高人民法院关于审理建设工程施工合同纠纷案件适用法律问题的解释》第一条的规定,没有资质的实际施工人借用有资质的建筑施工企业名义订立的建设工程施工合同无效。本案双方当事人签订的以借用建筑资质为目的的名为"联营"实为"挂靠"的《合作协议书》违反了法律的强制性规定,应为无效合同。

2012年5月乙公司与甲公司签订的《补充协议》虽然名为"补充协议",但该协议并不是对《合作协议书》内容的补充或者履行的延续。从《补充协议》的内容来看,是对终止合作后双方权利义务的确认以及对终止合作前所形成的债权债务的处置方案。因此,《补充协议》是乙公司与甲公司在合作终止时就善后处理事宜经过协商达成的新的合意。但是《补充协议》第四条涉及双方约定的挂靠经营期内以及期满后至签订《补充协议》前管理费的支付标准，该部分内容因违反法律的强制性规定应为无效。《合同法》第五十六条规定，"合同部分无效，不影响其他部分效力的，其他部分仍然有效"，乙公司与甲公司签订的《补充协议》除管理费条款外，其他条款系当事人真实意思表示，不违反法律、行政法规的强制性规定，合法有效。

乙公司不服第一审判决，提起上诉。

第二审法院认为，本案第二审审理的焦点之一是《补充协议》的效力。

本案中，乙公司与甲公司先后签订了两份合同。第一份合同是2006年2月签订的《合作协议书》，该协议因其实质为不具备相应建筑资质的实际施工企业即乙公司借用有资质的建筑施工企业即甲公司的名义承揽工程，并向甲公司缴纳管理费，即名为联营实为挂靠，违反了《建筑法》第二十六条的强制性规定，根据《最高人民法院关于审理建设工程施工合同纠纷案件适用法律问题的解释》第一条的规定，原审法院认定为无效合同，并无不当，双方当事人对此亦无异议。第二份合同是双方于2012年5月签订的《补充协议》。该协议主要约定了双方对更名情况及争议管辖的确认、安徽分公司的处置、合作期间债权债务的承担、管理费用以及后续合作等内容，其中第四条是关于管理费的相关约定，因其内容违反《建筑法》的强制性规定，应认定为无效条款；其他条款则是双方在终止合作关系后对公司、人员、合作期间债权债务的处理、未完工项目的管理等事项做出的处置和安排，从其性质来看，属于双方当事人对终止合作后双方权利义务的确认以及对终止合作之前所形成的债权债务如何承担所形成的新的合意。该合意虽然起源于双方之前签订的《合作协议书》，但对于如何分担《合作协议书》终止或者无效后的双方责任应属双方意思自治范围，该责任分担不违反法律法规的强制性规定，因此其效力不因《合作协议书》无效而无效。乙公司上诉主张《补充协议》与《合作协议书》为主从合同关系，《合作协议书》无效，则《补充协议》亦无效，但《补充协议》非从属于《合作协议书》不能独立存在，因此二者并非主从合同关系，其效力也并非完全依附于《合作协议书》。乙公司还提出《补充协议》约定的责任承担显失公平，但根据《合同法》第五十四条的规定，显失公平属于合同可撤销之情形，在乙公司未依法主张变更或者撤销的情况下，上述约定有效。乙公司还提出，双方在《补充协议》中约定债权债务的归属属于对违法所得进行分配，应属无效。但从目前情况来看，双方均确认未对合作期间产生的债权债务进行对账和清理，无法确认债权是否大于债务，也即无法确认是否存在违法所得，乙公司亦未提交相关证据，因此其主张《补充协议》是对违法所得归属的约定，无事实依据，第二审法院不予支持。综上，原审法院认定除《补充协议》第四条之外的其他部分有效，有事实和法律依据，并无不当，第二审法院予以维持。乙公司上诉主张《补充协议》全部无效，理据不足，第二审法院不予支持。

19.4 案例评析

本案反映的是，当事人名为"联营"实为"挂靠"的法律问题。经历第一审、第二审，争议焦点之一则是甲、乙公司之前签订的《合作协议书》以及后续《补充协议》是否有效。

案例评析

当存在建筑业从业企业借用资质,即通常所说的"挂靠"时,当事人之间签订的建设工程施工合同无效,这一点得到了最高人民法院的明确认可。这也是司法实践中关于挂靠最为典型的一种纠纷。例如,某包工头借用其他施工企业的资质与发包人签订建设工程施工合同,在这种情况下,该施工合同显然因为违反法律的强制性规定而无效。针对这一类型纠纷,审判实践中的难点并不在于判断挂靠关系之下的建设工程合同是否有效,而是认定当事人之间是否存在挂靠或者借用资质的事实。由于实践中,"挂靠"的形式多种多样,明显如直接借用资质,隐蔽如以内部承包之名行挂靠之实。前者自《最高人民法院关于审理建设工程施工合同纠纷案件适用法律问题的解释》明确依"挂靠"签订的建设工程施工合同无效之后,相对少见;更为难以识别的是所谓的"内部承包型挂靠"。

"内部承包"实际上是我国建筑业企业改革过程中,为了促进企业改制,提高企业竞争力,调动员工积极性的一种内部竞争激励模式。"内部承包"实质上只是建筑施工企业的一种经营方式,尽管在形式上与"挂靠"具有一定的相似性,但是进行内部承包的主体无论是企业的员工还是项目经理项目部、分支机构,在"内部承包"的情况下,对业主承担责任的主体仍是该建筑施工企业。实践中,判断是否构成挂靠可以从涉案主体之间有无资产权属联系、有无统一的财务管理、有无严格规范的人事任免、调动聘用手续等方面进行判断。对于这一问题,我们同样可以参考一些地方高院的观点。例如,《北京市高级人民法院关于审理建设工程施工合同纠纷案件若干疑难问题的解答》中:"5. 如何认定建筑企业的内部承包行为?建设工程施工合同的承包人将其承包的全部或部分工程交由其下属的分支机构或在册的项目经理等企业职工个人承包施工,承包人对工程施工过程及质量进行管理,对外承担施工合同权利义务的,属于企业内部承包行为;发包人以内部承包人缺乏施工资质为由主张施工合同无效的,不予支持。"浙江省高级人民法院《关于审理建设工程施工合同纠纷案件若干疑难问题的解答》中也做出了类似的判断。该文件规定:"一、如何认定内部承包合同?如何认定其效力?建设工程施工合同的承包人与其下属分支机构或在册职工签订合同,将其承包的全部或部分工程承包给其下属分支机构或职工施工,并在资金、技术、设备、人力等方面给予支持的,可认定为企业内部承包合同;当事人以内部承包合同的承包方无施工资质为由,主张该内部承包合同无效的,不予支持。"

值得一提的是,针对建设工程实践中纷繁复杂的"挂靠"现象,住建部于2014年8月出台了《建筑工程施工转包违法分包等违法行为认定查处管理办法(试行)》。如前所述,该规范第十条和第十一条对于"挂靠"的概念和实践中常见的"挂靠"形态做出了详细的列举式说明,相信对审判实践中"挂靠"行为的具体认定具有重要的意义。

回到上述案件,事实上作为本案争议焦点的《合作协议书》以及后续签订的《补充协议》,是调整挂靠人与被挂靠人之间权利义务的合同,而非我们常见的挂靠人与发包人之间签订的建设工程施工合同。当然,即便不构成建设工程合同,违反禁止"挂靠"的强制性规定仍然会导致《合作协议书》的无效。

而《补充协议》则存在较大的争议,乙公司认为《补充协议》不是一个新的独立的合同,而是《合作协议书》的补充和延续,是《合作协议书》的从合同,主合同无效,从合同自然无效。的确,根据合同法的一般原理,以合同之间的从属性关系为标准,合同可以分为主合同与从合同。从合同的效力从属于主合同,主合同无效,从合同自然无效。那么两个合同之间是否构成主从合同取决于法律的规定(如保证的从属性)或当事人的约定。本案中，《合作协议书》与《补充协议》之间是否存在主从关系，显然取决于当事人的约定。从内容上看，《合作协议书》是对双方之间名为"联营"实为"挂靠"的具体约定，而正如第二审判决所认定的，《补充协议》是对甲、乙两公司在合意决定终止合作关系后，对双方权利义务的确认以及对终止合作之前所形成的债权债务如何承担所做出的约定。从内容上看显然不具有从属性。同时，甲、乙两公司并未就合同效力上的从属性做出特别约定，因此，第一审、第二审法院对于《补充协议》效力的认定，符合《合同法》的相关规定。

第20章 建设工程垫资的法律问题

20.1 定义详解

垫资承包施工,是长期以来在中国建设工程施工领域存在的一种承包方式,是指在工程项目建设过程中,承包人利用自有资金为发包人垫资进行工程项目建设,直至工程施工至约定条件或全部工程施工完毕后,再由发包人按照约定支付工程价款的施工承包方式。随着国内外建筑市场竞争日趋加剧,建筑企业能否垫资施工已经成为能否获得工程项目的关键,但同时垫资施工的建筑企业在合同的履行过程中也将面临巨大风险,这种风险不仅限于经济风险,还包括法律风险和信用风险。

垫资施工主要表现为以下几种形式:

1) 全额垫资施工,主要是指在工程建设过程中发包人不向承包人支付任何工程价款,而要等待工程项目建设完毕经竣工验收合格后,方按照约定支付工程价款。

2) 利用工程进度款的不足额支付,造成部分垫资施工,如在合同中约定承包人报送的月进度报表经发包人确认后,于次月支付确认工作量的70%,这样实际上造成承包人在工程建设过程中,对已经完成工作量的30%要形成部分垫资。

3) 要求承包人向发包人支付保证金作为工程项目启动资金,保证金在施工过程中根据工程进度返还,造成部分垫资施工。

4) 约定按照工程进度付款,如约定基础完成开始支付进度款,或结构封顶付工程价款的一定比例等。

20.2 主要法律依据

《中国人民银行关于进一步加强房地产信贷业务管理的通知》中规定:

"三、规范建筑施工企业流动资金贷款用途

商业银行要严格防止建筑施工企业使用银行贷款垫资房地产开发项目。承建房地产建设项目的建筑施工企业只能将获得的流动资金贷款用于购买施工所必需的设备(如塔吊、挖土机、推土机等)。企业将贷款挪作他用的,经办银行应限期追回挪用资金,并向当地其他的商业银行通报该企业违规行为,各商业银行不应再对该企业提供相应的信贷支持。

建设工程垫资相关法律依据

建设工程法规

对自有资金低、应收账款多的承建房地产建设项目的建筑施工企业，商业银行应限制对其发放贷款。"

《关于严禁政府投资项目使用带资承包方式进行建设的通知》（建市〔2006〕6号）中规定：

"一、政府投资项目一律不得以建筑业企业带资承包的方式进行建设，不得将建筑业企业带资承包作为招投标条件；严禁将此类内容写入工程承包合同及补充条款，同时要对政府投资项目实行告知性合同备案制度。

……

二、各级发展改革、财政、建设等有关部门，要在各自职责范围内加强对政府投资项目的管理，严禁带资承包。"

《最高人民法院关于适用〈中华人民共和国合同法〉若干问题的解释（一）》第四条中规定："合同法实施以后，人民法院确认合同无效，应当以全国人大及其常委会制定的法律和国务院制定的行政法规为依据，不得以地方性法规、行政规章为依据。"

《最高人民法院关于适用〈中华人民共和国合同法〉若干问题的解释（二）》第十四条中规定："合同法第五十二条第（五）项规定的'强制性规定'，是指效力性强制性规定。"

《最高人民法院关于审理建设工程施工合同纠纷案件适用法律问题的解释》第六条中规定："当事人对垫资和垫资利息有约定，承包人请求按照约定返还垫资及其利息的，应予支持。"

■ 20.3 案例详解

2009年9月1日，甲公司与乙公司签订建设工程施工合同，约定甲公司将某工程以包工包料方式发包给乙公司承建。专用条款中双方约定的工程款（进度款）支付方式和时间为，本工程项目由承包人垫资施工完成至主体结构±0以上五层顶板（不包括砌体）后的10天内发包人支付已完成工程量的80%，完成主体六至十层后一周内支付工程量的80%，完成主体十一至十五层后一周内付完成工程量的80%，主体封顶后付至已完工程量的85%，竣工后的7天内支付到工程总价的90%，待发包人收到承包人完整决算报告后的30天内审核完毕并支付到工程总价的97%（若发包人在30天内不予确认或提出修改意见则视为对决算报告认可），剩余3%为保修金。

双方约定的工程款支付方式为依据工程进度分期付款，由承包人在完成工程量后上报监理工程师，在一周内支付已完成工程量的进度款。若发包人延期支付工程款则除承担同期银行贷款利息外还应支付违约金。承包人的保证金总额为200万元，发包人应依据工程进度返还。乙公司于2009年9月至2010年1月分四次共向甲公司支付保证金200万元。

2010年11月9日，乙公司向甲公司送达保证金及工程进度款的申请称，乙公司于2010年11月7日已顺利完成前期保证金及工程垫资工程，希望甲公司支付首期工程款并退还保证金100万元。2010年12月9日乙公司向甲公司送达涉案工程综合楼六至十层顶板主体结构及安装工程预算书，主张进度款为2253543元。2011年3月24日，乙公司向甲公司以及监理公司送达涉案工程综合楼十一至十五层工程预算书，主张进度款为2071753元。2011年4月22日，乙公司向甲公司以及监理公司送达涉案工程综合楼十六至十九层工程预算书，主张进度款为3320113元。

乙公司于2011年5月向甲公司送达工程决算书。甲公司收到后向乙公司送达2011年5月23日通知函，并提出意见。2011年11月2日，乙公司向甲公司送达结算报告（未审核），并在双方商议后，于2012年4月8日确定结算报告工程款为24021509.21元，甲公司提供的材料金额为5004297.88元。2010年11月至2011年4月，甲公司共计支付12453793.2元。

2011年11月3日，经双方协商及监理公司见证，乙公司将临时活动房、围护及施工电梯架子以28万元转让给甲公司使用。主体结构修补费用为2万元整，在施工结算中扣除，甲公司组织人员进行修补。

乙公司起诉至法院，认为甲公司应支付所欠工程款6543418.13元及迟延付款违约金6593904元、利息1062606元；应返还保证金200万元及其利息153720元；应支付临时设施转让费28万元及其利息7535元；并且应支付2012年4月11日之后的工程款违约金及工程款违约金、保证金、临时设施转让费的利息。

第一审法院认为，双方于2009年9月1日签订的建设工程施工合同合法有效。

1. 工程款及其违约金、利息问题

乙公司提交证据证实其于2011年11月2日向甲公司送达了未经审核的某结算报告，双方商议后于2012年4月8日确定结算报告工程款为24021509.21元。双方约定："发包人收到承包人完整决算报告后的30天内审核完毕并支付到工程总价的97%（若发包人在30天内不予确认或提出修改意见则视为对决算报告认可）。"但甲公司未依合同约定，在乙公司送达结算报告后30天内予以确认或提出修改意见。故以24021509.21元认定乙公司的工程价款，扣除甲公司供材5004297.88元、已支付12453793.2元、修补及清理费2万元后，甲公司应向乙公司支付尚欠工程款6543418.13元。

乙公司仅于2011年3月24日、2011年4月22日分两次向监理公司送达工程预算书，但未提交监理审核之后确定的应支付工程款数额，故对乙公司主张的进度款迟延付款违约金不予支持。因双方协商解除了合同，且未形成双方认可的结算结论，根据《最高人民法院关于审理建设工程施工合同纠纷案件适用法律问题的解释》第十八条第三项规定，对于应付工程款的利息应从当事人起诉之日计付。甲公司应当支付工程款本金6543418.13元从起诉之日即2012年7月4日起至判决生效之日为止按中国人民银行同期同类贷款利率计算的利息。

2. 关于保证金200万元及其利息

在双方2009年9月1日所签合同中约定，发包人在工程施工至主体结构五层顶板（不包括砌体）时返还承包人100万元，工程至主体结构封顶（不包括砌体）时返还剩余100万元。工程于2010年11月7日完成五层顶板，故甲公司应于同日向乙公司返还保证金100万元，从监理日志可以看出，工程主体于2011年5月13日已封顶，故甲公司应于2011年5月13日向乙公司返还剩余100万元保证金。双方虽在合同中未约定迟延返还保证金的利息，但参照《最高人民法院关于审理建设工程施工合同纠纷案件适用法律问题的解释》第十八条的规定，甲公司应支付100万元自2010年11月7日起至实际还清之日止按照中国人民银行同期同类贷款利率计算的利息和100万元自2011年5月13日起至判决生效之日止按照中国人民银行同期同类贷款利率计算的利息。

3. 临时设施转让费及其利息

2011年11月3日乙公司、甲公司在监理公司的主持下达成临时设施转让费的工程签证单，其中明确约定了转让费数额，甲公司接收了所转让的设施，应当支付转让费28万元。但在工程签证单中未约定转让费支付的期限及方式，甲公司应支付所欠转让费从本案起诉之日即2012年7月4日起至判决生效之日止按中国人民银行同期同类贷款利率计算的利息。

甲、乙两公司均不服第一审法院判决，向第二审法院提起上诉。

第二审法院认为，双方当事人于2009年9月1日签订的建设工程施工合同合法有效。

本案中根据乙公司提供的证据，其仅于2011年3月24日、2011年4月22日分两次向监理公司送达涉案工程十一至十五层、十五至十九层工程预算书，但未提交监理审核之后确定的应支付工程款数额。故对乙公司请求判决甲公司向其支付进度款迟延付款的违约金及利息的上诉请求不予支持。

根据《最高人民法院关于审理建设工程施工合同纠纷案件适用法律问题的解释》第十八条第三项的规定，对于应付工程款的利息应从当事人起诉之日计付，即甲公司应当支付其所欠乙公司工程款的利息自2012年7月4日起计至实际付清欠款之日止。原判对此节支付利息的期限表述不当，予以纠正。同理，原判第二、三项中，对甲公司向乙公司返还200万元保证金的利息及甲公司向乙公司支付28万元临时设施转让费利息的期限表述亦不当，亦予以纠正。故对乙公司上诉要求判令甲公司承担迟延支付工程款利息直至其义务履行完毕之日的请求予以支持。

乙公司不服第二审判决，申请最高人民法院再审。

本案查明，2010年11月9日，乙公司向甲公司送达了关于退还涉案工程保证金及支付工程进度款的申请。乙公司称其同日向监理公司报送了上述申请及五层以下工程预算书，提交的证据为其单位发文簿。从形式上看，该发文簿为乙公司单方制作，在报送11月9日一栏中，发文字号对应处写明五层以下工程预算书、关于涉案工程保证金及工程进度款的申请，主送机关处写明某省房地产开发公司、监理公司，但签字栏载明签字人为高××，并无监理公司职员签收。在无监理公司已接收上述文件的相关证据佐证情形下，该发文簿不足以证明甲公司向监理工程师报送了发文簿载明的文件。乙公司称2010年12月16日的《工地例会纪要》载明，有关支付工程款，监理正积极协调，表明监理工程师收到了乙公司申请退还涉案工程保证金和支付工程进度款的申请及五层以下工程预算书。从《工地例会纪要》的文字表述来看，仅记载了监理正在积极协调工程款，而没有监理工程师收到乙公司上述函件的表述。乙公司称，该公司给甲公司及监理公司发了一个函，但未说明发送的是什么函件，因该单位发文簿上并无监理公司收到五层以下工程预算书的签字，该证据不足以认定监理公司收到了五层以下工程预算书。乙公司称监理公司向第一审法院提供的监理日志中记载收到了其发送的上述申请及预算书，但乙公司并未提供上述监理日志，本案卷宗中亦无乙公司所称的该份监理日志。综上，乙公司并无充分证据证明其在完成主体结构±0以上五层顶板施工后，向监理工程师报送了已完工程量报表，合同约定的上述款项给付条件不成就，其主张甲公司延期给付垫资款的理由不成立。

对于工程进度款，乙公司称监理记录载明，2010年12月9日，监理公司收到了乙公司给其送达的《关于支付涉案工程综合楼工程进度款的函》和《涉案工程综合楼六至十层顶板主体结构及安装工程预算书》，但乙公司未提供该证据予以佐证，卷宗中亦无上述证据，其有关监理公司收到《涉案工程综合楼六至十层顶板主体结构及安装工程预算书》的主张不成立。

本案查明事实表明，乙公司先后于2011年3月24日、2011年4月22日向监理工程师报送了十一至十五层、十六至十九层工程预算书。案涉合同通用条款第25.1条约定：承包人应按专用条款约定的时间，向工程师提交已完工程量的报告。工程师接到报告后7天内按设计图核实已完工程量（以下称计量），并在计量前24小时通知承包人。承包人为计量提供便利条件并派人参加。第25.2条约定：工程师收到报告后7天内未进行计量，从第8天起，承包人报告中开列的工程量即视为被确认，作为工程价款结算的依据。第26条约定：在确认计量结果后14天内，发包人应向承包人支付工程款（进度款）。按约定时间发包人应扣回的预付款，与工程款（进度款）同期结算。依照上述约定，乙公司向监理工程师报送工程量报告后，其请求支付工程进度款的合同义务即已履行，监理工程师应当在合同约定时间内进行审核，未予审核产生的合同义务由甲公司承担。据此，乙公司2011年3月24日向甲公司送达涉案工程综合楼十一至十五层工程预算书，主张工程进度款为2071753元。工程师应当在7天内即3月31日审核完毕，未审核完毕，依照合同约定应当于4月1日视为认可该进度款数额，甲公司应当于14日内支付上述款项。诉讼中，甲公司并未提供证据证明其支付了上述款项，应自2011年4月15日起承担迟延支付上述工程进度款的违约责任。2011年4月22日乙公司报送十六至十九层工程预算书，主张进度款为3320113元。工程师未在合同约定时间内审核，甲公司亦未提供证据证明其支付了该款，应当自2011年5月14日起承担延期付款违约责任。第二审判决认定乙公司未提交监理审核之后确定的应支付工程款数额，故对该公司主张的进度款迟延付款违约金不予支持，认定事实及适用法律错误。最高人民法院依法予以纠正。

对于保证金的返还时间，案涉合同中约定，发包人在工程至主体结构五层顶板（不包括砌体）时返还承包人100万元，工程至主体结构封顶（不包括砌体）时返还剩余100万元。涉案工程综合楼于2010年11月7日完成五层顶板，故甲公司应于同日向乙公司返还保证金100万元；涉案工程综合楼主体于2011年5月13日封顶，甲公司应于2011年5月13日向乙公司返还剩余100万元保证金。未予返还，应自返还之日起承担利息。在双方当事人对保证金返还时间具有明确合同约定的前提下，第二审判决依照《最高人民法院关于审理建设工程施工合同纠纷案件适用法律问题的解释》第十八条第三项规定，判令甲公司从乙公司提起诉讼之日承担尚欠保证金利息，适用法律错误，最高人民法院依法予以纠正。

20.4 案例评析

本案甲、乙双方当事人，以部分垫资的方式签订了建设工程施工合同。双方当事人在合同中约定，"乙公司垫资施工完成至主体结构±0以上五层顶板（不包括砌体）后的10天内发包人支付已完成工程量的80%……"，即利用工程进度款不足额的方式造成实质上的垫资施工。然而，本案经历第一审、第二审，最后再审，事实上争议的焦点一直集中于甲公司欠付工程款的数额以及相应利息的起算，而非垫资条款的效力。关于案件中涉及的工程款及其利息的结算，最高人民法院法官从合同的约定，当事人履约的实际情况，到各方当事人的举证、质证进行了逻辑清晰的论证，值得我们仔细研读。这同时也提醒了我们，应当严格按照合同约定的期限、方式履行合同，并留存相应的证据，以避免在诉讼过程中陷入不利的地位。

就垫资而言，事实上，本案中第一审、第二审以及最后的再审法院均直接认可了垫资条款的约定具有的法律效力。然而，我国建设工程实践中的垫资问题，长期以来一直是一个存在争议的问题。一方面，由于垫资施工被认为是拖欠工程款的重要原因之一，为了解决这一问题，国家建设行政主管部门曾多次出台有关规定明确禁止垫资施工。在《最高人民法院关于审理建设工程施工合同纠纷案件适用法律问题的解释》出台之前，各地法院对于垫资条款效力的认定并不统一。同时，对企业间拆借资金的禁止或限制，也使得司法实践中的一部分垫资条款被视为建设单位和施工单位之间的拆借资金行为从而归于无效。但是，在另一方面，垫资施工并不是我国建设工程实践中的独特现象。事实上，垫资施工在国际工程承包中非常常见，甚至在国际上通行的所谓"交钥匙工程"中被视为是一种行业惯例。例如，1999年版的《FIDIC施工合同条件》即对承包人融资垫付工程款的情形做出了明确的规定。面对建筑业企业走出国门与国际接轨的诉求，对于垫资条款的态度也逐步发生变化。

那么，在我国现行法律框架中，垫资条款的效力究竟如何？不同于前面章节所讨论的"黑白合同"或者"挂靠"，无论是《建筑法》还是《招标投标法》，都没有对垫资施工的问题做出特别的规制。事实上，建设工程合同作为一种特殊的承揽合同，工程款是由发包人预先支付、按进度支付还是由承包人先行垫付，从合同法理论来说，就其本质无非是合同具体履行方式的问题。按照合同自由的精神，当事人约定由承包人垫资施工本身显然不违反《合同法》的规定。那么问题则转化为，《关于严禁政府投资项目使用带资承包方式进行建设的通知》等文件中对于垫资的禁止，是否影响合同的效力。随着1999年《合同法》的生效，最高人民法院在《最高人民法院关于适用〈中华人民共和国合同法〉若干问题的解释（一）》中，明确规定《合同法》实施以后，人民法院确认合同无效，应当以全国人大及其常委会制定的法律和国务院制定的行政法规为依据，不得以地方性法规、行政规章为依据。因此，可以说《关于严禁政府投资项目使用带资承包方式进行建设的通知》，尽管是对垫资承包的限制，但并不能以此为依据认定合同或者合同中的垫资条款无效。最终，最高人民法院在其《最高人民法院关于审理建设工程施工合同纠纷案件适用法律问题的解释》中，明确承认建设工程施工合同的当事人就垫资以及垫资利息做出的约定有效。当然，垫资条款的有效，并不意味着我国对于垫资承包的完全解禁。具有合同法上的效力，主要意味着承包人在垫资施工之后，可以根据合同的约定请求发包人返还垫资款以及相应的利息。至少在现行法的框架中，有关主体使用带资承包方式建设的政府投资项目，仍然可能受到相应的行政处罚。

尽管垫资条款本身具有合同法上的约束力，但是针对垫资利息的问题我们仍需给予一定的关注。根据《最高人民法院关于审理建设工程施工合同纠纷案件适用法律问题的解释》的规定，对于垫资的利息，当事人首先应当做出明确的约定，同时其中约定的利息计算标准不得高于中国人民银行发布的同期同类贷款利率，否则高出部分无效。对此，最高人民法院（2013）民申字第1607号裁定可以作为参考："所谓垫资，是指承包方在合同签订后，不要求发包方先支付工程款或者支付部分工程款，而是利用自有资金先进场进行施工，待工程施工到一定阶段或者工程全部完成后，由发包方支付垫付的工程款。安装公司与海景公司签订的合同专用条款第26条关于工程款（进度款）支付约定：'双方约定的工程款（进度款）

支付的方式和时间：承包人完成总工作量50%时，次月发包人开始按当月工程进度报表95%支付，工程竣工验收合格后两个月内支付至总工程量的97%，留3%质保金两年后付清。'案涉工程应为安装公司垫资施工，但双方并没有对垫资利息进行约定。根据《最高人民法院关于审理建设工程施工合同纠纷案件适用法律问题的解释》第六条的规定：'当事人对垫资和垫资利息有约定，承包人请求按照约定返还垫资及其利息的，应予支持，但是约定的利息计算标准高于中国人民银行发布的同期同类贷款利率的除外。当事人对垫资没有约定的，按照工程欠款处理。当事人对垫资利息没有约定，承包人请求支付利息的，不予支持。'在合同对垫资利息没有明确约定的情况下，安装公司诉请支付垫资利息没有法律依据。"

第21章 工程质量纠纷

21.1 定义详解

建筑工程质量是指在国家现行的有关法律、法规、技术标准、设计文件和合同中，对工程的安全、适用、经济、环保、美观等特性的综合要求。工程质量具有单件性、建成的一次性和寿命长期性的特点。按施工过程控制可以分为：施工准备控制、施工过程控制和竣工验收控制。施工准备控制是指在各工程对象正式施工活动开始前，对各项准备工作及影响质量的各因素进行控制，这是确保施工质量的先决条件。施工过程控制是指在施工过程中对实际投入的生产要素质量及作业技术活动的实施状态和结果所进行的控制，包括作业者发挥技术能力过程的自控行为和来自有关管理者的监控行为。竣工验收控制是指对于通过施工过程所完成的具有独立的功能和使用价值的最终产品〔单位工程或整个工程项目〕及有关方面（如质量文档）的质量进行控制。

21.2 主要法律依据

《建筑法》第六十条规定："建筑物在合理使用寿命内，必须确保地基基础工程和主体结构的质量。

建筑工程竣工时，屋顶、墙面不得留有渗漏、开裂等质量缺陷；对已发现的质量缺陷，建筑施工企业应当修复。"

《建筑法》第六十一条规定："交付竣工验收的建筑工程，必须符合规定的建筑工程质量标准，有完整的工程技术经济资料和经签署的工程保修书，并具备国家规定的其他竣工条件。

建筑工程竣工经验收合格后，方可交付使用；未经验收或者验收不合格的，不得交付使用。"

《建筑法》第六十二条规定："建筑工程实行质量保修制度。

建筑工程的保修范围应当包括地基基础工程、主体结构工程、屋面防水工程和其他土建工程，以及电气管线、上下水管线的安装工程，供热、供冷系统工程等项目；保修的期限应当按照保证建筑物合理寿命年限内正常使用，维护使用者合法权益的原则确定。具体的保修范围和最低保修期限由国务院规定。"

《建设工程质量管理条例》从建设、勘察、设计、施工、工程监理单位的质量责任和义务，以及建设工程质量保修和监督管理等方面对于建设工程质量的管理做出了详细的规定。

《房屋建筑工程质量保修办法》第三条规定："本办法所称房屋建筑工程质量保修，是指对房屋建筑工程竣工验收后在保修期限内出现的质量缺陷，予以修复。本办法所称质量缺陷，是指房屋建筑工程的质量不符合工程建设强制性标准以及合同的约定。"并在第十七条规定："下列情况不属于本办法规定的保修范围：

（一）因使用不当或者第三方造成的质量缺陷；

（二）不可抗力造成的质量缺陷。"

《房屋建筑工程质量保修办法》第九条规定："房屋建筑工程在保修期限内出现质量缺陷，建设单位或者房屋建筑所有人应当向施工单位发出保修通知。施工单位接到保修通知后，应当到现场核查情况，在保修书约定的时间内予以保修。发生涉及结构安全或者严重影响使用功能的紧急抢修事故，施工单位接到保修通知后，应当立即到达现场抢修。"

《房屋建筑工程质量保修办法》第十五条规定："因保修不及时造成新的人身、财产损害，由造成拖延的责任方承担赔偿责任。"

《商品住宅实行住宅质量保证书和住宅使用说明书制度的规定》第四条规定："《住宅质量保证书》是房地产开发企业对销售的商品住宅承担质量责任的法律文件，房地产开发企业应当按《住宅质量保证书》的约定，承担保修责任。

商品住宅售出后，委托物业管理公司等单位维修的，应在《住宅质量保证书》中明示所委托的单位。"

《商品住宅实行住宅质量保证书和住宅使用说明书制度的规定》第六条规定："住宅保修期从开发企业将竣工验收的住宅交付用户使用之日起计算，保修期限不应低于本规定第五条规定的期限。房地产开发企业可以延长保修期。

国家对住宅工程质量保修期另有规定的，保修期限按照国家规定执行。"

《商品房销售管理办法》第三十三条第四款规定："在保修期限内发生的属于保修范围的质量问题，房地产开发企业应当履行保修义务，并对造成的损失承担赔偿责任。因不可抗力或者使用不当造成的损坏，房地产开发企业不承担责任。"

《建设工程质量保证金管理办法》第二条规定："本办法所称建设工程质量保证金（以下简称保证金）是指发包人与承包人在建设工程承包合同中约定，从应付的工程款中预留，用以保证承包人在缺陷责任期内对建设工程出现的缺陷进行维修的资金。

缺陷是指建设工程质量不符合工程建设强制性标准、设计文件，以及承包合同的约定。

缺陷责任期一般为1年，最长不超过2年，由发、承包双方在合同中约定。"

21.3 案例详解

经过公开招标、投标，甲公司中标成为乙公司开发的诉争工程的施工单位。乙公司与甲公司签订建设工程施工合同，约定由甲公司承包诉争工程的土建及安装工程。房屋建筑工程质量保修书约定了工程质量保修范围和内容、质量保修期、质量保修责任、质量保修金的支付与返还、保修程序、保修时限等。2008年2月28日，乙公司、甲公司、监理单位丙公司等参建各方对诉争工程进行竣工验收，各方一致认定工程质量等级为合格。

质量纠纷案例详解

2008年5月5日，乙公司与丁公司签订《局部室内整改工程合同》。2008年7月17日，乙公司向甲公司发出《工程质量问题进行整改的函》。乙公司于2008年9月28日、10月17日再次向甲公司发出《工期延误、质量问题整改等相关事宜的函》，告知甲公司诉争工程存在诸多质量问题，并要求甲公司承担工期延误责任以及因工程质量问题引起的赔偿责任。乙公司在自行组织第三方进行整改之前，委托公证处对诉争工程的质量瑕疵进行了证据保全，整改总价共计5373824.83元。

乙公司认为甲公司应立即支付乙公司工程维修整改费用5373824.83元并赔偿利息损失。而甲公司认为，乙公司在工程验收合格后，违反合同约定的保修程序，擅自提前（在发出整改函之前）组织第三方公司进场施工，使诉争工程质量问题责任难以界定，应承担相应的责任；乙公司自行委托维修整改内容已超出原设计、施工合同范围，该超出部分不属于质量保修范围，不应由甲公司承担。

法院认为，本案双方签订的建设工程施工合同及保修书，均系双方真实意思表示，符合法律规定，合法有效。对本案应当如何适用保修书的具体条款及乙公司对自行进行的维修整改行为是否有权向甲公司追偿存在争议。

诉争工程施工中由丙公司进行监理，竣工后经初验收，承包人进行了相应整改，随后又进行整体核验收和逐一分户验收，经现场实体检查，已确认工程质量为合格。对于乙公司所主张的房屋出现的质量问题，均应按照双方约定的保修程序另行处理。

按照双方约定，出现需要保修的问题时，乙公司应当以电话方式通知甲公司指定的工程保修负责人，该电话通知以发包人处留存的电话录音为准。本案中现有证据显示，乙公司发出的第一份要求维修的通知即为2008年7月15日函件，该函于2008年7月17日发出，甲公司于7月18日收到，乙公司未提交在此之前的电话录音或以其他方式进行通知的相应证据，证明其此前已经发出上述通知，故2008年7月18日之前甲公司未实施维修，不属于违约拒绝保修义务，乙公司认为其在此之前即有权自行委托第三方进行维修，与合同约定不符。

本案中，在乙公司发出上述函件后，双方虽进行过洽商，但未按照合同约定共同开展现场核查并保留相应记录。乙公司虽然以公证的方式进行了证据保全，但其也承认在发出通知和进行证据保全之前已经委托第三方进行整改施工，因此甲公司抗辩称由于乙公司原因造成现场情况改变，现场核查基础已与房屋交接时不符的理由成立。综上，对本案工程需要保修的内容现已无法核实的后果，应由乙公司承担主要责任，甲公司承担次要责任。

与此同时，即使乙公司按照约定有权委托第三方维修，其维修仍应以解决现有质量问题为限，对于不必要、不合理的维修费用，不应由甲公司承担，并应由乙公司对上述维修工作的必要性和合理性承担举证责任。乙公司所提交的委托中国建设银行进行保修工程审价的相关证据，只能证明上述工程价款的真实性，不能证明相关维修工作对于工程存在的质量问题的必要性和合理性，故其数额不能当然作为本案工程维修整改的全部合理损失。

综上，本案现已无法判定真实合理的保修内容和乙公司支出的合理维修费用数额并进而作为确认双方责任的基础。鉴于双方合同约定以结算款的3%作为质量保修金，这一比例也符合建筑行业惯例，说明上述款项基本能够满足正常工程保修所需，故在诉争工程已经双方验收为合格、乙公司无法举证证明其合理维修数额的情况下，法院酌定以此，即609512.4元，为准作为甲公司未能及时回复乙公司保修要求并进行相应核查而应承担的责任数额，对乙公司所主张的其他维修整改费用，均由乙公司自行承担。对上述款项的利息损失，亦由双方按此各自分担。

21.4 案例评析

建设工程的质量安全一直是我国《建筑法》的核心价值之一。建设工程作为一种特殊的产品，由于整个建设过程中受到多方主体、多重因素的影响，发生质量风险的可能性大、社会影响大。同时，虽然我国确立了建设工程竣工验收制度，由于建设工程质量问题具有一定的隐蔽性，终局检验的局限性较大。因此，为了保证建设工程的质量安全，有关建设工程法律法规确定了详细的建设工程质量责任和建设工程保修制度。其中建设工程保修制度值得我们特别关注。《建筑法》第六十二条对于建设工程的保修制度做出了明确的规定。《建设工程质量管理条例》《房屋建筑工程质量保修办法》等规范性文件，对于保修期限、保修责任和保修范围做出了详细的规定。

值得注意的是，《最高人民法院关于审理建设工程施工合同纠纷案件适用法律问题的解释》对于质量责任做出了一项特别规定，即该解释第十三条规定："建设工程未经竣工验收，发包人擅自使用后，又以使用部分质量不符合约定为由主张权利的，不予支持；但是承包人应当在建设工程的合理使用寿命内对地基基础工程和主体结构质量承担民事责任。"有观点认为，这一司法解释免除了承包人在未经竣工验收擅自使用建设工程时，承包人除地基工程和主体结构质量之外的其他保修责任。但这一观点存在扩大第十三条适用范围之嫌。应当说，该解释第十三条主要是针对实践中，发包人以不进行竣工验收为由拖欠支付工程款，但又意图使用建设工程的不法行为时，对承包人权益的特殊保护。这一条款解决的是原本在竣工验收时双方应当完成的对于建设工程质量的检查验收，当发包人怠于履行其验收义务时，法律推定所涉建设工程质量符合合同的约定。事后，发包人不得再以工程质量存在缺陷拒付工程款，但是这一质量符合约定的推定不能视为免除承包人原本在竣工验收合格之后同样需要承担的保修义务。

回到本案，经历了第一审、第二审判决后，施工单位申请最高人民检察院抗诉开始了再审程序。双方当事人争议的主要焦点问题在于以下几方面：作为承包人的甲公司是否应当承担保修义务，如何按照合同的约定以及保修书的具体条款履行其保修义务；作为发包人的乙公司另行委托他人进行维修的行为是否符合合同的约定；以及当涉案工程造成他人财产损失时，承包人是否需要承担相应的赔偿责任。

针对保修责任的承担，第一审法院、第二审法院均认为，该建设工程施工合同系双方当事人真实意思表示，内容合法有效，当事人应当依约诚信履行。涉案工程质量存在问题，要求维修整改，属于工程质量保修问题。作为承包人的甲公司未按照法律规定、合同约定履行保修义务，乙公司另行委托他人对涉案工程进行维修符合合同的约定。但是，最高人民法院在再审程序中对此提出了不同意见，认为发包人未按照合同约定的保修方式通知承包人，进行工程质量缺陷的现场核查取证，即委托他人维修的行为应当承担主要责任。事实上，无论是《建筑法》及相关法律法规的规定，还是本案中甲、乙公司之间的约定，都不意味着只要发包人提出保修通知，承包人就必须无条件地履行保修义务。承包人的保修义务针对的是工程竣工验收后出现的质量缺陷，并且这种质量缺陷的产生不是因为使用不当或者第三方、不可抗力所引起的。一旦出现工程质量缺陷，双方当事人应当按照约定的保修责任的范围、保修程序和保修方式主张权利履行义务。

附 录

引用的主要法律和法规

［1］《中华人民共和国民法总则》2017 年 3 月 15 日公布，2017 年 10 月 1 日施行。

［2］《中华人民共和国民法通则》1986 年 4 月 12 日公布，1987 年 1 月 1 日施行，2009 年 8 月 27 日修订。

［3］《中华人民共和国建筑法》2011 年 4 月 22 日修订，2011 年 7 月 1 日施行。

［4］《中华人民共和国招标投标法实施条例》2011 年 11 月 30 日发布，2012 年 2 月 1 日施行。

［5］《中华人民共和国招标投标法》1999 年 8 月 30 日发布，2000 年 1 月 1 日施行。

［6］《中华人民共和国安全生产法》2014 年 8 月 31 日修订，2014 年 12 月 1 日施行。

［7］《建设工程安全生产管理条例》2003 年 11 月 24 日发布，2004 年 2 月 1 日施行。

［8］《安全生产许可证条例》2014 年 7 月 29 日修订并施行。

［9］《建设工程勘察设计资质管理规定》2015 年 5 月 4 日修订并施行。

［10］《工程监理企业资质管理规定》2015 年 5 月 4 日修订并施行。

［11］《建设工程质量检测管理办法》2015 年 5 月 4 日修订并施行。

［12］《建设工程质量管理条例》2000 年 1 月 30 日发布并施行。

［13］《中华人民共和国合同法》1999 年 3 月 15 日发布，1999 年 10 月 1 日施行。

［14］《中华人民共和国民事诉讼法》2017 年 6 月 27 日修订，2017 年 7 月 1 日施行。

［15］《中华人民共和国劳动合同法》2012 年 12 月 28 日修订，2013 年 7 月 1 日施行。

［16］《工程建设项目施工招标投标办法》2013 年 3 月 11 日修订，2013 年 5 月 1 日施行。

［17］《建设项目环境保护管理条例》2017 年 6 月 21 日修订，2017 年 10 月 1 日施行。

［18］《中华人民共和国环境影响评价法》2016 年 7 月 2 日修订，2016 年 9 月 1 日施行。

［19］《中华人民共和国环境保护法》2014 年 4 月 24 日修订，2015 年 1 月 1 日施行。

［20］《中华人民共和国固体废物污染环境防治法》2016 年 11 月 7 日修订并施行。

［21］《中华人民共和国水污染防治法》2017 年 6 月 27 日修订，2018 年 1 月 1 日施行。

［22］《中华人民共和国环境噪声污染防治法》1996 年 10 月 29 日发布，1997 年 3 月 1 日施行。

［23］《中华人民共和国保险法》2015 年 4 月 24 日修订并施行。

［24］《中华人民共和国担保法》1995 年 6 月 30 日公布，1995 年 10 月 1 日施行。

［25］《中华人民共和国消防法》2008 年 10 月 28 日修订，2009 年 5 月 1 日施行。

[26]《中华人民共和国文物保护法》2015年4月24日修订并施行。

[27]《中华人民共和国水下文物保护管理条例》2011年1月8日修订并施行。

[28]《中华人民共和国文物保护法实施条例》2016年1月13日修订并施行。

[29]《历史文化名城名镇名村保护条例》2008年4月22日公布,2008年7月1日施行。

[30]《民用建筑节能管理规定》2005年11月10日发布,2006年1月1日施行。

[31]《中华人民共和国标准化法》1988年12月29日公布,1989年4月1日施行。

[32]《中华人民共和国节约能源法》2016年7月2日修订并施行。

[33]《中华人民共和国防震减灾法》2008年12月27日修订,2009年5月1日施行。

参 考 文 献

[1] 全国二级建造师考试研究中心.建设工程法规及相关知识［M］.北京：中国水利水电出版社，2016.
[2] 卞耀武.中华人民共和国建筑法释义［M］.北京：法律出版社，1998.
[3] 国务院法制办公室.中华人民共和国招标投标法注解与配套［M］.北京：中国法制出版社，2008.
[4] 国家发展和改革委员会法规司，国务院法制办公室财金司，监察部执法检查司.中华人民共和国招标投标法实施条例释义［M］.北京：中国计划出版社，2012.
[5] 李辉.建设工程法规［M］.2版.上海：同济大学出版社，2013.
[6] 优路教育一级建造师考试命题研究委员会组.建设工程项目管理［M］.北京：机械工业出版社，2016.
[7] 全国二级建造师执业资格考试研究中心.建筑工程管理与实务［M］.北京：人民邮电出版社，2016.
[8] 喻岩，赵静.土木工程建设法规［M］.2版.北京：机械工业出版社，2014.
[9] 徐蓉.工程造价管理［M］.3版.上海：同济大学出版社，2014.
[10] 全国造价工程师执业资格考试辅导教材编写组.工程造价管理基础理论与相关法规［M］.北京：中国建材工业出版社，2012.
[11] 王勇.建设工程施工合同纠纷实务解析［M］.北京：法律出版社，2017.
[12] 全国一级建造师执业资格考试用书编写委员会.建设工程经济［M］.北京：中国建筑工业出版社，2016.
[13] 隋海波.工程建设法规与法律实务［M］.北京：机械工业出版社，2013.
[14] 宋春岩.建设工程招投标与合同管理［M］.3版.北京：北京大学出版社，2014.
[15] 庞景玉，何志.最高人民法院合同法司法解释精释精解［M］.北京：中国法制出版社，2016.
[16] 张建毅.防震减灾法教程［M］.北京：清华大学出版社，2014.